Direito da Insolvência

Direito da Insolvência

2021 • 10ª Edição

Luís Manuel Teles de Menezes Leitão
Doutor e Agregado em Direito
Professor Catedrático da Faculdade de Direito de Lisboa
Advogado e Jurisconsulto

ALMEDINA

DIREITO DA INSOLVÊNCIA
AUTOR
Luís Manuel Teles de Menezes Leitão
EDITOR
EDIÇÕES ALMEDINA, S.A.
Rua Fernandes Tomás, nºs 76-80
3000-167 Coimbra
Tel.: 239 851 904 · Fax: 239 851 901
www.almedina.net · editora@almedina.net
DESIGN DE CAPA
EDIÇÕES ALMEDINA, S.A.
PRÉ-IMPRESSÃO
João Jegundo
IMPRESSÃO E ACABAMENTO
ACD Print, S.A.
Janeiro, 2021
DEPÓSITO LEGAL
478057/20

ALMEDINA | GRUPOALMEDINA

BIBLIOTECA NACIONAL DE PORTUGAL – CATALOGAÇÃO NA PUBLICAÇÃO

LEITÃO, Luís Manuel Teles de Menezes, 1963-

Direito da insolvência. – 10ª ed. – (Manuais universitários)
ISBN 978-972-40-9018-4

CDU 347

À memória de João José de Mascarenhas Baptista Coelho

“Por isso o reino dos céus é comparável a um rei que quis ajustar contas com os seus servos. Logo ao princípio, trouxeram-lhe um que lhe devia dez mil talentos. Não tendo ele com que pagar, o senhor ordenou que fosse vendido com a mulher, os filhos e todos os seus bens, para assim pagar a dívida. O servo lançou-se então aos seus pés, dizendo: «Concede-me um prazo e pagar-te-ei tudo». Levado pela compaixão, o senhor daquele servo deu-lhe liberdade e perdoou-lhe a dívida. Ao sair, o servo encontrou um dos seus companheiros que lhe devia cem denários. Segurando-o, apertou-lhe o pescoço e sufocava-o, dizendo: «Paga o que me deves»! O outro caiu a seus pés, suplicando: «Concede-me um prazo e pagar-te-ei». Mas ele não concordou e mandou-o prender até que lhe pagasse tudo quanto lhe devia. Testemunhas desta cena, os seus companheiros, contristados, foram contar ao senhor o que havia acontecido. O senhor mandou-o então chamar e disse-lhe: «Servo mau, perdoei-te tudo o que me devias, porque assim mo suplicaste: não devias ter igualmente piedade do teu companheiro, como eu tive de ti?». E o senhor, indignado, entregou-o aos verdugos, até que pagasse tudo o que devia”.

Mt 19, 23-34.

"Em matéria de falências não há previsões legislativas que bastem, nem reformas que muito durem. Por um lado, a extrema mobilidade e susceptibilidade do crédito, cuja segurança a lei das falências se propõe tutelar, desorientam e amesquinham as mais completas e adequadas providências e obrigam o legislador a seguir nas suas constantes transformações os caprichosos movimentos deste maravilhoso proteu.

Por outro lado, a astúcia dos interesses penetra e desconcerta as mais finas malhas da urdidura legislativa, e o dolo e a fraude, tantas vezes auxiliados pelo desleixo ou complacências dos próprios executores da lei, a breve trecho fazem do descrédito desta o pedestal dos seus triunfos".

Preâmbulo ao Código das Falências de 1899.

ABREVIATURAS

CC	–	Código Civil
CIRE	–	Código da Insolvência e da Recuperação de Empresas
CIMI	–	Código do Imposto Municipal sobre Imóveis
CIS	–	Código do Imposto de Selo
CP	–	Código Penal
CPC	–	Código de Processo Civil
CPEREF	–	Código dos Processos Especiais de Recuperação de Empresa e da Falência
CRC	–	Código do Registo Civil
CRCom	–	Código do Registo Comercial
CRCSS	–	Código dos Regimes Contributivos da Segurança Social
CRP	–	Código do Registo Predial
CSC	–	Código das Sociedades Comerciais.
CT	–	Código do Trabalho
InsO	–	Insolvenzordnung
KO	–	Konkursordnung
LGT	–	Lei Geral Tributária
LOFTJ	–	Lei da Organização e Funcionamento dos Tribunais Judiciais.
LOSJ	–	Lei da Organização do Sistema Judiciário
NRFGS	–	Novo Regime do Fundo de Garantia Salarial
PEAP	–	Processo Especial para Acordo de Pagamento
PER	–	Processo Especial de Revitalização
PEVE	–	Processo Extraordinária de Viabilização de Empresas
RDI	–	Revista de Direito da Insolvência
RERE	–	Regime Extrajudicial de Recuperação de Empresas
RFDUL	–	Revista da Faculdade de Direito da Universidade de Lisboa
RGICSF	–	Regime Geral das Instituições de Crédito e Sociedades Financeiras
RGOIC	–	Regime Geral dos Organismos de Investimento Colectivo
SIREVE	–	Sistema de Recuperação de Empresas por Via Extrajudicial
ZinsO	–	Zeitschrift für das gesamte Insolvenzrecht.

1
Introdução

1.1. O Direito da Insolvência

O objecto desta obra é o Direito da Insolvência. Etimologicamente insolvência significa o inverso da solvência, tendo esta última expressão origem no verbo latino *solvere*, que significa desatar, livrar, pagar, resolver[1]. Diferente era a origem do anterior termo falência, também do latim, que tinha a sua origem na raiz *fall*, comum ao verbo *fallere*, ao adjectivo *fallax* e ao substantivo *fallacia*, significando fingir, induzir em erro, ou falsidade nas promessas[2], o qual era utilizado para exprimir a violação da confiança de que gozava o comerciante perante os seus credores, ao não cumprir os seus compromissos (*fidem fallente*). Já o equivalente termo inglês *bankruptcy* tem origem na expressão *banca rupta*, que designava um costume medieval das cidades italianas, onde se costumava quebrar fisicamente as bancas dos banqueiros e mercadores que fugiam com os bens dos seus credores[3]. Provavelmente terá igualmente origem nesse antigo costume o nosso termo anterior quebra.

Assim, a insolvência traduz a situação daquele que está impossibilitado de cumprir as suas obrigações, normalmente por ausência da necessária

[1] Cfr. António Menezes Cordeiro, "Introdução ao Direito da Insolvência", em *O Direito* 137º (2005), III, 465-506 (467) e *Manual de Direito Comercial*, 2ª ed., Coimbra, Almedina, 2007, p. 409.

[2] Cfr. Pedro De Sousa Macedo, *Manual de Direito das Falências*, I, Coimbra, Almedina, 1964, p. 11 e René Ithurbide, *Histoire critique de la faillite*, Paris, LGDJ, 1973, p. 3.

[3] Cfr. Fiona Tolmie, *Corporate & Personal Insolvency Law*, 2ª ed., London / Sidney / Portland, Oregon, Cavendish Publishing, 2003, p. 7.

liquidez em momento determinado, ou em certos casos porque o total das suas responsabilidades excede os bens de que pode dispor para as satisfazer. A insolvência é algo com que qualquer sociedade que permite o recurso ao crédito tem que se defrontar. Efectivamente, a partir do momento em que se reconhece a legitimidade de diferir para o futuro o cumprimento de obrigações, também se gera a possibilidade de esse cumprimento não vir efectivamente a ser possível nesse momento futuro. Mesmo que a sociedade pudesse impedir a constituição voluntária de obrigações a cumprir no futuro, poderiam mesmo assim surgir obrigações não voluntárias, como as resultantes da responsabilidade civil ou de novos impostos, cujo cumprimento se tornasse impossível[4].

O Direito da Insolvência abrange as consequências resultantes da impossibilidade de cumprimento pelo devedor das suas obrigações, designadamente:

a) a situação do devedor;
b) as medidas de conservação e a liquidação do seu património;
c) eventuais medidas de recuperação que venham a ser determinadas;
d) a determinação e a graduação dos direitos dos credores;
e) a satisfação (normalmente parcial) dos direitos dos credores.

Actualmente o Direito da Insolvência assume, no entanto, ainda outra vertente que corresponde à disciplina das situações preliminares da insolvência, como a crise económica, a situação económica difícil e a pré-insolvência, regulando nesse âmbito as medidas de recuperação do devedor[5].

O Direito da Insolvência pode por isso ser considerado como o complexo de normas jurídicas que tutelam a situação do devedor insolvente ou pré-insolvente e a satisfação dos direitos dos seus credores. Assim entendido, o Direito da Insolvência pode abranger normas de índole muito variada, de Direito Comercial relativamente aos devedores comerciantes, de Direito Civil em relação aos outros devedores, de Direito Processual Civil relativamente ao processo de insolvência, de Direito Penal em relação aos crimes insolvenciais, de Direito Processual Penal em relação ao processo de

[4] Cfr. Fiona Tolmie, *op. cit.*, p. 3.

[5] Neste sentido Catarina Serra, "Direito da Insolvência e tutela efectiva do crédito – O imperativo regresso às origens (aos fins) do Direito da Insolvência", em ID (org), III Congresso de Direito da Insolvência, Coimbra, Almedina, 2015, pp. 11-15 (12).

julgamento desses crimes, e de Direito Internacional Privado em relação às insolvências internacionais. Precisamente por esse motivo, já se considerou a autonomia do Direito da Insolvência como carecendo de fundamento científico, já que este não passaria de uma massa heterogénea de normas da mais diversa natureza. A sua autonomização legislativa seria, por isso, artificial baseada apenas na conveniência de reunir num só diploma a diversidade de preceitos reguladores dessa situação, bem como o normal desgaste legislativo a que esses preceitos são sujeitos[6].

Trata-se de posição exagerada, na medida em que, embora o Direito da Insolvência recolha elementos dos ramos de Direito acima referidos, é possível atribuir-lhe uma unidade dogmática própria, já que representa a reacção da ordem jurídica à situação de insolvência. Nestes termos, o Direito da Insolvência é essencialmente Direito substantivo, de natureza privada, constituindo um ramo próprio do Direito da responsabilidade patrimonial[7], que, conforme se sabe, constitui um importante princípio do Direito das Obrigações[8].

O Direito da Insolvência tem, porém, ainda uma forte componente processual, dado que, por necessidade de tutela dos direitos do devedor e dos credores envolvidos, é necessária a intervenção do tribunal, coadjuvado pelos órgãos da insolvência.

É precisamente devido a essa componente processual que o art. 1º, nº 1, do Código da Insolvência e da Recuperação de Empresas se inicia com a definição do processo de insolvência como "um processo de execução universal que tem como finalidade a satisfação dos credores pela forma prevista num plano de insolvência, baseado, nomeadamente, na recuperação da empresa compreendida na massa insolvente, ou, quando tal não se afigure possível, na liquidação do património do devedor insolvente e a repartição do produto obtido pelos credores". O CIRE, embora regulando essencialmente os aspectos substantivos da insolvência encontra-se estruturado em torno do processo de insolvência, sendo a marcha deste processo que serve de base à sua sistematização.

[6] Cfr. Pedro de Sousa Macedo, *Manual*, I, p. 16.

[7] Neste sentido, Menezes Cordeiro, *O Direito* 137º (2005), III, 468 e Maria do Rosário Epifânio. *Manual de Direito da Insolvência*, 6ª ed., Coimbra, Almedina, 2014, p. 13.

[8] Cfr. Luís Menezes Leitão, *Direito das Obrigações*, I- *Introdução. Da constituição das obrigações*, 11ª ed., Coimbra, Almedina, 2014, pp. 61 e ss.

Já em relação aos elementos penais da insolvência, os mesmos residem na autonomização da previsão dos crimes insolvenciais. Nesse caso, estamos perante normas pertencentes ao Direito Penal, cujo tratamento no âmbito do Direito da Insolvência ocorre apenas pela afinidade da matérias, sem que exista uma matriz dogmática comum. Correctamente, por isso, o legislador as inseriu no Código Penal (arts. 227º e ss. CP) e não no Código da Insolvência.

A mesma situação ocorre em relação às normas de conflitos vigentes em sede de insolvência. Efectivamente, embora inseridas formalmente no Código da Insolvência (arts. 275º e ss.), as mesmas fazem parte do sistema jurídico do Direito Internacional Privado, sendo tratadas nesta sede apenas pela afinidade de matérias.

1.2. O processo de insolvência

Pode falar-se de processo de insolvência numa *formulação restrita* e numa *formulação ampla. Em termos restritos*, o processo de insolvência consiste numa sequência ordenada de actos que se inicia com a apresentação à insolvência (arts. 18º e 19º) ou o pedido da sua declaração (arts. 20º e ss.) e se conclui com o pagamento aos credores (arts. 172º e ss. e 230º *a)*) ou com alguma das outras causas de extinção do processo (art. 230º, *b), c) d)* e *e)*). *Em termos amplos*, o processo abrange ainda as tramitações estruturalmente autónomas que surgem na dependência do processo de insolvência, em consequência da declaração de insolvência, como os embargos à sentença declaratória de insolvência (arts. 40º e ss.), as acções apensas ao respectivo processo (arts. 85º e ss.), a resolução em benefício da massa insolvente (arts. 120º e ss.), a verificação dos créditos (arts. 128º e ss.), e a restituição e separação de bens (arts. 141º e ss.). Esta última é a concepção de processo de insolvência expressa pelo legislador, ainda que, no entender, de LEBRE DE FREITAS, ela sofra "de menos rigor do que a acepção restritiva, dado que a unidade dum processo civil exige, ao mesmo tempo que a subordinação dos actos nele praticados a uma *finalidade global*, também a sua inserção numa *sequência estruturalmente autónoma*"[9].

Conforme referiam CASTRO MENDES e JESUS DOS SANTOS, a insolvência constitui uma acção executiva, uma vez que tem por fim a obtenção

[9] Cfr. JOSÉ LEBRE DE FREITAS, "Apreensão, restituição, separação e venda de bens no processo de falência", na *RFDUL* 36 (1995), nº 2, pp. 371-382 (371-372).

de providências adequadas à reparação efectiva de direitos de crédito violados, ou como actualmente a lei refere à realização coactiva de uma obrigação devida (art. 10º, nº 4, CPC). No entanto, é uma execução com características especiais, já que é uma *execução colectiva* e não singular. É uma execução *genérica ou total* e não parcial. E é uma execução que resulta de um *processo especial*[10].

Efectivamente, a insolvência é um processo que visa a satisfação do direito de crédito sobre o património remanescente do devedor, sendo consequentemente uma *execução* (arts. 10º, nºs 1 e 4 CPC). É, no entanto, uma execução com larga incidência de elementos declarativos, como a declaração de insolvência, a oposição à insolvência, e a verificação e graduação dos créditos. Tal não afecta, no entanto, a sua qualificação como processo executivo, uma vez que a sua finalidade última corresponde à obtenção da realização coactiva de uma obrigação (art. 10º, nº 4 CPC), ainda que tal lhe atribua uma natureza especial de processo complexo[11]. Efectivamente, a insolvência apresenta-se como um processo de elevada complexidade, envolvendo múltiplas actividades repartidas pelas suas fases declarativa e executiva[12].

A insolvência é, no entanto, uma *execução colectiva*, uma vez que o seu fim é a satisfação dos direitos de todos dos credores de um devedor[13]. Efectivamente, ao contrário do que sucede na execução singular, o processo de insolvência não se destina à satisfação do direito individual de cada credor, mas antes visa o tratamento igualitário de todos os credores do devedor (*par conditio creditorum*), dado que a crise económica do devedor torna previsível que nem todos os credores verão satisfeito o seu direito. Ora, nessa situação, o recurso à execução singular levaria a resultados aleatórios e injustos, dado que os credores que primeiramente se adiantassem na execução veriam os seus direitos satisfeitos, enquanto que o mesmo já não se passaria com os restantes credores[14]. Consequentemente, através

[10] Cfr. João de Castro Mendes/Joaquim de Jesus dos Santos, *Direito Processual Civil (Processo de Falência)*, Lisboa, polic., 1982, pp. 4 e ss.

[11] Cfr. Castro Mendes/Jesus dos Santos, *op. cit.*, pp. 17-18.

[12] Cfr. Paula Costa e Silva, "A liquidação da massa insolvente", na *ROA* 65 (2005), 3, pp. 713-744 (716).

[13] Cfr. Reinhard Bork, *Einführung in das Insolvenzrecht*, 4ª ed., Tübingen, Mohr Siebeck, 2005, pp. 1, nº 1.

[14] Conforme escreve Pedro de Sousa Macedo, *Manual*, I, p. 13, "na execução individual rege o princípio «*vigilantibus iura subveniunt*» Enquanto o património do devedor é suficiente, tal forma de execução não prejudica os demais credores. Mas se acaso for insuficiente, importa

do processo de insolvência, efectua-se a reunião de todos os credores em assembleia, para os quais se institui a administração do património do devedor através de um administrador de insolvência que, sob a fiscalização do tribunal, procura obter a melhor valorização possível desse património e proceder à sua repartição pelos credores em termos igualitários[15]. O processo de insolvência não depende, no entanto, da existência efectiva de uma pluralidade de credores, uma vez que a lei não veda o recurso à insolvência no caso de existência apenas de um único credor[16].

A insolvência constitui por isso ainda uma *execução genérica ou total*, uma vez que abrange todo o património do devedor e não apenas os bens necessários para fazer face a algum ou alguns créditos determinados. Efectivamente, o processo de insolvência pode implicar a execução de todo o património do devedor, e não apenas de alguns dos seus bens para efeitos de pagamento aos credores. Mas o processo de insolvência não implica necessariamente que se venha a verificar uma liquidação integral do património do devedor, ou mesmo só de uma parte deste, mas apenas que todo esse património vem a ser submetido à esfera de acção dos credores, que decidirão a melhor forma de obter a satisfação dos seus direitos. Consequentemente, o processo de insolvência pode terminar, quer com a liquidação e repartição do produto pelos credores, quer com a aprovação de um plano de insolvência que assegure outra forma de satisfação aos credores, podendo passar pela recuperação da empresa compreendida na massa insolvente.

A insolvência constitui uma forma de *execução para pagamento de quantia certa*[17]. Efectivamente, o rateio do património do devedor não é realizado em espécie, mas antes envolve normalmente um processo de liquidação, destinado a converter em dinheiro os bens do insolvente, e a atribuir aos

um desigual tratamento dos credores. Acresce ainda que o devedor continua a dispor do seu património, podendo onerá-lo ou dissipá-lo".

[15] Cfr. Hans-Ulrich Heyer, *Einführung in das Insolvenzrecht*, Oldenburg, Carl von Ossietzky Universität, 2005, p. 1.

[16] Neste sentido, cfr. Catarina Serra, "El concurso sin concurso? El proceso de insolvencia con un único acreedor", em *ADCo* 17 /2009), 2, pp. 329-341 e *A falência no quadro da tutela jurisdicional dos direitos de crédito. O problema da natureza do processo de liquidação aplicável à insolvência no Direito Português*, Coimbra, Coimbra Editora, 2009, pp. 96 e ss.

[17] Cfr. Alberto dos Reis, *Processos especiais*, II, reimp., Coimbra, Almedina, 1982, p. 312, e Castro Mendes/Jesus dos Santos, *op. cit.*, p. 27.

credores o pagamento respectivo, o que implica seguir-se nesse âmbito o regime da execução para pagamento de quantia certa.

O processo de insolvência constitui, por outro lado, um *processo especial*, uma vez que que se afasta do regime comum das execuções, só sendo o Código de Processo Civil aplicável a título subsidiário, nos termos do art. 17º[18]. O processo de insolvência apresenta aliás desvios em relação aos princípios comuns do processo civil. Assim, em primeiro lugar, é expressamente consagrado no art. 11º o princípio do inquisitório em derrogação expressa ao regime do art. 5º, nº 1, do CPC, alargando-se consideravelmente o teor do art. 5º, nº 2, do mesmo Código. Por outro lado, admite-se o afastamento do princípio do contraditório, ao se possibilitar a dispensa de audiência do devedor nos casos previstos no art. 12º. Finalmente, a regra no processo de insolvência é a existência de apenas um grau de recurso, pois salvo em certos casos de oposição de julgados, não se admite o recurso de acórdãos da relação (art. 14º)[19].

Não se pode obliterar, por outro lado, a existência de elementos declarativos no processo de insolvência. Este inicia-se mesmo com *uma fase declarativa*, onde pode haver oposição à declaração de insolvência (art. 30º) e audiência de discussão e julgamento (art. 35º), cabendo, em qualquer caso, ao juiz a declaração da insolvência por sentença (arts. 36º e ss.). Têm igualmente natureza declarativa diversos apensos e incidentes como da verificação de créditos (arts. 128º e ss.), restituição e separação de bens (arts. 141º e ss.) e os incidentes de qualificação da insolvência (arts. 188º e ss. e 191º e ss.)[20].

O processo de insolvência, incluindo todos os seus incidentes, apensos e recursos, tem carácter urgente e goza de precedência sobre todo o serviço ordinário do Tribunal (art. 9º, nº 1). Em consequência da sua natureza urgente, o processo de insolvência corre mesmo durante as férias judiciais (art. 138º, nº 1, *in fine*, CPC, aplicável por força do art. 17º CIRE). No quadro da pandemia COVID-19, o art. 17º da Lei 75/2020, de 27 de Novembro

[18] Cfr. Catarina Serra, *A falência*, pp. 75 e ss.

[19] Cfr. Menezes Cordeiro, *O Direito* 137º (2005), III, 498.

[20] Lebre de Freitas, *RFDUL* 36 (1995), nº 2, p. 373, e "Apreensão, separação, restituição e venda", em Catarina Serra (org.), *I Congresso de Direito da Insolvência*, Coimbra, Almedina, 2013, pp. 229-239 (230) chega mesmo a afirmar que o processo de insolvência tem uma natureza mista, simultaneamente declarativa e executiva. Parece-nos, porém, que a sua função é claramente executiva, a ela se subordinando os elementos declarativos.

veio dispor que os requerimentos de liberação de cauções ou garantias prestadas no âmbito do processo de insolvência, apresentados em processos novos e nos que estejam pendentes à data da entrada em vigor dessa lei, assumem prioridade sobre os demais requerimentos apresentados no âmbito desse processo.

O valor da causa para efeitos do processo de insolvência é fixado pelo valor do activo do devedor indicado na petição inicial, o qual é corrigido logo que se verifique ser diferente o valor real (art. 15º CIRE). Esse valor pode assim ser decisivo para efeitos de recurso, nos termos do nº 1 do art. 629º CPC. A jurisprudência do Tribunal Constitucional tem, no entanto, considerado ser inconstitucional a aplicação dessa regra à exoneração do passivo restante[21].

[21] Efectivamente, no Ac. TC 328/2012, de 27/6/2012 (Vítor Gomes) foi julgada inconstitucional por violação do princípio da igualdade consagrado no nº 1 do artigo 13º da Constituição, a norma que resulta das disposições conjugadas do artigo 15º CIRE, e do nº 1 do artigo 678º do anterior CPC, interpretados no sentido de que, no recurso de decisões proferidas no incidente de exoneração do passivo restante em processo de insolvência, o valor da causa para efeitos de relação com a alçada do tribunal de que se recorre é determinada pelo activo do devedor.

2
Evolução geral do regime da insolvência

2.1. Direito Romano

Inicialmente, o Direito Romano não conhecia o instituto da falência ou insolvência[22], dado o facto de assentar na responsabilidade pessoal e não na execução colectiva do património do devedor. No Direito Romano, o devedor não respondia com o seu património, mas antes com a sua própria pessoa. Efectivamente, a Lei das XII Tábuas estabelecia que, em caso de não cumprimento da obrigação, o credor poderia legitimamente apoderar-se do devedor e inclusivamente vendê-lo como escravo *trans Tiberim* ou matá-lo por esquartejamento (*partes secanto*). O devedor estava por isso sujeito fisicamente ao poder dos credores que poderiam aplicar-lhe sanções físicas em caso de não cumprimento.

Na Lei das XII Tábuas, a execução das obrigações realizava-se de acordo com as seguintes fases:

1) Inicialmente deveria ocorrer uma certificação do incumprimento, através de confissão (*confessio in iure*) ou condenação judicial do devedor a cumprir;
2) Concedia-se em seguida um prazo de trinta dias (*dies iusti*) durante os quais o devedor ainda poderia cumprir a obrigação, só se considerando existir incumprimento após o decurso desse prazo;
3) Passado esse prazo sem que ocorresse o cumprimento, procedia-se à execução do devedor, através da *manus iniectio*. Nessa altura

[22] Cfr. Pedro de Sousa Macedo, *Manual*, I, pp. 22 e ss.

ocorria a prisão do devedor pelo credor (*manus iniectio directa*) ou pelo tribunal para entrega ao credor (*manus iniectio indirecta*), a qual poderia ser evitada com o cumprimento;

4) Surgia então um período de sessenta dias em que o devedor se mantinha aprisionado, devendo nesse período ser levado pelo credor a três feiras para que alguém o resgatasse, efectuando o pagamento. Nesse período, o devedor poderia ainda oferecer-se ao credor em penhor (*se nexum dare*), para se conseguir libertar da obrigação através do seu trabalho, situação semelhante à escravidão, a qual, no entanto, não produzia a *capitis deminutio*, ao contrário do que ocorria com a venda *trans Tiberim*.
5) Finalmente, o devedor poderia ser feito escravo pelo credor, ser vendido fora da cidade (*trans Tiberim*) ou morto por esquartejamento (*partes secanto*), sendo nesse caso as partes do corpo repartidas pelos vários credores que tivesse.

A situação dramática em que eram colocados os devedores *nexi* levou ao surgimento, em 326 a. C., da *Lex Poetelia Papiria de nexis*, que mitigou o carácter penal do procedimento, proibindo o *se nexum dare*, e evitar a escravatura e morte do devedor, mantendo, porém, o cárcere privado por dívidas[23].

Mais tarde admitiu-se ainda que, quando o devedor ainda possuísse bens, fosse decretada a apreensão e venda desses bens (*missio in possessionem in bona debitoris*) para pagamento aos credores, em lugar da prisão do devedor. Por essa via, se atribuía aos credores a custódia e administração dos bens do devedor que se furtasse ao cumprimento das suas obrigações, situação que era vista como uma forma de penhor (*pignus praetorium*). A administração pelos credores era de breve duração (15 a 30 dias), finda a qual se deveria proceder à alienação dos bens do devedor, através da *bonorum venditio*, sendo os bens adjudicados pela melhor oferta. Essa adjudicação (*addictio*) produzia uma sucessão no activo e no passivo do devedor (*successio in universum ius*) a favor do adquirente desses bens (*bonorum emptor*), o qual, substituindo-se ao devedor, era obrigado a satisfazer os seus

[23] Sobre as circunstâncias chocantes que conduziram à aprovação dessa lei, cfr. SEBASTIÃO CRUZ, *Da «Solutio». Terminologia, conceito e características e análise de institutos afins*, I- *Épocas arcaica e clássica*, Coimbra, 1962, pp. 36 e ss., nota (58).

débitos nos limites do património cedido. O pretexto para essa sucessão universal no património do devedor era a ficção da sua morte, com a atribuição do adquirente da qualidade de herdeiro (D.17.2.65.2.).

O sistema veio posteriormente a ser reforçado com a introdução da *bonorum distractio*, através da qual se estabelecia um curador para administração dos bens do devedor, ao mesmo tempo que se introduziram meios para reagir contra os actos do devedor realizados fraudulentamente em prejuízo dos credores (*actio pauliana*, *interdictum fraudatorium* e *restitutio in integrum*).

Com a *Lex Julia* permitiu-se que fosse o próprio devedor a ceder os seus bens aos credores (*cessio bonorum*), evitando-se assim a *missio in possessionem*. O devedor, mesmo que fosse condenado ou *confessus in iure*, poderia entregar aos credores todo o seu património, procedendo eles à sua partilha extrajudicial, o que lhe permitia evitar a infâmia e a prisão por dívidas. Aos credores não era atribuída a propriedade dos bens, mas apenas a sua posse e custódia, assim como o direito de promover a sua venda (C.7.71.4.), que era realizada por um curador, nos termos da *bonorum distractio*, ainda que sem intervenção das autoridades. A *cessio bonorum* levava a que o devedor só respondesse na medida das suas possibilidades e que não pudesse ser perseguido pelas suas anteriores dívidas durante um certo prazo.

Finalmente, a partir de 491, e por decisão de Zenão, a prisão por dívidas deixa de consistir em cárcere privado, passando a ser realizada em cadeia do Estado[24].

Na fase final da época romana, a execução já assumia assim uma função predominantemente patrimonial. Independentemente da utilização para o efeito da *missio in possessionem* ou da *cessio bonorum*, verificava-se a venda do património do insolvente através da *bonorum venditio*. Nesta, o adquirente (*bonorum emptor*) comprava em hasta pública globalmente todo o património do insolvente, obrigando-se a pagar as respectivas dívidas, na proporção do preço por si oferecido. Como o preço ficava naturalmente abaixo

[24] Cfr. Umberto Navarrini, *Trattato di Diritto Fallimentare secondo la nuova legislazione*, I, Bologna, Nicola Zanichelli, 1934, pp. 27 e ss., e Antonio Brunetti, *Lezione sul Fallimento*, Padova, Cedam, 1937, pp. 9 e ss. Entre nós, Sebastião Cruz, *Da «Solutio»*, pp. 26 e ss. e *Direito Romano (Ius Romanum)*, I- *Introdução. Fontes*, 4ª ed., Coimbra, s.e., 1984, pp. 185 e ss., Menezes Cordeiro, *Tratado de Direito Civil Português*, I- *Parte Geral*, t. 1, 3ª ed., Coimbra, Almedina, 2005, pp. 385 e ss., A. Santos Justo, "A execução: pessoal e patrimonial (direito romano)", em *O Direito* 125º (1993), pp. 277-300 e Eduardo Vera-Cruz Pinto, *O Direito das Obrigações em Roma*, I, Lisboa, AAFDL, 1997, pp. 134 e ss..

do valor das dívidas existentes, tal implicava que os credores apenas recebessem uma percentagem do valor dos seus créditos. O adquirente ficava, no entanto, sub-rogado nos créditos que o falido tivesse contra terceiros, podendo para obter a sua cobrança utilizar duas *actiones utiles*: a *actio serviana*, que o equiparava a um herdeiro, e a *actio rutiliana*, que efectuava a transposição de nomes em relação ao anterior titular[25].

O Direito Justinianeu faz surgir ao lado da execução colectiva, uma execução singular ou individual, instituindo a possibilidade de o credor adquirir preferência no pagamento através da interposição prévia de acção judicial (*pignus ex causa iudicati*).

No Direito justinianeu, a execução patrimonial colectiva efectuava-se através do embargo do património a pedido do credor em ordem a evitar a sua dissipação (*missio in bona rei servandae causa*). Seguia-se a *proscriptio bonorum*, que tornava pública a situação, em ordem a conseguir a intercessão de parentes ou amigos para pagamento. Decorridos 30 dias sem que aparecesse ninguém a efectuar o pagamento (ou cinquenta em caso de morte) o devedor era objecto de infâmia, sendo um curador (*curator*) encarregado da administração dos seus bens. Os credores nomeavam um síndico (*magister*), que organizava um caderno dos encargos com indicação dos bens, credores e seu montante. Em ordem a permitir a participação de todos os credores no processo da *missio in possessionem*, Justiniano instituiu um prazo de 2 anos para os credores residentes na mesma província e de 4 anos para os credores exteriores procederem à reclamação dos seus créditos (C.7.72.10.1).

Decorrido esse prazo de 4 anos, procedia-se à venda dos bens, a qual podia ser pública ou particular e referir-se a bens individuais ou a todo o activo patrimonial do devedor. Neste último caso, o preço era fixado numa percentagem das dívidas, que o comprador (*bonorum emptor*) se comprometia a liquidar perante o síndico (*magister*).

Nesse processo não eram, porém, incluídos os reivindicantes de bens do devedor, os quais poderiam exigir a sua separação da massa, nem os credores que beneficiassem de penhor ou hipoteca especial, os quais poderiam proceder à venda separada do objecto da garantia. Já os credores titulares de hipoteca geral tinham apenas um direito a receber o seu pagamento à

[25] Cfr. MENEZES CORDEIRO, *Manual*, p. 414.

frente dos restantes credores. Se houvesse resto, ele seria depositado para pagamento de credores supervenientes[26].

No Direito Justinianeu, surgiram ainda meios preventivos da insolvência, como a concordata e a moratória por cinco anos. A concordata foi incialmente restrita aos casos de herança insolvente (*pactum ut minus solvatur*), passando a ser configurada como um acordo da maioria dos credores, vinculativo para a minoria, em que era remitida uma parte dos débitos (*pactum de non petendo*)[27].

2.2. Direito Intermédio

É essencialmente no Direito Intermédio, especialmente nas cidades italianas, que se pode considerar residir a origem do conceito de falência, hoje insolvência. O contributo do Direito Romano é considerado escasso e inaplicável, senão como quadro geral relativamente ao concurso de credores[28]. A falência é assim considerada uma criação medieval, onde é aliás extremamente difícil distinguir o contributo dos legisladores do trabalho sistemático da doutrina e da jurisprudência[29].

Efectivamente, a expansão do comércio incrementou significativamente a importância dos mercadores no circuito económico, dado que estas passaram a dirigir e assegurar as previsões de expansão dos mercados, captando investimentos de capital, efectuando a aquisição de matérias primas, solicitando a sua transformação a trabalhadores a domicílio, e assegurando o seu transporte para locais de venda distantes, eventualmente recorrendo a distribuidores, concedendo por vezes aos compradores prazos de pagamento. Assim, passaram a ficar dependentes dos pagamentos regulares dos comerciantes inúmeros credores, como os banqueiros, os fornecedores de matéria-prima, os trabalhadores, os distribuidores, os senhorios dos estabelecimentos, etc.

[26] Cfr. CARL FUCHS, *Der deutsche Concursproceß*, Leipzig, Breitkopf und Härtel, 1877, pp. 1 e ss., e PEDRO DE SOUSA MACEDO, *Manual*, I, pp. 25-26.

[27] Cfr. NAVARRINI, *op. cit.*, p. 29.

[28] Conforme salientam NAVARRINI, *op. cit.*, p. 29 e ANTONIO BRUNETTI, *op. cit.*, p. 11, a apreensão geral dos bens pelas autoridades é um instituto apenas introduzido pelas legislações lombarda e franca, sendo, portanto, de origem germânica, tendo sido por obra dos glosadores que foi aproximado à *missio in possessionem* romana. É esta aproximação das duas figuras que está na base de todas as legislações falimentares modernas.

[29] Cfr. C. PECORELLA / U. GUALAZZINI, "Fallimento (premessa storica)", em *ED* XVI, pp. 220-232 (220) e ANTONIO BRUNETTI, *op. cit.*, p. 11.

Esta acrescida importância do comerciante implicou que a sua quebra e o consequente não pagamento aos credores viesse a ter graves consequências económicas, tendo assim que ser disciplinada, acentuando a lei rigorosamente o dever de pagamento pontual aos seus credores. A quebra deixou assim de ser vista socialmente como um mero infortúnio em que tinha incorrido o comerciante e os seus credores, para passar a ser considerada também como uma infracção do comerciante, que deveria ser por isso severamente punida[30].

Na sequência desta nova configuração, as cidades comerciais da Itália, como Génova, Florença, Milão e Veneza, aprovaram estatutos estabelecendo regimes específicos da falência, em ordem a disciplinar as suas consequências e a punir os comerciantes que nela incorressem. Especialmente imporante foi o estatuto de Génova, imprimido em 1498, e reformado em 1586, que regula amplamente a falência, tendo o mesmo sido complementado pelas decisões da Rota de Génova.

Esta evolução legislativa veio a beneficiar do contributo da doutrina. Efectivamente, após a redescoberta do Direito Romano na Itália do séc. XII, os quadros romanísticos relativos à execução colectiva passaram a ser objecto de ensino nas Universidades e objecto de referência nas obras dos glosadores e pós-glosadores, que passaram a tratar a matéria da falência[31]. BENEVENUTO STRACCA, no séc. XVI, escreveu um tratado sobre a matéria intitulado *De Decoctoribus*, onde já sustentava que toda a falência pressupunha a cessação de pagamentos pelo devedor. Este autor qualificava a falência como um *ius proprium*, diferente do *ius commune*, uma vez que se tratava de um direito privativo dos comerciantes[32]. Já BALDUS, salientando a normal responsabilidade do falido na sua situação, sustentou que toda a falência deveria envolver uma presunção de fraude (*fallitus ergo fraudator*)[33].

[30] Cfr. UMBERTO SANTARELLI, "Fallimento (storia del)", em AAVV, *Digesto delle Discipline Privatistiche. Sezione Commerciale*, V, Torino, Utet, 1990, pp. 366-372 (366-367).

[31] Cfr. PEDRO DE SOUSA MACEDO, *Manual*, I, pp. 26 e ss.

[32] Cfr. PECORELLA / GUALAZZINI, *op. cit.*, p. 221.

[33] Refere efectivamente BALDUS DE UBALDIS, *Consilia*, V, cons. 382, n. 20 (citado *apud* SANTARELLI, *op. cit.*, p. 367), que "a verificar-se o que normalmente ocorre, os falidos são burlões e trapaceiros, pelo que se pode presumir que em todos os casos se verifique o que quase sempre sucede; não podem os mesmos pretender ser desculpados por um imprevisto golpe da fortuna".

Inicialmente, a legislação falimentar procurou reprimir principalmente a fuga dos comerciantes, considerado um indício seguro da sua falência, uma vez que a atitude normal dos comerciantes, perante as constantes exigências dos seus credores, era abandonar a cidade onde exerciam o comércio e voltar a tentar a sua sorte noutro local. A situação de fuga do comerciante foi assim qualificada como uma presunção *iuris et de iure* de falência. Por um processo de inversão, nalguns estatutos, chegou a considerar-se a falência como correspondente a uma *fuga* e o falido como *fugitivus*. Assim, os estatutos lombardos, como o de Milão de 1330, fizeram depender a aplicação das normas falimentares da constatação da fuga, reconhecendo-se esta a menos que o falido comparecesse e prestasse garantias idóneas. O estatuto de Pádua de 1420 declarava como *fugitivus* quem não tivesse em Pádua ou no respectivo distrito bens suficientes para a satisfação dos seus credores. Galeazzo Maria Sforza em 1473 viria mesmo a publicar um édito denominado *Decretum contra fugitivos et fidem fallentes*. O estatuto dos mercadores bolonheses de 1509 identificou a fuga com o exercício da empresa em situação irregular. Finalmente, o estatuto dos mercadores florentinos qualificava como "cessantes e fugitivos" os mercadores que tivessem fugido, encerrando o seu estabelecimento ou recusando cumprir os seus deveres perante quem lhes tivesse concedido crédito[34].

A falência era automaticamente qualificada como crime (falência-crime), sendo punida com penas criminais extremamente duras, incluindo a pena de morte. A mais frequente era, no entanto, a pena de banimento (*bannum*), que implicava a expulsão do falido do consórcio dos *cives*, privando-o dos direitos que a estes assistiam, o que se considerava como a sanção proporcional à infracção representada pela fuga. O *bannum perpetuum* implicava a *capitis deminutio* do falido, com a inscrição num *albo* especial, a interdição de cargos públicos e a proibição do exercício do comércio.

Posteriormente, foram, no entanto, surgindo diversas leis, como os já referidos estatutos de Florença e o decreto de Galeazzo Maria Sforza, de 1473, o estatuto de Perugia, de 1523, o *motu proprio* de Pio V, de 1570 e a lei toscana de Francesco I de Medici, de 1582, que, embora incrementassem as penas para os crimes falenciais[35], evitaram a qualificação automática

[34] Cfr. SANTARELLI, *op. cit.*, pp. 367-368. Cfr. ainda PECORELLA / GUALAZZINI, *op. cit.*, p. 222.

[35] Tanto os estatutos florentinos como o *motu proprio* de Pio V equiparavam os falidos aos ladrões. O decreto de Galeazzo Maria Sforza ia ainda mais longe qualificando-os como *rebelles*. Cfr. PECORELLA / GUALAZZINI, *op. cit.*, p. 231.

da falência como crime, reconhecendo a possibilidade de o falido elidir a presunção de culpabilidade, demonstrando a ausência da sua responsabillidade por essa situação. Paradoxalmente, foi essa presunção de culpabilidade que permitiu a passagem da falência-crime para o crime falencial, autonomizando a reacção criminal em relação ao processo falencial[36].

O processo falencial passou a ter assim a finalidade primária de assegurar os direitos dos credores. Essencial à sua aplicação era o requisito subjectivo da pertença do visado a um organismo mercantil, uma corporação, a qual implicava a aceitação de uma disciplina própria, que justificava a sujeição a um processo sumário próprio em caso de falta de pagamento aos credores, onde se julga poder residir a origem da autonomização do processo de falência, o qual terá constituído uma excepção para os comerciantes em relação aos antigos institutos civis da *cessio bonorum* e da *datio in solutum*, que, no entanto, permaneciam aplicáveis sempre que as partes julgavam oportuno. Os credores preferiam, no entanto, o recurso ao processo de falência, dado que, embora permitisse apenas uma recuperação parcial do crédito, fazia-o em termos mais céleres e expeditos, o que era considerado essencial na actividade comercial[37].

Em termos gerais, o processo de falência implicava que o falido fosse desapossado de todo o seu património, bem como de toda a sua escrituração contabilística, que era entregue aos órgãos falimentares, a quem os devedores do falido deveriam passar a liquidar os seus débitos, sendo igualmente exigido aos possuidores de quaisquer bens do falido que os entregassem aos órgãos falimentares. Em ordem a reagir contra os actos do falido que tivessem depauperado o seu património, reconheceu-se aos órgãos falimentares o recurso à *actio pauliana*, a qual, no entanto, deixou de estar dependente do factor subjectivo do *consilium fraudis* entre o alienante e o terceiro adquirente, para passar a estar dependente apenas do factor objectivo do tempo, reconhecendo-se um período suspeito durante o qual se facilitava o seu exercício[38]. O passivo era objecto de uma verificação simples através de um incidente do processo falimentar que permitia

[36] Cfr. Santarelli, *op. cit.*, p. 368.

[37] Cfr. Pecorella / Gualazzini, *op. cit.*, pp. 223-224.

[38] Assim, nesse período suspeito os bens que tivessem sido alienados ou subtraídos pelo falido poderiam ser directamente avocados de novo pela massa, a menos que o adquirente demonstrasse que a aquisição não tinha sido fraudulenta, o que invertia o ónus da prova dos requisitos da impugnação pauliana em caso de falência.

o reconhecimento dos créditos mediante uma prova sumária (que às vezes consistia apenas num juramento solene), para o que os credores eram convidados publicamente a reclamar os seus créditos perante os órgãos falimentares. Em ordem a evitar litígios entre os credores, os mesmos eram pagos, não segundo qualquer prioridade, mas com base no rateio do património do devedor em termos proporcionais ao montante dos créditos, estando esse princípio do concurso de credores já consagrado no estatuto florentino de 1322, do qual eram apenas exceptuados alguns créditos[39].

Posteriormente, diversos estatutos, como o florentino de 1415, vieram admitir a possibilidade de os termos do processo falimentar e as suas graves consequências para o devedor virem a ser alterados, mediante acordo entre o falido e os seus credores, designado por *concordata*. Inicialmente a concordata veio afectar apenas o banimento do devedor, só mais tarde se estendendo aos outros efeitos pessoais da falência. A concordata só poderia ser estabelecida caso com ela concordasse a maioria dos credores, calculada com base no duplo critério de pessoas e valor dos créditos. Caso a mesma viesse a ser aprovada, o devedor beneficiaria de um salvo-conduto, destinado a suspender as sanções pessoais que lhe tivessem sido aplicadas[40].

Assim, as inovações introduzidas pelo direito intermédio italiano sobre o sistema romano da *bonorum distractio* e da *cessio bonorum* consistiram essencialmente no seguinte:

a) adopção da medida de apreensão geral de todo o património do comerciante;
b) notificação aos credores para reclamar em juízo os seus créditos, fornecendo as respectivas provas;
c) verificação sumária dos créditos reclamados;
d) admissibilidade da celebração de concordata entre o devedor e a maioria dos seus credores[41].

O regime jurídico italiano da falência veio a ser expandido para os outros países europeus, começando essa expansão por França, para o que contribuiu as lutas entre as cidades italianas e, dentro destas, entre facções,

[39] Cfr. PECORELLA / GUALAZZINI, *op. cit.*, p. 228, e SANTARELLI, *op. cit.*, pp. 369-370. Um exemplo era o crédito dotal, excluído do concurso atenta o seu carácter estranho ao comércio e a sua função de permitir a satisfação dos encargos matrimoniais.

[40] Cfr. SANTARELLI, *op. cit.*, p. 371.

[41] Cfr. ANTONIO BRUNETTI, *op. cit.*, p. 12.

que levou muitos mercadores a refugiarem-se no sul de França, designadamente em Lyon, transportando os seus usos comerciais em caso de falência[42]. A partir daqui, o instituto italiano da falência estende-se a toda a Europa (incluindo a Inglaterra), em virtude da internacionalização das trocas comerciais, que obrigou os diversos países a reagir contra a possibilidade de os comerciantes estrangeiros que operassem no seu território se subtraíssem à acção dos seus credores[43].

Consequentemente, em França, a primeira lei contra os falidos vem a ser aprovada em 1510 por Luís XII, que proibiu a representação do devedor por procurador na cessão de bens, que constituía um meio de estimular a sua fuga. Essa proibição vem a ser reiterada em 10 de Outubro de 1536 por Francisco I, numa *Ordonnance,* destinada a punir a falência fraudulenta. Seguiram-se-lhe a lei de 1560, de Carlos IX (que chegou a punir a falência fraudulenta com a pena de morte), a Lei de 1579, de Henrique III, a Lei de Maio de 1609, de Henrique IV e a Lei de 15 de Janeiro de 1629, de Luís XIII. Mas foi a *Ordonnance* de 1673, da autoria de Colbert, no reinado de Luís XIV, a primeira a estabelecer um regime completo sobre as falências. Essa lei, inspirada no direito italiano e nos usos de Lyon e de outras praças comerciais, abrangia tanto os comerciantes, como os não comerciantes, ainda que só àqueles exigisse a apresentação da escrita, e criava uma jurisdição especializada para a falência. Em caso de falência, o falido era obrigado a indicar todos os seus bens e dívidas, sendo declarada a nulidade dos actos prejudiciais à massa. Os credores eram reunidos em assembleia, deliberando por maioria de três quartos do capital, sendo pagos em termos proporcionais ao crédito, salvo quanto a créditos privilegiados. Para esse efeito, os bens do devedor eram objecto de venda. A falência poderia ser classificada como fraudulenta, caso em que o devedor poderia ser sujeito a pena de morte. Esta era, no entanto, raramente aplicada, sendo substituída por uma cerimónia de arrependimento, em que o devedor era exposto junto das escadas do palácio, em camisa e de corda ao pescoço segurando nas mãos uma pesada tocha ardente, tendo um dístico atrás e outro à frente, relembrando a sua culpa e a sua condenação[44].

[42] Cfr. Pedro de Sousa Macedo, *Manual*, I, p. 28.

[43] Cfr. Paolo Santella, "Le Droit des Faillites d'un Point de Vue Historique (2002), disponível em http://www.oecd.org/dataoecd/8/9/12771090.pdf.

[44] Cfr. Pedro de Sousa Macedo, *Manual*, I, pp. 29 e ss. e René Ithubirde, *Histoire*, pp. 4 e ss.

Na Inglaterra, o desenvolvimento comercial leva Henrique VIII a publicar a primeira lei sobre a *Bankruptcy* em 1542 (*Statute of Bankrupts Act*, §§ 34 & 35 Henry VIII c. 4) o qual considerava o devedor falido como tendo praticado um crime de falsas declarações, independentemente de a falência resultar ou não de culpa sua, ou de o devedor ser ou não comerciante. Em caso de *bankruptcy*, o devedor era notificado por um oficial público, que averiguava a existência da dívida e o obrigava ao pagamento aos credores, sob pena de prisão. Os bens do devedor eram depois objecto de apreensão pelas autoridades e venda para se realizar o pagamento rateado aos seus credores, sem que o devedor ficasse liberado das suas obrigações[45]. A multiplicação da prisão de devedores em Inglaterra implicou a que a prática viesse a limitar a aplicação do instituto da *bankruptcy* aos comerciantes, o que veio a ser efectivamente consagrado em lei no reinado de Isabel I, que aprovou um novo estatuto em 1570 (13 Eliz. C. 7). Essa lei facilitou a reversão das transmissões fraudulentas e estabeleceu a administração da massa insolvente com carácter vitalício, determinando que mesmo após a liquidação e venda do património do devedor, o administrador poderia continuar a apreender e alienar qualquer propriedade que este viesse a adquirir posteriormente. A lei veio a ser seguida por outras posteriores, sem grandes alterações, até que o estatuto da Rainha Ana de 1705 (4th Anne ch. 17) veio a estabelecer a liberação do devedor por todos os seus débitos no caso de este entregar integralmente os seus bens aos credores, introduzindo assim o Direito Inglês a noção de que nos processos de *bankruptcy* não está apenas em causa o interesse dos credores, mas também o interesse e protecção do devedor. Esta lei viria a ser revista pelo Parlamento através do *Bankruptcy Act* de 1732 (5. Geo II, c. 30), que manteve a possibilidade de liberação do devedor pelas suas dívidas, bem como a pena de morte em caso de falência fraudulenta, disciplinando o processo da falência. Posteriormente, um estatuto de 1832 (6. Geo IV c. 16) consolidou os actos anteriores em matéria de falência, permitindo ao devedor solicitar a própria declaração de falência, entregando aos credores os seus bens[46].

[45] Cfr. George Young Robson, *A Treatise on the Law of Bankruptcy*, 7ª ed., London, William Clowes and Sons, 1894, pp. 1-2, e Robert T. Demarco, "History of Bankruptcy", disponível em http://www.bankruptcytx.com/bankruptcy-history.htm .

[46] Cfr. George Young Robson, *op. cit.*, pp. 2-3 e Robert T. Demarco, *loc. cit.*

2.3. A Codificação

2.3.1. O *Code de Commerce* francês de 1807

A primeira codificação que abrangeu a falência foi o *Code de Commerce* francês, de Napoleão, cujo Livro III, relativo à falência foi promulgado em 22/9/1807.

Esse Livro III denominava-se *Des faillites et des banqueroutes*, ocupando os arts. 437 a 614, inspirando-se na já referida *Ordonnance* de 1673, ainda que dela se distinguisse por considerar a falência um instituto privativo dos comerciantes. Efectivamente, o *Code de Commerce* apenas poderia ser aplicado aos comerciantes, definidos como as pessoas que praticam actos de comércio como ocupação habitual (art. 1º). Devido aos escândalos causados por especulações desenfreadas, o próprio Napoleão exigiu que o Código fosse especialmente duro para os comerciantes que cessassem os pagamentos aos seus credores[47].

O Código distinguia entre a falência (*faillite*) e a bancarrota (*banqueroute*), considerando-se que a primeira ocorria em caso de cessação de pagamentos (art. 437), enquanto que a segunda resulta da existência de culpa grave ou fraude (art. 438). Esta última era considerada infracção penal, sendo que no caso de culpa grave (*banqueroute simple*), o julgamento ocorreria nos tribunais correcionais, enquanto que no caso de fraude (*banqueroute frauduleuse*) já seriam competentes os tribunais criminais (art. 439).

A falência implicava a perda da administração de todos os bens do falido (art. 442), e o vencimento antecipado das suas obrigações (art. 448), existindo a possibilidade de anulação de todos os seus actos praticados no período suspeito de dez dias anteriormente à falência (arts. 443 e ss.).

O tribunal procederia à imposição de selos no estabelecimento do falido (arts. 449 e ss.), nomeando um dos seus juízes comissário da falência e um ou mais agentes da mesma (arts. 454 e ss.), os quais teriam por função apreender os livros de escrituração, cobrar créditos e vender as mercadorias deterioráveis (arts. 462 e ss.), após o que se elaboraria um balanço, com ou sem a aprovação do falido (arts. 470 e ss.).

Após a elaboração da lista de credores, os agentes seriam substituídos por síndicos provisórios (arts. 476º e ss.), os quais levantariam os selos e

[47] Cfr. PHILIPPE THÉRY, "The Evolution of Insolvency Law in France", em WOLF-GEORG RINGE / LOUISE GULLIFER / PHILIPPE THERY (org), *Current Issues in European Financial and Insolvency Law. Perspectives from France and the UK*, Oxford / Portland, Oregon, Hart Publishing, 2009, pp. 1-16 (2).

procederiam a um inventário dos bens do falido (arts. 486 e ss.), alienando mercadorias e móveis e cobrando os seus créditos, cujo produto remeteriam ao comissário (arts. 491 e ss.), podendo ainda praticar actos conservatórios dos bens do falido (arts. 499 e ss.). O comissário procederia então à verificação dos créditos (arts. 501 e ss.), após o que seria convocada a assembleia de credores (arts. 514 e ss.).

Na assembleia, os credores poderiam aprovar uma concordata com o falido (arts. 519 e ss.). No caso contrário, procederiam à nomeação de síndicos definitivos, os quais representariam a massa de credores (arts. 527 e ss.). Os credores seriam ordenados segundo a sua categoria (arts. 532 e ss.), sendo em consequência repartidos entre eles o produto das vendas dos móveis (arts. 558º e ss.) e dos imóveis (arts. 564º e ss.) do falido. O falido poderia ser admitido a fazer cessão de bens aos credores (arts. 566º e ss.). Era igualmente admitida a reivindicação de bens estranhos à falência (arts. 576 e ss.).

O Código regulava ainda a bancarrota simples (arts. 586 e ss.) e fraudulenta (593 e ss.), estabelecendo nesse caso um regime especial para a administração de bens (art. 600 e ss.).

Uma vez verificado o pagamento das dívidas, poderia ser decretada a reabilitação do falido (arts. 604 e ss.).

No sistema do Código francês de 1807, a falência é essencialmente tratada como um processo de liquidação de bens do comerciante, resultante da cessação de pagamentos. O processo visa, no entanto, principalmente a obtenção de concordata entre o devedor e os seus credores, uma vez que a liquidação de bens só se verifica se a concordata não for proposta ou sendo, não vier a ser aceite.

O sistema foi, no entanto, considerado excessivamente severo para os falidos, uma vez que, para além da eventual aplicação de sanções penais, estes eram sujeitos a uma fiscalização muito intensa, em ordem a evitar que celebrassem acordos fraudulentos apenas com alguns credores. Para além disso, o processo de falência originava enormes custas processuais, uma vez que qualquer acto nele praticado era sempre tributado. Tal deu origem a que tanto credores como devedores procurassem evitar o recurso ao processo de falência através de acordos secretos de pagamento, o que originou uma menor aplicação prática deste regime[48].

[48] Cfr. PHILIPPE THERY, *op. cit.*, p. 2.

Não obstante, o Código francês de 1807 teve grande influência nos outros Estados europeus, uma vez que foi adoptado na Bélgica e na Polónia e em certos estados italianos e alemães, e influenciou o Código de Comércio espanhol de 1829, o Código Comercial Português de 1833 (Ferreira Borges), o Código de Comércio Holandês de 1838, o Código Comercial Brasileiro de 1850, e o Código Comercial Italiano de 1865.

2.3.2. A *Konkursordnung* alemã de 1877

O sistema do *Code de Commerce* francês assentava numa autogestão da massa falida por parte dos credores, desempenhando a autoridade judiciária funções de mera fiscalização da actuação destes. Nos diversos estados alemães este sistema veio, no entanto, a ser rejeitado, já que nestes países sempre se adoptou a concepção de que deveria competir integralmente aos tribunais dos estados a promoção, desenvolvimento e conclusão dos processos de falência. Em consequência, nestes países a administração da massa falida era assegurada pelo Estado através de um oficial público. Foi este o sistema que serviu de base às leis falimentares prussiana de 1855, austríaca de 1868 e bávara de 1869[49].

Com a unificação alemã, este sistema veio a ser consagrado na Alemanha a nível federal por uma lei especial, a *Konkursordnung*, de 10 de Fevereiro de 1877[50]. Devido à sua sistematização e abrangência, esta lei constituía um verdadeiro Código da Falência, merecendo assim claramente ser inserida no movimento de codificação.

Ao contrário do que faziam as legislações antecedentes da Prússia de 1855 e da Áustria de 1868, que admitiam dois processos diversos para os comerciantes e não comerciantes, a *Konkursordnung*, não estabelecia qualquer distinção para efeitos da insolvência, por considerar que a mesma não passa de uma execução colectiva destinada a salvaguardar a igualdade dos credores, que deixa de ser assegurada na execução individual em casos de desequilíbrio patrimonial[51].

A *Konkursordnung* definia a massa falida (§ 1 KO), a qual abrangia igualmente a comunhão conjugal (§ 2 KO), e estabelecia o tratamento igualitá-

[49] Cfr. ANTÓNIO BRUNETTI, *op. cit.*, p. 13.

[50] Esta lei entrou em vigor em 1 de Outubro de 1879, tendo sido modificada pela Lei de 17 de Maio de 1898, a qual implicou a sua republicação com um novo texto em 20 de Maio de 1898, que entrou em vigor em 1 de Janeiro de 1900.

[51] Cfr. NAVARRINI, *op. cit.*, pp. 32-33.

rio dos credores da falência (§ 3 KO), só admitindo pagamentos separados em casos especiais (§ 4 KO).

Em caso de falência, o devedor perdia as faculdades de administração e disposição dos seus bens, as quais eram atribuídas a um administrador (§ 6 KO), sendo considerados inoponíveis aos credores do falido todos os actos que este praticasse após a abertura do processo (§ 7 KO), bem como todos os pagamentos que não dessem entrada na massa (§ 8 KO), cabendo, no entanto, exclusivamente ao falido a aceitação ou o repúdio das heranças recebidas antes da abertura (§ 9 KO). Caberia ainda ao administrador prosseguir as acções instauradas pelo e contra o falido (§§ 10 e 11 KO), não podendo os credores exercer os seus créditos, a não ser nos termos do processo de falência (§ 12 KO), sendo-lhes consequentemente vedada a instauração de acções individuais sobre os bens da massa (§§ 17 e ss. KO).

Em relação aos negócios em curso, era reconhecido ao administrador optar ou não pela execução dos contratos sinalagmáticos que ainda não tivessem sido integralmente cumpridos por qualquer das partes (§ 17 KO). Eram, porém, objecto de regime especial a alienação de mercadorias a termo fixo (§ 18 KO), a locação de bens (§§ 19 e ss. KO), os contratos de trabalho (§§ 22 e ss.) e as ordens (§§ 23 e ss.). O administrador poderia ainda proceder à impugnação de actos jurídicos praticados em prejuízo da massa falida (§§ 29 e ss.).

Era reconhecido o direito de separação da massa dos bens estranhos à falência (§§ 43 e ss.), bem como as preferências de que os credores gozassem em relação aos bens da massa (§§ 47 e ss.). Os credores eram, em princípio admitidos a invocar a compensação (§§ 53 e ss.).

A lei estabelecia o pagamento em primeiro lugar dos encargos da massa e das suas dívidas (§§ 57 e ss.), sendo em seguida pagos os credores da falência (§§ 61 e ss.).

A lei regulava em seguida o processo de falência, tratando primeiro das disposições gerais (§§ 71 e ss.), da abertura do processo (§§ 102 e ss.), da administração da massa (§§ 117 e ss.), verificação de créditos (§§ 138 e ss.), partilha de bens (§§ 149 e ss.), concordata forçada (§§ 173 e ss.), suspensão do processo (§§ 202 e ss.), disposições especiais (§§ 207 e ss.) e disposições penais (§§ 239 e ss.).

A *Konkursordnung* veio a ter influência noutros países, uma vez que nela se inspiraram a lei húngara de 27 de Março de 1881, a lei holandesa de 30 de Setembro de 1893, a lei austríaca de 10 de Dezembro de 1914[52], e a lei japonesa de 24 de Abril de 1922.

2.4. O advento do princípio da recuperação de empresas

A evolução posterior nos sécs. XIX e XX foi no sentido de abrandamento da penosidade da falência, uma vez que as crises económicas de 1870, 1914 e 1929 provocaram uma multiplicidade de falências casuais que produziram um sentimento geral de benevolência para com os falidos. Surge, por isso, uma ideia de separar os destinos do homem e da empresa insolventes, ensaiando-se vias de recuperação.

Em França, o *Code de Commerce* vem a ser modificado logo pela lei de 28 de Maio de 1838, que mitigou a severidade de alguma das suas disposições[53]. Entre várias leis posteriores, merecem referência a lei de 17 de Julho de 1856, sobre as concordatas com abandono do activo, e a lei de 12 de Fevereiro de 1872, que disciplina o privilégio do locador de imóveis em caso de falência. Depois surge a importante lei de 4 de Março de 1889 (interpretada e integrada pelas leis de 4 de Abril de 1890 e de 6 de Fevereiro de 1895), a qual estabelece um processo especial alternativo, a *liquidation judiciaire*, para os comerciantes honestos, caídos em falência por infortúnio, que evitava certas características infamantes e custosas da falência[54]. Surgiram depois as leis de 31 de Dezembro de 1903, 31 de Março de 1906, e 23 de Março de 1908, que abrangeram as pessoas colec-

[52] Em consequência, esta lei anulou a distinção de regimes entre comerciantes e não comerciantes, vigente na anterior lei austríaca de 25 de Dezembro de 1868. Essa lei surge acompanhada de uma outra lei, da mesma data que permite, em alternativa, a abertura de um processo de concordata.

[53] Assim, em primeiro lugar o falido deixou de ser sistematicamente sujeito a penas de prisão. Em segundo lugar, admitiu-se que o processo de falência pudesse ser encerrado em caso de falta absoluta de bens a distribuir, por se considerar inútil a sua instauração nessa hipótese. Cfr. PHILIPPE THERY, *op. cit.*, p. 2.

[54] Esta lei introduziu assim no Direito francês pela primeira vez a distinção entre a falência culposa e a casual, admitindo que os que caíssem em falência por mero infortúnio pudessem requerer no prazo de 15 dias após a suspensão de pagamentos o processo de *liquidation judiciaire* que lhes permitia manter-se à frente do seu comércio, sendo apenas assistidos por um administrador. Normalmente esse processo deveria terminar através de um acordo com os credores, que permitia ao devedor efectuar os pagamentos em prestações e com eventuais reduções, após o que recuperaria a livre administração dos seus negócios. Não sendo obtido o acordo com os credores, voltaria a ser aplicado o regime da falência com a liquidação universal do património do devedor e a sua repartição pelos credores. Cfr. PHILIPPE THERY, *op. cit.*, p. 3.

tivas, e permitiram a reabilitação do falido, a qual poderia ser legal, ao fim de 20 anos, ou judiciária, se ele providenciasse no sentido da sua recuperação[55]. Segue-se uma lei de 1919, que permite ao devedor solicitar, por acordo com os credores, a instituição de medidas de recuperação, o que constitui um antecedente das meios preventivos da falência. Depois, o Décret de 20 de Maio de 1955 acentua a distinção entre os processos de falência e de liquidação judiciária, generalizando a concordata em relação a estes últimos, e consignando a regra de que a suspensão de pagamentos deveria em princípio levar à composição com os credores, passando a abertura do processo a ser vista como um sinal de infortúnio económico e não como uma violação das regras comerciais[56]. Posteriormente, a Lei de 13 de Julho de 1967, complementada pela *Ordonnance* de 23 de Setembro de 1967, acentua a vertente da recuperação da empresa, considerando que a mesma, enquanto entidade criadora de riqueza, deveria ser a todo o custo, salva. A lei institui assim o regime do *réglement judiciaire*, aplicável aos comerciantes, industriais, e pessoas colectivas de direito privado, que lhes permite apresentar uma proposta de concordata aos seus credores, que se fosse maioritariamente aceite, impedia a liquidação judiciária, com a venda dos bens em benefício dos credores. Para além disso, em caso de *réglement judiciaire*, a Lei admitia a possibilidade de alienação dos bens do devedor na sua totalidade, permitindo assim a continuação da empresa mediante a sua aquisição por outrem a custo inferior[57].

Na Alemanha, as leis protectoras do falido iniciam-se com lei de 8 de Junho de 1915, que contém disposições relativas aos efeitos da abertura do processo sobre o contrato de locação, e a lei de 14 de Dezembro de 1916, que admite a concordata preventiva, beneficiando neste âmbito os não comerciantes sobre os comerciantes. Motivada pelo período de inflação após a I Guerra Mundial, a lei de 14 de Fevereiro de 1924, procede à avaliação dos créditos para efeitos do processo. A lei de 5 de Julho de 1927 regula a concordata, tendo ainda a Lei de 26 de Fevereiro de 1935 admitido uma proposta de concordata judiciária, destinada a evitar o estado de falência[58].

No Direito Inglês sucederam-se leis sucessivas, em 1883, 1887, 1888, 1914, e 1926. O sistema tinha como particularidade permitir que, após um

[55] Cfr. NAVARRINI, *op. cit.*, p. 31.
[56] Cfr. PHILIPPE THERY, *op. cit.*, p. 3.
[57] Cfr. PHILIPPE THERY, *op. cit.*, p. 4.
[58] Cfr. NAVARRINI, *op. cit.*, p. 33.

official receiver indagar dos negócios do devedor e das causas do estado de insolvência, ser entregue o conjunto dos bens do devedor a um *trustee* que os administra e liquida no interesse dos credores, ficando o devedor liberado com o encerramento do processo (*discharge*). Como o *discharge* só era aplicável aos comerciantes, em relação aos não comerciantes, institui-se um processo de execução colectiva (*insolvency*), moldada sobre a *bankruptcy*, mas estabelecida no interesse do devedor. Posteriormente, a *bankruptcy* absorveu a *insolvency* ao se estender aos não comerciantes[59].

No âmbito do Direito Norte-Americano, a recuperação de empresas tem como marco principal os *reorganisation proceedings*, criados em 1938, através de uma alteração ao *Bankruptcy Act* norte-americano[60].

Este processo veio a ser acentuado com as crises energéticas da década de 70 do séc. XX, que provocaram um empolamento do número de falências, com consequências dramáticas para os trabalhadores envolvidos. Surgiram, por isso, nos diversos ordenamentos, primeiro na esfera laboral e depois no âmbito geral da economia, medidas legislativas destinadas a estimular o saneamento e a recuperação de empresas, evitando assim a ocorrência de falências[61].

2.5. As reformas recentes em matéria de insolvência

2.5.1. Generalidades

Os últimos anos do séc. XX e o início do séc. XXI são caracterizados por uma evolução contraditória em termos económicos. Depois de uma euforia económica sem precedentes, nas décadas de 80 e 90 do séc. XX, que funcionou no sentido de uma maior aceitação dos veredictos do mercado e do individualismo dos credores perante as insolvências, o início do milénio trouxe de novo o espectro da crise. Essa crise inicia-se logo a partir do 11 de Setembro de 2001, com os receios que este desencadeou em termos de estabilidade e segurança, para se agravar consideravelmente com o colapso do crédito do *subprime* americano, a partir do Verão de 2007. Na

[59] Cfr. NAVARRINI, *op. cit.*, p. 35.

[60] Cfr. CARLOS FERREIRA DE ALMEIDA, "O âmbito de aplicação dos processos de recuperação de empresa e de falência", na *RFDUL* 36 (1995), nº 2, pp. 353-369 (384-385).

[61] Cfr. ANTÓNIO MENEZES CORDEIRO, "Saneamento financeiro: os deveres de viabilização de empresas e a autonomia privada", em FACULDADE DE DIREITO DA UNIVERSIDADE CLÁSSICA DE LISBOA / CENTRO DE ESTUDOS JUDICIÁRIOS, *Novas perspectivas do Direito Comercial*, Coimbra, Almedina, 1988, pp. 57-100 (61).

sequência desse colapso diversas instituições financeiras entraram em crise a nível mundial, verificando-se em 2008 a falência do Lehman Brothers, que colocou quase todo o sistema financeiro à beira do colapso. Em consequência, os diversos Estados foram forçados a nacionalizar os bancos, o que lançou em descrédito as dívidas soberanas, obrigando vários Estados a partir de 2010 a solicitar ajuda externa para reequilibrar as suas contas públicas. A pouca eficácia desses programas de ajuda externa, que têm causado recessões profundas, arrisca-se a pôr em causa toda a estrutura financeira em que se baseia a União Europeia e no limite a própria moeda única. No momento em que escrevemos, em Julho de 2014, mantém-se uma crise financeira internacional sem precedentes, cuja futura evolução continua a ser uma incógnita. Compreende-se, por isso, a existência de evoluções distintas no âmbito da insolvência.

2.5.2. A reforma francesa de 1984/1985 e a evolução subsequente

A reforma francesa de 1984/1985, é representada essencialmente por duas leis: a *Loi 84-148 du 1 mars 1984 relative à la prévention et au règlement amiable des difficultés des entreprises.* e a *Loi 85-98, du 25 janvier 1985 relative au redressement et à liquidation judiciaires des enterprises.*

A *Loi 84/148*, considerando que quanto mais cedo fossem tomadas medidas perante o surgimento de dificuldades económicas, mais fácil se tornaria obter a viabilização das empresas, veio estabelecer medidas de controlo das contas das empresas e procedimentos de alerta em situação de crise (art. 9º e ss.). As empresas poderiam aderir a um agrupamento de prevenção amigável junto de um órgão do Estado a nível do local, caso em que seriam sujeitas a informações contabilísticas e financeiras, podendo receber ajudas públicas (arts. 33º e ss.). Era igualmente instituído um *réglement amiable*, processo extrajudicial de conciliação com os credores, em que um conciliador, nomeado pelo Presidente do Tribunal, levava as partes a estabelecer medidas de viabilização adequadas (arts. 35º e ss.), o que tinha por efeito suspender as execuções sobre os bens do devedor (art. 37º).

Já a *Loi* 85-98 institui um novo processo de *"redressement et liquidation judiciaire"*, que se pode considerar o apogeu da tendência evolutiva no sentido da recuperação das empresas caídas em situação de falência. Por esse motivo, essa lei considera mesmo o processo de *redressement* como matéria de interesse público, apresentando como seu fim a salvaguarda da empresa e a manutenção da sua actividade e do nível de emprego e o apuramento do passivo (art. 1º)[62]. O processo compreendia duas fases, a recuperação e a liquidação. Na fase de recuperação, o devedor deixa de ser desapossado de todos os seus bens, sendo apenas colocado debaixo de assistência e vigilância de um administrador. Num período de observação que varia entre 8 meses para o regime simplificado e 18 meses para o regime geral (arts. 3º e ss.), o devedor deveria apresentar um balanço económico-social e um plano de recuperação (arts. 18º e ss.), que seria de continuação da actividade ou de cessão (art. 61º). O tribunal deveria decidir pela primeira alternativa, caso existissem probabilidades sérias de recuperação da empresa e regularização do passivo (art. 69º), podendo ainda ordenar a sua cessão, caso o administrador a propusesse (art. 81º). Em caso de liquidação judiciária, salvo nos casos de falência ou fraude, o devedor ficava liberado de todas as suas obrigações, não tendo os credores forma de recuperação dos seus créditos (art. 169). Conforme se pode verificar, tratava-se de uma lei fortemente protectora do devedor, que o colocava sob a protecção do tribunal, cujas decisões dificilmente poderiam ser contestadas pelos seus credores. Em consequência, tanto a lei como a sua aplicação prática foram consideradas altamente prejudiciais aos interesses dos credores[63].

Os processos de *redressement et liquidation judiciaire* vieram a ser novamente reformulados pela *Loi nº 94-475 du 10 juin 1994 relative à la prévention et au traitement des difficultés des enterprises*, em ordem a moralizar os planos de recuperação de empresa e simplificar o processo[64]. Dado o facto de ter surgido como reacção ao excessivo favorecimento do devedor efectuado pela reforma de 1985, aquele diploma veio a ser qualificado como a "reforma da reforma", procurando reequilibrar o regime em benefício dos credores[65]. Assim estabeleceu-se a possibilidade de ordenar a liquidação imediata do património do devedor, nos casos em que o período de observação se revelasse sem qualquer utilidade (art. 67º). Para além disso, admitiu-se a possibilidade de ser ordenada o pagamento imediato de todo ou parte do crédito aos credores titulares de garantias (art. 25º).

Posteriormente surge a *Loi nº 2005-845 du 26 juillet 2005 de sauvegarde des entreprises*, a qual introduziu esta matéria no Livro VI do *Code du*

[62] Chama a atenção PHILIPPE THERY, *op. cit.*, p. 4, para a inexistência de qualquer referência ao pagamento aos credores!

[63] Neste sentido, PHILIPPE THERY, *op. cit.*, p. 5.

[64] Cfr. MENEZES CORDEIRO, *O Direito* 137 (2005), III, p. 477.

[65] Cfr. PHILIPPE THERY, *op. cit.*, p. 5.

Commerce, sobre *Des difficultés des enterprises*, a ele aditando os arts. L610-1 e ss. Esta reforma continua a ser baseada na ideia de recuperação e da protecção das empresas, admitindo o recurso preventivo a um órgão público para prevenção de dificuldades, mandato *ad hoc* ou instauração de procedimento de conciliação (arts. L611-1 e ss.) e prevendo um processo de salvaguarda a pedido do devedor no caso de este se encontrar em dificuldades económicas que não possa resolver, sem, no entanto, ter efectuado qualquer cessação de pagamentos (arts. L620-1 e ss.). Já o processo de *redressement judiciaire* depende da cessação de pagamentos pelo devedor (arts. L631-1 e ss.), sendo aplicável o processo de *liquidation judiciaire* sempre que, estando o devedor em cessação de pagamentos, a sua recuperação se apresente como manifestamente inviável (art. L640-1 e ss.). Em caso de liquidação judiciária, o devedor poderá ser sujeito a responsabilidade em caso de culpa na insuficiência do activo (arts. L651-1 e ss.), acarretando ainda a falência a proibição do exercício de certas actividades económicas (arts. L653-1 e ss.), e sendo o devedor sancionado em caso de falência fraudulenta (arts. L654-1 e ss.).

Mais tarde viria ainda a surgir a *Ordonnance nº 2008-1345*, de 18 de Dezembro de 2008, que reformou o direito das empresas em dificuldade. Este diploma é composto por 174 artigos, divididos por oito capítulos. O primeiro capítulo modificou o regime do mandato *ad hoc* e da instauração do procedimento de conciliação. Já o segundo capítulo alterou o processo de salvaguarda em ordem a torná-lo mais atractivo para os devedores. O terceiro capítulo procurou facilitar o processo de *redressement judiciaire*. O quarto capítulo introduziu melhoramentos no processo de *liquidation judiciares*. O quinto capítulo alterou o regime da responsabilidade e sanções. O sexto capítulo ocupa-se de disposições processuais. O sétimo capítulo altera o regime relativo aos administradores e mandatário judiciais. Finalmente, o oitavo capítulo altera as disposições comuns.

Merece igualmente destaque a regulação da insolvência dos consumidores em França, a qual se inicia com as disposições da *Loi Neiertz*, de 31 de Dezembro de 1989, o qual permitiu aos particulares que tivessem caído em endividamento excessivo solicitar auxílio a uma comissão, que poderia decretar o reescalonamento das suas dívidas. O regime foi posteriormente inserido no *Code de la Consommation*, cujo art. L-330-1, define o sobre-endividamento como a impossibilidade manifesta para o devedor de boa fé, pessoa física, de pagar o conjunto das suas dívidas não profissionais, estejam as mesmas vencidas ou por vencer, o qual atribui ao devedor a possibilidade de solicitar a essa comissão medidas de tratamento (art. L-330-1, 2º parágrafo), as quais podem passar pelo reporte ou reescalonamento dos pagamentos, remissão das dívidas, redução ou supressão de juros, consolidação, criação ou substituição de garantias (art. L-331-6, 1º parágrafo). A *Loi nº 2003-710 du 1 août 2003* estabeleceu ainda um processo de recuperação pessoal (*procédure de rétablissement personnel*), a aplicar pelo tribunal de execução sempre que o devedor se encontrasse numa situação irremediavelmente comprometida e não fosse viável o recurso às medidas de tratamento (novo 3º parágrafo do art. L-330-1). Esse processo vem a ser regulado nos novos arts. L-332-5 a L-332-12 do *Code de la Consommationi* e caracteriza-se por permitir o encerramento do processo, quer o activo seja suficiente para satisfazer os credores, quer não, sendo que o encerramento determina a exoneração de todas as dividas não profissionais do devedor (novo art. L-332-9)[66].

2.5.3. A reforma britânica de 1986 e a evolução subsequente

O princípio da recuperação de empresas veio a ser igualmente aplicado no Reino Unido através do *Insolvency Act* de 1986. Esta reforma veio a ser cuidadosamente preparada desde 1977, altura em que o Governo Trabalhista, encomendou a uma comissão presidida por Kenneth Cork a elaboração de um relatório sobre a modernização do Direito da Insolvência. Essa comissão apresentou em 1982 um *Report of the Review Committee on Insolvency Law and Practice* (Cmnd 8558, June 1982), habitualmente designado por *Cork Report*. Esse relatório deu posteriormente origem a um Livro Branco publicado em 1984, *A Revised Framework for Insolvency Law* (Cmnd 9175, 1984), a partir do qual foi elaborado o *Insolvency Act* de 1986. Este foi aplicado em todo o território do Reino Unido ainda que com algumas disposições distintas em relação à Inglaterra e Gales, Escócia e Irlanda do Norte.

O *Insolvency Act* de 1986 pretendeu estabelecer uma reforma do processo de insolvência que facilitasse a recuperação da empresa, considerando-se que a longo prazo tal se revelaria mais benéfico para os credores do que a sua liquidação imediata. Efectivamente, enquanto que anteriormente apenas existia um processo de liquidação colectiva (imposta ou voluntária) em

[66] Cfr. Laurent Leveneur, "Guarantees and Collective Procedures", em Wolf-Georg Ringe / Louise Gullifer / Philippe Thery (org), *Current Issues in European Financial and Insolvency Law. Perspectives from France and the UK*, Oxford / Portland, Oregon, Hart Publishing, 2009, pp. 137-153 (139-140).

benefício dos credores, o *Insolvency Act* de 1986 instituiu uma administração da empresa destinada a promover a sua recuperação. O administrador da insolvência passou assim a ser nomeado pelo tribunal em ordem à obtenção de quatro possíveis objectivos: viabilização da empresa ou de estabelecimentos; aprovação de um acordo voluntário; estabelecimento de um plano de recuperação com os credores; e alienação de bens por forma mais vantajosa que na liquidação. O objectivo da nomeação tinha que ser indicado no próprio acto (*Insolvency Act* 1986, section 8 (2)). O administrador da insolvência possuía extensos poderes de administração (*Insolvency Act* 1986, sections 13 e ss.) mas as suas propostas relativamente ao destino da empresa insolvente teriam que ser aprovadas pela assembleia de credores (*Insolvency Act* 1986, section 24).

Para além disso, o *Insolvency Act* de 1986 veio atenuar a eficácia do *floating charge*, uma garantia flutuante que se cristalizava sobre os bens da empresa em caso de incumprimento, permitindo ao credor nomear um liquidatário próprio e pagar-se sobre o valor dos bens. Embora continuasse a reconhecer a faculdade de nomeação do liquidatário (*Insolvency Act* 1986, section 29 (2)), o que tinha como consequência que esse credor pudesse vetar o administrador nomeado pelo tribunal, o *Insolvency Act* de 1986 limitou os efeitos da cristalização, determinando que estes se limitassem à aquisição de preferência sobre os credores comuns que ainda não tivessem movido execução[67].

O *Insolvency Act* de 1986 foi posteriormente revisto pelo *Enterprise Act* de 2002, cuja Parte 10 (sections 248 e ss.) regula a matéria de insolvência. Este diploma procurou acentuar a vertente da reabilitação da empresa, procurando evitar a todo o custo a sua liquidação em benefício dos credores, ao mesmo tempo que procurou assegurar os pagamentos aos credores comuns, assim como a participação dos titulares do capital no processo de insolvência[68]. Em consequência, introduziu a possibilidade de decretar a

[67] Cfr. LOUISE GULLIFER, "The Reforms of the Enterprise Act 2002 and the Floating Charge as a Security Device", em WOLF-GEORG RINGE / LOUISE GULLIFER / PHILIPPE THERY (org), *Current Issues in European Financial and Insolvency Law. Perspectives from France and the UK*, Oxford /Portland, Oregon, Hart Publishing, 2009, pp. 17-44 (19 e ss.).

[68] Cfr. SANDRA FRISBY, "The Effect of the Enterprise Act 2002: Empirical Research into Corporate Insolvency", em WOLF-GEORG RINGE / LOUISE GULLIFER / PHILIPPE THERY (org), *Current Issues in European Financial and Insolvency Law. Perspectives from France and the UK*, Oxford /Portland, Oregon, Hart Publishing, 2009, pp. 45-65 (45).

administração da empresa insolvente sem recurso aos tribunais (*out of court administration*). O *Enterprise Act* 2002 tomou ainda medidas no sentido de assegurar maior igualdade entre os credores, tendo abolido a faculdade que o titular do *floating charge* possuía de nomear o liquidatário judicial, apenas lhe permitindo nomear um administrador extrajudicial, à semelhança de outros credores (*Enterprise Act* 2002, section 250). Para além disso, este diploma aboliu certas preferências no pagamento de que beneficiavam os créditos da Coroa (*Enterprise Act* 2002, section 251)[69].

2.5.4. A *Insolvenzordnung* alemã de 1994 e a evolução subsequente

Uma evolução diferente do processo de insolvência é aquela que foi representada pela *Insolvenzordnung* alemã, de 5 de Outubro de 1994. Tratou-se de uma reforma cuidadosamente ponderada e preparada[70], e que representa por isso um marco na evolução do Direito da Insolvência.

A *Insolvenzordnung* inicia-se com um capítulo sobre disposições gerais (§§ 1-10), a que se segue o regime da abertura do processo, massa insolvente e órgãos da insolvência (§§ 11-79). Em seguida, regulam-se os efeitos da abertura do processo (§§ 80-147). Seguem-se o regime da administração e valorização da massa insolvente (§§ 148-173) e a satisfação dos credores da insolvência e arquivamento do processo (§§ 174-216). São ainda regulados o plano de insolvência (§§ 217-269), a administração pelo devedor (§§ 270-285), a exoneração do passivo restante (§§ 286-303), a insolvência dos consumidores e outros pequenos processos (§§ 304-314), tipos especiais de processos de insolvência (§§ 315-334) e insolvências internacionais (§§ 335-358).

A *Insolvenzordnung* visou essencialmente o reforço da autonomia dos credores, facilitando-lhes a abertura do processo de insolvência, e dilatando as possibilidades de impugnação de actos praticados em prejuízo da massa. Procurou-se igualmente reforçar a igualdade dos credores, incluindo as garantias no processo e reduzindo os privilégios. Não deixava, porém, de ser contemplada a possibilidade de recuperação da empresa, através do

[69] Cfr. Louise Gullifer, *op. cit.*, pp. 21 e ss.

[70] Basta ver que os primeiros anteprojectos desta reforma apareceram em 1985 e 1986. Após as críticas surgidas, o Ministério da Justiça alemão submeteu à discussão novo anteprojecto da Lei de Reforma da Insolvência em 1988, o qual foi completado em 1989, dando origem a um novo projecto em 1992, o qual viria a ser convertido em lei em 5/10/1994. Essa lei teve uma *vacatio legis* de quatro anos, só entrando em vigor em 19/12/1998.

instituto do plano de insolvência. Para além disso, a *Insolvenzordnung* manifesta a preocupação em regular autonomamente a insolvência dos consumidores, permitindo ainda a exoneração do passivo restante.

Apesar do cuidado posto na sua elaboração, não deixaram de ser apontadas críticas à *Insolvenzordnung*. Efectivamente, a mesma constitui um diploma bastante complexo, o qual se mostra pouco adaptado às realidades empresariais. Por outro lado, ao facilitar a abertura dos processos de insolvência, a mesma provocou um grande aumento do número de insolvências. Finalmente, o regime estabelecido em matéria de insolvência dos consumidores apresenta-se de difícil execução prática[71].

A crise financeira justificou por isso o surgimento de alterações à *Insolvenzordnung* alemã. Depois de várias alterações menores, surge em 17 de Outubro de 2008 a *Finanzmarktstabilisierungsgesetz* (Lei de Estabilização dos Mercados Financeiros), habitualmente designada por FMStG. O artigo 5º desta lei alterou o § 19, Abs. 2, da Insolvenzordnung, passando a estabelecer a opção pela continuação da actividade da empresa, quando essa possibilidade seja considerada provável em função da avaliação do património do devedor.

Mais tarde surge em 7 de Dezembro de 2011, a *Gesetz su weiteren Erleichterung der Sanierung von Unternehmen*, habitualmente designada por ESUG, que procurou aligeirar os requisitos para o saneamento das empresas. Esta lei, ao mesmo tempo que aumentou a influência dos credores na escolha do administrador da insolvência, reforçou a aplicação do plano de insolvência, facilitando a aplicação de medidas de recuperação das empresas.

[71] Cfr. Menezes Cordeiro, *O Direito* 137 (2005), III, p. 478.

3
Evolução do regime da insolvência em Portugal

3.1. Fases da evolução

A evolução do Direito da Insolvência no nosso país apresenta-se como extremamente diversificada[72]. É possível, porém, distinguir três fases, em que se adoptam diferentes sistemas legais:

a) A fase do sistema da *falência-liquidação*, que vai desde os primórdios até ao Código de Processo Civil de 1961;

b) A fase do sistema da *falência-saneamento*, que vai desde o Código de Processo Civil de 1961 até ao Código da Insolvência e Recuperação de Empresas de 2004;

c) Um retorno ao sistema de *falência-liquidação*, desencadeado pelo Código da Insolvência e Recuperação de Empresas, de 2004.

3.2. A primeira fase: sistema da *falência-liquidação*

3.2.1. Generalidades

A primeira fase corresponde, conforme se referiu, ao sistema de falência-liquidação. Este sistema assentava na ideia de que o fim do processo

[72] Cfr. sobre esta, Luís Carvalho Fernandes, "Efeitos da Declaração de Insolvência no Contrato de Trabalho segundo o Código da Insolvência e da Recuperação de Empresas", na *RDES* 45 (2004), nºs 1, 2, e 3, pp. 5-39 (6 e ss.) = Luís A. Carvalho Fernandes / João Labareda, *Colectânea de Estudos sobre a insolvência*, Coimbra, Almedina, 2009, pp. 215-246 (216 e ss.) e "O Código da Insolvência e da Recuperação de Empresas na Evolução do Regime da Falência no Direito Português", em Jorge Miranda / Luís de Lima Pinheiro / Dário Moura Vicente, *Estudos em Memória do Professor Doutor António Marques dos Santos*, I, Coimbra, Almedina, 2005, pp. 1183-1221 = Luís A. Carvalho Fernandes / João Labareda, *Colectânea de Estudos sobre a insolvência*, Coimbra, Almedina, 2009, pp. 41-82, e Catarina Serra, *O Regime Português da Insolvência*, 5ª ed., Coimbra, Almedina, 2012, pp. 19 e ss.

de falência era o de assegurar aos credores a satisfação dos seus direitos, procedendo à liquidação integral do património do falido, e ao mesmo tempo punir o falido por se ver envolvido nessa situação, lesando assim a confiança daqueles que lhe tinham concedido crédito. Para além disso, este sistema tinha como traços essenciais a consagração da falência como instituto privativo dos comerciantes, qualificando-se como insolvência a situação dos não comerciantes. Esta distinção tinha por base a maior facilidade no acesso ao crédito por parte dos comerciantes, o que levava a que a falência se baseasse em critérios diferentes do que a mera insuficiência profissional que caracterizava a insolvência.

3.2.2. A quebra nas Ordenações

O instituto da insolvência, originariamente designado de quebra, e posteriormente de falência, encontra-se previsto em Portugal desde tempos imemoriais, surgindo referências à quebra nas várias Ordenações[73].

Nas Ordenações Afonsinas[74], faz-se referência a uma lei de Afonso III que procurou restringir a prisão por dívidas, estabelecendo que, em caso de incumprimento do devedor, a sua prisão não deveria ser decretada se ele tivesse por onde pagar ou fizesse cessão de bens (Livro V, tit. CVIII, nº 1). D. João I admitiu a prisão do devedor quebrado em caso de dolo exigindo, porém, um julgamento prévio (Livro V, tit. CVIII, nº 3), sendo que os fidalgos, cavaleiros ou doutores só poderiam ser presos por crime a que coubesse pena de morte (Livro V, tit. LXXXXIIII, nº 5). A cessão de bens era regulada no Livro III, Título CXXI, em termos confessadamente inspirados nos monumentos romanos, não sendo concedida em caso de burla ou má fé, iniciando-se com uma declaração do devedor ao juiz, indicando os seus bens. O credor poderia, porém, preferir uma moratória por cinco anos, findos os quais, se o devedor não pagasse, seria preso, já não podendo fazer a cessão.

Nas Ordenações Manuelinas[75] não houve grandes alterações a este sistema, embora se tenha restringido a possibilidade de o devedor fazer cessão de bens, atenta as fraudes a que esta era sujeita (Livro III, Título LXXXIX).

[73] Cfr. Pedro de Sousa Macedo, *Manual*, I, pp. 33 e ss.

[74] Seguimos a edição da Real Imprensa da Universidade de Coimbra, de 1792, reproduzida pela Função Calouste Gulbenkian, 1984.

[75] Seguimos a edição da Real Imprensa da Universidade de Coimbra, de 1797, reproduzida pela Função Calouste Gulbenkian, 1984.

As Ordenações Filipinas distinguiram consoante a falência fosse considerada fraudulenta, culposa ou casual[76].

Era *fraudulenta* a falência sempre que os mercadores fugissem dos estabelecimentos e escondessem as suas fazendas, ou colocassem os seus créditos noutras pessoas, sendo nesse caso punidos como ladrões, com a pena de morte (Ordenações Filipinas, Livro V, Tit. LXVI, proémio), ou em degredo para galés e outras partes, sendo inabilitados para toda a vida do ofício de mercador (Ordenações Filipinas, Livro V, Tit. LXVI, nº 1). Para além disso, era-lhes vedada a cessão de bens e considerada nula qualquer moratória concedida, podendo os credores proceder à execução imediata do seu património (Ordenações Filipinas, Livro V, Tit. LXVI, nº 2).

A falência era considerada como *culposa* se as pessoas tivessem perdido a sua fazenda, jogando ou gastando demasiadamente, sendo então sujeitas às mesmas penas, mas não seriam consideradas como ladrões, não podendo ser assim sujeitas a pena de morte, mas apenas "a penas de degredo, segundo a qualidade da culpa em que forem compreendidos, e quantidade das dívidas com que quebrarem e se leventarem" (Ordenações Filipinas, Livro V, Tit. LXVI, nº 7).

Finalmente, a falência era considerada como *casual* se as pessoas tivessem caído "em pobreza sem culpa, por receberem grandes perdas no mar, ou na terra em seus tratos e comércio lícitos, não constando de algum dolo ou malícia". Nesse caso, não se considerava ter sido cometido qualquer crime, cabendo ao Prior e Cônsules do Consulado efectuar a concertação e composição com os seus credores (Ordenações Filipinas, Livro V, Tit. LXVI, nº 8).

O Prior do Consulado e Cônsules constituía o tribunal de julgamento das questões relativas às quebras. Efectivamente, as Ordenações Filipinas excluiram a jurisdição especial para os comerciantes, que constituía tradição nacional desde o Infante D. Henrique. Porém, os negociantes de Lisboa mantiveram um tribunal arbitral próprio, com o nome de Mesa do Bem Comum dos Homens de Negócios. Pelo Decreto de 5 de Janeiro de 1755, esta Mesa transformou-se na Junta do Comércio, Agricultura, Fábricas e Navegação, à qual foi mais tarde atribuído o estatuto de tribunal supremo, com a denominação de Real Junta do Comércio[77].

[76] Seguimos a edição de Cândido Mendes de Almeida, 1870, reproduzida pela Fundação Calouste Gulbenkian, 1985.

[77] Cfr. PEDRO DE SOUSA MACEDO, *Manual*, I, p. 39.

O séc. XVIII conheceria ainda vários diplomas sobre a falência, a maior parte dos quais desencadeada pelas consequências económicas do terramoto de 1755. Entre estes, temos o alvará de 13 de Novembro de 1756, que concede aos mercadores falidos sem culpa, como benefício em resultado do terramoto, 10% dos seus bens, e que procede à organização judiciária da falência. Este alvará procedeu à extinção do Prior do Consulado e Cônsules (§ 13), criando em seu lugar o Conservador da Mesa do Bem Comum do Comércio[78].

Surgem em seguida o alvará de 10/6/1757, que dá preferência às soldadas dos marinheiros nos bens dos mercadores falidos, o alvará de 30/5/1759, que determina que se faça devassa relativa à ocultação de bens e acções por homens de negócios falidos, o alvará de 17/5/1759, que suspende o vencimento dos juros após a declaração de falência, e o alvará de 12/3/1760, que esclarece quantos bens deverão possuir os falidos para lhes serem atribuídos os 10% determinados no alvará de 13 de Novembro de 1756.

3.2.3. O Código Comercial de 1833 (Ferreira Borges)

É, porém, apenas com o Código Comercial de 1833, aprovado pelo Decreto de 18 de Setembro de 1833, habitualmente designado por Código Ferreira Borges, em homenagem ao seu autor, que o instituto da insolvência surge disciplinado pela primeira vez em termos sistemáticos[79]. Efectivamente, este Código regulava na sua Parte I, Livro III, a matéria das quebras, rehabilitação do fallido e moratorias", sendo que o Tíulo XI tinha por epígrafe "Das quebras", o título XII "Da rehabilitação do fallido" e o título XIII "Das moratórias".

Era assim nos arts. 1 e ss. do título XI do Livro III da Parte I (arts. 1121 e ss.) que o Código Comercial de 1833 regulava o instituto da quebra, que definia como a inabilidade para satisfação de pagamentos (art. I do Título XI do Livro III da Parte I – 1121)[80], aplicável apenas a comerciantes, sendo a correspondente situação dos devedores não comerciantes qualificada como insolvência (art. II do Título XI do Livro III da Parte I – 1122). O art. III do

[78] Cfr. *Ordenações Filipinas*, ed. cit., vols. IV-V, p. 1215, nota (2).

[79] Cfr. Pedro de Sousa Macedo, *Manual*, I, pp. 42 e ss.

[80] Cfr. o art. I Part. I, Liv. III, Tit. XI (1121) do Código Comercial de 1833: "Diz-se negociante quebrado aquelle, que por vicio da fortuna ou seu, ou parte da fortuna e parte seu, se acha inhabil para satisfazer a seus pagamentos e abandona o commercio".

Título XI do Livro III da Parte I – 1123, declarava que "todo o comerciante que cessa pagamentos acha-se em estado de quebra".

A falência deveria ter lugar por apresentação do comerciante, dentro de três dias após a sua verificação (art. IV do Título XI do Livro III da Parte I – 1124). Poderia resultar ainda de requerimento do credor por dívida comercial ou da iniciativa do tribunal, quando fosse notória (art. VI e ss. do Título XI do Livro III da Parte I – 1126 e ss.).

O procedimento sobre quebras deveria justificar-se pelo não pagamento de obrigações e dívidas comerciais, ainda que depois pudessem nele ser incluídas obrigações de outra natureza e espécie (Art. VIII do Título XI do Livro III da Parte I – 1128).

A abertura da quebra era fixada na sentença, a qual no entanto não poderia retroagir essa data mais de 40 dias sobre o momento em que a sentença fosse proferida (art. XI, título XI, – 1131). A sentença produzia de pleno direito a inibição do falido para os actos de disposição e administração dos seus bens, desde a data em que fosse proferida (art. XII, Título XI – 1133). No entanto, caso não existisse presunção de culpa ou fraude na quebra, o falido tinha direito a alimentos, tendo em consideração as necessidades e a extensão da sua família (art. XXIV, título XI – 1144).

A declaração de abertura de quebra anulava a concessão de garantias, os pagamentos efectuados e as transmissões a título gratuito durante um período suspeito anterior ao momento em que esta fosse decretada. Assim, o art. XIII do Título 11 (1133) estabelecia que "ninguém pode adquirir hipoteca sobre bens do quebrado nos vinte dias precedentes à abertura da falência", acrescentando o art. XIV (1134) que "todas as quantias pagas pelo quebrado dentro dos vinte dias precedentes à abertura da falência por dívidas comerciais não vencidas na época da abertura, reentrarão na massa". Da mesma forma, o art. XV (1135) determinava que "todos os actos translativos de propriedade móvel ou de raiz feitos pelo quebrado a título gratuito dentro dos quarenta dias precedentes à abertura da quebra, são nulos e sem efeito relativamente à massa dos credores".

Já em relação às transmissões a título oneroso, a constituição de obrigações e os pagamentos efectuados em qualquer altura poderiam ser anulados a requerimento dos credores, provando-se a fraude de qualquer das partes (art. XVI – 1136). A fraude era, no entanto, presumida em relação ao falido se tivesse sido praticada nos vinte dias precedentes à abertura da falência, dependendo a nulidade do acto da prova da fraude dos outros contratantes (art. XVII- 1137).

A declaração de quebra produzia a exigibilidade antecipada das dívidas do falido ainda não vencidas, quer as mesmas fossem de natureza civil, quer comercial (art. XVIII – 1138), ainda que essa exigibilidade não permitisse o decretamento da compensação com outro crédito exigível (art. XIX – 1139) e não se estendesse aos co-obrigados do falido (art. XX – 1140), nem ao fiador (art. XXII – 1141).

3.2.4. O Código Comercial de 1888 (Veiga Beirão)

O sistema passaria sem grandes alterações para o Código Comercial de 1888 (Veiga Beirão)[81], aprovado pela Carta de Lei de 28 de Junho de 1888, e mandado publicar pelo Decreto nº 23, de 1888, o qual possuía um Livro IV, denominado *Das Falências*, sendo a matéria respectiva regulada nos arts. 692º a 749º. O regime encontrava-se sistematizado em sete títulos, abrangendo sucessivamente:

I. Da quebra e sua declaração (arts. 692º e ss.);
II. Da verificação do passivo (arts. 713º e ss.);
III. Da valorização e liquidação do activo (arts. 723º e ss.);
IV. Da suspensão da falência (arts. 730º e ss.);
V. Da classificação da falência (arts. 734º e ss.);
VI. Do fim da interdição e da reabilitação do falido (arts. 743º e ss.)
VII. Disposições especiais às falência das sociedades (arts. 745º e ss.).

A declaração judicial de quebra poderia ocorrer, quer a pedido do falido, quer por requerimento dos seus credores (art. 696º) e tinha como fundamento genérico a cessação de pagamentos (art. 692º). Poderia, no entanto, ser decretada antes desta, com fundamento na manifesta insuficiência do activo em relação ao passivo, desde que se procedesse à audiência do falido (art. 692º, § único).

O prazo para a apresentação obrigatória do falido passava a ser de 10 dias após a cessação de pagamentos, sob pena de se presumir a culpa na quebra (art. 697º).

O processo de falência abrangia todos os outros processos relativos à cobrança de créditos (art. 695º), salvo nas execuções em que existisse penhora antecipada ou por créditos pignoratícios e hipotecários (art. 695º, § único).

[81] Cfr. Pedro de Sousa Macedo, *Manual*, I, pp. 44 e ss.

A declaração de quebra importava a interdição civil do falido (art. 700º), que era suprida pelo administrador e pelos curadores fiscais (art. 700º, § 1º). O administrador era nomeado pelo tribunal (art. 701º), tendo que ser estranho aos credores e ao falido (art. 702º). Os curadores fiscais eram nomeados pelo tribunal de entre os credores (art. 706º).

O falido poderia opor-se por embargos à declaração de falência (art. 708º). Esta importava o vencimento de todos os créditos, a suspensão de juros e a apreensão dos bens (art. 710º). Se na sentença de declaração ou em fase posterior do processo surgissem indícios de culpa ou fraude, o juiz poderia ordenar a prisão imediata do falido e dos seus cúmplices (art. 712º).

Em seguida procedia-se à verificação do passivo e à valorização e liquidação do activo, em ordem a permitir a satisfação dos credores, cujos créditos tivessem sido verificados. Competia ao administrador dar parecer breve, mas fundamentado sobre os créditos reclamados (art. 716º). Para além disso, competia-lhe organizar o balanço ou rever aquele que tivesse sido apresentado pelo falido, promover a venda dos bens e cobrar os créditos (art. 723º e ss.).

Admitia-se, no entanto, a possibilidade, antes ou depois da declaração de quebra, de ocorrer a suspensão do processo de falência, prevendo-se para o efeito duas figuras: a moratória e a concordata. A suspensão do processo dependia, porém, do voto favorável de 2/3 dos credores não privilegiados ou preferentes, que representassem igual montante dos respectivos créditos com a mesma natureza (art. 730º). A moratória não poderia exceder um ano, prorrogável por igual período (art. 730º, § 1º) e a concordata não poderia oferecer percentagem inferior a 50% (art. 730º, § 2º). Ambas estavam sujeitas a homologação pelo Tribunal (art. 731º).

3.2.5. O Código das Falências de 1899

O facto de ambos os Códigos Comerciais regularem o instituto das falências, quer a nível substantivo, quer a nível processual, levou a que nem o Código de Processo Civil de 1876, nem o Código de Processo Comercial de 1895 contivessem inicialmente qualquer disposição sobre a matéria.

A necessidade de rever o processo de falência constante do Código Comercial de 1888 levou, porém, a que, no ano seguinte, a Lei de 13 de Maio de 1896 concedesse ao Governo autorização para legislar sobre esse processo. Foi assim aprovado por Decreto de 26 de Julho de 1899 o Código das Falências. Este Código divide-se em 15 títulos e conta com 186 artigos.

É a seguinte a sistematização do Código das Falências de 1899:

I. Da declaração da falência e seus efeitos (arts. 1º e ss.):
II. Do processo de falência (arts. 21º e ss.);
III. Dos embargos à falência (arts. 24º e ss.);
IV. Da administração da massa falida (arts. 33º e ss.);
V. Da verificação do passivo (arts. 55º e ss.);
VI. Da valorização do activo (arts. 79º e ss.);
VII. Da liquidação do activo (arts. 82º e ss.);
VIII. Das contas da administração (arts. 101º e ss.);
IX. Das concordatas (arts. 107º e ss.);
X. Da classificação da falência (arts. 141º e ss.);
XI. Do fim da interdição e da reabilitação do falido (arts. 154º e ss.);
XII. Disposições especiais à falência das sociedades (arts. 160º e ss.)
XIII. Das publicações (arts. 175º e ss.);
XIV. Disposições gerais (arts. 178º e ss.);
XV. Disposições transitórias (arts. 183º e ss.).

O Código estabelecia uma presunção do estado de falência em consequência da cessação de pagamentos (art. 1º), considerando ainda fundamento para a sua declaração a fuga ou abandono do estabelecimento e a insuficiência do activo, exigindo-se neste último caso, a audiência do arguido (art. 1º, § 1º). Mantém-se a jurisdição especializada para os comerciantes (art. 3º), sendo o tribunal de falência considerado o único competente para a exigência de créditos (art. 4º), salvo quanto aos créditos hipotecários, contraídos quando o falido não era ainda comerciante (art. 4º, § 1º).

A declaração poderia resultar de apresentação do comerciante, de requerimento do credor ou de requerimento do Ministério Público, na hipótese de fuga ou abandono do estabelecimento (art. 5º), podendo o requerimento da falência ser apresentado até dois anos depois da cessação de pagamentos a que se referisse. A apresentação do comerciante era obrigatória nos 10 dias seguintes à cessação de pagamentos, sob pena de ser presumida a sua culpa na falência (art. 6º). A audiência do falido era, em geral, facultativa (art. 11º), sendo que o requerente, sendo negada a declaração, poderia apelar (art. 13º) e o falido poderia opor-se à falência por meio de embargos (arts. 24º e ss.).

Na sentença de declaração de falência eram nomeados o administrador de falência e dois ou mais curadores fiscais, escolhidos pelo Tribunal de entre os credores (art. 14º). O falido era obrigado a entregar a sua escrituração, sob pena de esta lhe ser apreendida (art. 15º). A declaração de falência operava a interdição civil do falido (art. 16º), que era suprida pelo administrador (art. 16º, § 1º), e o imediato encerramento das suas contas correntes, o vencimento de todas as dívidas e a suspensão da contagem dos juros (art. 17º). Admitia-se a compensação antes da declaração de falência, sempre que estiverem reunidos os respectivos pressupostos (art. 18º).

Em seguida procedia-se à verificação do passivo (arts. 55º e ss.), onde os credores deveriam reclamar os seus créditos, sendo os mesmo graduados em sentença. No prazo de um ano após o trânsito em julgado da mesma, a lei permitia ao administrador da falência ou a qualquer credor verificado interpor acção de rescisão de créditos reclamados (art. 78º), presumindo-se a má fé em caso de pagamento de fazendas, dívidas não vencidas, ou constituição de garantias reais nos 40 dias anteriores à declaração de insolvência (art. 77º, § 1º).

Após a valorização do activo (arts. 79º e ss.), onde eram cobrados os créditos competia ao administrador proceder à venda de todo o activo da massa até à sua completa liquidação (arts. 82º e ss.), podendo os credores optar por fazer eles mesmos a liquidação se o decidissem por maioria de 2/3 dos credores verificados não privilegiados nem preferentes, que representem a mesma percentagem de créditos comuns (arts. 88º e ss.). Por deliberação tomada pela mesma maioria, poderiam ainda os credores acordar antes da declaração de falência ou depois em qualquer estado do processo, a celebração de concordata, respectivamente preventiva ou suspensiva, com o devedor (arts. 107º e ss.).

3.2.6. O Código de Processo Comercial de 1905

O art. 3º do Decreto de 26 de Julho de 1899, que aprovou o Código das Falências desse ano, autorizava o Governo a publicar novamente o Código de Processo Comercial de 1895, por forma a incluir neste o Código das Falências. Consequentemente, o Decreto de 14 de Dezembro de 1905 procederia à junção dos dois diplomas, que se reuniram no Código de Processo Comercial de 1905.

O Código de Processo Comercial de 1905 encontrava-se dividido em quatro livros, dizendo o Livro I (arts. 1º-25º) respeito ao processo em geral, o Livro II (arts. 26º-373º) ao processo nos tribunais de 1ª instância, o Livro III (arts. 374º-383º) ao processo nas relações e o Livro IV (art. 384º), ao processo no Supremo Tribunal de Justiça. A falência encontrava-se no Livro II, constituindo a Secção IV do Capítulo III (Dos processos especiais) do Título IV (Do processo em especial) desse livro.

A referida secção IV denominava-se "Das falências", ocupando os arts. 181º-362º do Código. A mesma encontrava-se sistematizada em 15 subsecções, que eram as seguintes:

I. Disposições gerais (arts. 181º e ss.);
II. Da declaração da falência e seus efeitos (arts. 185º e ss.):
III. Do processo de falência (arts. 203º e ss.);
IV. Dos embargos à falência (arts. 206º e ss.);
V. Da administração da massa falida (arts. 214º e ss.);
VI. Da verificação do passivo (arts. 236º e ss.);
VII. Da valorização do activo (arts. 258º e ss.);
VIII. Da liquidação do activo (arts. 261º e ss.);
IX. Das contas da administração (arts. 280º e ss.);
X. Das concordatas (arts. 286º e ss.);
XI. Da classificação da falência (arts. 320º e ss.);
XII. Do fim da interdição e da reabilitação do falido (arts. 333º e ss.);
XIII. Disposições especiais à falência das sociedades (arts. 339º e ss.)
XIV. Das publicações (arts. 360º e ss.);

Uma vez que correspondeu a uma mera inserção do Código de Falências de 1899 num novo Código, o Código de Processo Comercial de 1905 não trouxe grandes inovações ao processo de falência, mantendo praticamente intacto o seu regime.

3.2.7. O Decreto nº 21758, de 22 de Outubro de 1932

Uma importante inovação resultou do facto de o Decreto nº 21758, de 22 de Outubro de 1932 ter vindo introduzir em Portugal o instituto da insolvência, destinado aos devedores não comerciantes (art. 1º), onde se incluíam as sociedades civis de forma comercial ou simplesmente civis (art. 24º).

Esse diploma representou pela primeira vez a aplicação em Portugal de um processo de liquidação colectiva em benefício de credores em relação aos não comerciantes, dado que anteriormente, uma vez que só os comerciantes estavam sujeitos à falência, os não comerciantes apenas poderiam ser objecto de execuções individuais, as quais permitiam facilmente a fraude em prejuízo dos credores[82]. O legislador não deixava de reconhecer no preâmbulo que a tendência era no sentido de generalizar a falência aos não comerciantes, mas dado o facto de ter considerado conveniente que não fossem ampliados a todos os devedores os aspectos mais gravosos da falência, criou-se a insolvência como instituto autónomo, em ordem a permitir a consagração de um regime mais atenuado. Era, no entanto, aplicável como direito subsidiário o regime estabelecido no Código de Processo Comercial e legislação posterior para as falências e concordatas (art. 25º).

A insolvência tinha como causa genérica a circunstância de o activo do património ser inferior ao passivo (art. 1º). Estabeleciam-se, no entanto, no art. 2º presunções de insolvência sempre que contra o devedor pendessem em juízo duas execuções não embargadas, ou quando lhe tivesse sido feito arresto, com fundamento no justo receio de insolvência, e o devedor não tenha alegado por embargos a suficiência dos seus bens ou, caso o tenha feito, os embargos tivessem sido julgados improcedentes.

A insolvência poderia ser desencadeada por apresentação do devedor, ou a pedido de qualquer credor, independentemente da natureza da dívida (art. 3º), podendo ser requerida a insolvência de ambos os cônjuges por dívidas pelas quais ambos respondessem (art. 1º § único). A insolvência por apresentação do devedor exigia apenas um requerimento acompanhado

[82] Escrevia assim o legislador no preâmbulo do diploma: " ...as legislações regularam a situação do comerciante insolvente, criando o instituto da falência; mas esqueceram a situação do insolvente não comerciante, que ficou sujeito ao regime das acções e execuções individuais, verdadeiramente prejudicial, não só para os credores, como também para o próprio devedor. Prejudicial para os credores, porque o sistema das execuções individuais, não atingindo directamente a capacidade de administração e diposição do devedor, permite que este agrave continuamente o estado de insolvência, tanto pela prática de actos verdadeiros, como de actos simulados. E, se é certo que tais actos poderão ser anulados, a anulação, além de trazer consigo encargos e demoras, nem sempre é fácil, pelas dificuldades de prova.
Por outro lado, a liberdade das execuções individuais, quando o património do devedor é insuficiente para liquidar todos os débitos, agravada ainda pela concessão de direitos preferenciais de carácter processual, constitui um prémio aos credores mais vizinhos do tribunal, mais ardilosos, mais endinheirados, exigentes e sôfregos, em prejuízo dos mais benévolos, residentes em locais afastados do tribunal, ignorantes da exacta situação económica do devedor, dipostos a conceder-lhe facilidades de pagamento, sem usar de meios violentos, de onde resulta que estes ficam quase sempre privados da totalidade dos seus créditos, porque os bens do devedor foram absorvidos pelas penhoras e pelos arrestos dos chamados credores diligentes".

de balanço, discriminando o activo e o passivo, da relação de credores e respectivos créditos (art. 4º), Sendo requerida por credor a insolvência exigia a apresentação de provas pelo credor e a audição do devedor antes do julgamento (arts. 5º e ss.). Salienta-se, no entanto, que em caso de dolo ou falsa justificação da insolvência de um devedor, os respectivos requerentes ficavam constituídos em responsabilidade civil perante aquele, podendo ser eventualmente sujeitos a procedimento criminal.

A sentença de declaração de insolvência produzia a incapacidade do devedor para administrar e dispor dos seus bens até liquidação total da massa (art. 11º), a qual era suprida por um administrador (art. 11º, § único). Produzia ainda o vencimento imediato de todas as dívidas do insolvente e a suspensão da contagem de juros (art. 13º), a apensação de todas as acções e execuções contra o insolvente (art.14º e a apreensão de todos os seus bens para a massa (art. 15º).

Seguia-se a reclamação e verificação de créditos e a liquidação da massa insolvente para pagamento aos credores, nos mesmos termos do processo de falência (art. 17º). O devedor continuava, no entanto, obrigado ao pagamento do remanescente, em caso de insuficiência do saldo (art. 18º).

Admitia-se ainda o estabelecimento de concordata, mas apenas a resolutiva, após a declaração de insolvência e julgamento da verificação dos créditos (art. 19º), sendo consequente proibida a concordata suspensiva da insolvência[83]. A concordata poderia incluir a cláusula "salvo regresso de melhor fortuna", com a vigência de vinte anos (art. 19º, § 2º), e ser garantida com hipoteca ou fiança solidária a favor de todos os credores (art. 19º § 3º).

O legislador distinguia a insolvência entre casual e fraudulenta, consoante fosse devida a razões estranhas à vontade do insolvente ou resultasse de jogo de fortuna e azar, manifesta prodigalidade ou actos simulados, falsamente datados, ou praticados de má fé em prejuízo dos credores (art. 20º). A insolvência fraudulenta era sancionada criminalmente (art. 20º, único), sendo que, tratando-se de sociedades civis sob forma comercial

[83] Afirmava o legislador no seu preâmbulo que a concordata suspensiva era vedada por "constitui uma sedução aos menos activos ou menos honestos, admitindo-se somente a resolutiva, em que aqueles inconvenientes são menos acentuados e que tem o mérito de permitir aos não comerciantes a possibilidade de restaurar a sua situação económica, evitando a liquidação completa do seu património, quando a honestidade e qualidades de trabalho de que sejam dotados constituam garantia de uma satisfação completa ou quase completa das suas responsabilidades".

ou simplesmente civis, a responsabilidade criminal recaía sobre os seus administradores (art. 24º, *in fine*).

3.2.8. O Código das Falências de 1935

Em 1935, sendo Ministro da Justiça Manuel Rodrigues, foi publicado pelo Decreto-Lei nº 25981, de 26 de Outubro, novo Código das Falências. No preâmbulo ao Código, a todos os títulos notável, referia-se que a necessidade da revisão do regime falimentar resultava das inúmeras reclamações que os comerciantes e as associações comerciais estavam a colocar em relação ao regime anterior. O legislador reconhecia que o mesmo estava pensado para uma época em que o acesso à profissão de comerciante era difícil, apenas se atingindo numa fase avançada da vida, o que levava a que a integração no corpo profissional só se fizesse em relação a pessoas cujas qualidades de trabalho e honestidade tivessem ficado demonstradas. O legislador considerava, porém, essa situação se tinha alterado com a facilitação do acesso à profissão de comerciante, daí resultando uma menor ética na condução dos negócios, que ameaçava generalizar-se a todos os comerciantes. Era essencialmente por esse motivo que se justificava a alteração do regime das falências, na sequência do que tinham feito a Áustria em 1914, a Suécia em 1921, a Inglaterra e a Alemanha em 1925, o Brasil e a Jugoslávia em 1929, a Roménia, a Noruega e a Itália em 1930, e a Checoslováquia em 1932[84].

O legislador criticava ainda o regime anterior, considerando que era acusado de "só promover a declaração de falência quando o comerciante perdeu, delapidou ou escondeu todos os seus haveres; de tornar possível a prática de actos fraudulentos pela dificuldade que opõe à sua anulação; de permitir concordatas preventivas, que são negócios, porventura os melhores negócios de muitos comerciantes, e concordatas que se não cumprem, porque o concordatário não oferece nenhuma garantia ao seu cumprimento nem está sujeito a uma fiscalização real, sendo-lhe possível fazer uma administração ruinosa, pouco clara e aventurosa". A isto acrescia o facto de o processo de falência ser "um processo longo, fácil de demorar com inúmeros pretextos e ainda bastante oneroso"[85].

[84] Cfr. o preâmbulo do Código, nº 1.

[85] Cfr. o preâmbulo do Código, nº 2.

O Código das Falências de 1935 adoptava a seguinte sistematização:

I. Da declaração da falência e seu processo (arts. 1º e ss.);
II. Das providências conservatórias (arts. 16º e ss.);
III. Dos efeitos da falência (arts. 22º e ss.),
IV. Da administração da massa falida (arts. 46º e ss.);
V. Da verificação do passivo (arts. 75º e ss.);
VI. Da valorização e liquidação do activo (arts. 101º e ss.);
VII. Do pagamento aos credores (arts. 128º e ss.);
VIII. Das contas da administração (arts. 134º e ss.);
IX. Das concordatas (arts. 140º e ss.);
X. Da moratória (arts. 191º e ss.);
XI. Da classificação da falência (arts. 194º e ss.);
XII. Do fim da interdição e da reabilitação do falido (arts. 212º e ss.);
XIII. Disposições relativas às sociedades (arts. 218º e ss.)
XIV. Especialidades das falências dos pequenos comerciantes (arts. 239º e ss.);
XV. Disposições finais (arts. 254º e ss.).

O Código das Falências de 1935 alterou a definição de falência, que deixou de constituir uma presunção resultante da cessação de pagamentos, para passar a assentar na impossibilidade de o comerciante solver os seus compromissos (art. 1º). O legislador passou a considerar que essa impossibilidade era o critério decisivo, pois sempre que o comerciante conseguisse obter crédito para cumprir os seus compromissos, não poderia ser considerado falido. Essa impossibilidade era demonstrada a partir de três factos-índice, referidos no art. 2º: 1) A cessação de pagamentos; 2) A fuga do comerciante, sem deixar legalmente indicado quem o represente na respectiva gestão; 3) A dissipação ou extravio de bens ou qualquer outro abusivo procedimento que revele, por parte do comerciante, manifesto propósito de se colocar na situação de não poder solver os seus compromissos.

Apenas as sociedades de responsabilidade limitada passaram a poder ser consideradas falidas em caso de manifesta insuficiência do activo para satisfação, uma vez que estas não beneficiariam propriamente de crédito pessoal, pelo que a impossibilidade de pagar estaria necessariamente ligada à insuficiência do activo (art. 2, § 1º)[86].

[86] Cfr. o preâmbulo do Código, nº 4.

O Código das Falências de 1935 criou ainda a figura do síndico, inspirado no juiz-delegado de outras legislações, que constituía um novo órgão administrativo do processo de insolvência, ao qual competia designadamente dirigir, fiscalizar e exercer acção disciplinar sobre os administradores, autorizar a prática de certos actos pelo devedor e representar a massa insolvente em juízo (arts. 56º, 69º, 70º e 73º).

O Código alterou ainda o regime da concordata, que era frequentemente alvo de abusos, com prazos muitos dilatados e percentagens de pagamento irrisórias. Em consequência, estabeleceu-se que a mesma só poderia ter lugar depois da verificação dos créditos, não podendo propor pagamentos inferiores a 40% dos créditos, nem prazos mais dilatados do que 18 meses, devendo ser prestadas garantias idóneas de cumprimento (art. 155º). Admitiu-se ainda a possibilidade de, antes da declaração de falência, ou posteriormente a ela, findo que seja o julgamento da verificação de créditos, vir o devedor propor moratória aos seus credores (arts. 191º e ss.). Em relação às sociedades comerciais, admitia-se ainda o acordo de credores, através do qual estes transformavam a sociedade em sociedade por quotas, convertendo os seus créditos em capital social (arts. 231º e ss.).

O Código classificava a falência, consoante as circunstâncias, em casual, culposa ou fraudulenta (arts. 194º e ss.), estabelecendo penas de prisão para as quebras fraudulenta e culposa (art. 198º).

O Código organizou ainda um processo simplificado de falência, destinado aos pequenos comerciantes (arts. 239º e ss.).

3.2.9. O Código de Processo Civil de 1939

O Código das Falências de 1935 veio a ter uma curta vigência, de apenas quatro anos, dado que o legislador, através do Decreto-Lei nº 29637, de 28 de Maio, decidiu unificar todo o processo civil e comercial no Código de Processo Civil de 1939, o que implicou que neste tivesse sido incluído o regime do Código das Falências[87]. A falência foi assim inserida no Título IV do Livro III, referente à liquidação de patrimónios, no âmbito de um processo relativo à liquidação em benefício dos credores, ao lado da liquidação em benefício dos sócios e da liquidação em benefício do Estado. Nesse mesmo processo foi igualmente incluída a disciplina dos arts. 1º a

[87] Sobre o regime do Código de Processo Civil de 1939, cfr. especialmente ALBERTO DOS REIS, *Processos Especiais*, II, pp. 310 e ss.

25º do Decreto 21758, de 22 de Outubro de 1932, relativos à insolvência dos não comerciantes.

A sistematização da Secção III do Título IV do Livro III, relativa à liquidação em benefício dos credores, era a seguinte:

I. Declaração da falência e oposição por embargos (art. 1135º e ss.);
II. Providências conservatórias (arts. 1153º e ss.);
III. Efeitos da falência (arts. 1158º e ss.);
IV. Administração da massa falida (arts. 1173º e ss.);
V. Verificação do passivo (arts. 1180º e ss.);
VI. Valorização e liquidação do activo (arts. 1205º e ss.);
VII. Pagamento aos credores (arts. 1224º e ss.);
VIII. Contas da administração (arts. 1230º e ss.);
IX. Meios preventivos e suspensivos da falência (arts. 1236º e ss.);
X. Classificação da falência (arts. 1300º e ss.);
XI. Fim da interdição e reabilitação do falido (arts. 1317º e ss.);
XII. Disposições especiais relativas às sociedades (arts. 1322º e ss.);
XIII. Especialidades das falências dos pequenos comerciantes (arts. 1337º e ss.);
XIV. Disposições finais (arts. 1351º e ss.);
XV. Insolvência dos não comerciantes (arts. 1355º e ss.).

A matéria foi autonomizada em dois institutos, o da falência e o da insolvência, os quais se distinguiam em termos subjectivos e em termos conceptuais. Em termos subjectivos, a falência era vista como um instituto próprio dos comerciantes, em nome individual ou sociedades comerciais (art. 1135º), enquanto que a insolvência se aplicava antes aos devedores não comerciantes, fossem eles pessoas singulares ou colectivas (art. 1355º), e abrangendo as sociedades civis, independentemente da sua forma (art. 1368º). Em termos conceptuais, a falência era identificada como a impossibilidade de o comerciante solver os seus compromissos (art. 1135º), enquanto que a insolvência era definida como a inferioridade do activo patrimonial em relação ao seu passivo (art. 1355º).

A declaração do estado de falência resultava de vários índices como a cessação de pagamentos, a fuga ou ausência do comerciante sem deixar substituto e a dissipação ou extravio de bens com o propósito de não cumprir as suas obrigações (art. 1136º). Já as sociedades de responsabilidade limitada poderiam ser declaradas falidas apenas com base na manifesta insuficiência do activo em relação ao passivo (art. 1136, § 1º). Já em relação à insolvência, a mesma era presumida quando contra o devedor corressem duas execuções não embargadas, ou quando lhe tivesse sido feito arresto com fundamento no justo receio de insolvência, e não tenha alegado, por embargos, a suficiência dos seus bens ou, tendo-o feito, os embargos sejam julgados improcedentes (art. 1356º).

No âmbito da falência, era ainda objecto de regime especial a situação dos pequenos comerciantes, definidos em função do volume do seu activo patrimonial, que eram sujeitos a um processo simplificado (arts. 1337º a 1350º).

A declaração de falência poderia resultar da apresentação do comerciante, ou ser requerida pelos credores, sendo ainda possível o requerimento provir do Ministério Público, em caso de fuga do comerciante ou ausência do estabelecimento, sem deixar quem legalmente o represente (art. 1138º).

Declarada a falência, procedia-se à apreensão dos bens do falido (art. 1153º), os quais passavam a constituir a massa falida, que era submetida à administração do administrador da falência, sob a orientação do respectivo síndico (art. 1173º). A declaração de falência implicava a inibição do falido para administrar e dispor dos seus bens presente e futuros (art. 1158º), bem como para o exercício do comércio, e o desempenho de funções de gerente, administrador ou director de sociedades comerciais ou civis (art. 1158º, § 1º). Em consequência, o falido passava a ser representado pelo administrador da falência, salvo quanto a actos exclusivamente pessoais ou estranhos à falência (art. 1158º, § 2º).

Em seguida, procedia-se à verificação do passivo (arts. 1180º e ss.), a qual era realizada mediante a convocação de todos os credores do falido para reclamarem os respectivos créditos, fossem eles comuns ou preferenciais. Esta fase tinha carácter declarativo, cabendo ao juiz do processo de falência, através de sentença, verificar e graduar os créditos reclamados (art. 1194º).

Após a verificação do passivo, passava-se à liquidação do activo (arts. 1205º e ss.), no âmbito da qual se procedia à venda dos bens da massa falida (art. 1209º) e à cobrança dos créditos do falido sobre terceiros (art. 1207º).

O processo terminava com o pagamento aos credores (arts. 1224º e ss.), após o que o administrador deveria apresentar as coontas da administração (arts. 1230º e ss.).

O Código admitia, porém, ainda a possibilidade de afastar as consequências da falência através dos denominados meios preventivos e suspensivos da falência (arts. 1236º e ss.). Estes meios poderiam ser desencadeados por iniciativa do próprio falido ou dos seus credores e correspondiam essencialmente a três institutos: a concordata, o acordo de credores e a moratória.

A *concordata* (arts. 1236º e ss.) correspondia à realização de um pagamento parcial dos créditos, sendo que os requisitos de aprovação da medida variavam consoante a percentagem dos créditos que fosse paga. Sendo o pagamento igual ou superior a 50%, os credores teriam que aprovar esta medida por maioria absoluta que representasse dois terços dos créditos. Sendo o valor a pagar abaixo dos 50%, o valor dos créditos representados teria que ser correspondente a três quartos (art. 1237º). A concordata poderia ser preventiva ou suspensiva, consoante fosse apresentada antes ou depois da declaração de falência (art. 1236º, § único). Na concordata preventiva, o devedor deveria propor o pagamento de pelo menos 40% da totalidade dos créditos nos dois anos subsequentes ou 50% em prazo superior, que não poderia exceder três anos (art. 1251º). A concordata suspensiva só poderia ser apresentada depois de proferida a sentença de verificação e graduação dos créditos (art. 1271º), obrigando a efectuar o pagamento de uma percentagem não inferior a 30% do valor dos créditos, salvo se aceite pela totalidade dos credores, em prazo não superior a três anos (art. 1272º e § único).

Já o *acordo de credores* (arts. 1286º e ss.) envolvia a constituição pelos credores que assim o quisessem (os quais poderiam incluir outras pessoas) de uma sociedade por quotas, destinada a gerir o património do falido. A sociedade recebia assim esse património, tendo o seu capital social constituído pelos respectivos créditos, bem como pelas entradas de terceiros que nela participassem. A sociedade vinculava-se, no entanto, a pagar aos credores comuns uma percentagem dos seus créditos fixada no acordo, no prazo nele estabelecido. O acordo teria que ser aceite pela maioria dos credores comuns, representando dois terços dos créditos.

Finalmente, a *moratória* (arts. 1297º e ss.), consistia na mera fixação de um prazo para pagamento aos credores comuns. Esse prazo não poderia ser superior a três anos, sendo que em função da sua fixação concreta variava a maioria exigível para aprovação da medida. Era sempre necessária a aprovação pela maioria dos credores mas estes deveriam representar dois terços do montante total dos créditos, se o prazo de pagamento fosse de um ano, ou três quartos, se fosse superior.

O Código estabelecia ainda a classificação da falência em casual, culposa e fraudulenta (arts. 1300º e ss.), sendo estas duas últimas qualificadas como crime (art. 1304º).

Já a insolvência dos não comerciantes, regulada nos arts. 1355º e ss., não se afastava do regime resultante do Decreto 21758, de 22 de Outubro de 1932, aplicando-se-lhe subsidiariamente o regime da falência. A declaração de insolvência produzia a incapacidade do insolvente para administrar e dispor dos seus bens até liquidação total da massa, sendo essa incapacidade suprida pelo administrador durante essa fase ou até ao cumprimento da pena, em caso de condenação penal (art. 1361º e § único). Após o pagamento aos credores, o insolvente continuava obrigado pelos saldos em dívida (art. 1365º). Era admitida a concordata suspensiva, sendo porém proibida a concordata preventiva (art. 1366º). Em caso de insolvência fraudulenta, o insolvente era punido com pena de um a dois anos (art. 1367º).

3.3. A segunda fase: o sistema da *falência-saneamento*

3.3.1. O Código de Processo Civil de 1961

A fase do sistema da falência-saneamento inicia-se com o Código de Processo Civil de 1961, aprovado pelo Decreto-Lei 44.129, de 28 de Dezembro de 1961. A falência aparecia na Secção III (Liquidação em benefício de credores) do Capítulo XV (Liquidação de Patrimónios) do Título IV do Código relativo aos processos especiais. A sistematização dessa secção era a seguinte:

I. Disposições gerais (arts. 1135º e ss.);
II. Meios preventivos da declaração de falência (arts. 1140º e ss.);
III. Declaração de falência e oposição por embargos (arts. 1174º e ss.);
IV. Efeitos da falência (arts. 1189º e ss.);
V. Providências conservatórias (arts. 1205º e ss.);
VI. Administração da massa falida (arts. 1210º e ss.);
VII. Verificação do passivo. Restituição e separação de bens (arts. 1218º e ss.);
VIII. Liquidação do activo (arts. 1245º e ss.);
IX. Pagamento aos credores (arts. 1254º e ss.);
X. Contas da administração (arts. 1261º e ss.);
XI. Meios suspensivos da falência (arts. 1266º e ss.);
XII. Classificação da falência (arts. 1274º e ss.);
XIII. Fim da inibição e reabilitação do falido (arts. 1283º e ss.);

XIV. Disposições especiais relativas às sociedades (arts. 1288º e ss.);
XV. Especialidades das falências dos pequenos comerciantes (arts. 1303º e ss.);
XVI. Insolvência dos não comerciantes (arts. 1313º e ss.).

Este Código segue fundamentalmente o regime do Código de Processo Civil de 1961, nomeadamente quanto à distinção entre falência e insolvência (arts. 1135º e 1313º) e a aplicação de regras especiais em relação aos pequenos comerciantes, definidos em face do valor do seu activo (arts. 1303º e ss.). Nos termos já estabelecidos pelo Código de 1939, o falido continuava a ser objecto de inibição (art. 1189º), sendo os seus bens administrados pelo administrador da insolvência, sob a orientação do síndico (arts. 1210º e ss.), e mantendo-se o mesmo regime em relação à verificação do passivo (arts. 1218º e ss.), liquidação do activo (arts. 1245º e ss.) e pagamento aos credores (arts. 1254º e ss.).

Onde se verificou uma efectiva modificação no Código de Processo Civil de 1961, que justifica que o mesmo seja encarado como o início do sistema de falência-saneamento[88] diz respeito aos meios preventivos da declaração de falência aos quais passou a ser dada prioridade, considerando-os uma alternativa preferível à liquidação judicial. Efectivamente, o nº 32 do Relatório que aprovou o Código dizia textualmente o seguinte:

> "A nova regulamentação do processo de falência dá primazia aos meios preventivos.
>
> Não se limita a tratá-los em primeiro lugar, como é de boa ordem; dá-lhes prioridade real. É que a concordata ou o acordo de credores é sempre preferível, em regra, à ruinosa liquidação judicial.
>
> A falência propriamente dita não pode deixar de ser, pelos termos em que se desenvolve, um processo necessariamente caro, demorado e de rendimento relativamente reduzido. As vendas fazem-se quase sempre ao desbarato. As cobranças prolongam-se e exigem a cada passo complicados litígios. As custas e despesas de administração absorvem grande parte do produto obtido; etc., etc.

[88] Neste sentido, Carvalho Fernandes, em Jorge Miranda / Luís Lima Pinheiro / Dário Moura Vicente, *Estudos Marques dos Santos*, I, p. 1191 = Carvalho Fernandes / João Labareda, *Colectânea*, p. 49.

Por isso se determina agora que a apresentação espontânea do comerciante impedido de solver os seus compromissos dá lugar ao que poderemos chamar uma tentativa de conciliação com os credores.

Estes são convocados para, antes de mais, decidirem sobre a concessão de concordata ou, quando o devedor lhes não inspire a necessária confiança, para deliberarem sobre a constituição de uma sociedade que assuma a gerência dos negócios dele e pague as dívidas com a redução exigida pela insuficiência do seu activo.

Só depois de gorada esta tentativa se vai, em princípio, para a declaração de falência".

A lei estabelecia assim que o comerciante antes de cessar pagamentos, ou nos 10 dias subsequentes à cessação, deveria apresentar-se à falência (art. 1140º, nº 1), requerendo a convocação de credores, após o que seria convocada uma assembleia, destinada à apreciação provisória dos créditos (art. 1149º), que deveria constar de lista entregue pelo comerciante (art. 1142º, nº 2, *b*)). Finda a apreciação dos créditos, a assembleia passava a funcionar como definitiva (art. 1151º), para o efeito de se pronunciar sobre a concordata aprovada pelo comerciante ou proposta pelos credores (art. 1152º). Não havendo propostas de concordata, ou não sendo as mesmas aceites, os credores poderiam deliberar no sentido de ser feito um acordo de credores, através de uma sociedade por quotas (art. 1167º). A aprovação da concordata ou do acordo de credores impedia a declaração de falência, salvo casos excepcionais (arts. 1164º e 1168º). Pelo contrário, sendo as mesmas recusadas, era declarada imediatamente a falência (art. 1173º).

Nos termos do art. 1176º, a falência poderia ser requerida por qualquer credor, verificados certos indícios, constantes do art. 1174º, nº 1. O Ministério Público poderia igualmente requerê-la, havendo fuga do comerciante ou ausência do seu estabelecimento sem deixar representante. Também era admitida a falência por apresentação do comerciante fora do prazo previsto no art. 1140º.

Após a declaração de falência e de completada a verificação dos créditos, era ainda possível por iniciativa do falido, seus herdeiros e representantes, bem como dos credores, ser aprovada concordata e acordo de credores, agora como meios suspensivos da declaração de falência (arts. 1266º e ss.).

O Código de Processo Civil de 1961 teve sucessivas reformas em matéria de Direito Falimentar, de que se destacam o Decreto-Lei nº 47.690, de 11 de Março de 1967 e o Decreto-Lei nº 242/85, de 9 de Julho.

3.3.2. As medidas administrativas de saneamento financeiro das empresas em situação económica difícil

É, porém, de salientar o estabelecimento de medidas de saneamento financeiro para as empresas em situação económica difícil, as quais no entanto tinham carácter administrativo e não jurisdicional.

Estas medidas iniciam-se, na esfera laboral, com o Decreto-Lei 864/76, de 23 de Dezembro, que conferiu às empresas em situação de crise económica a possibilidade de requererem ao Governo a declaração de crise económica (art. 1º), a qual implicava a isenção de cumprimento de certas obrigações laborais, durante um período determinado (cfr. art. 2º, nº 1), caso em que as condições de trabalho seriam fixadas por despacho, o qual designaria ainda a entidade que, substituindo-se aos trabalhadores, assegurasse a realização dessas condições (art. 2º, nº 3).

Posteriormente, o Decreto-Lei 124/77, de 1 de Abril, veio conceder às instituições de crédito a possibilidade de celebrarem com empresas privadas contratos de viabilização em ordem a permitir a consolidação do seu passivo (art. 1º), os quais se destinavam prioritariamente às empresas declaradas em situação de crise económica (art. 2º, nº 4, *a*)). As candidaturas eram sujeitas a uma comissão de apreciação, que funcionava no Ministério das Finanças (art. 8º). O diploma previa igualmente a criação de um fundo de compensação, com personalidade jurídica, destinado à cobertura de eventuais prejuízos que resultassem dos contratos de viabilização (art. 14º). Durante a vigência do contrato de viabilização a empresa não poderia ser declarada em situação de falência (art. 5º, nº 4), o que implicava a instituição por via administrativa um processo de recuperação de empresas alternativo à falência.

Posteriormente surge o Decreto-Lei 353-H/77, de 29 de Agosto, que conferir às empresas de exploração fortemente deficitária e cuja recuperação fosse problemática ou demorada a possibilidade de requererem ao Governo a sua declaração em situação económica difícil (art. 1º). Essa declaração determinava uma redução das condições de que beneficiavam os seus trabalhadores (art. 5º, nº 1), as quais eram substituídas por um regime sucedâneo, cabendo ao Fundo de Desemprego assegurar o pagamento do salário mínimo nacional, na parte em que a empresa não o pudesse suportar (art. 5º, nº 2). Enquanto vigorasse esse regime as empresas não poderiam proceder à distribuição de lucros, sob qualquer forma (art. 8º). As medidas eram decretadas pelo prazo máximo de um ano, eventualmente prorrogável (art. 6º, nº 1), devendo a empresa, sob pena de caducidade, apresentar no prazo de seis meses proposta de contratos de viabilização com as instituições de crédito, caso se encontrassem na situação prevista no Decreto-Lei 124/77, de 1 de Abril (art. 6º, nº 2).

A utilização sucessiva deste regime por parte de empresas sem viabilidade levou o governo a procurar circunscrever a sua aplicação às empresas efectivamente viáveis, evitando a eternização das empresas em situação económica difícil. Assim, através do Decreto-Lei 125/79, de 10 de Maio, foi criada a Parageste – Sociedade Parabancária para a Recuperação de Empresas, S.A.R.L. (art. 1º). Essa sociedade tinha por objecto a recuperação de empresas de estatuto privado em dificuldades financeiras, mas economicamente viáveis, num quadro de colaboração com as instâncias governamentais na implementação das políticas sectoriais ou regionais que superiormente forem definidas e de molde a acautelar os diferentes interesses envolvidos (art. 2º). A Parageste passou a exercer a competência para a apreciação dos contratos de viabilização (art. 3º, nº 1, *a*)). Esta sociedade podia subscrever obrigações (art. 7º) e mesmo conceder empréstimos às empresas em dificuldade (arts. 8º e 9º). Enquanto essas empresas se mantivessem sob assistência, não poderiam ser declaradas falidas (art. 13º, nº 2).

Através do Decreto-Lei 120/83, de 1 de Março, foi alterado o Decreto-Lei 125/79, de 10 de Maio, passando a Parageste a ser denominada de Paraempresa – Sociedade Parabancária para a Recuperação de Empresas, S.A.R.L. (art. 1º). O objecto da sociedade continuou a consistir "na recuperação de empresas de estatuto privado em dificuldades financeiras, mas economicamente viáveis", mas estabeleceu-se que o quadro de colaboração já não se realizava apenas "com as instâncias governamentais" mas também "com os respectivos credores públicos e privados". Efectivamente, nos termos do art. 15º, nº 1, desse diploma, a celebração de acordos de assistência com a Parempresa passou a estar sujeita à apreciação dos credores da empresa que representem no mínimo 75% dos créditos. No caso de não ser obtido o consenso desses credores, a Parempresa tinha legitimidade para, verificados os pressupostos do Código de Processo Civil, requerer a declaração de falência (art. 15º, nº 4). Nesse caso a Parempresa poderia representar as instituições de crédito nos acordos de credores ou concordatas a estabelecer no processo de falência (art. 15º, nº 5), podendo mesmo ser encarregada das funções de administrador de falência (art. 15º, nº 6).

3.3.3. O Decreto-Lei nº 177/86, de 2 de Julho

Logo de seguida surge o Decreto-Lei nº 177/86, de 2 de Julho, que regula o processo especial de recuperação de empresas, jurisdicionalizando parciamente as medidas de recuperação de empresas, que até então tinham carácter exclusivamente administrativo. Considerado na altura um sinal de modernização, que acompanhava as tendências dos países mais evoluídos[89], esse diploma caracteriza-se por estabelecer pela primeira vez a recuperação de empresa por via judicial, assim se instituindo um processo judicial alternativo ao processo de falência[90], que funcionaria previamente a este, permanecendo o processo de falência no Código de Processo Civil.

O diploma possuía a seguinte sistematização:

Capítulo I – Processo especial de recuperação da empresa e da protecção de credores.
- Secção I – Disposições gerais (arts. 1º e ss.);
- Secção II – Concordata (arts. 20º e ss.);
- Secção III – Acordo de credores (arts. 26º e ss.);
- Secção IV – Gestão controlada (arts. 33º e ss.);

Capítulo II – Disposições avulsas (arts. 50º-56º)

O referido processo especial de recuperação de empresas e protecção dos credores tinha como sujeitos passivos as sociedades comerciais, os comerciantes em nome individual, as sociedades civis sob forma comercial e as cooperativas (art. 2º), ainda que a recuperação tivesse por objecto a empresa (art. 1º, nº 1). Em consequência, o diploma vem abolir a dicotomia da falência para os comerciantes e insolvência para os não comerciantes, substituindo-a pela relativa à existência ou não de empresa, já que apenas a estas é aplicável o processo de recuperação[91].

[89] Cfr. ARMINDO RIBEIRO MENDES, "O processo de recuperação de empresas em situação de falência", na *RB* nº 1 (Janeiro-Março 1987), pp. 67-90.

[90] O diploma denominava-o no seu capítulo I "Processo especial de recuperação da empresa e da protecção dos credores". O preâmbulo explicava que, com esse processo se visava a instituição "com carácter sistematizado e coerente, de um direito pré-falimentar, intencionalizado à recuperação de empresa e à adequada protecção dos credores; com isto se tutelam, obviamente, os interesses dos trabalhadores"

[91] Cfr. CARLOS FERREIRA DE ALMEIDA, *RFDUL* 36 (1995), nº 2, p. 385.

Sempre que as empresas se encontrassem impossibilitadas de cumprir as suas obrigações, deveriam apresentar-se a tribunal, por intermédio do seu proprietário ou de qualquer dos seus administradores, requerendo a adopção de uma das medidas de recuperação (art. 1º, nº 1). Esse requerimento poderia ainda ser apresentado por qualquer credor, verificando-se uma cessação de pagamentos suficientemente indiciativa de incapacidade financeira (art. 1º, nº 2, *a*)), ou a dissipação, extravio de bens ou qualquer outro procedimento abusivo, que revelasse o manifesto propósito de o devedor não pretender cumprir as suas obrigações (art. 1º, nº 2, *b*)). Finalmente, o referido requerimento ainda poderia ser apresentado pelo Ministério Público, relativamente às empresas declaradas em situação económica difícil, desde que haja interesse económico ou social na sua manutenção, reconhecido nos termos legais (art. 1º, nº 3).

Após a citação da empresa ou dos credores (art. 6º), e findo o prazo de oposição, o juiz deveria apreciar as provas produzidas e fazer as averiguações necessárias em ordem a determinar a verificação ou não do pressuposto invocado (art. 7º). Em caso afirmativo era proferido despacho inicial, com a nomeação do administrador judicial e da comissão de credores, sendo fixado um período de estudo e observação da empresa, para o termo do qual se convocada a assembleia de credores (art. 8º). Em ordem a poderem participar na assembleia, deveriam os credores reclamar os seus créditos (art. 12º), iniciando a assembleia os seus trabalhos como assembleia provisória para apreciar e aprovar ou rejeitar os créditos (art. 14º). Finda a apreciação de todos os créditos, era então constituída a assembleia definitiva (art. 16º).

Aos credores caberia decidir entre as alternativas da recuperação de empresa, sem limitação às que tivessem sido propostas (art. 16º, nº 5) e da falência ou insolvência, ainda que a lei mostrasse uma preferência manifesta pela solução da recuperação de empresas, uma vez que a falência ou insolvência só poderiam ser decretadas pelo juiz, uma vez transitada em julgado a decisão da assembleia que reconheça não ter sido validamente aprovado o meio de recuuperação proposto (art. 18º, nº 4).

Para além disso, o D.L. 177/86, instituiu, no âmbito dos meios preventivos da falência, ao lado das tradicionais concordata (arts. 20º e ss.) e do acordo de credores (arts. 26º e ss.), uma nova figura, denominada de gestão controlada (arts. 33º e ss.), a qual consistia num plano de reestruturação da empresa, a executar por uma nova administração, nomeada pelos credores, sob o controlo da comissão de credores.

O D.L. 177/86 alterou ainda as disposições do CPC em relação ao processo de falência, afastando a obrigação de apresentação no caso de estar pendente o processo de recuperação da empresa (art. 1140º) e reformulando a noção de cessação de pagamentos, a qual teria que ser suficientemente indiciativa de incapacidade financeira (art. 1174º, nº 1, *a)*). Atribuiu-se ainda ao Ministério Público a legitimidade para requerer a falência, para além do caso de fuga do comerciante (art. 1174º, nº 1, *a)*), quando haja mora no pagamento de salários, dívidas ao fisco ou à segurança social (art. 1176º, nº 1, *b)*). Dilatou-se ainda a presunção de má fé relativamente aos actos praticados em prejuízo da massa (ar. 1202º). Por outro lado, procurou-se aumentar a eficácia e a celeridade das liquidações falimentares, determinando que a venda deveria iniciar-se, independentemente da verificação do passivo (art. 1245º), e que os estabelecimentos compreendidos na massa, deveriam ser alienados na totalidade (art. 1247º, nº 3). Consignou-se, por último, o termo do processo de falência em caso de insuficiência do activo para pagamento das custas e demais despesas (art. 1303º-A).

O D.L. 10/90, de 5 de Janeiro, veio em seguida alterar o D.L. 177/86, de 2 de Julho. O diploma teve como medida importante a extensão ao processo de recuperação da suspensão da contagem de juros contra o devedor (art. 8º). Em relação aos credores, para além de ter procurado proporcionar-lhes o conhecimento de elementos do processo (arts. 1º e 10º), e facilitar-lhes a justificação dos seus créditos (arts. 10º e 11º), este diploma reforçou a sua posição na opção entre a recuperação e a falência, vinculando o juiz à mesma, e tornando mais expedita a passagem do processo de recuperação ao processo de falência ou insolvência (art. 18º).

A instituição desta via judicial de recuperação de empresas permitiu eliminar progressivamente as intervenções administrativas relativas à celebração de acordos de assistência e contratos de viabilização. Assim o fundo de compensação que tinha sido criado pelo Decreto-Lei 124/77, de 1 de Abril, foi extinto pelo Decreto-Lei 338/87, de 21 de Outubro. Da mesma forma, o Decreto-Lei 26/90, de 24 de Janeiro, mandou cessar em 15 dias a faculdade de recurso aos instrumentos de recuperação de empresas previstos naquele diploma (art. 1º). Ao mesmo tempo foi desactivada a Parempresa, passando as suas funções a ser desempenhadas pela instituição de crédito nacional maior credora (art. 3º).

3.3.4. O Código dos Processos Especiais de Recuperação de Empresa e da Falência

A reforma mais importante ocorreu, porém, através do Decreto-Lei nº 132/93, de 23 de Abril, que aprovou o Código dos Processos Especiais de Recuperação de Empresa e da Falência[92]. Este Código unificou o regime da falência e da recuperação de empresas, evitando assim a dispersão do seu regime por dois diplomas.

O CPEREF apresentava a seguinte sistematização:

Título I – Disposições introdutórias comuns (arts. 1º e ss.);
Título II – Regime subsequente do processo de recuperação:
- Capítulo I – Assembleia de credores e actos afins (arts. 28º e ss.);
- Capítulo II – Providências de recuperação (arts. 62º e ss.);

Título III- Processo de falência:
- Capítulo I – Disposições gerais (arts. 122º e ss.);
- Capítulo II – Sentença de declaração e falência e sua impugnação (arts. 128º e ss.);
- Capítulo III – Liquidatário judicial e comissão de credores na liquidação da massa falida (arts. 132º e ss.);
- Capítulo IV – Efeitos da falência (arts. 147º e ss.);
- Capítulo V – Providências conservatórias (arts. 175º e ss.);
- Capítulo VI – Liquidação do activo (arts. 179º e ss.);
- Capítulo VII – Verificação do passivo. Restituição e separação de bens (arts. 188º e ss.)
- Capítulo VIII – Pagamento aos credores (arts. 208º e ss.);
- Capítulo IX – Contas do liquidatário (arts. 219º e ss.);
- Capítulo X – Indiciação de infracção penal (arts. 224º e ss.);
- Capítulo XI – Recursos na falência (arts. 228º e ss.);
- Capítulo XII – Acordo extraordinário (arts. 231º e ss.);
- Capítulo XIII – Cessação dos efeitos da falência em relação ao falido (arts. 238º e ss.);
- Capítulo XIV – Concordata particular (arts. 240º e ss.);

Título IV – Disposições finais (arts. 246º e ss.).

[92] Cfr., sobre este, Abílio Morgado, "Processos especiais de recuperação de empresa e da falência – Uma apreciação do novo regime", em *CTF* 370 (Abril-Junho 1993), pp. 51-113 e Menezes Cordeiro, *O Direito* 137 (2005), III, pp. 483 e ss.

A principal inovação do CPEREF foi a abolição da distinção entre falência e insolvência e a aplicação do respectivo regime a todas e quaisquer empresas, fossem ou não empresas comerciais (art. 1º). Efectivamente o CPEREF definia genericamente como empresa toda a organização de factores de produção destinada ao exercício de qualquer actividade agrícola, comercial ou industrial ou de prestação de serviços (art. 2º). Se o devedor não fosse titular de empresa poderia ser declarado falido, mas não beneficiava do processo de recuperação (art. 27º), embora pudesse evitar a declaração de falência através de uma proposta de concordata particular (arts. 240º e ss.).

Em consequência, foi unificado o processo de falência, que passou a ter como pressuposto comum a situação de insolvência, considerando-se que nela incorria "a empresa que, por carência de meios próprios e por falta de crédito, se encontre impossibilitada de cumprir pontualmente as suas obrigações". Facilitou-se assim a circulação entre os processos de recuperação e de falência ao se prever uma fase prévia comum a ambos (arts. 5º a 10º e 14º a 25º).

Em relação aos meios suspensivos da falência, o Código acrescentou à concordata (arts. 66º e ss.), acordo de credores (arts. 78º e ss.) e gestão controlada (arts. 97º e ss.), que já existiam na legislação anterior, uma nova medida, denominada de reestruturação financeira (arts. 87º e ss.), definida como a "adopção pelos credores de uma ou mais providências destinadas a modificar a situação do passivo da empresa ou a alterar o seu capital, em termos que assegurem, só por si, a superioridade do activo sobre o passivo e a existência de um fundo de maneio positivo" (art. 87º)[93]. O devedor não titular de empresa, embora não sujeito ao processo de recuperação, beneficiava da medida da concordata particular (arts. 240º e ss.).

À assembleia de credores competia decidir sobre as providências de recuperação a adoptar, sendo declarada imediatamente a falência se os

[93] O art. 88º distinguia as providências de reestruturação financeira consoante tivessem incidência no passivo ou na estrutura do capital da empresa. As primeiras compreendiam a redução do valor dos créditos, o condicionamento do seu reembolso às possibilidades do devedor, a modificação dos respectivos prazos de vencimento ou taxas de juro, a dação em cumprimento de bens da empresa ou a cessão de bens aos credores. As segundas incluíam o aumento de capital com direito de preferência dos sócios, a conversão de créditos em capital na parte por eles não subscrita, a reserva à subscrição de terceiros da parte não subscrita do aumento de capital, e a redução do capital para cobertura de prejuízos.

credores não aprovassem uma providência de recuperação por 75% dos votos ou não deliberassem nos oito meses subsequentes ao despacho de prosseguimento da acção (art. 53º). A falência poderia ser ainda imediatamente decretada no caso de apresentação do devedor ou requerimento de qualquer dos credores que não tivessem tido oposição (art. 122º). Uma vez decretada a falência, passava a correr o respectivo processo (cfr. arts. 128º e ss.).

O CPEREF veio a ser revisto pelo Decreto-Lei 315/98, de 20 de Outubro, que reformulou a definição de insolvência como a situação da empresa "que se encontre impossibilitada de cumprir pontualmente as suas obrigações em virtude de o seu activo disponível ser insuficiente para satisfazer o seu passivo exigível" (nova redacção do art. 3º, nº 1). Este diploma passou ainda a considerar "a situação económica difícil" como novo pressuposto da providência de recuperação, considerando-se existir a mesma sempre que a empresa, "não devendo considerar-se em situação de insolvência, indicie dificuldades económicas e financeiras, designadamente por incumprimento das suas obrigações" (nova redacção do art. 3º nº 2, CPEREF). Para além disso, passou a denominar o acordo de credores como "reconstituição empresarial" (art. 4º). Para além disso, foram reforçados os poderes da comissão de credores (arts. 41º e ss.), ficando os poderes do juiz limitados à fiscalização, após reclamação (art. 121º-A) e aumentada a responsabilização dos dirigentes da sociedade em caso de falência (arts. 126º-A e ss.).

Ao mesmo tempo, o Decreto-Lei 316/98, com a mesma data, criou ao lado dos processos judiciais um procedimento administrativo, denominado *procedimento de conciliação*, igualmente destinado à recuperação de empresas. Com este procedimento estimular a recuperação de empresas em dificuldades através de acordo com todos ou alguns dos seus credores (art. 2º, nº 1), em que podem ainda intervir os sócios e outros interessados (art. 2º, nº 2), sendo que para a obtenção desse acordo se estabelece a mediação de um instituto público, o IAPMEI (Instituto de Apoio às Pequenas e Médias Empresas Industriais), ao qual o procedimento de conciliação deveria ser requerido, quer pela empresa, quer por qualquer credor com legitimidade para requerer a aplicação de qualquer providência de recuperação (arts. 1º e 3º). O conteúdo era livremente estipulado pelas partes, podendo corresponder O conteúdo do acordo é livremente fixado pelas partes, podendo corresponder a alguma das providências de recuperação previstas no CPEREF ou aos contratos de consolidação financeira e de reestruturação empresarial, definidos nos Decretos-Leis nºs 14/98, de 28 de Janeiro, e 81/98, de 2 de Abril (art. 2º, nº 3). O procedimento de conciliação poderia ser solicitado mesmo na pendência de processo judicial de recuperação de empresa, caso em que poderia ser requerida a suspensão deste processo (art. 10º).

3.4. A terceira fase: o retorno ao sistema da *falência-liquidação*

3.4.1. A aplicação do sistema em pleno na versão inicial do Código

A terceira fase da evolução apontada inicia-se precisamente com o actual Código da Insolvência e Recuperação de Empresas, aprovado pelo D.L. 53/2004, de 18 de Março. Inspirando-se essencialmente na *Insolvenzordnung* alemã de 1994, o CIRE teve, ao contrário da mesma, uma preparação atabalhoada e precipitada, constituindo, pela negativa, um claro exemplo de como não devem ser feitas as reformas legislativas[94]. Entretanto, o CIRE foi alterado, antes mesmo de entrar em vigor, pelo Decreto-Lei nº 200/2004, de 18 de Agosto, que o republicou, tem vindo posteriormente a ser ainda alterado pelo Decreto-Lei nº 76-A/2006, de 29 de Março, pelo Decreto-Lei nº 282/2007, de 7 de Agosto, pelo Decreto-Lei nº 116/2008, de 4 de Julho, pelo Decreto-Lei nº 185/2009, de 12 de Agosto, pela Lei 16/2012, de 20 de Abril, e pela Lei 66-B/2012, de 31 de Dezembro.

O CIRE consagra um claro retorno ao sistema da *falência-liquidação*. Essa solução resultava claramente do seu artigo 1º, na sua redacção inicial, onde se estabelecia como finalidade do processo de insolvência "a liquidação do património de um devedor insolvente e a repartição do produto

[94] Os diversos trabalhos preparatórios podem ser confrontados em MINISTÉRIO DA JUSTIÇA, *Código da Insolvência e da Recuperação de Empresas*, Coimbra, Coimbra Editora, 2004, onde se encontram igualmente comunicações sobre o Anteprojecto do Código, uma das quais da nossa autoria. É de salientar que as comunicações foram realizadas com base num anteprojecto que tinha acompanhado a proposta de lei de autorização legislativa mas que, no momento em que foram apresentadas, foi distribuída aos participantes uma nova versão completamente diferente da anterior, sendo que o texto final do Código viria a ser ainda diferente, tudo isto num espaço de poucos meses. Pelo caminho, o preâmbulo justificativo das soluções do Código veio a ser consideravelmente encurtado na versão que foi publicada, levando a que o autor do anteprojecto sentisse necessidade de dar a conhecer a versão original. Finalmente, como se isso não bastasse, tendo o CIRE sido publicado em 18 de Março de 2004, para entrar em vigor num prazo de 180 dias, viria, em 18 de Agosto do mesmo ano, antes de entrar em vigor, a ser consideravelmente alterado e republicado (!). Como é óbvio, a reforma sofreu consideravelmente com este atabalhoado processo legislativo.

obtido pelos credores, ou a satisfação destes pela forma prevista num plano de insolvência, que nomeadamente se baseie na recuperação da empresa compreendida na massa insolvente". Desta disposição resultava manifestamente que o processo deixava de ter como fim principal a recuperação da empresa, ao contrário do que se previa nos arts. 1º, nº 1 e 2, do CPEREF para passar a ter como único fim a satisfação dos credores, de que a recuperação da empresa é vista como mero instrumento[95]. Neste sentido, nem sequer se compreendia a designação do Código como Código da Insolvência e Recuperação de Empresas, sendo suficiente a designação Código da Insolvência, dado que a ideia de recuperação é secundária ou subalternizada, e a recuperação não era um processo, dado que o processo de insolvência era o único admissível, sendo a recuperação apenas um fim possível, entre outros, do plano de insolvência, que constitui a verdadeira alternativa à liquidação[96]. Com uma fé absoluta nas vantagens do individualismo dos credores, o CIRE deixou mesmo totalmente na sua esfera de decisão a eventual recuperação da empresa, admitindo que os credores a rejeitem apenas por não verem interesse na sua continuação[97].

Esta primazia da satisfação dos credores justifica que os poderes destes sejam consideravelmente dilatados no actual Código, ao mesmo tempo que vêm a ser consideravelmente reduzidas as possibilidades de intervenção do tribunal, verificando-se assim uma desjudicialização do processo de insolvência. Esta desjudicialização resulta em primeiro lugar na inexistência de reclamação para o juiz dos actos do administrador de insolvência e das deliberações da comissão de credores, bem como do regime

[95] Cfr. Luís Menezes Leitão, *Código da Insolvência e da Recuperação de Empresas Anotado*, 6ª ed., Coimbra, Almedina, 2012, sub art. 1º, nº 3, p. 46.

[96] Cfr. Catarina Serra, "As novas tendências do Direito Português da Insolvência – Comentário ao regime dos efeitos da insolvência sobre o devedor no projecto de Código da Insolvência", em António Cândido de Oliveira (org.), *Estudos em comemoração do 10º aniversário da licenciatura em direito da Universidade do Minho*, Coimbra, Almedina, 2004, pp. 203-228 (204) = MINISTÉRIO DA JUSTIÇA, *Código da Insolvência e da Recuperação de Empresas*, Coimbra, Coimbra Editora, 2004, pp. 21-49 (22) e Carvalho Fernandes, em Jorge Miranda / Luís Lima Pinheiro / Dário Moura Vicente, *Estudos Marques dos Santos*, I, p. 1206 = Carvalho Fernandes / João Labareda, *Colectânea*, p. 66, e "Sentido geral do novo regime da insolvência no Direito Português", em Luís A. Carvalho Fernandes / João Labareda, *Colectânea de Estudos sobre a Insolvência*, Coimbra, Almedina, 2009, pp. 83-101 (84 e ss.).

[97] Cfr., neste âmbito, o nº 3 do Preâmbulo que aprova o Código.

do plano de insolvência[98]. No entanto, ao contrário do que se previa, esta desjudicialização não contribuiu para tornar o processo mais célere e retirar trabalho aos tribunais. Antes pelo contrário, a morosidade agravou-se em virtude da necessidade da assembleia de credores em quase todos os processos, da necessidade de reagir contra a sentença de declaração de insolvência por via de embargos e recursos e da exigência de convocação da assembleia de credores para aprovação do plano da insolvência, o qual deve ocorrer apenas após o trânsito em julgado da sentença de declaração de insolvência[99].

A avaliação do CIRE apresenta-se por isso, em geral, como fortemente negativa[100].

3.4.2. A sua atenuação após a revisão do Código efectuada pela Lei 16/2012, de 20 de Abril

A introdução do sistema de falência-liquidação numa época de profunda crise económica e financeira teve naturalmente como consequência um aumento exponencial do número de insolvências em Portugal. Precisamente por esse motivo, o Memorando de Entendimento celebrado entre o Estado Português, o FMI, a Comissão Europeia e o BCE, obrigou no seu ponto 2.18 o Governo a definir "princípios gerais de reestruturação voluntária extra-judicial em conformidade com boas práticas internacionais". O Governo aprovou em consequência a Resolução 43/2011, de 25 de Outubro, que definiu os princípios orientadores da recuperação extrajudicial de devedores. Mais tarde, através da Resolução 11/2012, de 19 de Janeiro, viria a criar o Programa Revitalizar.

[98] Cfr. Carvalho Fernandes, em Jorge Miranda / Luís Lima Pinheiro / Dário Moura Vicente, *Estudos Marques dos Santos*, I, pp. 1213-1214 = Carvalho Fernandes / João Labareda, *Colectânea*, pp. 73-74.

[99] Cfr. Maria José Costeira, "Novo Direito da Insolvência", em *Themis*, edição especial (2005), pp. 25-42 (25-26).

[100] Veja-se igualmente a crítica contundente, mas justificada, de João Labareda, "O novo Código da Insolvência e da Recuperação de Empresas – Alguns aspectos mais controversos", em IDET – INSTITUTO DE DIREITO DAS EMPRESAS E DO TRABALHO (org.), *Conhecer o Código da Insolvência e da Recuperação de Empresas. Miscelâneas*, nº 2, Coimbra, Almedina, 2004, pp. 9-49 = Luís A. Carvalho Fernandes / João Labareda, *Colectânea de Estudos sobre a insolvência*, Coimbra, Almedina, 2009, pp. 7-39. Em sentido contrário, utilizando a presunção de acerto do legislador, prevista no art. 9º, nº 3, CC, para justificar uma apreciação panglossiana do CIRE, veja-se Menezes Cordeiro, *O Direito* 137 (2005), pp. 504 e ss.

Em consequência, através da Lei 16/2012, de 20 de Abril, foi efectuada nova alteração ao CIRE[101], que pretendeu atenuar a forma radical com que este diploma enveredara pelo sistema de falência-liquidação, ainda que as alterações pareçam mais de forma do que de conteúdo. Assim, o art. 1º do CIRE passou a dar primazia à recuperação de empresas sobre a liquidação do património do devedor, mas a decisão sobre qual a opção a tomar mantém-se integralmente nas mãos dos credores. Determina-se que o plano de insolvência que se destine a prover à recuperação do devedor se passe a denominar plano de recuperação (art. 192º, nº 3, CIRE), mas este não é objecto de qualquer regime diferenciado. Para além disso, reforçou-se o poder do juiz, dando-se-lhe desde logo a possibilidade de dispensar a assembleia de credores (art. 36º, nº 1 *n)* CIRE).

Verificou-se ainda a introdução de um novo processo especial, denominado de revitalização, a que o devedor pode recorrer sempre que se encontre em situação de insolvência iminente ou em situação económica difícil, em ordem a tentar obter novos financiamentos junto dos seus credores (novos arts. 17º-A e ss. CIRE). Esse novo processo não veio só por si destruir a filosofia geral do Código, assente, como se referiu, no sistema de falência-liquidação, mas não há dúvida que a atenua em parte.

O Decreto-Lei 178/2012, de 3 de Agosto, reformulou o procedimento de conciliação extrajudicial que funciona junto do IAPMEI, criando o SIREVE – Sistema de Recuperação de Empresas por Via Extrajudicial. Posteriormente, o Decreto-Lei 26/2015, de 6 de Fevereiro pretendeu aumentar a eficácia prática do SIREVE, limitando as situações em que se admite o recurso a esse organismo, e aproximando o regime dos planos de recuperação do previsto no processo especial de revitalização.

Continuou, no entanto, a faltar em Portugal um enquadramento adequado à recuperação dos devedores, tendo-se por isso tornado necessário criar novas formas de evitar que as empresas caíssem em insolvência por ausência de financiamento próprio e alheio. Por esse motivo, o Governo aprovou através da Resolução do Conselho de Ministros nº 42/2016, de 18 de Agosto, o Programa Capitalizar, destinado a reduzir os passivos das empresas consideradas economicamente viáveis e assegurar o acesso ao financiamento das micro, pequenas e médias empresas.

[101] Sobre esta lei pode ver-se cfr. MENEZES CORDEIRO, "Perspetivas evolutivas do Direito da Insolvência", na *Themis*, ano XII, nºs 22/23 (2012), pp. 7-50 (46 e ss.)

Em consequência e através do Decreto-Lei 79/2017, de 30 de Junho, foi efectuada uma profunda reforma dos mecanismos de recuperação e reestruturação de empresas. Foi limitada em primeiro lugar a aplicação do PER às empresas, em resultado da nova redacção do art. 1º, nº 2, e arts. 17º-A a 17º-J do CIRE. Foi em consequência criado para os devedores não empresários um processo muito semelhante denominado de Processo Especial para Acordo de Pagamentos (PEAP), previsto nos arts. 1º, nº 3, e 222º-A a 222º-J do CIRE.

Posteriormente a Lei 8/2018, de 2 de Março, viria a revogar o SIREVE, aprovando o Regime Extrajudicial de Recuperação de Empresas (RERE), que visou permitir ao devedor que se encontre em situação de económica difícil ou em situação de insolvência meramente iminente encetar negociações com os seus credores, as quais são reguladas através da celebração de um protocolo de negociação. O RERE foi complementado através da aprovação de novos mecanismos extrajudiciais de recuperação de empresas, como seja o regime do mediador de recuperação de empresas (Lei 6/2018, de 22 de Fevereiro), o regime jurídico da conversão dos créditos em capital (Lei 7/2018, de 2 de Março) e o regime jurídico da apropriação do bem empenhado no penhor mercantil (Decreto-Lei 75/2017, de 26 de Junho).

No início de Dezembro de 2019 foi referido o surgimento num mercado chinês de um novo coronavírus altamente infeccioso (SARS-CoV-2), susceptível de causar uma doença que se caracteriza, entre outros sintomas, por uma grave síndrome respiratória aguda, designada por COVID-19. O vírus e a doença espalharam-se rapidamente da China para outros países do mundo, vindo a atingir Portugal com a descoberta dos primeiros casos no nosso país em 2 de Março de 2020, e acabando a OMS por declarar uma situação de pandemia mundial em 11 de Março de 2020. O profundo impacto que essa pandemia causou na saúde financeira das empresas portuguesas levou ao surgimento de um novo processo extraordinário de viabilização de empresas (PEVE), destinado a evitar as previsíveis insolvências, introduzido pela Lei 75/2020, de 27 de Novembro, lei temporária destinada a vigorar em princípio apenas até 31 de Dezembro de 2021. Essa lei estabeleceu ainda um regime excepcional e temporário de prorrogação do prazo para conclusão das negociações encetadas com vista à aprovação de plano de recuperação ou de acordo de pagamento, bem como de concessão de prazo para adaptação da proposta de plano de insolvência. Ao mesmo tempo essa lei ainda veio prever a aplicação do RERE a empresas que se encontrem em situação de insolvência actual.

4
A situação de insolvência

4.1. Critérios para a definição da situação de insolvência

Conforme acima se salientou, ser insolvente significa ser incapaz de cumprir as suas obrigações, mas essa incapacidade tem que ser certificada em determinado momento, através da declaração de insolvência. Só que essa incapacidade de cumprimento pressupõe uma avaliação complexa podendo ser realizada através de dois critérios principais:

a) o critério do fluxo de caixa (*cash flow*);
b) o critério do balanço ou do activo patrimonial (*balance sheet* ou *asset*).

De acordo com o *critério do fluxo de caixa*, o devedor é insolvente logo que se torna incapaz, por ausência de liquidez suficiente, de pagar as suas dívidas no momento em que estas se vencem. Para este critério, o facto de o seu activo ser superior ao passivo é irrelevante, já que a insolvência ocorre logo que se verifica a impossibilidade de pagar as dívidas que surgem regularmente na sua actividade. Efectivamente, não haveria razão para que os credores, perante uma cessação de pagamentos pelo devedor, tivessem que aguardar que este liquide os seus bens, cujo valor comercial pode ser duvidoso. Trata-se de um critério simples, pois, excluindo os casos em que o devedor se encontra de boa fé em litígio sobre as suas obrigações, o facto de não as pagar no momento do vencimento indicia claramente a sua insolvência.

Já de acordo com o *critério do balanço ou do activo patrimonial*, a insolvência resulta do facto de os bens do devedor serem insuficientes para cumprimento integral das suas obrigações. De acordo com este critério, a insolvência não é afastada pelo facto de o devedor cumprir as obrigações que se vencem no giro normal da sua actividade, uma vez que o que seria decisivo seria o facto de o conjunto dos seus bens não permitir satisfazer as suas responsabilidades. Este critério pressupõe uma apreciação jurisdicional mais complexa, pois os bens do devedor nem sempre são de avaliação fácil, podendo variar o seu preço em função de múltiplas circunstâncias, designadamente se a venda é realizada judicialmente ou extrajudicialmente, ou se o estabelecimento do devedor é alienado como um todo ou são os seus bens vendidos separadamente[102].

4.2. O critério da lei portuguesa

A insolvência é no Direito Português genericamente definida como a impossibilidade de cumprimento das obrigações vencidas pelo art. 3º, nº 1, CIRE, sendo este o critério principal para definição da situação de insolvência[103], o que implica a adopção do critério do *fluxo de caixa*. A definição legal, que é essencialmente inspirada no § 17 da *Insolvenzordnung* alemã deve ser adequadamente interpretada. Não está em causa uma situação de impossibilidade em sentido técnico-jurídico que importaria na extinção da obrigação (art. 790º). Parece preferível a definição anterior do CPEREF que entendia a insolvência como a impossibilidade de cumprir pontualmente as respectivas obrigações por carência de meios próprios e por falta de crédito[104].

Consequentemente, em face da rejeição do *critério do balanço*, deve salientar-se que a insolvência corresponde à impossibilidade de cumpri-

[102] Cfr. ROYSTON MILES GOODE, *Principles of corporate insolvency law*, London, Sweet & Maxwell, 1990, pp. 26 e ss.

[103] Cfr. JOSÉ LEBRE DE FREITAS, "Pressupostos objectivos e subjectivos da insolvência, em *Themis*, edição especial (2005), pp. 11-25, NUNO MARIA PINHEIRO TORRES, "O pressuposto objectivo do processo de insolvência", em *DJ* 19 (2005), 2, pp. 165-177, e MANUEL REQUICHA FERREIRA, "Estado de insolvência", em RUI PINTO (org.), *Direito da Insolvência. Estudos*, Coimbra, Coimbra Editora, 2011, pp. 131-386.

[104] Neste sentido MENEZES LEITÃO, *Código da Insolvência*, sub art. 3º, nº 4, p. 48, e PEDRO DE ALBUQUERQUE, "Declaração da situação de insolvência", em *O Direito* 137º (2005), III, pp. 507-525 (511) = RUY DE ALBUQUERQUE / ANTÓNIO MENEZES CORDEIRO, *Estudos em Memória do Professor Doutor José Dias Marques*, Coimbra, Almedina, 2007, pp. 773-793 (778). Criticando a anterior definição do art. 3º CPEREF, veja-se, porém, CARLOS FERREIRA DE ALMEIDA, *RFDUL* 36 (1995), nº 2, p. 388. Aplaudindo a nova definição, apesar de reconhecer que "quando o legislador se refere à "impossibilidade de cumprir" tem em vista os casos de incumprimento por insuficiência ou inexistência de recursos financeiros ou patrimoniais na esfera do devedor", cfr. NUNO MARIA PINHEIRO TORRES, *DJ* 19 (2005), 2, p. 170.

mento pontual das obrigações e não à mera insuficiência patrimonial, correspondente a uma situação líquida negativa. Efectivamente, a situação líquida negativa não implica a insolvência do devedor se o recurso ao crédito lhe permitir cumprir pontualmente as suas obrigações, assim como uma situação líquida positiva não afastará a insolvência, se se verificar que a falta de crédito não permite ao devedor superar a carência de liquidez para cumprir as suas obrigações[105].

A lei admite, no entanto, a aplicação em certos casos do *critério do balanço*. Efectivamente, a insuficiência patrimonial funciona como um critério acessório de definição de insolvência, aplicável às pessoas colectivas e aos "patrimónios autónomos por cujas dívidas nenhuma pessoa singular responda pessoal e ilimitadamente, por forma directa ou indirecta", os quais são ainda considerados insolventes quando o seu passivo seja manifestamente superior ao activo, avaliados segundo as normas contabilísticas aplicáveis (art. 3º, nº 2). Estas entidades não deixam de estar igualmente sujeitos ao critério geral de definição da insolvência constante do art. 3º, nº 1, funcionando o critério do balanço previsto no art. 3º, nº 2, em alternativa, em ordem a facilitar o pedido de insolvência por parte dos credores destas entidades, que podem ser afectados pela responsabilidade limitada dos seus sócios[106]. Assim, estas entidades podem ser declaradas insolventes em caso de o balanço demonstrar a manifesta inferioridade do passivo em relação ao activo, independentemente da natureza do passivo ou do vencimento das obrigações.

No entanto, dado que os balanços comerciais têm um significado limitado para efeitos de insolvência, o art. 3º, nº 3, determina a correcção deste critério, sempre que o activo seja superior ao passivo, avaliados segundo as seguintes regras: *a)* inclusão no activo e no passivo dos elementos identificáveis, mesmo que não constantes do balanço, pelo seu justo valor; *b)* no caso de o devedor ser titular de empresa, valorização da mesma segundo uma perspectiva de continuidade ou de liquidação, consoante o que se afigura mais provável, mas em qualquer caso com exclusão da rubrica de trespasse; *c)* exclusão do passivo das dívidas que que apenas hajam de ser pagas à custa dos fundos distribuíveis ou do activo restante, depois de satisfeitos ou acautelados os direitos dos demais credores do devedor (art. 3º, nº 3).

[105] Assim, CARLOS FERREIRA DE ALMEIDA, *RFDUL* 36 (1995), nº 2, p. 388.
[106] Cfr. ROSÁRIO EPIFÂNIO, *Manual*, p. 25.

Permite-se assim, para efeitos de insolvência, em primeiro lugar, a consideração de outros elementos identificáveis, mesmo que não constando do balanço. Em segundo lugar, admite-se, consoante o que seja mais provável, a valorização da empresa, não apenas numa perspectiva de liquidação (*break-up basis*), com a determinação do valor do seu património em caso de alienação imediata, mas também numa perspectiva de continuidade, com a inclusão do valor *going-concern*, ou seja a avaliação em termos de mercado da possibilidade de prossecução da actividade da empresa (eventualmente após saneamento)[107]. Finalmente, possibilita-se a não consideração no passivo das dívidas que só tenham que ser pagas à custa de fundos distribuídos ou com base no activo sobrante, após serem satisfeitos ou acautelados os direitos dos credores. Visa-se, neste caso, excluir as obrigações de reembolso que apenas se possam concretizar após a satisfação dos credores sociais, como o reembolso do capital social ou estatutário e as prestações complementares e acessórias. Certos créditos subordinados, como os créditos por suprimentos (art. 48º, *g*)) também deverão ser aqui incluídos.

À insolvência actual é ainda equiparada a insolvência iminente, no caso em que o devedor se apresente à insolvência (art. 3º, nº 4), permitindo-se assim que a apresentação do devedor se verifique antes de preenchidos os pressupostos da declaração de insolvência. Este critério tem especial relevância para afastar o requisito do vencimento das dívidas constante do art. 3º, nº 1, permitindo ao devedor apresentar-se à insolvência antes desse vencimento sempre que um juízo de prognose permita fazer supor que nessa altura se verificará uma impossibilidade de cumprimento. Naturalmente que o período relevante para efeitos de verificação dessa prognose não poderá ser formulado em abstracto, dependendo do momento em que se verifique o futuro vencimento das obrigações[108].

[107] Salienta Mário João Coutinho dos Santos, "Algumas notas sobre os aspectos económicos da insolvência da empresa", em *DJ* 19 (2005), 2, pp. 181-189, que "em termos económicos, uma empresa considera-se (economicamente) falida quando o seu valor de mercado na óptica da continuidade da exploração da sua actividade económica for menor do que o valor agregado de venda dos seus activos individualmente no mercado. Nestas circunstâncias, a decisão economicamente eficiente é a liquidação da empresa e a consequente afectação dos seus activos a outro fim".

[108] Não acompanhamos assim Rosário Epifânio, *Manual*, p. 26, que aponta um período mínimo de um ano.

5
Sujeitos passivos da declaração de insolvência

5.1. Sujeitos passivos abrangidos pelo regime comum da insolvência

O elenco dos sujeitos passivos da insolvência consta do art. 2º, nº 1, que nos dá a seguinte enumeração:

a) Quaisquer pessoas singulares ou colectivas;
b) A herança jacente;
c) As associações sem personalidade jurídica e as comissões especiais;
d) As sociedades civis;
e) As sociedades comerciais e as sociedades civis sob forma comercial à data do registo definitivo do contrato pelo qual se constituem;
f) As cooperativas, antes do registo da sua constituição;
g) O estabelecimento individual de responsabilidade limitada;
h) Quaisquer outros patrimónios autónomos.

Desta enumeração resulta que o elenco dos sujeitos passivos da insolvência compreende tanto pessoas singulares e colectivas como também outras entidades, normalmente designadas como pessoas rudimentares, ou mesmo simples patrimónios autónomos. Pode falar-se neste caso de uma personalidade insolvencial, que não coincide necessariamente com a personalidade jurídica (art. 66º CC), nem com a personalidade judiciária em geral (arts. 5º e ss. CPC), já que é relativa apenas à susceptibilidade de ser objecto de um processo de insolvência[109].

[109] Cfr. BORK, *Einführung*, p. 14, nº 28.

Em relação às pessoas singulares, elas podem ser sempre declaradas insolventes, independentemente de serem ou não já economicamente independentes, ou mesmo terem plena capacidade jurídica. A insolvência das pessoas singulares é, no entanto, sujeita a regras especiais, de que se destaca a possibilidade de solicitar a exoneração do passivo restante (arts. 235º e ss.). As pessoas singulares sujeitas à insolvência podem ser ou não empresários, sendo que a insolvência dos não empresários ou titulares de pequenas empresas é sujeita igualmente a um regime especial (arts. 249º e ss.)[110]. Se a pessoa singular for empresária, não há qualquer distinção entre o seu património privado e o património da empresa, uma vez que todo o património do devedor, incluindo o privado, responde pelas dívidas empresariais, sendo consequentemente abrangido pela insolvência[111].

A referência no art. 2º, nº 1, *a)* às pessoas colectivas abrange as associações e as fundações, mas também as sociedades comerciais (em nome colectivo, por quotas, anónimas, e em comandita) as sociedades civis sob forma comercial, e as cooperativas. É de referir que, em relação às pessoas colectivas, a declaração de insolvência acarreta normalmente a sua dissolução (cfr. arts. 182º, nº 1, *e)* e 192º, nº 1 *c)*, CC, art. 141º, nº 1, *e)*, CSC, e art. 77º *g)* CCoop), perdendo posteriormente estas a personalidade jurídica com o encerramento da liquidação. No entanto, após a dissolução da pessoa colectiva, e enquanto não estiver encerrada a liquidação, continua a ser possível a declaração de insolvência[112].

É igualmente considerada como sujeito passivo da declaração de insolvência a herança jacente (art. 2º, nº 1, *b)*), a qual pode assim ser declarada insolvente. Herança jacente é a que já foi aberta, mas ainda não aceite nem declarada vaga para o Estado (art. 2046º CC). A declaração de insolvência da herança jacente não será, em princípio, de interesse para os herdeiros, dado que têm sempre a possibilidade de a repudiar (art. 2062º CC), mas poderá ser requerida por qualquer credor da herança, em ordem a controlar

110 Como chama a atenção ALEXANDRE DE SOVERAL MARTINS, *Um Curso de Direito da Insolvência*, 2ª ed., Coimbra, Almedina, 2016, p. 40 apesar da designação legal do Código como da Insolvência e da Recuperação de Empresas, não só os devedores não empresários podem ser declarados insolventes, como a recuperação de que o CIRE se ocupa não é apenas de empresas, abrangendo igualmente esses devedores.

111 Cfr. BORK, *Einführung*, pp. 14-15, nº 29.

112 Neste sentido, em relação às sociedades comerciais, cfr. Ac. STJ 6/11/2008 (SERRA BAPTISTA), em *CJ-ASTJ* 16 (2008), 3, pp. 125-126.

a sua liquidação. Põe-se, porém, o problema de saber o que sucede em caso de aceitação da herança insolvente, caso em que a mesma deixa de ser considerada jacente. Em face do regime anterior do Código de Processo Civil, PEDRO DE SOUSA MACEDO sustentava que, dado que com a aceitação se verifica a confusão entre as esferas patrimoniais da herança e dos herdeiros, não faria sentido o processo continuar contra a herança, uma vez que esta perderia a sua autonomia patrimonial, e consequentemente a personalidade judiciária (art. 6º CPC), cabendo aos credores exercer o seu direito contra o herdeiro, com as limitações decorrentes da separação de patrimónios, variando o ónus da prova consoante a aceitação fosse pura e simples ou a benefício de inventário[113]. Esta solução não parece, porém, defensável em face do CIRE, dado que o art. 10º *a)* faz o processo continuar contra a herança e proíbe a sua divisão pelos herdeiros até ao encerramento do processo, o que leva a que não haja lugar à habilitação de herdeiros, podendo estes apenas requerer a suspensão do processo por cinco dias (art. 10º *b)*). A lei impede assim que a aceitação da herança tenha como efeito a extinção da sua autonomia patrimonial, prolongando esta até ao encerramento do processo, ao estabelecer obrigatoriamente a sua indivisão. Efectivamente, mesmo após a aceitação da herança por qualquer herdeiro, mantém-se a possibilidade de declarar a sua insolvência, dado que esta constitui um património autónomo sujeito a administração do cabeça-de casal até à sua liquidação e partilha (art. 2079º CC) e os patrimónios autónomos estão genericamente sujeitos à insolvência (art. 2º, nº 1, *h)*). Já o herdeiro não poderá naturalmente ser sujeito à insolvência pelas dívidas da herança, atenta a limitação da sua responsabilidade às forças da herança (art. 2071º). Conclui-se, por isso, que o sujeito passivo da insolvência para efeitos do art. 2º, nº 1, *b)* não é em rigor a herança jacente, mas pura e simplesmente a herança.

Também são considerados como sujeitos passivos de insolvência as associações sem personalidade jurídica e as comissões especiais (art. 2º, nº 1, *c)*). Neste caso, as pessoas singulares que as compõem respondem ilimitadamente pelas dívidas que elas contraíram, mas como a sua responsabilidade é subsidiária, a declaração de insolvência abrange antes directamente estas entidades, sendo a insolvência dos seus membros considerada como derivada[114].

[113] Cfr. PEDRO SOUSA MACEDO, *Manual*, I, pp. 146 e ss..

[114] Defendia já esta solução em face do direito anterior, CARLOS FERREIRA DE ALMEIDA, *RFDUL* 36 (1995), nº 2, pp. 391-392.

O Código refere autonomamente no art. 2º, nº 1, *d)* como sujeitos passivos de insolvência as sociedades civis, que a nosso ver também são pessoas colectivas, e que igualmente se dissolvem com a declaração de insolvência (art. 1007º *e)* CC).

Pelo mesmo motivo, também as sociedades comerciais e as sociedades civis sob forma comercial que tenham iniciado a sua actividade antes da data do registo definitivo do contrato pelo qual se constituem estão sujeitas à insolvência (art. 2º, nº 1, *e)*). Da mesma forma, as cooperativas, antes do registo da sua constituição podem ser objecto de processo de insolvência (art. 2º, nº 1, *f)*).

Pode igualmente ser declarado insolvente o estabelecimento individual de responsabilidade limitada (art. 2º, nº 1, *g)*). Neste caso, o art. 11º, nº 2, do D.L. 248/86, de 25 de Agosto, estabelecia que essa falência implicaria a falência do comerciante individual que é seu titular se se demonstrasse que não tinha sido respeitado o princípio da separação patrimonial na gestão do estabelecimento. Esta norma deve, porém, considerar-se tacitamente revogada pelo CIRE, na medida em que, sendo o estabelecimento individual de responsabilidade limitada sujeito passivo da declaração de insolvência, não parece que a sua insolvência possa afectar automaticamente o seu titular, caso não se verifique em relação a ele o requisito da impossibilidade de cumprimento das suas obrigações vencidas (art. 3º, nº 1). A insolvência do estabelecimento não deixará, porém, de o afectar igualmente enquanto seu administrador, mesmo que ele tenha respeitado o princípio da separação patrimonial[115].

Finalmente, podem ser declarados insolventes quaisquer outros patrimónios autónomos (art. 2º, nº 1, *h)*). Nestes casos, em vez de o devedor ser objecto de um processo de insolvência geral, que abrange universalmente o seu património, a insolvência é restrita a uma parte do seu património, sujeita a um regime especial de responsabilidade por dívidas, o que legitima a que se fale em insolvência especial ou particular[116].

[115] Neste sentido, Luís A. Carvalho Fernandes/João Labareda, *Código da Insolvência e da Recuperação de Empresas Anotado*, 3ª ed., Lisboa, Quid Juris, 2015, sub art. 2º, nº 10, p. 81.
[116] Cfr. BORK, *Einführung*, p. 13, nº 27.

5.2. Regimes especiais

5.2.1. Generalidades

O art. 2º, nº 2, vem, porém, excluir do regime comum da insolvência as pessoas colectivas públicas e as entidades públicas empresariais. Para além disso, o referido regime não é aplicável às empresas de seguros, instituições de crédito, sociedades financeiras às empresas de investimento que prestem serviços que impliquem a detenção de fundos ou de valores mobiliários de terceiros e aos organismos de investimento colectivo, sempre que se mostre incompatível com o regime especial a que essas entidades são sujeitas.

Temos então nesta disposição duas situações distintas: uma *exclusão total de aplicabilidade*, no caso de se tratar de pessoas colectivas públicas e entidades públicas empresariais e uma *aplicabilidade condicionada* à inexistência de disposição especial incompatível com o seu regime, como sucede no caso das empresas de seguros, instituições de crédito, sociedades financeiras, empresas de investimento que prestem serviços que impliquem a detenção de fundos ou de valores mobiliários de terceiros e organismos de investimento colectivo[117].

Examinemos sucessivamente estas situações.

5.2.2. Exclusão total de aplicabilidade do CIRE

A exclusão total da aplicabilidade do CIRE ocorre quanto a pessoas colectivas públicas e entidades públicas empresariais. Em relação às pessoas colectivas públicas, elas abrangerão tanto as pessoas colectivas públicas de base territorial (Estado, regiões autónomas e autarquias locais), bem como as associações públicas e os institutos públicos. Em relação às entidades públicas de natureza empresarial estarão em causa as pessoas colectivas de direito público com natureza empresarial criadas pelo Estado, a que se referem os arts. 56º e ss. do D.L. 133/2013, de 3 de Outubro. A extinção destas entidades, nos termos do art. 36º do referido diploma, é determinada por decreto-lei, bem como o subsequente processo de liquidação, não sendo aplicáveis as regras gerais sobre dissolução e liquidação de sociedades, nem as relativas à insolvência e recuperação de empresas salvo na medida do expressamente determinado por esse decreto-lei.

[117] Cfr., no âmbito da legislação anterior, Carlos Ferreira de Almeida, *RFDUL* 36 (1995), nº 2, pp. 386 e ss.

5.2.3. Aplicabilidade condicionada à inexistência de disposição especial

5.2.3.1. Empresas de seguros

Em relação às empresas de seguros, existe em regime próprio relativo às medidas de saneamento e recuperação financeira, constante dos arts. 108º-Aº e ss., do D.L. 94-B/98, de 17 de Abril[118], bem como para a sua liquidação, constante dos arts. 4º e ss. do D.L. 90/2003, de 30 de Abril. Embora o art. 121º, nº 2, do D.L. 94-B/98, estabeleça a não aplicação às empresas de seguros dos "regimes gerais relativos aos meios preventivos da declaração de falência e aos meios de recuperação de empresas e protecção de credores", o respectivo nº 3, estabelece a aplicação a título subsidiário das normas gerais do anterior CPEREF em relação à falência das empresas de seguros. A insolvência das empresas de seguros obedece, no entanto, a um regime particular, uma vez que é considerado como fundamento genérico da declaração de insolvência "a manifesta insuficiência do activo em relação ao passivo" (art. 121º, nº 5, do D.L. 94-B/98), e atribui-se legitimidade exclusiva para o seu pedido ao Instituto de Seguros de Portugal (art. 121º, nº 2, do D.L. 94-B/98), a quem cabe ainda a nomeação dos administradores de insolvência (art. 121º, nº 4, do D.L. 94-B/98).

5.2.3.2. Instituições de crédito e sociedades financeiras

Em relação à insolvência das instituições de crédito[119], o regime anterior estabelecia uma distinção entre os estabelecimentos bancários e as restantes

[118] Este diploma foi alterado e republicado pelo D.L. nº 8-C/2002, de 11 de Janeiro, rectificado pela Declaração de Rectificação, nº 3/2002, de 26 de Janeiro, alterado pelo D.L. 169/2002, de 25 de Julho, pelo D.L. 72-A/2003, de 14 de Abril, pelo D.L. 90/2003, de 30 de Abril, pelo D.L. 251/2003, de 15 de Outubro, que republicou o seu texto integral consolidado, pelo D.L. 76-A/2006, de 29 de Março, pelo D.L. 145/2006, de 31 de Julho, pelo D.L. 291/2007, de 21 de Agosto, pelo D.L. 357-A/2007, de 31 de Outubro, pelo D.L. 72 /2008, de 16 de Abril, pelo D.L. 211-A/2008, de 3 de Novembro, alterado e republicado pelo D.L. 2/2009, de 5 de Janeiro e ainda alterado pela Lei 28/2009, de 19 de Junho, pelo D.L. 52/2010, de 26 de Maio, pela Lei 46/2011, de 24 de Junho, e pelo D.L. 91/2014, de 20 de Junho.

[119] Cfr. Armindo Saraiva Matias, "A insolvência no Direito Bancário", em *DJ* 19 (2005), 2, pp. 291-302 e João Labareda, "Pressupostos subjectivos da insolvência: Regime particular das instituições de crédito e sociedades financeiras". em Luís A. Carvalho Fernandes / João Labareda, *Colectânea de Estudos sobre a Insolvência*, Coimbra, Almedina, 2009, pp. 103-141, Luís Máximo dos Santos, "Palavras introdutórias", Armindo Ribeiro Mendes, "A resolução e os outros mecanismos de intervenção em instituições de crédito à luz da Constituição" e Nuno Líbano Monteiro, "O regime jurídico da liquidação judicial das instituições de crédito à luz das alterações introduzidas pela Lei nº 23-A/2015, de 26 de

instituições de crédito. Os estabelecimentos bancários poderiam ser objecto da liquidação coactiva administrativa regulada no D.L. 30689, de 27 de Agosto de 1940, que apenas a admitia a título excepcional[120]. Já as restantes instituições de crédito, com a amplitude que consta dos arts. 2º e 3º, do Regime Geral das Instituições de Crédito e Sociedades Financeiras, aprovado pelo Decreto-Lei 289/92, de 31 de Dezembro[121], bem como as sociedades financeiras, reguladas pelos arts. 5º e 6º do mesmo diploma, embora fossem globalmente sujeitas à insolvência, possuem um processo de recuperação próprio, o processo de saneamento, regulado nos arts. 39º e ss. do RGICSF.

Actualmente, todas estas entidades se encontram sujeitas ao processo de liquidação consagrado no D.L. 199/2006, de 25 de Outubro, alterado pelo Decreto-Lei 31-A/2012, de 10 de Fevereiro, que procedeu à transposição da Directiva 2001/24/CE, do Parlamento Europeu e do Conselho, de 24 de Abril[122], e pela Lei 23-A/2015, de 26 de Março, que transpôs as Directivas 2014/49/UE e 2014/59/UE, do Parlamento Europeu e do Conselho, de 16 de Abril e 15 de Maio. Esse diploma revogou expressamente o disposto no D.L. 30689, de 27 de Agosto de 1940, com excepção das normas relativas à liquidação, doravante apenas aplicáveis às caixas de crédito agrícola mútuo pertencentes ao Sistema Integrado de Crédito Agrícola Mútuo, nos termos da respectiva legislação especial (art. 41º D.L. 199/2006). Para além disso, ressalvou ainda as medidas de saneamento aplicáveis às instituições financeiras pelo RGICSF, sem prejuízo do disposto nos arts. 16º e ss.

março", todos em CATARINA SERRA (org.), *III Congresso de Direito da Insolvência*, Coimbra, Almedina, 2015, respectivamente a pp. 19-22, 23-60 e 61-86.

[120] Neste sentido, cfr. CARLOS FERREIRA DE ALMEIDA, *RFDUL* 36 (1995), nº 2, pp. 386-387. Foi controversa a constitucionalidade deste diploma, por violação do princípio da reserva do juiz. O Tribunal Constitucional, no Ac. TC 443/91, de 20/11/1991 (BRAVO SERRA), publicado no DR II Série, de 2/4/1992, teve ocasião de se pronunciar pela inconstitucionalidade de algumas das suas normas. Já J. J. GOMES CANOTILHO / PAULO CANELAS DE CASTRO, "Constitucionalidade do sistema de liquidação coactiva administrativa de estabelecimentos bancários, previsto e regulado no decreto-lei nº 30689, de 27 de Agosto de 1940", na *RB* nº 23 (Julho-Setembro 1992), pp. 57-87 (87), defenderam a sua interpretação em conformidade com a Constituição, considerando que "a eventual inconstitucionalidade de algumas normas e segmentos de normas (...) não torna constitucionalmente ilegítimo o sistema de liquidação coactiva administrativa dos estabelecimentos bancários (...)".

[121] Este diploma foi hoje de várias alterações, sendo as últimas efectuadas pelos D.L. 114-A/2014, de 1 de Agosto, e 114-B/2014, de 4 de Agosto.

[122] Sobre esta Directiva, cfr. ARMINDO SARAIVA MATIAS, *DJ* 19 (2005), 2, pp. 296 e ss.

do D.L. 199/2006 (art. 1º, nº 2, do mesmo diploma). Quer este diploma, quer o RGICSF, vieram a ser alterados pelo Decreto-Lei nº 31-A/2012, de 10 de Fevereiro, que reforçou o controlo sobre estas instituições em virtude da crise financeira, tendo ainda o RGICSF sido alterado pelos D.L. 114-A/2014, de 1 de Agosto, e 114-B/2014, de 4 de Agosto, quando da intervenção no Banco Espírito Santo. O RGICSF foi ainda objecto de várias alterações, as últimas das quais pelas Leis 15/2019, de 12 de Fevereiro, e 23/2019, de 13 de Março.

O art. 153º-A RGICSF declara expressamente inaplicável às instituições de crédito o regime geral relativo aos meios de recuperação de empresas e protecção de credores. Assim, a liquidação das instituições de crédito apenas é declarada em *ultima ratio* prevendo a lei, nos arts. 139º e ss. do RGICSF, a adopção de medidas de intervenção correctiva, administração provisória e resolução, tendo em vista a salvaguarda da solidez financeira da instituição de crédito, dos interesses dos depositantes ou da destabilidade do sistema financeiro. As medidas de intervenção correctiva encontram-se previstas nos arts. 141º e ss. RGICSF e permitem, entre outras, ao Banco de Portugal obrigar a instituição de crédito a apresentar um plano de reestruturação (art. 142º RGICSF), substituir membros de órgão de gestão ou designar órgãos de fiscalização (art. 143º RGICSF) e restringir a actividade da instituição. Apenas no caso de as medidas correctivas não serem suficientes é há que lugar à nomeação de uma administração provisória (arts. 144º *a)* e 145º RGICSF), à aplicação de medidas de resolução, como a alienação total ou parcial a outra instituição autorizada ou a um ou mais bancos de transição (arts. 144º *b)* 145º-A, 145º-F e 145º-G RGICSF) medidas essas que têm sempre como efeito a suspensão dos órgãos de administração e fiscalização (art.. 145º-D RGICSF). Finalmente o Banco de Portugal pode revogar a autorização para o exercício da sua actividade, seguindo-se o regime de liquidação previsto na lei aplicável (art. 144º *c)* e 145º-M RGICSF), a qual constitui, conforme se referiu, o D.L. 199/2006.

Nos termos do art. 5º, nº 1, do D.L. 199/2006, as instituições de crédito dissolvem-se apenas por revogação da sua autorização nos termos do art. 22º do RGICSF, ou por deliberação dos sócios. Entre os fundamentos para a revogação de autorização, encontram-se o facto de a instituição não poder honrar os seus compromissos, designadamente quanto à segurança dos fundos que lhe tiverem sido confiados (art. 22º, nº 1, *f)* RGICSF) ou não cumprir as obrigações decorrentes da sua participação no Fundo de

Garantia de Depósitos ou no Sistema de Indemnização aos Investidores (art. 22º, nº 1, *g)* RGICSF).

Nos termos do art. 8º, nº 1 do D.L. 199/2006, a liquidação judicial das instituições de crédito fundada na revogação de autorização pelo Banco de Portugal faz-se nos termos desse diploma e, em tudo o que nele não estiver previsto, nos termos do CIRE. Como especialidades deste regime salienta-se o facto de a revogação da autorização pelo Banco de Portugal produzir os efeitos da declaração da insolvência (art. 8º, nº 2, D.L. 199/2006), bem como a legitimidade para a instauração do processo de liquidação judicial caber em exclusivo ao Banco de Portugal, que o deve instaurar no prazo máximo de 10 dias úteis após a revogação da autorização (art. 8º, nº 3, D.L. 199/2006).

A liquidação e partilha do activo só se suspendem caso seja requerida a suspensão de eficácia do acto perante os tribunais administrativos sem prejuízo da faculdade de o Banco de Portugal emitir resolução fundamentada, nos termos e com os efeitos previstos no artigo 128º do Código de Processo nos Tribunais Administrativos (art. 15º D.L. 199/2006). Em consequência, ao juiz do tribunal de liquidação é vedado tomar posição sobre a legalidade da decisão de revogação da autorização, as quais são suscitáveis apenas no processo de impugnação, pelo que no despacho de prosseguimento se limita a verificar o cumprimento dos requisitos formais (art. 9º, nº 1, D.L. 199/2006)), nomear o liquidatário ou a comissão liquidatária, e tomar todas as decisões previstas nas alíneas *b)*, *c)*, e *f)* a *n)* do nº 1 do art. 36º do CIRE (art. 9º, nº 2, D.L. 199/2006). Ao Banco de Portugal compete formular a proposta de liquidatário ou comissão liquidatária (art. 10º D.L. 199/2006), bem como acompanhar a sua actividade (art. 14º D.L. 199/2006). Após audição do Banco de Portugal, o juiz designa a comissão de credores que exerce todas as competências atribuídas no CIRE à assembleia de credores (art. 13º D.L. 199/2006).

Existem ainda especialidades de regime quanto às instituições de crédito portuguesas com sucursais noutro Estado-Membro (arts. 16º e ss. D.L. 199/2006) e às sucursais de instituições de crédito com sede noutro Estado-Membro (art. 25º D.L. 199/2006) ou sede fora da União Europeia (art. 26º D.L. 199/2006).

Em qualquer casos os direitos dos depositantes são assegurados por um Fundo de Garantia dos Depósitos, previsto nos arts. 154º e ss. RGICSF. Nos termos do art. 155º, nº 4, RGICSF só são considerados depósitos "os saldos credores que, nas condições legais e contratuais aplicáveis, devam ser restituídos pela instituição de crédito e consistam em disponibilidades monetárias existentes numa conta ou que resultem de situações transitórias decorrentes de operações bancárias normais". Em consequência, são abrangidos "os fundos representados por certificados de depósito emitidos pela instituição de crédito, mas não os representados por outros títulos de dívida por ela emitidas ou emergentes de aceites próprios ou de promissórias em circulação" (art. 155º, nº 5, RGICSF). Também não são abrangidos "os saldos credores ou créditos que resultem de quaisquer operações de investimento, incluindo aquelas em que o reembolso do capital, acrescido de eventuais remunerações é garantido ao abrigo de um compromisso contratual específico, acordado com a instituição de crédito ou com uma terceira enttidade" (art. 155º, nº 6, RGICSF). O Fundo garante apenas os depósitos constituídos em Portugal ou noutros Estados membros da União Europeia junto de instituições de crédito com sede em Portugal e ainda os depósitos constituídos em Portugal junto de sucursais de bancos de países não comunitários, salvo se estiverem cobertos por um sistema de garantia equivalente (art. 164º RGICSF). Há, no entanto, uma exclusão da cobertura do Fundo em relação a certos depósitos (art. 165º RGICSF), sendo o limite da cobertura do Fundo o valor de € 100.000 em relação a cada instituição de crédito (art. 166º RGICSF). Para além disso, os créditos abrangidos pela garantia do Fundo gozam de privilégio creditório mobiliário geral sobre os bens móveis da instituição depositária e privilégio imobiliário especial sobre os seus imóveis próprios (art. 166º-A RGICSF).

5.2.3.3. Empresas de investimento que prestem serviços que impliquem a detenção de fundos ou de valores mobiliários de terceiros

O art. 2º, nº 2, exclui ainda da aplicação do CIRE as empresas de investimento que prestem serviços que impliquem a detenção de fundos ou de valores mobiliários de terceiros. Embora as empresas de investimento sejam autonomizadas das instituições de crédito no art. 293º CVM, as mesmas são equiparadas às sociedades financeiras pelo art. 199º-B do RGICSF, sendo reguladas nos arts. 199º-A e ss. do mesmo diploma. Consequentemente, as mesmas estão igualmente sujeitas ao processo de liquidação estabelecido no D.L. 199/2006, de 25 de Outubro[123].

[123] Neste sentido, cfr. CARVALHO FERNANDES/JOÃO LABAREDA, *Código da Insolvência*, sub art. 2º, nº 13, p. 82.

5.2.3.4. Organismos de investimento colectivo

Em relação aos organismos de investimento colectivo, os mesmos encontram-se sujeitos ao Regime Geral dos Organismos de Investimento Colectivo (RGOIC), aprovado pela Lei 16/2015, de 24 de Fevereiro, com sucessivas alterações, a última das quais pela Lei 35/2018, de 20 de Julho. Os arts. 42º do RGOIC regulam a sua dissolução e liquidação, sendo as mesmas objecto de regulamentação através dos arts. 97º a 99 do Regulamento da CMVM nº 15/2003, alterado pelos Regulamentos da CMVM nº 9/2005 e nº 7/2007, publicado no D.R. II Série, de 19 de Dezembro de 2007. A especialidade do regime dos organismos de investimento colectivo torna incompatível a aplicação a estes do processo de insolvência, não lhes sendo por isso o CIRE aplicável[124].

[124] Neste sentido, cfr. CARVALHO FERNANDES/JOÃO LABAREDA, *Código da Insolvência*, sub art. 2º, nº 15, p. 83.

6
A massa insolvente

O âmbito e a função da massa insolvente encontram-se definidos no art. 46º. Em termos de âmbito, esta abrange todo o património do devedor à data da declaração de insolvência, bem como os bens e direitos que este adquira na pendência do processo, só sendo, no entanto, os bens isentos de penhora integrados na massa insolvente se o devedor voluntariamente os integrar e a impenhorabilidade não for absoluta. Em termos de função, esta destina-se primordialmente à satisfação das dívidas da própria massa insolvente (cfr. art. 51º) e apenas depois dos créditos sobre a insolvência. Esta destinação da massa insolvente ao pagamento das suas dívidas e dos créditos sobre a insolvência implica a sua qualificação como um património de afectação[125].

Em relação aos bens e direitos que compõem a massa insolvente, estes correspondem em princípio à totalidade do património do devedor à data da declaração de insolvência (cfr. art. 601º CC). Apesar de a lei não o referir, naturalmente que se deverão considerar integrados na massa insolvente os bens dos responsáveis legais das dívidas do insolvente, ou seja das pessoas que respondam pessoal e ilimitadamente pela generalidade das suas dívidas, ainda que a título subsidiário (art. 6º, nº 2). Nessa situação encontram-se o sócio único, nos casos previstos no art. 84º CSC, os sócios em nome colectivo (art. 175º, nº 1, CSC) ou comanditados (art. 465º, nº 1 CSC), podendo ainda ser responsabilizados por essas dívidas os gerentes e administradores de quaisquer sociedades, nos termos do art. 78º, nº 1, e

[125] Cfr. Paula Costa e Silva, *ROA* 65 (2005), 3, p. 717.

nº 4, CSC, quando, pela inobservância culposa das disposições legais ou contratuais destinadas à protecção destes, o património social se torne insuficiente para a satisfação dos créditos[126].

No caso de o insolvente ser casado em regime de comunhão de bens ou adquiridos, a massa insolvente compreende, não apenas os seus bens próprios, mas também a sua meação nos bens comuns (art. 1696º CC). Podem, porém, nesse caso ambos os cônjuges se encontrar em situação de insolvência, caso em que, não sendo o regime de bens o da separação, estes se podem apresentar simultaneamente à insolvência ou esta ser requerida contra ambos (arts. 264º e ss.). No caso de o cônjuge do insolvente não ser parte no processo, o mesmo adquire o direito de separar da massa insolvente os seus bens próprios e a sua meação nos bens comuns (art. 141º, nº 1, *b*)), podendo igualmente essa separação ser ordenada pelo juiz, a requerimento do administrador da insolvência, instruído com parecer favorável da comissão de credores, se existir (art. 141º, nº 3). Na medida em que implica a partilha de bens comuns do casal, a liquidação do património do insolvente configura uma excepção ao princípio da imutabilidade da convenção antenupcial e do regime de bens (art. 1715º, nº 1, *d*) CC)[127].

A massa insolvente compreende, no entanto, ainda os bens que o devedor for adquirindo na pendência do processo e, bem assim, aqueles que forem sendo reintegrados no mesmo, através do exercício pelo administrador de insolvência da resolução em benefício da massa (arts. 120º e ss.). Assim, por exemplo, uma herança que o devedor receba no decurso do processo de insolvência pertence integralmente à massa insolvente, não sendo possível ao devedor proceder ao seu repúdio (arts. 2062º e ss. CC), uma vez que tal representaria um acto de disposição dos seus bens, que lhe é vedado, na medida em que essas faculdades se transferem para o administrador da insolvência.

Em termos de exclusões, não são compreendidos na massa insolvente os bens absoluta ou totalmente impenhoráveis (art. 736º CPC). Já os bens relativamente impenhoráveis (art. 737ºº CPC) e os bens parcialmente

[126] Não cabem, no entanto, neste âmbito os sócios de responsabilidade limitada, não podendo invocar-se em sentido contrário o art. 6º, nº 1, CIRE. Cfr. neste sentido Ac. RP 16/6/2005 (Fernando Baptista Oliveira), disponível em http://www.dgsi.pt.

[127] Cfr. Jorge Duarte Pinheiro, "Efeitos pessoais da declaração de insolvência", em Ruy de Albuquerque / António Menezes Cordeiro (org.), *Estudos em Memória do Professor Doutor José Dias Marques*, Coimbra, Almedina, 2007, pp. pp. 207-223 (219).

impenhoráveis (art. 738º CPC) apenas nela podem ser integrados se forem voluntariamente apresentados pelo devedor (art. 46º, nº 2). Também não são compreendidos na massa insolvente os bens pertencentes ao devedor que sejam objecto de restrição de responsabilidade pelas obrigações deste, como sucede com os bens adquiridos pelo mandatário em execução do mandato sem representação (art. 1184º CC)[128].

[128] Neste sentido, cfr. LUÍS MIGUEL D. P. PESTANA DE VASCONCELOS, *A cessão de créditos em garantia e a insolvência. Em particular da posição do cessionário na insolvência do cedente*, Coimbra, Coimbra Editora, 2007, p. 232.

7
A classificação dos créditos

7.1. Generalidades

Dado que na situação de insolvência se verifica necessariamente um desequilíbrio entre o activo e o passivo do insolvente, importa determinar, não apenas quais os bens e direitos que integram o seu activo (a massa insolvente), mas também quais as obrigações que esse activo pode ser a vir chamado a satisfazer, ou seja, qual o passivo do insolvente. Este é naturalmente composto pelo conjunto de créditos que podem ser exercidos contra o insolvente, pelo que em princípio a massa insolvente pode vir a ter que responder por todos eles. No entanto, a lei estabelece que a massa insolvente deve primordialmente satisfazer aqueles créditos que são consequência da própria situação de insolvência (as denominadas dívidas da massa insolvente – art. 51º) pelo que apenas depois de estes estarem satisfeitos, é que se procede ao pagamento dos créditos cujo fundamento seja anterior à própria situação de insolvência ou tenham sido adquiridos no decurso do processo (os denominados créditos sobre a insolvência – arts. 46º e ss.).

7.2. As dívidas da massa insolvente

Conforme acima se referiu, são consideradas dívidas da massa insolvente aquelas cujo fundamento reside na própria situação de insolvência. O art. 51º institui uma enumeração exemplificativa dessas dívidas, em termos que justificam esclarecimento.

Nos termos da alínea *a)*, são consideradas como dívidas da insolvência as custas do próprio processo de insolvência. Trata-se de situação que se harmoniza com a regra da precipuidade das custas, já constante do art. 541º CPC.

Integram-se igualmente nas dívidas da massa insolvente as remunerações do administrador de insolvência e as despesas deste e dos membros da comissão de credores (art. 51º, *b)*). Efectivamente, a remuneração do administrador da insolvência e as despesas dos órgãos da insolvência constituem custos em que se incorre devido à própria situação de insolvência, pelo que é natural que integrem as dívidas da massa.

São igualmente consideradas como dívidas da massa insolvente as dívidas emergentes de actos de administração, liquidação e partilha da massa (art. 51º, *c)*) e as dívidas resultantes da actuação do administrador da insolvência (art. 51º, *d)*), ou do administrador judicial provisório (art. 51º *h)*), no exercício das respectivas funções. Compreende-se que estas obrigações integrem as dívidas da massa, uma vez que a sua assunção se apresenta como essencial à realização da função do processo de insolvência.

A lei faz ainda incluir no conceito de dívidas da massa, aquelas que: *a)* resultem de contrato bilateral cujo cumprimento não possa ser recusado pelo administrador de insolvência, salvo na medida em que se reporte a período anterior à declaração de insolvência (art. 51º, *e)*); *b)* resultem de contrato bilateral cujo cumprimento não seja recusado pelo administrador de insolvência, salvo na medida correspondente à contraprestação já realizada pela outra parte anteriormente à declaração de insolvência ou em que se reporte a período anterior a essa declaração (art. 51º *f)*); e *c)* resultem de contrato que tenha por objecto uma prestação duradoura, na medida correspondente à contraprestação já realizada pela outra parte e cujo cumprimento tenha sido exigido pelo administrador judicial provisório (art. 51º *g)*). Quando o administrador da insolvência (ou o administrador judicial provisório) exige o cumprimento dos contratos celebrados pelo insolvente, seja porque decide não recusar o seu cumprimento (cfr. arts. 102º, nº 1, e 103º, nº 3 e nº 5), seja porque a lei veda essa recusa (cfr. arts. 105º, nº 1 *a)*), art. 106º, nº 1), é natural que a obrigação correspondente adquira a natureza de dívida da massa, dado que na hipótese contrária a outra parte se veria obrigada a realizar uma prestação, sem ter qualquer garantia relativa à realização da contraprestação.

Constituem igualmente dívidas da insolvência aquelas que tenham por fonte o enriquecimento sem causa da massa insolvente (art. 51º, nº 1 *i)*). Estando em causa um enriquecimento sem causa (cfr. arts. 473º e ss. CC) da própria massa insolvente, é natural que a obrigação de restituição correspondente adquira a natureza de dívida da massa insolvente.

Um exemplo da restituição por enriquecimento ocorre no caso de resolução em benefício da massa insolvente em que não possa ser restituído o objecto prestado por terceiro, caso em que a massa apenas responde pelo seu enriquecimento, sendo o eventual remanescente crédito sobre a insolvência (art. 126º, nº 5).

Finalmente, constitui dívida da massa insolvente a obrigação de prestar alimentos relativa a período posterior à data da declaração de insolvência, nas condições do artigo 93º (art. 51º, *j*)). Face à importância do crédito de alimentos para assegurar a subsistência do respectivo credor, é natural que este seja qualificado como dívida da massa, ainda que esta só tenha que o satisfazer em casos excepcionais.

O Código contém ainda referências dispersas a outras obrigações correspondentes a dívidas da massa insolvente. É o que sucede com os alimentos ao insolvente e aos trabalhadores, previstos no art. 84º; com a dívida relativa a custas judiciais do autor e exequente prevista no art. 140º, nº 3; e com o crédito resultante da perda da posse de um bem a restituir pela massa (art. 142º, nº 2)[129]. Da mesma forma, o art. 267º qualifica como dívida da massa, equiparada às custas do processo de insolvência, os emolumentos devidos pelos actos de registo de despachos ou sentenças proferidos no processo de insolvência, bem como pelos de registo de apreensão de bens para a massa insolvente.

As dívidas da massa beneficiam de um regime mais favorável no pagamento, dado que o art. 172º determina que estas devem ser satisfeitas antes dos créditos sobre a insolvência, ocorrendo o pagamento na data do respectivo vencimento, seja qual for o estado do processo. As dívidas da massa não estão por isso sujeitas ao processo de verificação e graduação de créditos, pelo que não têm que ser reclamadas (arts. 128º e ss.), podendo os respectivos credores exigir directamente o seu pagamento ao administrador da insolvência. Em caso de insuficiência da massa insolvente para satisfação das suas dívidas que tenham sido constituídas por acto do seu administrador, o mesmo é responsável pessoalmente por essas dívidas perante os respectivos credores, podendo, no entanto, elidir a sua responsabilidade, demonstrando que a insuficiência da massa era imprevisível, tendo em conta as circunstâncias conhecidas do administrador e aquelas que ele não devia ignorar (art. 59º, nº 2).

[129] Cfr. ROSÁRIO EPIFÂNIO, *Manual*, p. 237.

7.3. Os créditos sobre a insolvência

7.3.1. Generalidades

São considerados créditos sobre a insolvência aqueles créditos sobre o insolvente que tenham natureza patrimonial, ou sejam garantidos por bens integrantes da massa insolvente, cujo fundamento seja anterior à declaração de insolvência (art. 47º, nº 1), e ainda aqueles cujos titulares mostrem tê-los adquirido no decurso do processo (art. 47º, nº 3). Não podem, porém, esses créditos revestir a natureza de dívidas da massa insolvente (cfr. art. 51º), uma vez que estas são sujeitas a um regime próprio, sendo satisfeitas primeiramente (cfr. art. 172º).

A distinção entre as categorias de créditos da insolvência, a que se refere o art. 47º, nº 4, pode ser formulada pela forma seguinte: *Créditos garantidos* são apenas aqueles que beneficiam de uma garantia real, considerando-se como tal também os privilégios especiais. Abrangem assim, além destes, a consignação de rendimentos, o penhor, a hipoteca e o direito de retenção. As garantias pessoais não relevam consequentemente para a qualificação do crédito como garantido. *Créditos privilegiados* são aqueles que beneficiam de privilégios creditórios gerais (mobiliários ou imobiliários), os quais não constituem garantias reais por não incidirem sobre coisas determinadas. Os *créditos subordinados* correspondem a uma nova categoria de créditos enfraquecidos, enumerados no art. 48º, os quais são satisfeitos depois dos restantes créditos sobre a insolvência. Os *créditos comuns* são aqueles que não beneficiam de garantia real, nem de privilégio geral, e não são objecto de subordinação.

Nos termos do art. 173º, o pagamento dos créditos sobre a insolvência depende do seu reconhecimento por sentença transitada em julgado. O pagamento dos créditos garantidos é efectuado após o pagamento das dívidas da massa e depois de abatidas as correspondentes despesas, sobre o produto da liquidação dos bens onerados com garantia real, respeitada a prioridade que lhes caiba (art. 174º). Já o pagamento dos créditos privilegiados é efectuado com base nos bens não afectos a garantias reais prevalecentes, respeitando a sua prioridade e na proporção dos seus montantes (art. 175º). Após estes, tem lugar o pagamento aos credores comuns na proporção dos seus créditos, se a massa for insuficiente para a satisfação integral (art. 176º). Finalmente, se ainda houver saldo, poderá ser efectuado o pagamento aos credores subordinados (art. 177º).

Examinemos com mais detalhe quais são estes créditos.

7.3.2. Os créditos garantidos

Conforme acima se referiu, os créditos garantidos são aqueles cujos titulares beneficiem de garantias reais, nelas se incluindo os privilégios especiais (art. 47º, nº 4, *a)*), compreendendo não apenas o capital, mas também os juros respectivos, até ao valor dos bens objecto da garantia (art. 48º, *b)*, parte final). Entre os créditos garantidos encontram-se assim aqueles que beneficiem de consignação de rendimentos (arts. 656º e ss. CC), de penhor (arts. 666º e ss. CC), de hipoteca (arts. 686º e ss. CC), de privilégio especial (arts. 738º e ss.), ou de direito de retenção (arts. 754º e ss. CC)[130]. Insere-se ainda nas garantias reais das obrigações a penhora[131], mas quer esta, quer a hipoteca judicial, não atribuem ao respectivo crédito a natureza de crédito garantido para efeitos do processo de insolvência, dado que a preferência que atribuem não é atendida neste processo (cfr. art. 140º, nº 3)[132].

Há certas garantias que se extinguem com a declaração de insolvência, pelo que os respectivos titulares deixarão de integrar a classe dos credores garantidos. Nessa situação encontram-se: 1) os privilégios creditórios especiais que forem acessórios de créditos sobre a insolvência de que forem titulares o Estado, as autarquias locais, e as instituições de segurança social, vencidos mais de doze meses antes da data do início do processo de insolvência (art. 97º, nº 1, *b)*); 2) as hipotecas legais cujo registo haja sido requerido dentro dos dois meses anteriores à data do início do processo de insolvência, e que forem acessórias de créditos sobre a insolvência do Estado, das autarquias locais e das instituições de segurança social (art. 97º, nº 1 *c)*); 3) as garantias reais que não sejam independentes de registo, sobre imóveis ou móveis a ele sujeitos integrantes da massa insolvente, acessórias de créditos sobre a insolvência, e já constituídas, mas ainda não registadas nem objecto de pedido de registo (art. 97º, nº 1, *d)*); 4) as garantias reais sobre bens integrantes da massa insolvente acessórias de créditos havidos como subordinados (art. 97º, nº 1, *e)*).

No entanto, as garantias que tenham sido convencionadas entre o devedor e os seus credores durante o processo especial de revitalização, com a finalidade de proporcionar àquele os meios financeiros para o desen-

[130] Sobre o regime das garantias reais, veja-se Menezes Leitão, *Garantias das Obrigações*, 2ª ed., Coimbra, Almedina, 2008, pp. 183 e ss.

[131] Cfr. Menezes Leitão, *Garantias*, pp. 250-251.

[132] Negando que a penhora atribua ao crédito a qualificação de crédito garantido, cfr. Ac. RL 24/3/2015 (Maria da Graça Araújo), processo 839/14.0TYLSB.L1-1.

volvimento da sua actividade mantêm-se mesmo que, findo o processo, venha a ser declarada, no prazo de dois anos, a insolvência do devedor (art. 17º-H, nº 1).

Os créditos garantidos são pagos após terem sido deduzidas as importâncias necessárias à satisfação das dívidas da massa insolvente. O pagamento ocorre respeitando a prioridade que lhes caiba, logo após a liquidação dos bens objecto da garantia real, uma vez deduzidas as correspondentes despesas (art. 174º, nº 1). O credor garantido tem inclusivamente direito a ser compensado pelo prejuízo causado pelo retardamento da alienação do bem objecto da garantia que lhe não seja imputável, bem como pela desvalorização do mesmo resultante da sua utilização em proveito da massa insolvente (art. 166º, nº 1). O administrador da insolvência pode, no entanto, proceder ao pagamento dos créditos garantidos antes de iniciar a venda dos bens, desde que esse pagamento só tenha lugar depois da data fixada para o começo da venda (art. 166º, nº 2). O credor pode ainda solicitar no processo de insolvência a aquisição do bem objecto da garantia, nos termos estabelecidos para a venda em processo executivo (arts. 165º CIRE e 815º CPC).

7.3.3. Os créditos privilegiados

Os créditos privilegiados são aqueles que beneficiam de privilégios creditórios gerais (art. 47º, nº 4, *a*)).

Os privilégios gerais podem ser mobiliários e imobiliários. Em relação aos privilégios mobiliários gerais, a maioria destes encontra-se prevista no Código Civil, onde se incluem o privilégio para garantia dos créditos fiscais do Estado e das autarquias locais (art. 736º CC), do credor por despesas do funeral (art. 737º *a)* CC), do credor por despesas com doenças do devedor ou dos seus alimentandos, relativas aos últimos seis meses (art. 737º *b)* CC), do credor por despesas indispensáveis ao sustento do devedor e dos seus alimentandos, relativas aos últimos seis meses (art. 737º *c)* CC) e ainda relativamente aos créditos emergentes do contrato de trabalho ou da violação ou cessação deste, pertencentes ao trabalhador (art. 737º *d)* CC, parcialmente revogado pelo art. 377º, hoje art. 333º CT). Na legislação especial encontram-se ainda outros privilégios mobiliários gerais, como o do Estado relativamente ao imposto do rendimento das pessoas singulares (art. 111º CIRS) ou relativamente ao rendimento sobre o imposto das pessoas colectivas (art. 108º CIRC), o do Estado resultante de aval (art.

22º da Lei 112/97, de 13 de Setembro), o conferido à segurança social (art. 204º CRCSS), aos trabalhadores por créditos emergentes do contrato de trabalho e da sua violação ou cessação (art. 333º, nº 1 *a)* CT), tendo ainda o CIRE, numa opção que julgamos criticável[133], decidido atribuir um privilégio mobiliário geral no montente de 500 UC ao credor requerente da insolvência do devedor (art. 98º CIRE), o que leva a que o seu crédito adquira necessariamente a categoria de crédito privilegiado até ao montante de € 51.000, dado o presente valor da UC ser de € 102. A reforma do CIRE realizada pela Lei 16/2012, de 20 de Abril acrescentou ainda um outro privilégio mobiliário geral, atribuído aos credores que no decurso do processo de revitalização financiem a actividade do devedor, disponibilizando-lhe capital para o efeito, privilégio esse que é graduado antes daquele que é concedido aos trabalhadores (art. 17º-H, nº 2).

Na legislação especial encontram-se igualmente previstos privilégios imobiliários gerais, como o das instituições de segurança social sobre os imóveis do devedor (art. 205º CRCSS) e o do Estado, relativo aos impostos sobre o rendimento (art. 111º do CIRS, e art. 108º do CIRC). O Tribunal Constitucional já declarou, no entanto, inconstitucional com força obrigatória geral a interpretação do art. 751º no sentido de que o privilégio imobiliário geral previsto no art. 111º CIRS prefere à hipoteca[134].

7.3.4. Os créditos comuns

Conforme acima se referiu, os créditos comuns correspondem àqueles que não beneficiam de garantia real, nem de privilégio especial e que não são objecto de subordinação. Serão considerados credores comuns assim todos aqueles que não beneficiem de qualquer garantia real ou privilégio geral, assim como aqueles cuja garantia real ou privilégio geral se extinga por força da declaração da insolvência (art. 97º) ou não possa ser atendida no âmbito desse processo (art. 140º, nº 3). O facto de os credores beneficiarem de outras garantias de natureza distinta destas, como garantias pessoais, ou alienações em garantia, não afectará a sua natureza de credores comuns para efeitos do processo de insolvência, ainda que o seu pagamento possa ficar condicionado ao não recebimento através da garantia estabelecida (cfr. art. 179º).

[133] Cfr. MENEZES LEITÃO, *Código da Insolvência,*, sub art. 98º, nº 2, p. 129.

[134] Cfr. Ac. Tribunal Constitucional 362/2002 (MARIA DOS PRAZERES BELEZA), processo nº 403/2002

7.3.5. Os créditos subordinados

7.3.5.1. Generalidades

São subordinados os créditos enumerados no art. 48º, excepto quando beneficiem de privilégios creditórios, gerais ou especiais, que não se extingam por efeito da declaração de insolvência. Os créditos subordinados, embora atribuam normalmente legitimidade para requerer a insolvência (art. 20º)[135], não conferem em princípio direito de voto na assembleia de credores, conforme refere o art. 73º, nº 3 do Código, nem permitem ao respectivo credor integrar a comissão de credores (art. 66º, nº 1), e não podem ser compensados com dívidas à massa (art. 99º, nº 4, *d)*). Para além disso, são pagos apenas depois de satisfeitos os créditos comuns, conforme resulta do art. 177º. A ordem de pagamento corresponde à enumeração das alíneas do artigo 48º, efectuando-se o rateio relativamente a créditos constantes da mesma alínea. Apenas em caso de subordinação convencional (art. 48º *c)*), o art. 177º, nº 2, admite que as partes convencionem uma prioridade diferente.

Examinemos sucessivamente as categorias de créditos subordinados legalmente previstas:

7.3.5.2. Créditos detidos por pessoas especialmente relacionadas com o devedor, bem como aqueles que tenham sido transmitidos por estas a outrem

A primeira categoria de créditos subordinados corresponde à dos créditos detidos por pessoas especialmente relacionadas com o devedor (cfr. art. 49º), bem como aqueles que tenham sido transmitidos por estas a outrem, designadamente por sucessão por morte (arts. 2024º e ss. CC) ou por cessão de créditos (arts. 577º e ss. CC), sub-rogação (arts. 589º e ss. CC) ou cessão da posição contratual (arts. 424º e ss. CC). Exige-se, porém, que a relação especial já existisse quando da aquisição do crédito e, no caso de transmissão para terceiro, que esta se tenha verificado nos dois anos anteriores ao início do processo de insolvência (art. 48º *a)*).

[135] Efectivamente, dado que o art. 20º atribui legitimidade para requerer a insolvência a qualquer credor, ainda que condicional, *e qualquer que seja a natureza do crédito*, terão legitimidade os titulares de créditos subordinados. Exceptuaremos, porém, dessa solução os créditos por suprimentos, dado que o art. 245º, nº 2, CSC constitui lei especial, não revogada pelo Código da Insolvência. No mesmo sentido, cfr. Alexandre de Soveral Martins, *Um Curso*, p. 76, e nota (10).

O conceito de pessoas especialmente relacionadas com o devedor vem a ser concretizado no art. 49º, o qual distingue consoante se trate de pessoas singulares, pessoas colectivas ou patrimónios autónomos. Consideram-se especialmente relacionados com o devedor pessoa singular: *a)* o seu cônjuge e as pessoas de quem se tenha divorciado nos dois anos anteriores ao início do processo de insolvência; *b)* os ascendentes, descendentes ou irmãos do devedor, bem como do seus cônjuge ou das pessoas de quem o devedor se tenha divorciado ns últimos dois anos; *c)* os cônjuges dos ascendentes, descendentes ou irmãos do devedor e *d)* os pessoas que tenham vivido habitualmente com o devedor em economia comum nalgum período dentro dos dois anos anteriores ao início do processo de insolvência (art. 49º, nº 1).

Já se o devedor for uma pessoa colectiva são havidos como especialmente relacionados com ele: *a)* os sócios, associados ou membros que respondam legalmente pelas suas dívidas e as pessoas que tenham tido esse estatuto nos dois anos anteriores ao início do processo de insolvência; *b)* as pessoas que tenham estado com a sociedade insolvente em relação de domínio ou de grupo, nos termos do art. 21º CVM, nos dois anos anteriores ao início do processo; *c)* os administradores, de direito ou de facto, do devedor e aqueles que o tenham sido em algum momento nos dois anos anteriores ao início do processo de insolvência; *d)* as pessoas relacionadas com algumas das mencionadas nas alíneas anteriores, nos termos do previsto em relação ao devedor pessoa singular (art. 49º, nº 2). Daqui resulta que os empréstimos intra-grupo, como no caso do *cash-pooling* são considerados créditos subordinados[136]. No Acórdão de Uniformização de Jurisprudência do Supremo Tribunal de Justiça de 13 de Novembro de 2014 considerou-se aplicável o regime da subordinação ao caso em que uma sociedade anónima adquire bens a sociedade por quotas declarada insolvente, considerando-se o sócio-gerente desta e seu filho, interveniente no negócio de aquisição como representante daquela, pessoas especialmente relacionadas com a insolvente[137].

[136] Neste sentido, cfr. PAULO OLAVO CUNHA, "Os empréstimos intragrupo no contexto da insolvência; em especial, o *cash pooling*", em CATARINA SERRA (org.), *III Congresso de Direito da Insolvência*, Coimbra, Almedina, 2015, pp. 345-360 (358).

[137] Cfr. AUJ 13/11/2014 (SALAZAR CASANOVA), processo 1936/10.6TBVCT-N.G1.S1, publicado no D.R., I Série, nº 246, de 22 de Dezembro de 2014, pp. 6186 – 6194.S

Se se tratar de um património autónomo, são havidas como pessoas especialmente relacionadas com o devedor os respectivos titulares e administradores, bem como as pessoas que se encontrem ligadas a estes por alguma relação especial correspondente às anteriormente mencionadas e, no caso, de herança jacente, aquelas pessoas que possuíssem com o autor da sucessão qualquer relação especial idêntica às previstas em relação às pessoas singulares na data da abertura da sucessão ou nos dois anos anteriores (art. 49º, nº 3).

Pode questionar-se se a enumeração do art. 49º é taxativa ou meramente exemplificativa. A nosso ver, trata-se de uma enumeração exemplificativa, destinada a concretizar o conceito previsto no art. 48º *a)*, nada impedindo, porém, que noutras situações exista uma relação especial correspondente, caso em que o regime da subordinação não poderá deixar de se aplicar[138]. Assim, por exemplo, se o insolvente pessoa singular tiver uma relação especial com um sobrinho, o facto de ele não constar das alíneas do art. 49º, nº 1, não impedirá a aplicação do art. 48º *a)*.

Pode ainda questionar-se se o art. 49º institui uma presunção *iuris tantum* ou *iuris et de iure*, em relação à existência de uma relação especial com o devedor. A nosso ver, trata-se de uma presunção *iuris et de iure*, não sendo consequentemente possível às pessoas abrangidas pela previsão do art. 49º afastar o regime da subordinação dos seus créditos com a demonstração de que não têm nenhuma relação especial com o devedor[139].

[138] Neste sentido, MENEZES LEITÃO, *Código da Insolvência*, sub art. 49º, nº 2, pp. 97-98, e na jurisprudência, Ac. RC 25/1/2011 (PEDRO MARTINS), em *CJ* 36 (2011), 1, pp. 10-12. Em sentido contrário, CARVALHO FERNANDES/JOÃO LABAREDA, *Código da Insolvência*, sub art. 49º, nº 2, pp. 301-302, ANA PRATA/JORGE MORAIS CARVALHO/RUI SIMÕES, *Código da Insolvência Anotado*, Coimbra, Almedina, 2013, sub art. 49º, nº 3, p. 165, e ADRIANA FERREIRA DE ALMEIDA, "Os créditos subordinados no processo de insolvência. A ilusão da igualdade", em MARIA DO ROSÁRIO EPIFÂNIO (org.), *Estudos de Direito da Insolvência*, II, Coimbra, Almedina, 2019, pp. 11-66 (34), sustentam o carácter taxativo dessa enumeração.

[139] Neste sentido, CARVALHO FERNANDES/JOÃO LABAREDA, *Código da Insolvência*, sub art. 49º, nº 2, p. 302. Em sentido contrário, A. RAPOSO SUBTIL/MATOS ESTEVES/MARIA JOSÉ ESTEVES/LUÍS M. MARTINS, *Código da Insolvência e da Recuperação de Empresas*, 2ª ed., Porto, Vida Económica, 2006, p. 138, em certa medida ADRIANA FERREIRA DE ALMEIDA, em MARIA DO ROSÁRIO EPIFÂNIO (org.), *Estudos*, II, p. 35 que afirma acreditar "que possam existir exceções a esta presunção [mas] a sua prova teria que ser bem fundamentada, sendo mais fácil a não ilidibilidade". Na jurisprudência, no sentido que defendemos, cfr. Ac. RL 12/9/2019 (GABRIELA DE FÁTIMA MARQUES), processo 6058/16.3T8FNC-F.L2-6.

7.3.5.3. Juros de créditos não subordinados constituídos após a declaração de insolvência

A segunda categoria legalmente prevista de créditos subordinados respeita aos juros de créditos não subordinados constituídos após a declaração de insolvência. A possibilidade de reclamação dos juros posteriores à declaração de insolvência, ainda que como créditos subordinados, constitui uma inovação que não é favorável ao regime da estabilização do passivo, que deve resultar da declaração de insolvência. Precisamente, por esse motivo, o CPEREF previa no seu art. 151º, nº 2, que na data da declaração de falência cessava a contagem dos juros. Actualmente, os juros que se vençam após a declaração de insolvência podem ser reclamados no processo, ainda que, sendo considerados como créditos subordinados, o seu pagamento só possa ocorrer depois de satisfeitos os credores comuns (art. 177º).

A lei prevê, porém, uma excepção à qualificação dos juros como créditos subordinados, em relação àqueles abrangidos por garantia real ou por privilégios creditórios gerais, até ao valor dos bens respectivos (art. 48º, *b)*, parte final). Efectivamente, nessa situação os juros constituem antes, respectivamente, créditos garantidos e créditos privilegiados, sendo pagos de acordo com o regime destes créditos (arts. 174º e 175º)[140]. Por maioria de razão, parece que não constituirão igualmente créditos subordinados os juros relativas às dívidas da massa insolvente (art. 51º), os quais são sujeitos ao regime destas, já que o seu pagamento deve obrigatoriamente ocorrer na data do respectivo vencimento (art. 172º, nº 3).

7.3.5.4. Os créditos cuja subordinação tenha sido convencionada pelas partes

A lei faz igualmente incluir como créditos subordinados aqueles cuja subordinação tenha sido convencionada pelas partes (art. 48º *c)*). Esta convenção de subordinação é legalmente admissível com base na autonomia privada, apesar da consagração do princípio da igualdade dos credores no art. 604º, nº 1, CC. Efectivamente, se as partes podem convencionar a atribuição de preferência a um credor (art. 604º, nº 2, CC), naturalmente que poderão convencionar igualmente o enfraquecimento do seu crédito

[140] Não se aplica neste caso a disposição do art. 97º, nº 1, *e)* que manda extinguir com a declaração de insolvência as garantias reais sobre bens integrantes da massa insolvente acessórias dos créditos havidos como subordinados, uma vez que o art. 48º *b)* exceptua estes juros da qualificação como créditos subordinados.

em relação aos outros credores, não podendo esta cláusula ser encarada como renúncia aos direitos do credor, para efeitos do art. 809º. Parece, no entanto, questionável que esta convenção de subordinação possa resultar de cláusulas contratuais gerais, atento o que se dispõe nos art. 18º *c)* e 21º *h)* LCCG.

7.3.5.5. Os créditos que tenham por objecto prestações do devedor a título gratuito

Outra situação de créditos subordinados corresponde àqueles que tenham por objecto prestações do devedor a título gratuito e, portanto, sem correspectivo por parte do respectivo credor. Nesse caso, dado que a aquisição gratuita constitui uma *causa minor* de aquisição, é compreensível que esta não possa ocorrer em prejuízo dos credores a título oneroso, pelo que se compreende a subordinação. É de notar, aliás, que os actos a título gratuito podem igualmente ser resolvidos em benefício da massa insolvente, sem dependência de quaisquer outros requisitos (art. 121º, nº 1, *b)*).

7.3.5.6. Os créditos sobre a insolvência que, como consequência da resolução em benefício da massa insolvente, resultem para o terceiro de má fé

Incluem-se igualmente na categoria de créditos subordinados os créditos sobre a insolvência que resultem para um terceiro de má fé, em consequência da resolução em benefício da massa insolvente. Por esta via se estabelece uma penalização do terceiro de má fé que praticou actos onerosos em prejuízo da massa insolvente, e que por isso tiveram que ser objecto de resolução em benefício da massa. Este artigo tem, no entanto, que ser conjugado com o disposto no art. 126º, nºs 4 e 5, que estabelecem a restituição do objecto prestado por terceiro no caso de o mesmo puder ser identificado e separado dos que pertencem à parte restante da massa, sendo que no caso contrário a obrigação de restituir o respectivo valor constitui dívida da massa insolvente na medida do respectivo enriquecimento e dívida da insolvência quanto ao eventual remanescente. Ora, na parte em que constitui dívida da massa insolvente (cfr. art. 51º, nº 1, *i)*), o crédito não poderá naturalmente considerar-se subordinado, devendo, por isso, o art. 48º *e)* ser objecto de uma interpretação restritiva, considerando-se a subordinação restrita à parte em que o crédito resultante da resolução constitui crédito sobre a insolvência.

A exigência de que o terceiro esteja de má fé levanta, por outro lado, alguns problemas, dado que a resolução pressupõe normalmente a má fé, real ou presumida (art. 120º), só sendo a mesma dispensada nos casos de resolução incondicional, previstos no art. 121º, nº 1, os quais, por serem especialmente graves, dispensam a verificação desse requisito. Paradoxalmente, portanto, os créditos objecto de resolução incondicional não são sujeitos à subordinação, a menos que se demonstre a má fé, podendo assim concorrer com os restantes credores comuns[141]. Haverá, por isso, todo o interesse em o administrador da insolvência invocar a má fé do adquirente igualmente nos casos previstos no art. 121º, devendo considerar-se também aplicável a esses casos a presunção de má fé, estabelecida no art. 120º, nº 4[142].

7.3.5.7. Os juros de créditos subordinados constituídos após a declaração de insolvência

Outra categoria de créditos subordinados corresponde aos juros desses mesmos créditos constituídos após a declaração de insolvência. A solução compreende-se em função da acessoriedade dos juros em relação ao crédito correspondente ao capital, pelo que, sendo o mesmo subordinado, o crédito de juros também o deverá ser.

7.3.5.8. Os créditos por suprimentos

A última categoria de créditos subordinados corresponde aos créditos por suprimentos, previstos nos arts. 243º e ss. CSC. Os créditos por suprimentos são aqueles que resultam de um contrato de mútuo entre o sócio e a sociedade, ou de uma convenção de diferimento dos créditos daquele sobre esta que, em ambos os casos, atribua ao crédito carácter de permanência (arts. 243º, nº 1, CSC), considerando-se esse carácter de permanência indiciado pela estipulação de um prazo de reembolso por um período superior a um ano ou pela não utilização da faculdade de exigir o reembolso pelo período de um ano (art. 243º, nºs 2 e 3, CSC). Os créditos de terceiro sobre a sociedade que o sócio adquira por negócios entre vivos ficam igualmente sujeitos ao regime dos suprimentos, a partir do momento

[141] Neste sentido, CARVALHO FERNANDES / JOÃO LABAREDA, *Código da Insolvência*, sub art. 48º, nº 6, p. 299.

[142] Salienta-se, no entanto, o fundamento da subordinação previsto no art. 48º *a)*

em que se verifique alguma das circunstâncias indiciadoras do carácter de permanência (art. 243º, nº 5, CSC).

No CSC já se encontram previstas algumas soluções relativamente à situação dos credores por suprimentos em caso de insolvência da sociedade. Assim, em primeiro lugar, a declaração de insolvência não pode ser requerida por estes (art. 245º, nº 2 CSC). Por outro lado, uma vez declarada a insolvência, os suprimentos só podem ser reembolsados, depois de inteiramente satisfeitas as dívidas da sociedade perante terceiros (art. 245º, nº 3 *a)* CSC), sendo que o CIRE determina mesmo que esse pagamento só ocorra em último lugar, depois de pagos todos os créditos subordinados (art. 177º e 48º *g)*). Finalmente, não é admitida compensação de créditos de sociedade com créditos de suprimentos (art. 245º, nº 3, *b)* CSC e art. 99º, nº 4, *d)*).

7.3.6. O regime especial dos créditos sob condição

A lei contempla ainda especificamente os créditos sob condição, distinguindo aqueles que estão sob condição suspensiva e aqueles que estão sob condição resolutiva, sendo de referir, no entanto, que este conceito, no âmbito da insolvência, afasta-se bastante da correspondente figura do Direito Civil (cfr. arts. 270º e ss. CC).

Os créditos sob condição suspensiva, nos termos do art. 50º, nº 1, são aqueles cuja constituição se encontra sujeita à verificação ou não verificação de um acontecimento futuro e incerto, por força da lei, de decisão judicial ou de negócio jurídico. No entanto, são ainda havidos como tais:

1) os resultantes da recusa de execução ou denúncia antecipada, por parte do administrador da insolvência, de contratos bilaterais em curso à data da declaração da insolvência, ou da resolução de actos em benefício da massa insolvente, anteriormente à verificação dessa denúncia, recusa ou resolução (art. 50º, nº 2, *a)*);
2) os créditos que não possam ser exercidos contra o insolvente sem prévia excussão do património de outrem, anteriormente a tal excussão (art. 50º, nº 2, *b)*);
3) os créditos sobre a insolvência pelos quais o insolvente não responda pessoalmente, enquanto a dívida não for exigível (art. 50º, nº 2 *c)*);
4) o direito contra o devedor insolvente decorrente do eventual pagamento da dívida por um condevedor solidário (art. 95º, nº 2);

5) Os créditos em relação aos quais se verifique recurso da sentença de verificação e graduação de créditos ou tenham sido objecto de protesto por acção pendente (art. 180º).

Esses créditos não são abrangidos pelo vencimento antecipado, determinado pela declaração de insolvência (art. 91º, nº 1), sendo atendidos pelo seu valor nominal, no caso de rateios parciais, embora devam permanecer depositadas as quantias a que respeitem até ao momento da verificação da condição (art. 181º, nº 1). Nos rateios finais, deve o administrador depositar as quantias correspodentes ao valor nominal do crédito suspensivamente condicionado para ser entregue ao titular, uma vez verificada a condição ou rateada pelos demais credores, caso seja certa a impossibilidade da sua não verificação (art. 181º, nº 2, *b*)). No caso, porém, de manifesta improbabilidade de verificação da condição, o crédito não é atendido, sendo as quantias anteriormente depositadas rateadas pelos restantes credores (art. 181º, nº 2, *a*)).

Os créditos sob condição resolutiva são aqueles cuja subsistência depende da verificação ou não verificação de um acontecimento futuro ou incerto, por força da lei, de decisão judicial ou de negócio jurídico (art. 50º, nº 1). Esses créditos são tratados como incondicionados até ao momento em que a condição se preencha, sem prejuízo do dever de restituição dos pagamentos recebidos, uma vez verificada a condição (art. 94º).

8
Órgãos da Insolvência

8.1. Generalidades

O processo de insolvência implica a criação de um sistema de órgãos, ao qual atribui competências diversas relativamente aos efeitos da insolvência sobre a massa insolvente, sobre os credores, e sobre o próprio devedor[143]. Esses órgãos são o Tribunal, o administrador da insolvência, a comissão de credores e a assembleia de credores.

Examinemos sucessivamente estes diversos órgãos.

8.2. O Tribunal

O primeiro órgão da insolvência é naturalmente o tribunal[144]. Actualmente são competentes para o julgamento dos processos de insolvência e dos processos especiais de revitalização as secções de comércio dos tribunais de instância central, nos termos do art. 128º, nº 1, *a)*, da Lei da Organização do Sistema Judiciário (LOSJ), Lei 62/2013, de 26 de Agosto, com várias alterações, a última das quais pela Lei 27/2019, de 28 de Março. Esta lei

[143] Sobre os órgãos da insolvência, cfr. Luís A. Carvalho Fernandes, "Órgãos da insolvência", em Luís A. Carvalho Fernandes / João Labareda, *Colectânea de Estudos sobre a Insolvência*, Coimbra, Almedina, 2009, pp. 143-177.

[144] Em sentido contrário, divergindo desta qualificação, por restringir o conceito de órgãos de insolvência, aos criados especificamente para intervir em cada processo de insolvência, veja-se Carvalho Fernandes, em Carvalho Fernandes / João Labareda, *Colectânea*, p. 144. Parece-nos, porém, esse entendimento demasiado restritivo, sendo manifesto que as funções do Tribunal no processo de insolvência justificam plenamente a sua qualificação como órgão da insolvência.

foi regulamentada pelo Decreto-Lei 49/2014, de 27 de Março[145], com a sua última redacção pelo D.L. 38/2019, de 18 de Março.

Em relação à competência territorial, esta é primordialmente atribuída ao tribunal da sede ou do domicílio do devedor ou do autor da herança à data da morte, consoante os casos (art. 7º, nº 1), sendo igualmente competente o tribunal do lugar em que o devedor tenha o centro dos seus prin-

[145] É de salientar a evolução legislativa que se veio a verificar nesta matéria. Inicialmente, o artigo 8º do D.L. 53/2004, de 18 de Março, veio alterar o art. 89º, nº 1, *a)* da LOFTJ, Lei 3/99, de 13 de Janeiro, esclarecendo que os tribunais de comércio apenas seriam competentes para o processo de insolvência, se o devedor fosse uma sociedade comercial ou a massa insolvente integrasse uma empresa. O artigo 29º do D.L. 76-A/2006, de 29 de Março, veio, porém, alterar aquela disposição estendendo a competência dos tribunais de comércio a todos os processo de insolvência. No entanto, a Lei 60-A/2005, de 30 de Dezembro, que autorizara o Governo a aprovar esse diploma não continha qualquer norma que autorizasse a modificação da competência dos tribunais de comércio, o que levou a que o art. 29º do D.L. 76-A/2006 fosse por três vezes julgado organicamente inconstitucional (cfr. Acs TC 690/2006, de 19 de Dezembro (Bravo Serra), 692/2006, de 19 de Dezembro (Gil Galvão) e 43/2007, de 23 de Janeiro (Mário Torres), disponíveis em http://www.tribunalconstitucional.pt). Por esse motivo, o artigo 14º do D.L. 8/2007, de 17 de Janeiro, veio conferir nova redacção ao artigo 89º, nº 1, alínea *a)* da LOFTJ, restringindo novamente a competência dos tribunais de comério para o processo de insolvência aos casos em que o devedor seja uma sociedade comercial ou a massa insolvente integre uma empresa.
Assim, antes da entrada em vigor da Lei da Organização do Sistema Judiciário, Lei 62/2013, de 26 de Agosto, a competência em razão da matéria estava atribuída em primeira linha ao tribunal comum, só sendo competentes os tribunais do comércio, se o devedor for uma sociedade comercial ou a massa insolvente integrar uma empresa (art. 89º, nº 1 *a)* da anterior LOFTJ, Lei 3/99, de 13 de Janeiro, na redacção que lhe foi dada pelo art. 14º, nº 1 do D.L. 8/2007, de 17 de Janeiro, tendo este diploma sido ainda alterado pelo D.L. 303/2007, de 24 de Agosto). A título experimental (!) já tinha entrado, no entanto, em vigor uma nova LOFTJ, aprovada pela Lei 52/2008, de 21 de Agosto, já sucessivamente alterada pelas Leis 103/2009, de 11 de Setembro, 115/2009, de 12 de Outubro, pelo Decreto-Lei 295/2009, de 13 de Outubro, pela D.R. 86/2009, de 23 de Novembro, e pelas Lei 3-B/2010, de 28 de Abril, 40/2010, de 3 de Setembro, 43/2010 de 3 de Setembro e 46/2011, de 24 de Junho. Essa lei foi até 31 de Agosto de 2010 apenas aplicável às comarcas Alentejo Litoral, Baixo Vouga e Grande Lisboa Noroeste (arts. 187º, nº 2, e 171º), prevendo-se que a partir dessa data se aplicasse de forma faseada ao restante território nacional devendo esse processo estar concluído até 1 de Setembro de 2014 (art. 187º, nº 3), o qual será executado por decretos-lei a aprovar pelo Governo (art. 187º, nº 4). Nos termos do art. 121º, nº 1, *a)* dessa lei a competência dos juízos de comércio passaria a ser extensiva a todos os processos de insolvência.
Essa aplicação faseada não se chegou, porém, a verificar, já que veio ser aprovada uma nova reorganização judiciária pela LOSJ, Lei 62/2013, de 26 de Agosto, regulamentada pelo Decreto-Lei 49/2014, de 27 de Março. Nos termos do 128º, nº 1, *a)*, dessa Lei as secções de comércio são assim competentes para o julgamento de todos os processos de insolvência e de revitalização.

cipais interesses, entendendo-se por tal aquele em que ele os administre, de forma habitual e cognoscível por terceiros (art. 7º, nº 2). A instrução e decisão de todos os termos do processo de insolvência, bem como dos seus incidentes e apensos compete sempre ao juiz singular (art. 7º, nº 3).

8.3. O administrador da insolvência

8.3.1. Generalidades

Outro órgão relevante é naturalmente o administrador da insolvência[146], cujo estatuto consta dos arts. 52º e ss. do CIRE e da Lei 22/2013, de 26 de Fevereiro, com a última redacção pelo D.L. 52/2019, de 17 de Abril. A nomeação de um administrador da insolvência é necessária, face à desconfiança na capacidade de administração do devedor, que a sua insolvência naturalmente pressupõe. Assim, a administração tem que ser atribuída a um administrador autónomo do devedor, o administrador da insolvência. Essa atribuição tem normalmente carácter absoluto com a integral subtracção ao devedor e seus administradores (cfr. art. 6º), dos poderes de administração da massa insolvente, os quais ficam a pertencer ao administrador de insolvência (art. 81º, nº 1). Pode, porém, ter carácter meramente relativo, no caso de administração da massa insolvente pelo devedor (art. 223º), caso em que a intervenção do administrador da insolvência se limita à fiscalização e aprovação dos actos mais importantes (art. 226º).

8.3.2. Nomeação

O administrador da insolvência é escolhido pelo juiz (art. 52º), de entre os administradores inscritos na lista oficial, devendo essa escolha ser efectuada por processo informático que assegure a aleatoriedade da escolha e a igualdade na distribuição nos processos (art. 13º, nº 2, da Lei 22/2013). Não lhe sendo possível o recurso ao sistema informático, deve o juiz pugnar por nomear o administrador seguindo esses critérios, socorrendo-se para o efeito das listas oficias (art. 3º, nº 3, da Lei 22/2013). Caso o processo de insolvência assuma grande complexidade, ou sendo exigíveis especiais conhecimentos ao administrador da insolvência, o juiz pode, oficiosamente ou a requerimento de qualquer interessado, nomear mais do que um administrador da insolvência, cabendo, em caso de requerimento, ao requerente

[146] Bork, *Einführung*, p. 25, nº 50, considera-o mesmo a figura central do processo de insolvência.

propor a pessoa a nomear, e pagar a sua remuneração, caso a massa insolvente não seja suficiente (art. 52º, nº 4).

Podem ainda os credores na primeira assembleia realizada após a designação efectuada pelo juiz, por maioria de votos e votantes, eleger para o cargo outra pessoa e prover sobre a respectiva remuneração, desde que previamente à votação se junte aos autos a aceitação do proposto (art. 53º, nº 1)[147]. Os credores só podem, no entanto, proceder à eleição de pessoa não inscrita na lista oficial em casos devidamente justificados pela especial dimensão da empresa compreendida na massa insolvente, pela especificidade do ramo de actividade da mesma ou pela complexidade do processo (art. 53º, nº 2). Uma vez realizada a eleição, o juiz é obrigado a nomear a pessoa eleita como administrador da insolvência em substituição do anteriormente designado, apenas podendo recusar essa nomeação se considerar que essa pessoa não tem idoneidade ou aptidão para o cargo, se a retribuição aprovada pelos credores for manifestamente excessiva, ou se estes tiverem eleito pessoa não inscrita nas listas, fora das situações em que a lei o admite (art. 53º, nº 3).

O juiz pode, a todo o tempo, destituir o administrador da insolvência e substituí-lo por outro se, ouvidos a comissão de credores, quando exista, o devedor e o próprio administrador da insolvência, fundadamente considerar existir justa causa (art. 56º, nº 1)[148]. A assembleia de credores pode nesse

[147] Conforme refere HEYER, *Einführung*, p. 29, a actuação dos credores tem que se corporizar na escolha construtiva de um outro administrador. Não é por isso admissível que os credores simplesmente manifestem a sua recusa ou desconfiança em relação ao primitivo administrador, tendo que eleger outro em sua substituição, que já tenha aceite e se encontre em condições de exercer imediatamenta o cargo.

[148] A justa causa constitui um conceito vago e indeterminado que abrange naturalmente a violação grave dos deveres do administrador, mas também quaisquer outras circunstâncias que tornem objectivamente insustentável a a sua manutenção no cargo. A lei refere exemplificativamente como justa causa de destituição o facto de o administrador adquirir, directamente ou por interposta pessoa, bens compreendidos na massa insolvente (art. 168º, nº 2) e o facto de o processo não estar encerrado no prazo de um ano após a data da assembleia de aprovação do relatório, ou no final de cada prazo subsequente de seis meses, salvo havendo razões que justifiquem o prolongamento (art. 169º). Outro exemplo de justa causa de destituição, como sustenta SALAZAR CASANOVA, "Abordagem judiciária dos aspectos mais relevantes da marcha processual do novo Código da Insolvência e da Recuperação de Empresas", anteriormente disponível em http://www.asjp.pt/estudos/salazarcasanova_insolvência2004.pdf, p. 20, será naturalmente o de o administrador não apresentar o relatório no dia designado para a assembleia de credores. Poderá também considerar-se como justa causa de destituição a recusa do

caso indicar por eleição o respectivo substituto, cuja nomeação só poderá ser recusada pelo juiz nos casos previstos no art. 53º, nº 3 (art. 56º, nº 2).

8.3.3. Funções

O administrador da insolvência tem essencialmente como funções assumir o controlo da massa insolvente, proceder à sua administração e liquidação e repartir pelos credores o respectivo produto final. Para esse efeito, a lei atribui especificamente ao administrador da insolvência competência para "preparar o pagamento das dívidas do insolvente à custa das quantias em dinheiro existentes na massa insolvente, designadamente das que constituem produto da alienação, que lhe incumbe promover, dos bens que a integram" (art. 55º, nº 1, *a)*) e "prover, no entretanto, à conservação e frutificação dos direitos do insolvente e à continuação da exploração da empresa, se for o caso, evitando quanto possível o agravamento da sua situação económica" (art. 55º, nº 1, *b)*).

Para esse efeito, compete ao administrador da insolvência proceder à apreensão da contabilidade e dos bens integrantes da massa insolvente (art. 149º), devendo diligenciar pela sua entrega (art. 150º), juntar aos autos o auto do arrolamento e do balanço respeitante a todos os bens apreendidos (art. 151º) e publicitar a composição da massa insolvente (art. 152º). O administrador da insolvência elabora então um inventário dos bens e direitos integrantes da massa insolvente (art. 153º), assim como uma lista provisória dos credores (art. 154º) e um relatório destinado a ser apreciado pela assembleia de credores (art. 155º).

O administrador da insolvência pode solicitar ao juiz a convocação da assembleia de credores (art. 75º), tem o direito e o dever de participar nas suas reuniões (art. 72º, nº 5) e pode reclamar para o juiz das deliberações da mesma (art. 78º, nº 1).

O administrador da insolvência tem a faculdade de contestar os embargos interpostos contra a sentença de declaração de insolvência (art. 41º, nº 1). Tem ainda poderes para desistir, confessar ou transigir, mediante

administrador da insolvência em fornecer ao juiz as informações a que está vinculado, por força do art. 58º. No Ac. RL 2/2/2010 (Luís Espírito Santo), em *CJ* 35 (2010), 1, pp. 90-93, foi considerada justa causa de destituição do administrador da insolvência o facto de ele ter pago à custa da massa insolvente a renda da habitação do gerente da sociedade insolvente. Cfr. Menezes Leitão, *Código da Insolvência*, sub art. 56º, nº 2, p. 104.

concordância da comissão de credores, em qualquer processo judicial em que o insolvente, ou a massa insolvente sejam partes (art. 55º, nº 8).

O administrador da insolvência tem ainda competências relativamente ao destino dos negócios jurídicos celebrados pelo insolvente, que ainda não estejam integralmente executados aquando da declaração de insolvência, podendo optar pela sua execução ou pela recusa de cumprimento (arts. 102º e ss.). O administrador da insolvência pode igualmente determinar a resolução em benefício da massa de certos negócios celebrados pelo insolvente (arts. 123º e ss.).

O administrador da insolvência tem também competências relativamente à verificação dos créditos, cabendo-lhe receber as reclamações (art. 128º, nº 2), elaborar a lista de créditos reconhecidos e não reconhecidos (art. 129º), responder às impugnações (art. 131º), e ser ouvido na audiência (art. 139º *a*)).

Da mesma forma, o administrador da insolvência intervém no âmbito da restituição e separação de bens indevidamente apreendidos para a massa insolvente, podendo contestar esse pedido, incluindo nos casos de apreensão tardia (art. 144º), requerer ele próprio ao tribunal a separação de bens (art. 141º, nº 3), e decidir, no caso de perda da posse dos bens a restituir, entre a sua recuperação ou o pagamento do seu valor como crédito sobre a insolvência (art. 142º, nº 1)

Ao administrador da insolvência compete ainda especificamente, no âmbito da liquidação, proceder à venda dos bens (art. 158º, nº 1), escolhendo a modalidade de venda mais conveniente (art. 164º, nº 1). O administrador pode ainda proceder à venda antecipada dos bens susceptíveis de perecimento ou deterioração (art. 158º, nº 2), devendo, logo que inicia funções, realizar imediatamente diligências para a alienação da empresa ou estabelecimento integrados na massa insolvente (art. 162º, nº 2).

Compete igualmente ao administrador da insolvência proceder ao pagamento das dívidas da massa (art. 172º) e dos créditos sobre a insolvência (arts. 173º e ss.).

O administrador da insolvência tem ainda intervenção no âmbito dos incidentes, pleno e limitado, de qualificação da insolvência, competindo-lhe elaborar parecer sobre os factos relevantes apreciados nesses incidentes (arts. 188º, nº 3, e 191º, nº 1, *a*)).

O administrador da insolvência tem igualmente competências em relação ao plano de insolvência, devendo apresentar em prazo razoável a respectiva proposta, quando tal lhe seja solicitado pela assembleia de credores (arts. 156º, nº 3, e 193º, nºs 2 e 3), podendo pronunciar-se sobre quaisquer outras propostas que venham a ser apresentadas (art. 208º) e opor-se à admissão da proposta do devedor (art. 207º, nº 1, *d)*).

Da mesma forma, o administrador da insolvência tem intervenção em caso de administração da massa insolvente pelo devedor, competindo-lhe especificamente fiscalizar essa administração e comunicar quaisquer circunstâncias que desaconselhem a sua manutenção (art. 226º).

Finalmente, o administrador da insolvência possui competências em relação à exoneração do passivo restante, podendo pronunciar-se sobre o respectivo requerimento (art. 236º, nº 4), ser ouvido pelo juiz antes de ser proferido despacho liminar de indeferimento (art. 238º, nº 2) e de requerer a cessação antecipada do respectivo procedimento (art. 243º, nº 1).

No exercício das suas funções, o administrador da insolvência deve procurar servir a justiça e o direito, e actuar com independência e isenção, não prosseguindo objectivos diversos dos inerentes ao exercício da sua actividade (art. 12, nº 1º da Lei 22/2013).

8.3.4. Exercício do cargo

Actualmente, a lei admite a possibilidade de existir mais do que um administrador de insolvência (art. 52º, nº 4). Nesse caso, cabe aos administrador de insolvência coordenar a sua actuação, prevalecendo, em caso de empate, a vontade daquele que tenha sido nomeado pelo juiz (art. 52º, nº 5).

As funções de administrador da insolvência têm que ser exercidas pessoalmente, sem prejuízo dos casos de recurso obrigatório ao patrocínio judiciário ou da necessidade de prévia concordância da comissão de credores (art. 55º, nº 2).

A lei reconhece hoje, no entanto, a possibilidade de o administrador da insolvência substabelecer por escrito a prática de actos concretos noutro administrador da insolvência inscrito nas listas oficiais (art. 55º, nº 2, *in fine*), cabendo-lhe, no entanto, nesse caso pagar a respectiva remuneração e assumir a responsabilidade pelos actos que o susbtituto pratique (art. 55º, nº 7).

A lei permite ainda ao administrador da insolvência ser coadjuvado por técnicos e outros auxiliares, remunerados ou não, incluindo o próprio devedor, mediante prévia concordância da comissão de credores ou do juiz, na falta dessa comissão (art. 55º, nº 3). Para além disso, o administrador da insolvência pode contratar a termo certo ou incerto os trabalhadores necessários á liquidação da massa insolvente ou à continuação da exploração da empresa (art. 55º, nº 4).

8.3.5. Remuneração

O administrador da insolvência tem direito a uma remuneração pela sua actividade (art. 60º). Essa remuneração é essencialmente regulada pelos arts. 22º e ss. da Lei 22/2013, os quais distinguem consoante o administrador da insolvência seja nomeado pelo juiz, ou venha a ser indicado pela assembleia de credores.

No caso de o administrador de insolvência ser nomeado pelo juiz, a sua remuneração abrange duas componentes, sendo uma certa em função dos actos praticados (art. 23º, nº 1, Lei 22/2013), que o art. 1º da Portaria 51/2005, de 20 de Janeiro, fixou em € 2000, e outra variável, em função do resultado da liquidação da massa insolvente, majorado em função do grau de satisfação dos créditos reclamados (art. 23º, nºs 2 a 4 da Lei 22/2013 e art. 2º da Portaria 51/2005, e Tabelas anexas)[149]. No entanto, sempre que o conjunto da remuneração exceder os € 50000 por processo, o juiz pode determinar que a remuneração devida para além desse montante seja inferior à resultante da aplicação dos critérios legais, tendo em conta, designadamente, os serviços prestados, os resultados obtidos, a complexidade do processo e a diligência empregue no exercício de funções (art. 20º, nº 6, da Lei 22/2013).

Caso o administrador da insolvência seja indicado pela assembleia de credores, cabe a estes estabelecer a sua remuneração na deliberação que proceder a essa indicação (arts. 53º, nº 1, CIRE e 24º, nº 1, da Lei 22/2013), sendo que, caso a remuneração fixada seja excessiva, o juiz pode recusar a nomeação (art. 53º, nº 3, CIRE).

No caso de os credores decidirem substituir o administrador da insolvência nomeado pelo juiz, este tem direito a receber, para além da retribuição determinada em função dos actos praticados, o valor da remuneração variável em função do resultado da liquidação, nos termos da tabela anexa à Portaria 51/2005, na proporção em que o produto da venda de bens por si apreendidos, ou outros montantes por si apurados para a massa, repre-

[149] Apesar da revogação da anterior Lei 32/2004, a Portaria nº . 51/2005, de 20 de Janeiro harmoniza-se com a actual Lei 22/2013, pelo que se deve considerar em vigor. Neste sentido, cfr. Ac. RC 15/7/2015 (Henrique Antunes), processo 4725/14, na *CJ* 40 (2015), 3, pp. 40-45.

sentem no montante total apurado para a massa insolvente, reduzido a um quinto (art. 24º, nº 2, da Lei 22/2013).

A lei estabelece, no entanto, remunerações especiais, sempre que esteja em causa a gestão de estabelecimento em actividade compreendido na massa insolvente bem como quando seja solicitada ao administrador a elaboração de um plano de insolvência. No primeiro caso, o juiz fixa essa remuneração até à assembleia de apreciação do relatório (art. 25º, nº 1, da Lei 22/2013), tomando em consideração os elementos referidos no art. 25º, nº 2, da Lei 22/2013, cabendo depois à assembleia de credores fixar essa remuneração, caso delibere manter o estabelecimento em actividade (art. 25º, nº 3, da Lei 22/2013). No segundo caso, a assembleia de credores que determina ao administrador a elaboração do plano de insolvência deve fixar igualmente a remuneração devida por essa actividade (art. 26º da Lei 22/2013).

A remuneração do administrador da insolvência é considerada como dívida da massa insolvente (art. 51º, nº 1, *b)*), beneficiando, por isso, de prioridade no pagamento sobre os créditos da insolvência (art. 172º).

8.3.6. Fiscalização

A actividade do administrador de insolvência é sujeita à fiscalização do juiz, o qual pode, a todo o tempo, exigir-lhe informações sobre quaisquer assuntos ou a apresentação de um relatório da actividade desenvolvida e do estado da administração e da liquidação (art. 58º). Independentemente dessa fiscalização, o administrador da insolvência tem o dever de prestar oportunamente à comissão de credores e ao tribunal todas as informações necessárias sobre a administração e a liquidação da massa insolvente (art. 55º, nº 5).

O administrador tem ainda o dever específico de apresentar, no termo de cada período de três meses após a assembleia de aprovação do relatório, um documento com informação sucinta sobre o estado da liquidação, visado pela comissão de credores, se existir, o qual deve ser junto ao processo (art. 61º, nº 1). Para além disso, o administrador deve proceder ao arquivo de todos os elementos relativos a cada diligência da liquidação, indicando nos autos o local onde os respectivos documentos se encontram (art. 61º, nº 2).

Da mesma forma, o administrador da insolvência tem o dever de prestar à assembleia de credores, a solicitação desta, informação sobre quaisquer assuntos compreendidos nas suas funções (art. 79º).

8.3.7. Prestação de contas

O administrador da insolvência deve ainda prestar contas do exercício do cargo, devendo essa prestação ocorrer no termo de funções (art. 62º, nº 1), sem prejuízo de a qualquer momento a mesma poder ser solicitada pelo juiz, por sua iniciativa ou a pedido da comissão ou da assembleia de credores (art. 62º, nº 2). No primeiro caso, as contas devem ser prestadas nos dez dias subsequentes ao termo de funções, podendo esse prazo ser prorrogado pelo juiz (art. 62º, nº 1). No segundo caso, o prazo para apresentação das contas é fixado pelo juiz, não podendo ser superior a quinze dias (art. 62º, nº 2). As contas devem ser elaboradas sob a forma de conta corrente, resumindo toda a receita e despesa e ser acompanhadas dos documentos comprovativos dos respectivos lançamentos, os quais devem ser numerados por forma a que para eles se possa remeter nas diversas verbas (art. 62º, nº 3).

Se o administrador da insolvência não prestar as contas a que está obrigado no prazo aplicável, cabe ao juiz ordenar as diligências que tiver por convenientes, podendo encarregar pessoa idónea da apresentação das contas para, após audição da comissão de credores, decidir segundo critérios de equidade, sem prejuízo da responsabilização civil e criminal do administrador da insolvência (art. 63º).

Realizada a prestação de contas pelo administrador de insolvência, as mesmas são autuadas por apenso ao processo de insolvência, devendo a comissão de credores, caso exista, emitir parecer sobre elas no prazo que o juiz fixar para o efeito. Em seguida, os credores e o devedor insolvente são notificados por éditos de dez dias, afixados à porta do tribunal e por anúncio publicado no Citius para, no prazo de cinco dias, se pronunciarem (art. 64º, nº 1). Para o mesmo fim tem o Ministério Público vista do processo, sendo o mesmo depois concluso ao juiz para decisão após a produção de prova que seja julgada necessária (art. 64º, nº 2).

O regime de prestação de contas pelo administrador da insolvência não prejudica, nos termos do art. 65º, nº 1. o dever de elaborar e depositar contas anuais, nos termos que forem legalmente obrigatórios para o devedor, como nos casos previstos nos arts. 65º e ss. CSC. O art. 65º, nº 2, refere expressamente que as obrigações declarativas subsistem na esfera do insolvente e dos seus representantes legais, os quais se mantêm obrigados ao cumprimento das obrigações fiscais, respondendo pelo seu incumprimento (art. 65º, nº 2), até ao momento em que seja deliberado o encerramento da actividade do estabelecimento (art. 65º, nº 3).

8.3.8. Responsabilidade fiscal

Caso não seja deliberado nos termos do art. 156º, nº 2, o encerramento do estabelecimento, as obrigações fiscais passam a ser da responsabilidade do administrador da insolvência, enquanto durar esta administração (art. 65º, nº 4). Para além disso, e contraditoriamente com a solução consagrada no art. 65º, nº 2, a lei atribui ainda ao administrador da insolvência as eventuais responsabilidades fiscais que possam constituir-se entre a declaração de insolvência e a deliberação de encerramento da actividade do estabelecimento (art. 65º, nº 5).

8.3.9. Responsabilidade disciplinar e contra-ordenacional

Em caso de infracção aos seus deveres, o administrador da insolvência pode ser objecto de sanção disciplinar, a aplicar pela entidade prevista nos arts. 17º e ss. da Lei 22/2013, cujo processo segue os termos previstos no Estatuto Disciplinar dos Trabalhadores que Exercem Funções Públicas, publicado em anexo à Lei 58/2008, de 9 de Setembro (art. 17º, nº 2, da Lei 22/2013). O interessado poderá ser preventivamente suspenso enquanto decorrer o processo em ordem a evitar a prática de factos ilícitos (art. 18º, nº 1 *a)*, da Lei 22/2013).

O administrador da insolvência pode ser ainda sujeito a responsabilidade contra-ordenacional, nos termos dos arts. 19º e 20º da Lei 22/2013.

A destituição do administrador da insolvência pelo juiz, ao abrigo do art. 56º do CIRE deve ser comunicada à entidade responsável, para eventual instauração de processo disciplinar ou contra-ordenacional (art. 21º, nº 1, da Lei 22/2013). O juiz, os credores, o devedor e o Ministério Público têm igualmente o dever de participar a essa entidade a violação reiterada dos seus deveres por parte do administrador da insolvência para os mesmos efeitos (art. 22º, nº 2, da Lei 22/2013).

8.3.10. Responsabilidade civil

A lei estabelece ainda a responsabilidade civil do administrador da insolvência pelos danos causados ao devedor e aos credores da insolvência e da massa insolvente pela inobservância culposa dos deveres que lhe incumbem, sendo a culpa, que, apesar de se tratar de uma violação de deveres, neste caso não se presume[150], apreciada pela diligência de um administra-

[150] Criticando esta solução, MENEZES LEITÃO, *Código da Insolvência*, sub art. 59º, nº 2, p. 105. Efectivamente, o legislador enquadrou esta responsabilidade nos quadros da responsabilidade

dor da insolvência criterioso e ordenado (art. 59º, nº 1). Em relação aos credores da massa insolvente, o administrador da insolvência responde ainda pelos danos que lhe sejam causados em resultado da insuficiência da massa insolvente para satisfação integral dos seus direitos, desde que estes resultem de acto do administrador (art. 59º, nº 1, *in principio*). A responsabilidade é, porém, excluída, em caso de imprevisibilidade de insuficiência da massa, tendo em conta as circunstâncias conhecidas do administrador e aquelas que ele não devia ignorar (art. 59º, nº 2). Naturalmente que cabe a demonstração dessa imprevisibilidade ao administrador da insolvência.

A lei estabelece ainda no art. 59º, nº 3, a responsabilidade solidária do administrador da insolvência por actos e omissões dos seus auxiliares, tendo essa responsabilidade por base uma presunção de culpa do administrador da insolvência (*in eligendo, in instruendo* ou *in vigilando*) e podendo ser elidida com base na demonstração da relevância negativa da causa virtual[151]. Diferentemente, em relação ao administrador da insolvência em que o administrador da insolvência tenha substabelecido os seus poderes para a prática de actos concretos a responsabilidade parece ser objectiva (art. 55º, nº 7).

A lei tem, no entanto, o cuidado de esclarecer que a responsabilidade do administrador da insolvência é limitada às condutas e omissões danosas ocorridas após a sua nomeação (art. 59º, nº 4).

Existe ainda um regime de prescrição específico para esta responsabilidade, que o art. 59º, nº 5 fixa em dois anos a contar da data em que o lesado teve conhecimento do direito que lhe compete, mas nunca depois de decorrido igual período sobre a data de cessação de funções[152].

aquiliana, quando, estando em causa deveres específicos entre o administrador da insolvência, os credores e o devedor, teria sido mais correcto o enquadramento da responsabilidade obrigacional.

151 Mais uma vez o legislador se afastou do paradigma da responsabilidade obrigacional, que estabelece antes uma responsabilidade objectiva (art. 800º CC). Cfr. MENEZES LEITÃO, *Código da Insolvência*, sub art. 59º, nº 2, p. 105.

152 Conforme salientámos em MENEZES LEITÃO, *Código da Insolvência*, sub art. 59º, nº 2, p. 105, trata-se de um prazo extraordinariamente curto, que fica inclusivamente abaixo do regime geral da responsabilidade delitual (art. 498º CC). CARVALHO FERNANDES/JOÃO LABAREDA, *Código da Insolvência*, sub art. 59º, nº 17, p. 346, justificam essa solução pela "vantagem em conferir estabilidade às situações criadas, a que se associará um normalmente rápido conhecimento da lesão pelo atingido neste tipo de situações". Os autores reconhecem, porém, que o prazo de prescrição de dois anos após a cessação de funções é dificilmente

A lei contempla um caso especial de responsabilidade do administrador da insolvência na hipótese prevista no art. 164º, nº 3.

8.3.11. Cessação de funções

Há essencialmente três causas de cessação das funções do administrador da insolvência: o encerramento do processo, a renúncia e a destituição.

A primeira causa de cessação das funções do administrador da insolvência é o *encerramento do processo*. Efectivamente, o art. 233º, nº 1, *b)* estabelece que as funções do administrador da insolvência cessam com o encerramento do processo, exceptuando-se apenas as obrigações referentes à apresentação das contas e das conferidas, se for o caso, pelo plano de insolvência.

Em segundo lugar, as funções do administrador da insolvência podem cessar por *renúncia*. Efectivamente, dispõe o art. 60º, nº 3, que "o administrador da insolvência que não tenha dado previamente o seu acordo à remuneração fixada pela assembleia de credores pela actividade de elaboração de um plano de insolvência, de gestão da empresa após a assembleia de apreciação do relatório ou de fiscalização do plano da insolvência aprovado, pode renunciar ao exercício do cargo, desde que o faça na própria assembleia em que a deliberação foi tomada".

Finalmente, as funções do administrador da insolvência podem cessar por *destituição*. Efectivamente, o juiz pode, conforme se referiu, destituir a todo o tempo o administrador de insolvência e substitui-lo por outro se, ouvidos a comissão de credores, quando exista, o devedor e o próprio administrador da insolvência, fundamente considerar existir justa causa (art. 56º, nº 1). A justa causa constitui um conceito vago e indeterminado que abrange naturalmente a violação grave dos deveres do administrador, mas também quaisquer outras circunstâncias que tornem objectivamente insustentável a sua manutenção no cargo. A lei refere exemplificativamente como justa causa de destituição o facto de o administrador adquirir, directamente ou por interposta pessoa, bens compreendidos na massa insolvente (art. 168º, nº 2) e o facto de o processo não estar encerrado no prazo de um ano após a data da assembleia de aprovação do relatório, ou no final de cada prazo subsequente de seis meses, salvo havendo razões que justifi-

compreensível se a cessação de funções não ocorrer com o termo do processo ou com a destituição por justa causa.

quem o prolongamento (art. 169º). Outro exemplo de justa causa de destituição será naturalmente o de o administrador não apresentar o relatório no dia designado para a assembleia de credores[153]. Finalmente, poderá considerar-se como justa causa de destituição a recusa do administrador da insolvência em fornecer ao juiz as informações a que está vinculado, por força do art. 58º.

8.4. A comissão de credores

8.4.1. Generalidades

Outro órgão da insolvência é a comissão de credores, que se destina essencialmente a representar as diversas classes de credores da insolvência, e a permitir a fiscalização pelos credores da actividade do administrador da insolvência e a prestar-lhe colaboração (art. 68º, nº 1). Não é, no entanto, um órgão obrigatório, uma vez que o juiz pode determinar a inexistência de comissão de credores (art. 66º, nº 2), assim como a assembleia de credores pode prescindir dela (art. 67º, nº 1).

8.4.2. Nomeação e composição

A comissão é nomeada pelo juiz, podendo nesse caso ser composta por três ou cinco membros efectivos e dois suplentes, sendo o presidente o maior credor, e devendo a escolha dos restantes assegurar a adequada representação das várias classes de credores, com excepção dos credores subordinados (art. 66º, nº 1). Efectivamente, convirá que a comissão assegure a representação das várias categorias de credores, designadamente os bancos, fornecedores, e trabalhadores. Em relação a estes últimos, a lei prevê mesmo a obrigatoriedade de eles serem representados, devendo a escolha do respectivo representante caber aos próprios trabalhadores ou à comissão de trabalhadores da empresa, quando exista (art. 66º, nº 3). Inversamente, mesmo quando sejam o maior credor da empresa, é vedada a nomeação do Estado e das instituições da segurança social para a presidência da comissão de credores, a menos que por despacho do membro do Governo com supervisão sobre as entidades em causa, seja autorizado o exercício da função e indicado o respectivo representante (art. 66º, nº 5).

O juiz pode, no entanto, deixar de proceder à nomeação da comissão de credores quando o considere justificado, em atenção à exígua dimensão

[153] Neste sentido, cfr. SALAZAR CASANOVA, "Abordagem Judiciária...", p. 20.

da massa insolvente, à simplicidade da liquidação ou ao reduzido número de credores da insolvência (art. 66º, nº 2).

A assembleia de credores tem, porém, a possibilidade de alterar as decisões judiciais relativas à comissão de credores, já que o art. 67º, nº 1, atribui-lhe a faculdade de "prescindir da existência da comissão de credores, substituir quaisquer dos membros ou suplentes da comissão nomeada pelo juiz, eleger dois membros adicionais e, se o juiz não a tiver constituído, criar ela mesma uma comissão, composta por três, cinco ou sete membros e dois suplentes, designar o presidente e alterar, a todo o momento, a respectiva composição, independentemente da existência de justa causa". Salvo quanto à obrigatória representação dos trabalhadores, a assembleia dos credores não está sujeita a quaisquer critérios relativos à escolha dos membros da comissão de credores, podendo inclusivamente escolher pessoas que não sejam credores (art. 67º, nº 2)[154], nem sequer quanto à nomeação do presidente da comissão, ainda que pareça que se deva manter a exigência prevista no art. 66º, nº 5, em caso de nomeação como presidente do Estado ou das instituições de segurança social[155].

Por força da remissão do art. 67º, nº 3, para o art. 53º, nº 1, as deliberações da assembleia de credores relativas à comissão de credores deverão ser tomadas pela dupla maioria de votantes e dos votos emitidos, não sendo consideradas as abstenções. Exceptua-se, porém, o caso da destituição de membros da comissão de credores com justa causa, em que a maioria será a genericamente prevista no art. 77º.

8.4.3. Funções

Nos termos art. 68º, nº 1, a comissão de credores tem sempre como funções fiscalizar o administrador da insolvência e colaborar no exercício da sua actividade, podendo ainda desempenhar outras tarefas que lhe forem especialmente atribuídas. A comissão de credores tem assim tanto funções de fiscalização como funções de colaboração, podendo ainda serem lhe atribuídas outras tarefas. Em relação às funções de fiscalização, deveremos distinguir consoante a fiscalização se baseie num mero acompanha-

154 Efectivamente, a assembleia poderá optar pela designação de especialistas que não possuam a qualidade de credores.

155 Neste sentido, Luís Carvalho Fernandes, em Carvalho Fernandes / João Labareda, *Colectânea*, p. 161, que argumenta com o interesse público que está subjacente à *ratio legis* dessa disposição.

mento da actuação do administrador ou se exija mesmo o consentimento da comissão de credores para a prática de certos actos por parte do administrador da insolvência. Finalmente, a comissão de credores exerce ainda funções consultivas em relação a decisões do tribunal[156].

Em relação às *funções de fiscalização por mero acompanhamento*, compete à comissão de credores:

a) receber do administrador de insolvência todas as informações necessárias sobre a administração e a liquidação da massa insolvente (art. 55º, nº 5);
b) visar a informação sucinta que o administrador tem que prestar em cada três meses após a assembleia de apreciação do relatório sobre o estado da administração e liquidação da massa insolvente (art. 61º);
c) examinar livremente os elementos da contabilidade do devedor e solicitar ao administrador da insolvência as informações e a apresentação dos elementos que considere necessários (art. 68º, nº 2);
d) examinar as reclamações de créditos, os documentos que as instruam e os documentos de escrituração do insolvente (art. 133º)
e) pronunciar-se sobre o relatório apresentado pelo administrador à assembleia de credores (art. 156º, nº 1)
f) receber informação de que o administrador da insolvência pretende proceder à venda antecipada de bens (art. 158º, nº 3)
g) emitir parecer sobre o plano de pagamento e o mapa de rateio apresentados pelo administrador da insolvência (art. 178º, nº 1).

Já em relação às *funções de fiscalização por exigência de consentimento*, compete à comissão de credores:

a) consentir na desistência, confissão ou transacção judicial, que o administrador da insolvência queira celebrar (art. 55º, nº 8);
b) consentir na atribuição de alimentos ao insolvente ou aos trabalhadores da empresa (art. 84º, nºs 1 e 3);
c) dar parecer favorável ao pedido ao juiz para a separação de bens do processo de insolvência (art. 141º, nº 3) ou para a dispensa de elaboração do inventário (art. 153º, nº 5);

[156] Seguimos parcialmente nesta enumeração de funções, a exposição de Luís Carvalho Fernandes, em Carvalho Fernandes / João Labareda, *Colectânea*, pp. 162 e ss.

d) consentir na prática dos actos jurídicos que assumam especial relevo no processo de insolvência (art. 161º, nº 1);
e) dar parecer favorável à aplicação financeira dos fundos depositados (art. 167º, nº 3) e intervir, através da assinatura de um dos seus membros, na movimentação dos depósitos (art. 167º, nº 2);
f) consentir na apresentação de requerimento de prosseguimento da liquidação, suspensa a requerimento do proponente de plano de insolvência (art. 206º, nº 2);
g) dar acordo à oposição do administrador ao plano de insolvência (art. 207º, nº 1, *d)*).

É de salientar, no entanto, que por força do art. 80º, a exigência do consentimento da comissão de credores é sempre dispensada quando haja deliberação favorável da assembleia de credores

Já em relação às *funções de colaboração* com o administrador da insolvência, compete à comissão de credores:

a) colaborar na apreensão de bens para a massa insolvente (art. 150º, nº 2);
b) colaborar na elaboração do plano de insolvência (art. 193º, nº 3).

A comissão de credores exerce ainda, conforme se referiu, *funções consultivas em relação a decisões do tribunal.* Estas correspondem ao seguinte:

a) recomendar ao juiz o administrador de insolvência a nomear (art. 52º, nº 2);
b) ser ouvida em relação à destituição e substituição do administrador da insolvência (art. 56º, nº 1);
c) ser ouvida sobre a decisão de prestação de contas por terceiro (art. 63º);
d) emitir parecer sobre as contas apresentadas pelo administrador da insolvência (art. 64º);
e) emitir parecer sobre as impugnações apresentadas à lista de credores reconhecidos (art. 135º);
f) ser ouvida, sempre que necessário, na audiência de julgamento das impugnações de créditos (art. 139º *a)*);
g) pronunciar-se sobre o plano de insolvência admitido (art. 208º);
h) pronunciar-se sobre o pedido do devedor de encerramento do processo, fundado na cessação da sua situação de insolvência.

A comissão de credores tem ainda competências em relação à assembleia de credores, podendo solicitar ao juiz a sua convocação (art. 75º, nº 1), e tendo o direito e o dever de nela participar (art. 72º, nº 5).

8.4.4. Funcionamento

A comissão de credores reúne sempre que para o efeito seja convocada pelo presidente ou por outros dois membros (art. 69º, nº 1), não podendo deliberar sem a presença da maioria dos seus membros, sendo as deliberações tomadas por maioria de votos dos membros presentes, e cabendo ao presidente, em caso de empate, voto de qualidade (art. 69º, nº 2). As deliberações podem ser tomadas por voto escrito, se previamente todos os seus membros tiverem acordado nesta forma de deliberação (art. 69º, nº 3). As deliberações da comissão de credores são comunicadas ao juiz pelo respectivo presidente (art. 69º, nº 4), não cabendo reclamação das mesmas para o tribunal (art. 69º, nº 5)[157].

8.4.5. Estatuto dos membros

Os membros da comissão de credores não são remunerados, tendo apenas direito ao reembolso das despesas estritamente necessárias ao desempenho das suas funções (art. 71º), podendo o reembolso dessas despesas ser fixado através de um plano de insolvência (art. 220º, nº 5, *in principio*). No primeiro caso, o reembolso dessas despesas constitui dívida da massa insolvente (art. 51º, nº 1, *b)*), tendo por isso prioridade no pagamento. No segundo caso, essas despesas são suportadas pelo devedor ou pela nova sociedade ou sociedades a constituir nos termos do plano de insolvência (art. 220º, nº 5, *in fine*)[158].

Os membros da comissão de credores respondem, no entanto, perante os credores da insolvência pelos prejuízos decorrentes da inobservância culposa dos seus deveres, sendo sujeitos aos mesmos prazos de prescrição da responsabilidade do administrador da insolvência (art. 70º).

[157] Embora não caiba reclamação para o tribunal das deliberações da comissão de credores, estas podem ser revogadas pela assembleia, atendendo a que as deliberações desta prevalecem sempre sobre as daquela (cfr. art. 80º). As deliberações da assembleia são, por sua vez, sujeitas a reclamação para o tribunal (art. 78º). Cfr. MENEZES LEITÃO, *Código da Insolvência*, sub art. 69º, nº 2, pp. 111-112.

[158] Cfr. LUÍS CARVALHO FERNANDES, em CARVALHO FERNANDES / JOÃO LABAREDA, *Colectânea*, p. 166.

8.4.6. Cessação de funções

A cessação de funções da comissão de credores ocorre normalmente apenas com o encerramento do processo de insolvência (art. 233º, nº 1, *b)*). Pode, porém, essa cessação de funções ocorrer quer em momento posterior, quer em momento anterior.

A cessação de funções da comissão de credores em momento posterior ao encerramento do processo ocorrerá se vier a ser aprovado um plano de insolvência (art. 233º, nº 1, *b) in fine*). Efectivamente, nesse caso o art. 220º, nº 4, determina expressamente a manutenção em funções dos membros da comissão de credores após o encerramento do processo.

A comissão de credores pode, porém, igualmente ver as suas funções terminadas antes do encerramento do processo. É o que sucede se a assembleia de credores prescindir da existência da comissão de credores, nos termos do art. 67º, nº 1. Da mesma forma, também podem os membros da comissão de credores ser individualmente destituídos pela assembleia de credores, independentemente da existência ou não de justa causa de destituição (art. 67º, nº 1, *in fine*)[159].

8.5. A assembleia de credores

8.5.1. Generalidades

Outro importante órgão da insolvência é a assembleia de credores. A reunião de todos os credores numa assembleia justifica-se, face ao cariz colectivo da execução no processo de insolvência, que implica a necessidade de coordenação das pretensões dos diversos credores, que se realiza através de deliberações da assembleia, em que cada credor vota com base no montante dos seus créditos (art. 73º).

8.5.2. Competência da assembleia de credores

A assembleia de credores possui as seguintes competências:

a) Eleger administrador da insolvência distinto daquele que tenha sido designado pelo tribunal (art. 53º, nº 1);
b) Prescindir da existência da comissão de credores ou substituir qualquer dos membros ou suplentes da comissão nomeada pelo juiz, podendo eleger dois membros adicionais (art. 67º, nº 1);

[159] A verificação de justa causa releva, no entanto, em relação à maioria exigida para a deliberação (art. 67º, nº 3).

c) Se o juiz não a tiver constituído, criar ela mesma uma comissão de credores, composta por três, cinco ou sete membros e dois suplentes, designando o respectivo presidente (art. 67º, nº 1);
d) Alterar a todo o momento a composição da comissão de credores, independentemente de justa causa (art. 67º, nº 1);
e) Dispensar a necessidade de aprovação da comissão de credores relativamente a quaisquer actos para que a lei exija essa aprovação (art. 80º);
f) Revogar todas e quaisquer deliberações da comissão de credores (art. 80º);
g) Consentir na prestação de alimentos ao insolvente e aos trabalhadores com créditos sobre a insolvência (art. 84º, nºs 1 e 3).
h) Apreciar o relatório elaborado pelo administrador da insolvência (art. 156º, nº 1);
i) Deliberar sobre o encerramento ou manutenção em actividade do estabelecimento ou estabelecimentos compreendidos na massa insolvente (art. 156º, nº 2);
j) Conferir ao administrador o encargo de elaboração de um plano de insolvência, podendo nesse caso determinar a suspensão da liquidação e partilha da massa insolvente (art. 156º, nº 3);
k) Consentir, em caso de inexistência da comissão de credores, na prática de actos jurídicos que assumam especial relevo para o processo de insolvência (art. 161º, nº 1);
l) Aprovar o plano de insolvência apresentado (art. 209º), podendo efectuar alterações ao mesmo (art. 210º);
m) Determinar que a administração da massa insolvente seja efectuada pelo devedor (art. 224º, nº 3), pedir ao juiz que nesse caso a prática de certos actos exija o consentimento do administrador da insolvência (art. 226º, nº 4) e deliberar pôr termo a essa administração (art. 228º, nº 1, *b)*);
n) Pronunciar-se sobre o encerramento do processo por insuficiência da massa insolvente (art. 232º, nº 2);
o) Pronunciar-se sobre o pedido de exoneração do passivo restante (art. 236º, nº 4) e atribuir ao fiduciário a tarefa de fiscalizar o cumprimento das obrigações pelo devedor, com o dever de a informar (art. 241º, nº 3).

8.5.3. Convocação da assembleia de credores

A assembleia de credores é convocada pelo juiz, por iniciativa própria ou a pedido do administrador da insolvência, da comissão de credores ou de um credor ou grupo de credores cujos créditos representem, na estimativa do juiz, pelo menos um quinto do total de créditos não subordinados (art. 75º, nº 1). Em caso de convocação deverão ser imediatamente comunicados a data, hora, local e ordem do dia da assembleia, com a antecedência mínima de 10 dias, por anúncio publicado no Citius e por editais afixados na porta da sede e dos estabelecimentos da empresa, se for o caso (art. 75º, nº 2). Já os cinco maiores credores, bem como o devedor, os seus administradores e a comissão de trabalhadores, são também avisados do dia, hora e local da reunião, por circulares expedidas sob registo, com a mesma antecedência (art. 75º, nº 3).

Nos termos do art. 75º, nº 4, quer os anúncios quer as circulares acima referidas têm obrigatoriamente que conter:

a) A identificação do processo;

b) O nome e a sede ou residência do devedor, se for conhecida;

c) A advertência aos titulares de créditos que os não tenham reclamado da necessidade de o fazerem, se ainda estiver em curso o prazo fixado na sentença para as reclamações de créditos, informando-os que a reclamação para mero efeito de participação na reunião pode ser feita na própria assembleia, se também na data desta tal prazo não estiver já esgotado;

d) Indicação dos eventuais limites à participação estabelecidos no nº 4 do art. 72º, com indicação da possibilidade de agrupamento ou de representação.

8.5.4. Participação na assembleia de credores

Nos termos do art. 72º, nº 1, têm direito a participar na assembleia de credores todos os credores da insolvência, assim como os titulares de eventual direito de regresso sobre o devedor insolvente que, nos termos do art. 95º, nº 2, não possam exercer esse direito no processo. No caso, porém, de credores subordinados (art. 48º), o seu direito de participação na assembleia, depende de o seu crédito estar reconhecido como tal na sentença de graduação ou se verificarem em relação a ele, cumulativamente, as situações referidas nas alíneas *a)* e *b)* do nº 1 do art. 73º, sendo que o requisito da ausência de impugnação pode ser dispensado pelo juiz na hipótese prevista no art. 73º, nº 4 (art. 72º, nº 2). Os credores da insolvência têm a possibilidade de se fazer representar por mandatário, com poderes especiais para o efeito (art. 72º, nº 3).

O juiz tem, no entanto, a possibilidade de restringir a participação dos credores na assembleia, sempre que o considerar necessário ao conveniente andamento dos trabalhos. Para esse efeito, pode limitar a participação aos titulares de créditos que atinjam determinado montante, o qual não pode ser fixado em montante superior a € 10 000 euros. Nesse caso, os credores afectados poderão fazer-se representar por outro credor cujo crédito ultrapasse o montante fixado, ou agrupar-se por forma a completar o montante exigido, participando através de um representante comum (art. 72º, nº 4).

Para além dos credores, participam na assembleia o administrador da insolvência, os membros da comissão de credores, e o devedor e os seus administradores, sendo mesmo para estas entidades obrigatória a sua presença (art. 72º, nº 5). Para além disso, têm ainda a faculdade de participar na assembleia de credores representantes da comissão de trabalhadores, ou em caso de inexistência desta, até três representantes dos trabalhadores por estes designados. Finalmente, pode ainda decidir comparecer na assembleia o Ministério Público (art. 72º, nº 6).

8.5.5. Voto na assembleia de credores

O voto na assembleia de credores é atribuído em função do montante dos créditos, contando-se um voto por cada euro ou fracção. Para esse efeito, é, no entanto, necessário que os créditos já estejam reconhecidos por decisão definitiva no apenso de verificação e graduação dos créditos ou em acção de verificação ulterior (art. 73º, nº 1, proémio). Admite-se, porém, ainda a concessão de direito de voto a créditos não reconhecidos se o credor já os tiver reclamado no processo ou, se não estiver já esgotado o prazo fixado na sentença para as reclamações de créditos, os reclamar na assembleia, apenas para o efeito de participação na reunião (art. 73º, nº 1, *a*)). Nesse caso, exige-se, porém, que os mesmos créditos não sejam objecto de impugnação na assembleia por parte do administrador da insolvência ou de algum credor com direito de voto (art. 73º, nº 1, nº 1, *b*)).

No caso de créditos sob condição suspensiva, o número de votos conferidos é sempre fixado pelo juiz, tomando em consideração a possibilidade de verificação da condição (art. 73º, nº 2). Já os créditos subordinados não conferem direito de voto, excepto quando a deliberação da assembleia de credores incida sobre a aprovação de um plano de insolvência (art. 73º, nº 3). Em relação aos créditos com garantias reais pelos quais o devedor não responda pessoalmente, os mesmos conferem um voto por cada euro do seu montante, ou do valor do bem dado em garantia, se este for inferior (art. 73º, nº 7).

A pedido do interessado, pode o juiz conferir votos a créditos impugnados, fixando a quantidade respectiva, com ponderação de todas as circunstâncias relevantes, nomeadamente da probabilidade da existência, do montante e da natureza subordinada do crédito, e ainda, tratando-se de créditos sob condição suspensiva, da probabilidade da verificação da condição (art. 73º, nº 4). Dessa decisão do juiz não cabe recurso (art. 73º, nº 5).

A não ser que no Código se exija para o efeito maioria superior ou outros requisitos, as deliberações da assembleia de credores são tomadas pela maioria dos votos emitidos, não se considerando como tal as abstenções, seja qual for o número de credores presentes ou representados ou a percentagem dos créditos de que sejam titulares (art. 77º). Em certos casos, efectivamente, a lei exige maiorias superiores, como sucede quando estiver em causa a escolha de novo administrador (art. 53º, nº 1), disposições sobre a comissão de credores (art. 67º, nº 3), ou a aprovação do plano de insolvência (art. 212º).

Não é em caso algum motivo de invalidade das deliberações tomadas pela assembleia a comprovação ulterior de que aos credores competia efectivamente um número de votos diferente do que lhes foi conferido (art. 73º, nº 6).

8.5.6. Funcionamento e suspensão da assembleia de credores

A assembleia de credores é presidida pelo juiz (art. 74º), a quem cabe consequentemente a direcção dos trabalhos. Nesta sede, compete ao administrador da insolvência prestar as informações necessárias sobre quaisquer assuntos compreendidos nas suas funções (art. 79º).

O juiz pode, por uma única vez, decidir a suspensão dos trabalhos da assembleia e determinar que eles sejam retomados num dos 15 dias úteis seguintes (art. 76º).

A assembleia deverá tomar as deliberações mais adequadas à tutela do interesse comum dos credores, existindo um controlo jurisdicional das deliberações da assembleia que não prossigam esse interesse comum. Efectivamente, dispõe o art. 78º, nº 1, que quer o administrador da insolvência, quer qualquer credor com direito de voto podem reclamar para o juiz, oralmente ou por escrito, de qualquer deliberação da assembleia contrária ao interesse comum dos credores, desde que o façam na própria assembleia. O juiz é assim colocado na veste de guardião último do interesse dos credores, podendo nessa qualidade revogar, após reclamação, as deliberações tomadas pela assembleia a que preside.

Da decisão do juiz que dê provimento à reclamação podem interpor recurso qualquer dos credores que tenha votado no sentido da posição que fez vencimento, e da decisão de indeferimento apenas o reclamante (art. 78º, nº 2).

8.5.7. Cessação de funções

A lei nada dispõe sobre o momento de cessação de funções da assembleia de credores, mas não pode deixar de se considerar que o mesmo ocorre com o encerramento do processo, à semelhança do que se prevê para a comissão de credores e o administrador da insolvência (art. 233º, nº 1, *b)*). Ao contrário do que sucede em relação a estes órgãos, já não parece que a aprovação do plano de insolvência possa implicar a manutenção em funções da assembleia de credores para efeitos de fiscalização, extinguindo-se definitivamente as suas funções com o encerramento do processo[160].

[160] Neste sentido, Luís Carvalho Fernandes, em Carvalho Fernandes / João Labareda, *Colectânea*, p. 177. Este entendimento é confirmado pelo facto de o art. 220º, nº 2, *c)*, prever, em caso de inexistência da comissão de credores, um dever de o administrador de insolvência informar, não a assembleia, mas individualmente os credores titulares de créditos reconhecidos.

9
O pedido de declaração de insolvência

9.1. A legitimidade para o pedido de declaração de insolvência

O processo de insolvência inicia-se com o pedido de declaração de insolvência, a que se referem os arts. 18º e ss. do Código[161]. A legitimidade para apresentar o pedido incumbe em primeira linha ao devedor (art. 18º). No caso, porém, de o devedor ser incapaz, a legitimidade passa a recair sobre o seu representante legal (art. 19º e art. 6º, nº 1 *b)*). No caso de o devedor não ser pessoa singular, a legitimidade recai sobre o órgão social incumbido da sua administração ou sobre a entidade incumbida da administração ou liquidação do património em causa (art. 19º, e art. 6º, nº 1 *a)*).

Para além do próprio devedor, têm legitimidade para requerer a insolvência deste aqueles que forem responsáveis legalmente pelas suas dívidas, qualquer credor, ainda que condicional e qualquer que seja a natureza do crédito e o Ministério Público, em representação das entidades cujos interesses lhes estão legalmente confiados (art. 20º, nº 1). No entanto, estes só podem requerer a insolvência se se verificar algum dos factos-índice referidos no art. 20º, nº 1, sendo ainda necessário, nos termos gerais, que tenham interesse na respectiva declaração.

Naturalmente que faltará o interesse na declaração de insolvência se com ela o requerente visar apenas afastar do mercado um concorrente incómodo ou pretender obter apenas a cobrança do próprio crédito, em lugar de desencadear um processo de execução colectiva contra o devedor[162].

[161] Cfr. Menezes Leitão, "Pressupostos da declaração de insolvência", em Catarina Serra (org.), *I Congresso de Direito da Insolvência*, Coimbra, Almedina, 2013, pp. 175-186.

[162] No Ac. RP 11/4/2005 (Fonseca Ramos), em *CJ* 30 (2005), 2, pp. 183-185 considerou-se que o Ministério Público não pode, por falta de interesse em agir, requerer a insolvência de uma sociedade por quotas por falta de pagamento de € 586,11, ao Cofre Geral dos Tribunais.

Na verdade, embora seja frequente que os devedores, sob a ameaça de um processo de insolvência, procurem satisfazer esse credor primariamente, a verdade é que tal não pode constituir um fim legítimo do processo de insolvência, até porque, vindo o mesmo a ser efectivamente apresentado nos seis meses subsequentes, esse pagamento seria resolvido em benefício da massa (art. 121º, nº 1, *g*))[163].

A lei atribui legitimidade para requerer a declaração de insolvência a qualquer credor, ainda que condicional, e qualquer que seja a natureza do crédito. É, assim, necessário, para se poder requerer a declaração de insolvência apenas a existência do crédito, não se exigindo que o mesmo esteja vencido, e muito menos que o credor possua título executivo, devendo o credor justificar na petição inicial, a natureza, origem e montante do crédito (art. 25º, nº 1), tendo que fazer prova do mesmo (art. 25º, nº 2)[164]. A prova do crédito pode ser realizada por qualquer meio, designadamente por testemunhas, que terão que ser apresentadas pelo credor requerente, apresentação do contrato que o gerou, ou documentação da conta-corrente.

9.2. A apresentação à insolvência pelo devedor

Salvo no caso de o devedor ser uma pessoa singular não titular de empresa na data em que incorre na situação de insolvência (art. 18º, nº 2), tem ele o dever de requerer a declaração da sua insolvência dentro de 30 dias seguintes à data do conhecimento da situação de insolvência, definida como a impossibilidade de cumprimento das suas obrigações vencidas[165], ou à data em que devesse conhecê-la (art. 18º, nº 1)[166]. Em relação aos devedores titulares de empresa, presume-se inilidivelmente esse conhecimento passados três meses da verificação do incumprimento generalizado das suas obrigações tributárias, de contribuições para a segurança social, laborais ou

[163] Cfr. Heyer, *Einführung*, p. 8.

[164] No sentido de que a natureza controvertida do crédito não impede a formulação do pedido de insolvência, cfr. na jurisprudência o Ac. RC 2/3/2011 (Hélder Almeida), na *CJ* 36 (2011), 2, pp. 10-13, o Ac. RP 29/9/2011 (Teles de Menezes), emitido no processo 338/11.1TYVNG.P1 e o Ac. STJ 29/3/2012 (Fernandes do Vale), emitido no processo 1024/10.5TYVNG.P1.

[165] Como bem se decidiu no Ac. RC 18/2/2014 (Barateiro Martins), na *CJ* 39 (2014), 1, pp. 43-48, não releva para efeitos do surgimento do dever de apresentação à insolvência a situação de insolvência definida nos termos do art. 3º, nº 2.

[166] Se o devedor entrar em insolvência após o depósito do protocolo de negociação para efeitos do RERE, esse prazo apenas se inicia após o encerramento das negociações, nos termos do art. 13º da Lei 8/2018.

de rendas, prestações e juros relacionados com a locação ou aquisição do local de exercício da actividade, sede ou residência (arts. 18º, nº 3 e 20º *g*)).

No entanto, no decurso da situação excepcional de prevenção, contenção, mitigação e tratamento da infecção epidemiológica por SARS-CoV-2 e da doença COVID-19, encontra-se suspenso o prazo para apresentação do devedor à insolvência (art. 6º-A, nº 6 *a*) da Lei 1-A/2020, de 19 de Março, aditado pela Lei 16/2020, de 29 de Maio[167]).

Se o devedor incumprir o seu dever de apresentação à insolvência dentro do prazo, a insolvência será declarada culposa (art. 186º, nº 1 e nº 3 *a*)), o que determina a aplicação de sanções civis, quer a ele, quer aos seus administradores, de direito ou de facto, tais como a inibição para a administração de patrimónios de terceiros e a inibição para o exercício do comércio das pessoas afectadas, por um período de 2 a 10 anos, a proibição de ocupação de cargo de titular de órgão social e a perda de créditos sobre a insolvência ou sobre a massa insolvente, assim como a condenação na obrigação de restituição dos bens ou direitos recebidos em pagamento desses créditos (art. 189º, nº 2 *b*), *c*) e *d*)).

Para além disso, o incumprimento da obrigação de apresentação à insolvência é considerado fundamento de responsabilidade civil delitual perante os credores (art. 189º, nº 2 *e*)), uma vez que ocorre a violação de disposição legal destinada a proteger interesses alheios (art. 483º, nº 1 CC). O insolvente e os seus administradores, de direito ou de facto, incorrem assim solidariamente na obrigação de indemnizar os danos sofridos pelos credores, em consequência do atraso na apresentação à insolvência[168]. Haverá, no entanto, que distinguir em relação aos danos a indemnizar entre os créditos já constituídos no momento em que a apresentação deveria ter sido efectuada e os créditos que se constituíram após essa data. Em relação aos primeiros, o dano consiste na maior frustração dos créditos em resultado do agravamento da situação patrimonial do devedor posteriormente à data em que a insolvência deveria ter sido requerida, pelo que haverá que averiguar o que os credores teriam recebido em percentagem do valor dos créditos, caso a insolvência tivesse sido oportunamente decretada, e o que efectivamente vieram a receber na liquidação final,

[167] Anteriormente esta suspensão constava do art. 7º, nº 6, *a*) da Lei 1-A/2020, de 19 de Março, depois da sua alteração pela Lei 4-A/2020, de 6 de Abril.

[168] Solução idêntica foi defendida na Alemanha na Ent. BGH 6/6/1994, em *BGHZ* 126 (1995), pp. 181-201 (190 e ss.).

sendo a indemnização correspondente à diferença do valor das duas percentagens. Já em relação aos créditos que se constituíram posteriormente, é manifesto que novos credores não celebrariam qualquer contrato, caso tivesse atempadamente ocorrido a declaração de insolvência, pelo que a sua indemnização não ficará limitada à diferença de percentagens, tendo antes que ser indemnizados pelos danos sofridos em resultado de terem celebrado esses contratos. A sua indemnização abrangerá, no entanto, apenas o interesse contratual negativo, pelo que não lhes permitirá reclamar com este fundamento indemnização pelos danos resultantes do incumprimento contratual[169].

Finalmente, o incumprimento do dever de apresentação à insolvência, no caso de esta ocorrer e vier a ser reconhecida judicialmente, poderá constituir crime punível com prisão até um ano ou multa até 120 dias, que pode ser agravada em um terço nos seus limites mínimo e máximo se em consequência dos factos resultarem frustrados créditos de natureza laboral (arts. 228º, nº 1 e 229º-A CP).

O art. 3º, nº 4, refere que se equipara à situação de insolvência actual a que seja meramente iminente, no caso de apresentação pelo devedor à insolvência. Resulta assim desta disposição que o devedor pode apresentar-se à insolvência, mesmo que não se tenha verificado já o incumprimento das obrigações vencidas, desde que esse incumprimento se venha a produzir necessariamente face ao posterior vencimento de obrigações que o devedor não poderá satisfazer[170]. Resta, porém, saber se a insolvência iminente determina logo que se inicie o prazo constante do art. 18º, nº 1, para o devedor se apresentar à insolvência, ou se esse prazo só se inicia a partir do momento em que ocorre a insolvência actual. Atendendo à circunstância de o art. 18º, nº 1, remeter apenas para o art. 3º, nº 1, e não para o nº 4, aliado ao facto de ser extremamente insegura a determinação do momento em que se verifica a insolvência iminente, parece-nos preferível a segunda solução[171].

Já as pessoas singulares, que não sejam titulares de uma empresa na data em que incorram em situação de insolvência, não têm o dever de apresen-

[169] Cfr., neste sentido, HEYER, *Einführung*, p. 7.

[170] Cfr. ALBERTO MONTÓN REDONDO/MAR MONTÓN GARCIA, *El nuevo proceso concursal*, Valencia, Tirant lo Blanch, 2005, p. 75.

[171] Em sentido contrário, veja-se, porém, LUÍS CARVALHO FERNANDES/JOÃO LABAREDA, *Código da Insolvência*, sub art. 3º, nº 5, pp. 85-86, e sub art. 18º, nº 14, p. 191.

tação à insolvência (art. 18º, nº 2), pelo que nesse caso a insolvência "não será considerada culposa em virtude da mera omissão ou retardamento na apresentação, ainda que determinante de um agravamento na situação económica do insolvente" (art. 186º, nº 5). Poderá haver, no entanto, interesse na apresentação à insolvência em ordem a possibilitar ao devedor a obtenção da exoneração do passivo restante, nos termos dos arts. 235º e ss., ou a apresentação de um plano de pagamentos aos credores, nos termos dos arts. 251º e ss.

9.3. O requerimento da insolvência pelos outros legitimados

Sendo a insolvência solicitada pelos responsáveis legais das dívidas do devedor, pelos credores ou pelo Ministério Público, estes terão que produzir prova relativamente à sua condição de interessados na declaração de insolvência e à verificação de algum dos factos referidos no art. 20º. Esses factos constituem meros índices da situação de insolvência, tal como definida no art. 3º. No entanto, conforme resulta dos arts. 30º, nº 5, e 35º, nº 4, qualquer deles é condição suficiente da declaração de insolvência, se a presunção de insolvência que traduzem não vier a ser ilidida[172].

Neste âmbito, há que tomar em consideração que o principal índice é a anteriormente denominada *cessação de pagamentos pelo devedor*[173], que se desdobra agora pelas alíneas *a)*, *b)* e *g)*, parecendo, aliás, existir alguma sobreposição entre estas alíneas. Da sua redacção parece resultar que a alínea *a)* se refere a uma não realização generalizada dos pagamentos no momento do vencimento (v.g., através do decretamento unilateral de uma moratória geral), independentemente da fonte ou da natureza desas obrigações. Já a alínea *b)* se refere ao incumprimento de apenas uma ou várias obrigações, do qual se possa, porém, inferir a impossibilidade de o devedor

[172] Cfr. LEBRE DE FREITAS, *Themis*, edição especial (2005), p. 18. Nas palavras de CASTRO MENDES / JESUS DOS SANTOS, *op. cit.*, p. 92, "a insuficiência económica de um património só pode ser verificada por um estudo completo do mesmo (devassa), o que seria impraticável; por isso, a lei serve-se antes de *índices* ou *indícios*, que servem de presunções...". Já para FILIPE CASSIANO DOS SANTOS / HUGO DUARTE FONSECA, "Pressupostos para a declaração de insolvência no Código da Insolvência e da Recuperação de Empresas", em *CDP* nº 29 (Janeiro/Março 2010), pp. 13-24 (15), trata-se de "*verdadeiros pressupostos de prossecução da acção*" preenchendo "o desiderato de conferir *seriedade* ao pedido".

[173] Cfr., sobre esta, PEDRO DE ALBUQUERQUE, "Falência por cessação de pagamentos", em FACULDADE DE DIREITO DA UNIVERSIDADE DE LISBOA (org.), *Estudos de Direito Comercial*, I- *Das Falências*, Coimbra, Almedina, 1989, pp. 181-217.

satisfazer a generalidade dos seus compromissos[174]. Finalmente, a alínea *g)* refere-se ao incumprimento generalizado, nos seis meses anteriores, de obrigações de natureza específica, como as tributárias, relativas à segurança social, salariais, ou de rendas ou prestações devidas pela aquisição da sede ou residência, daqui resultando que, nesse caso, a insolvência pode ser requerida sem ter que se demonstrar a incapacidade financeira, e sem que o incumprimento se estenda a outras categorias de obrigações. Este último facto-índice não deixa de ser, no entanto, difícil de controlar por outros credores[175], parecendo que se quer apenas legitimar certos credores a requerer a insolvência, baseados no incumprimento generalizado de dívidas da mesma categoria[176].

Na alínea *c)* prevê-se outro índice, que é a fuga do titular da empresa ou dos administradores do devedor, ou abandono do lugar em que a empresa tem sede ou exerce a sua principal actividade, sem que seja designado substituto idóneo. Trata-se de uma situação de especial gravidade, que justifica por isso o decretamento da situação de insolvência, como tem sido tradicional[177]. Como sustentam CARVALHO FERNANDES e JOÃO LABAREDA, esta norma não se aplicará aos devedores não titulares de empresa[178]. A lei vem, porém, exigir que a fuga ou abandono do local se relacione com

[174] Neste caso, a insolvência não necessita de uma cessação generalizada de pagamentos podendo resultar apenas de algumas faltas de pagamento ou mesmo de uma só, desde que feitas em circunstâncias ou acompanhadas de actos de onde se possa inferir a impossibilidade de cumprimento das obrigações vencidas.

[175] Salientava RUI DUARTE MORAIS, "Os credores tributários no processo de insolvência", em *DJ* 19 (2005), 2, pp. 205-229 (207), que dificilmente um credor comum poderá solicitar a insolvência baseada no incumprimento de dívidas tributárias, pois essa informação, sendo objecto de sigilo fiscal, não estaria em princípio disponível. A publicação na internet dos maiores devedores fiscais poderá funcionar, no entanto, como um convite ao pedido da sua insolvência.

[176] Por exemplo, em relação aos créditos laborais, exige-se, como refere NUNO MARIA PINHEIRO TORRES, *DJ* 19 (2005), 2, p. 174, que o incumprimento em causa seja extensivo à generalidade dos trabalhadores.

[177] Salienta PEDRO SOUSA MACEDO, *Manual*, I, p. 271, que a fuga do comerciante já era consignada no Direito Romano e prevista por isso no Direito Intermédio como a forma típica de manifestação da insolvência, que visava reprimir os chamados *fuggitivi*. Consequentemente, as Ordenações Filipinas referiam-se expressamente aos "mercadores que se levantam com fazenda alheia", tendo sido por isso a fuga considerada como índice de falência em todas as leis falimentares posteriores.

[178] Cfr. CARVALHO FERNANDES/JOÃO LABAREDA, *Código da Insolvência*, sub art. 20º, nº 12, p. 201.

a falta de solvabilidade do devedor, o que parece redundante, dado que se está perante um índice da insolvência, tal como definida no art. 3º. Efectivamente, a fuga ou o abandono do lugar do estabelecimento, sem deixar quem exerça a sua gestão, constitui um índice evidente do estado de falência, mesmo que desacompanhado de qualquer cessação de pagamentos, apesar de em regra a preceder. A ausência tem que ser, no entanto, injustificada, já que nos casos de luto, doença ou ausência por razões familiares não se justifica decretar a insolvência. Da mesma forma, é essencial que não seja designado substituto idóneo, pois, no caso de o comerciante deixar quem lhe gira adequadamente o negócio, não se justifica presumir a insolvência, pois não se verifica a impossibilidade de cumprir que a caracteriza[179].

Na alínea *d)* faz-se incluir como índice da insolvência *a realização de actos de onde resulta o empobrecimento voluntário do devedor*, na intenção de prejudicar os seus credores. Efectivamente, tomando os credores conhecimento desses actos, justifica-se que possam solicitar imediatamente a insolvência do devedor, em ordem a evitar maiores prejuízos, sendo que no processo de insolvência esses actos são resolúveis em benefício da massa, nos termos dos arts. 120º e 121º. Este facto-índice não se encontra necessariamente relacionado com a impossibilidade de cumprimento de obrigações vencidas, dado que, uma vez demonstrada esta situação, qualquer credor ou o Ministério Público podem requerer a insolvência, mesmo que o devedor não tenha deixado de cumprir as suas obrigações[180].

Na alínea *e)* determina-se que constitui igualmente índice da insolvência *a insuficiência de bens do devedor para satisfação do crédito do exequente, verificada em processo executivo*. Assim se recupera uma solução constante do art. 870º do CPC de 1961, anteriormente à reforma de 1995-1996, não sendo, no entanto, esta situação uma causa automática de insolvência, mas antes um mero índice da incapacidade financeira do devedor. É, de no entanto,

[179] Cfr. ARY DE ALMEIDA ELIAS DA COSTA, *Das Falências. Seu Estado e Processo*, Porto, Separata da *Portugal Judiciário*, 1981, pp. 20-21. Será naturalmente sempre objecto de controvérsia a questão da idoneidade do substituto, uma vez que o devedor pode perfeitamente pretender ocultar a verificação deste índice, fazendo-se substituir por alguém absolutamente incapaz de continuar a exploração da empresa. A nosso ver, deverá ser presumida essa falta de idoneidade sempre que o substituto não tenha qualquer experiência no ramo de actividade a que o devedor se dedicava.

[180] Cfr. NUNO MARIA PINHEIRO TORRES, *DJ* 19 (2005), 2, p. 173. Na jurisprudência, cfr. Ac. RP 17/12/2008 (FERNANDES DO VALE), em *CJ* 33 (2008), 5, pp. 198-200.

de salientar que neste caso presumivelmente se continuará a verificar a insuficiência da massa insolvente para pagamento dos créditos, com a consequente aplicação do art. 39º e 191º.

Na alínea *f)* considera-se igualmente como índice de insolvência *o incumprimento das obrigações incluídas no plano de insolvência, a que se referem os arts. 192º e ss., ou no plano de pagamentos, a que se referem os arts. 251º e ss.* Esta solução resulta do facto de a questão do incumprimento desses planos, os quais são aprovados no âmbito de um processo de insolvência, não poder ser resolvida no âmbito desse processo, que é normalmente encerrado com a sua aprovação (arts. 230º, nº 1, *b)* e 259º, nº 4), justificando, por isso, esse incumprimento antes um novo processo de insolvência (cfr. art. 261º, nº 1 *a)*). É de salientar, ainda, que o incumprimento acarreta a ineficácia das moratórias e perdões concedidos no âmbito do plano (art. 218º e 260º).

Finalmente, a alínea *h)* estabelece um específico índice da insolvência em relação às pessoas colectivas e patrimónios autónomos pelos quais nenhuma pessoa singular responda pessoal e ilimitadamente, consistente *na manifesta superioridade do passivo em relação ao activo, ou no atraso superior a nove meses na aprovação e depósito das contas legalmente obrigatórias.* É um facto-índice que se justifica, dada a definição específica de insolvência que o art. 3º, nº 2, estabelece em relação a estas entidades.

9.4. Requisitos da petição inicial

Nos termos do art. 23º, a petição inicial do processo de insolvência, seja no caso de apresentação à insolvência, seja no caso de pedido por outros legitimados, tem que ser apresentada por escrito, por forma articulada (cfr. art. 147º, nº 2, CPC), com exposição dos factos que integram os pressupostos da acção e formulação do pedido correspondente.

Da petição inicial deve constar a identificação dos administradores, de direito e de facto, do devedor (cfr. art. 6º) e dos cinco maiores credores, com exclusão do próprio requerente (art. 23º, nº 2, *b)*), e, sendo o devedor casado, a identificação do cônjuge e indicação do regime de bens do casamento (art. 23º, nº 2, *c)*) devendo ser ainda junta certidão do registo civil, do registo comercial ou de outro registo público a que o devedor esteja sujeito (art. 23º, nº 2 *c)*), podendo, porém, o requerente, quando não lhe for possível fazer estas indicações, solicitar que as mesmas sejam prestadas pelo próprio devedor (art. 23º, nº 3). No caso de ser o devedor o apresentante, deve este indicar se a situação de insolvência é actual ou meramente iminente, bem como, sendo pessoa singular, se pretende a exoneração do passivo restante (art. 23º, nº 2 *a*)).

Por razões de celeridade processual, o requerente da declaração de insolvência deve juntar toda a documentação necessária para que a declaração de insolvência seja proferida, a qual se reconduz aos elementos referidos no art. 24º para a apresentação realizada pelo devedor. No caso de a insolvência ser requerida por outros legitimados, o requerente deverá apresentar, nos termos do art. 25º, nº 1, uma justificação sobre a origem, natureza e montante do seu crédito, ou a sua responsabilidade pelos créditos sobre a insolvência, consoante o caso, e oferecer com ela os elementos que possua relativamente ao activo e passivo do devedor[181]. O requerente deve ainda oferecer todos os meios de prova de que disponha, ficando obrigado a apresentar as testemunhas arroladas, cujo número não pode exceder dez, nos termos da remissão para o artigo 511º (art. 25º, nº 2)[182].

9.5. Desistência do pedido ou da instância

O art. 21º estabelece que "salvo nos casos de apresentação à insolvência, o requerente da declaração de insolvência pode desistir do pedido ou da instância até ser proferida sentença, sem prejuízo do procedimento criminal que ao caso couber". Daqui resulta que a desistência apenas é admitida em relação aos outros legitimados referidos no art. 20º, não a podendo efectuar o próprio devedor no caso de apresentação à insolvência, o que bem se compreende, dado que essa apresentação implica o reconhecimento da situação de insolvência (art. 28º)[183]. Por outro lado, a desistência do pedido ou da instância deixa de ser possível a partir do momento em que seja proferida a sentença, seja ela de declaração da insolvência ou de indeferimento do pedido, ainda que a mesma não tenha transitado em julgado. Efectivamente, uma vez proferida a sentença, há que acautelar interesses de ordem

[181] No Ac. RE 13/12/2007 (Conceição Ferreira), em *CJ* 32 (2007), 5, pp. 250-251, considerou-se, porém, que o requerente só está obrigado a indicar os elementos relativos ao activo ou passivo do devedor que possua, não podendo consequentemente a petição ser indeferida, caso o requerente não inclua essa menção.

[182] Em consequência desta obrigação, é também nesta altura que deve ser requerida a gravação da audiência final. Neste sentido, Ac. RL 18/5/2010 (Maria do Rosário Barbosa), em *CJ* 35 (2010), 3, pp. 73-74.

[183] Cfr. Salazar Casanova, "Abordagem judiciária" p. 6, e Pedro de Albuquerque, *O Direito* 137º (2005), III, p. 516 = *Estudos Dias Marques*, p. 782.

geral, que não podem ser afastados por iniciativa apenas do requerente da declaração de insolvência[184].

9.6. Consequências da dedução de pedido infundado

O art. 22º vem estabelecer que "a dedução de pedido infundado de declaração de insolvência, ou a indevida apresentação por parte do devedor, gera responsabilidade pelos prejuízos causados ao devedor ou aos credores, mas apenas em caso de dolo".

Não nos parece, porém, aceitável que a lei possa consagrar uma responsabilidade limitada ao dolo por parte de quem decida mover infundadamente um pedido de declaração de insolvência, sabendo-se que no âmbito da responsabilidade civil a regra geral é que tanto se responde por dolo como por negligência (art. 483º, nº 1, C.C.), apenas se admitindo uma limitação da indemnização neste último caso (art. 494º C.C.). Por outro lado, a solução genericamente aplicável para a dedução de acções infundadas é a da responsabilidade tanto por dolo como por negligência, o que resulta, quer do regime geral da litigância da má fé (art. 542º CPC), quer dos regimes específicos para a dedução de providências cautelares injustificadas (art. 374º CPC), quer da execução sem citação prévia do exequente (art. 858º CPC). Consequentemente, este art. 22º, ao se referir a uma acção especialmente grave, que é o pedido de insolvência, estabeleceria uma menor responsabilização do seu autor do que o que é comum em acções de consequências bastantes menos gravosas, o que instituiria uma contradição valorativa insustentável.

Não há efectivamente qualquer razão para que quem mova negligentemente um pedido de declaração de insolvência deixe de responder pelos prejuízos causados, não fazendo por isso sentido a limitação deste artigo 22º. Precisamente por esse motivo, sustentámos em obra anterior que pelo menos esta disposição poderia ser analogicamente aplicável à negligência grosseira, podendo invocar-se nesse sentido o velho brocardo *culpa lata dolo aequiparatur*[185], posição que teve, para essa hipótese específica, o apoio de Pedro De Albuquerque[186]. Menezes Cordeiro veio, porém,

[184] Neste sentido, Carvalho Fernandes/João Labareda, *Código da Insolvência*, sub art. 21º, nº 3, p. 208 e, na jurisprudência, Ac. RP 12/2/2008 (Vieira e Cunha), em *CJ* 33 (2008), 1, pp. 192-194.

[185] Cfr. Menezes Leitão, *Código da Insolvência*, sub art. 22º, nº 1, p. 71.

[186] Cfr. Pedro de Albuquerque, *Responsabilidade processual por litigância de má fé, abuso de direito e responsabilidade civil em virtude de actos praticados no processo (A responsabilidade por pedido*

propor uma hermenêutica diferente. A seu ver, haveria que distinguir entre a apresentação do pedido pelo devedor, que gera responsabilidade perante os credores, e a sua apresentação por um dos credores, que gera responsabilidade perante o devedor. No primeiro caso, a responsabilidade do devedor ficaria limitada ao dolo. Já no segundo caso, o credor responderia nos termos gerais, se omitir a diligência do bom pai de família (art. 487º, nº 2)[187]. Trata-se de uma interpretação coerente, mas não deixamos de salientar que, também em relação ao devedor, não se justifica excluir a sua responsabilidade por indevida apresentação, pelo menos em caso de negligência grosseira[188].

Já não parece, no entanto, justificar-se a responsabilização do requerente por pedido infundado nos casos em que este consegue provar algum facto-índice da insolvência, entre os referidos no art. 20º, nº 1, tendo sido o devedor que, na sua oposição, elide a presunção de insolvência nos termos do art. 30º, nº 4. Efectivamente, nesta situação não existe dolo, nem sequer negligência grosseira[189].

infundado de declaração da situação de insolvência ou indevida apresentação por parte do devedor), Coimbra, Almedina, 2006, passim, maxime, pp. 153 e ss.

[187] Cfr. Menezes Cordeiro, *Litigância de má fé, abuso do direito de acção e culpa in agendo*, Coimbra, Almedina, 2006, pp. 187 e ss.

[188] Menezes Cordeiro, *Litigância de má fé, abuso do direito de acção e culpa in agendo*, 2ª ed., Coimbra, Almedina, 2011, pp. 230 e ss., aceita esta nossa sugestão. Na jurisprudência, no entanto, tem-se defendido a limitação da responsabilidade ao dolo, excluindo-a em casos de negligência. Cfr. Ac. RP 22/4/2008 (Rodrigues Pires), processo 0727065, Ac. RC 17/1/2012 (Freitas Neto), em *CJ* 37 (2012), 1, pp. 5-13 e Ac. RC 27/1/2015 (Fonte Ramos), processo 173/14.5TBCVL-A.C1 (que, no entanto, responsabiliza o requerente por dolo eventual). No sentido que consideramos ser a correcta interpretação, veja-se, no entanto, Ac. RL 5/6/2014 (Teresa Albuquerque), processo 26541/13.1T2SNT.L1-2.

[189] É esta, a nosso ver, a situação prevista no Ac. RP 22/4/2008 (Rodrigues Pires), em *CJ* 33 (2008), 2, pp. 205-208 = *CDP* nº 32 (Outubro-Dezembro 2010), pp. 71-79, que, no entanto, rejeita a interpretação do art. 22º que propugnamos. Criticando a doutrina desse acórdão, cfr. Rita Fabiana da Mota Soares "Sobre o pedido infundado de declaração de insolvência – Ac. do TRP de 22.4.2008", em *CDP* nº 32 (Outubro-Dezembro 2010), pp. 79-89.

10
Apreciação liminar do pedido e medidas cautelares

10.1. Apreciação liminar do pedido

Nos termos do art. 27º, a apreciação liminar da petição de declaração de insolvência deve ser realizada no próprio dia da distribuição ou, não sendo tal viável, até ao terceiro dia útil subsequente. Dessa apreciação pode resultar o indeferimento liminar do pedido, quando este seja manifestamente improcedente, ou seja evidente a existência de excepções dilatórias insupríveis, de conhecimento oficioso (art. 27º, nº 1 *a)*). Quando não seja esse o caso, mas se verifique que a petição carece dos requisitos legais ou não vem acompanhada dos documentos que hajam de instrui-la, o tribunal concede ao requerente, sob pena de indeferimento, o prazo máximo de cinco dias para corrigir os vícios sanáveis da petição (art. 27º, nº 1 *b)*). Não ocorrendo o aperfeiçoamento da petição dentro desse prazo, o tribunal indefere o pedido de declaração de insolvência.

Em caso de apresentação à insolvência, uma vez que esta não pode ser objecto de desistência (art. 21º), a lei não admite que o devedor pudesse vir a obter o mesmo efeito, recusando o convite do juiz para juntar os documentos necessários para a procedência do pedido[190]. Nesse caso, o despacho de indeferimento liminar que não se baseie, total ou parcialmente, na falta de junção dos documentos exigida pela alínea *a)* do nº 2 do artigo 24º é objecto de publicação no Citius, no prazo previsto no nº 8 do artigo 38º, devendo conter os elementos referidos no nº 8 do artigo 37º (art. 27º, nº 2).

[190] Cfr. Salazar Casanova, "Abordagem judiciária", p. 8, e Pedro de Albuquerque, *O Direito* 137º (2005), III, p. 516 = *Estudos Dias Marques*, p. 783.

Em caso de indeferimento liminar, o requerente pode apresentar nova petição (art. 560º CPC) ou impugnar a decisão por recurso, normalmente apenas para a Relação (art. 14º). Já não parece, porém, admissível o recurso do despacho de aperfeiçoamento, mas apenas do despacho de indeferimento que venha a ser proferido na sequência da não observância daquele, uma vez que só com o indeferimento o requerente fica vencido (art. 631º, nº 1, CPC)[191].

Ocorrendo a apresentação à insolvência por parte do devedor, tal implica o reconhecimento imediato da situação da insolvência, o que implica que esta seja imediatamente declarada, devendo essa declaração ocorrer até ao terceiro dia útil seguinte ao da distribuição da petição inicial ou, existindo vícios corrigíveis, ao do respectivo suprimento (art. 28º). A declaração ocorre assim sem que se torne necessária a citação dos credores ou a continuação dos autos com vista ao Ministério Público[192].

No caso de a petição não ter sido apresentada pelo devedor e não existir motivo para indeferimento liminar ou aperfeiçoamento, deve o juiz mandar citar pessoalmente o devedor no prazo de três dias (art. 29º). A citação do devedor pode ser, no entanto, dispensada nos termos do art. 12º[193]. Antes da citação pode, porém, o juiz decidir antecipadamente a adopção de medidas cautelares, o que permite um retardamento do prazo para a citação em dez dias (art. 31º, nº 3).

10.2. Medidas cautelares

Dado que a instauração de um processo de insolvência (ou a mera possibilidade da sua ocorrência) é um facto que se torna facilmente do conhecimento público, verifica-se muitas vezes a necessidade de tomar medidas destinadas a salvaguardar a massa insolvente contra deslocações patrimoniais, que só com muita dificuldade poderiam ser posteriormente revertidas.

[191] Neste sentido, SALAZAR CASANOVA, "Abordagem judiciária", 8. Esta posição parece ser seguida por PEDRO DE ALBUQUERQUE, *O Direito* 137º (2005), III, p. 518, nota (37) = *Estudos Dias Marques*, p. 785, nota (39).

[192] Cfr. SALAZAR CASANOVA, "Abordagem judiciária", p. 6, e PEDRO DE ALBUQUERQUE, *O Direito* 137º (2005), III, p. 515 = *Estudos Dias Marques*, p. 782.

[193] Sobre o conteúdo e a sua dispensa, cfr. MARIA JOSÉ CAPELO, "A fase prévia à declaração de insolvência: algumas questões processuais", em CATARINA SERRA (org.), *I Congresso de Direito da Insolvência*, Coimbra, Almedina, 2013, pp. 187-200 (189 e ss.).

A adopção de medidas cautelares ocorre oficiosamente ou a pedido do requerente, sempre que haja justificado receio da prática de actos de má gestão e as medidas se mostrem necessárias ou convenientes para impedir o agravamento da situação patrimonial do devedor até que seja proferida sentença (art. 31º, nº 1). A adopção das medidas cautelares pode proceder a citação, no caso de essa antecipação ser julgada útil (art. 31º, nº 3).

Entre as medidas cautelares a adoptar, a lei faz referência especial à designação de um administrador judicial provisório, ao qual podem ser atribuídos poderes exclusivos de administração do património do devedor, com a consequente retirada a este desses poderes (art. 31º, nº 1 e 33º, nº 1) ou apenas o encargo de assistir o devedor na administração do seu património, caso em que podem ser especificados os actos que este não pode praticar sem aprovação (art. 31º, nº 1 e 33º, nº 2). No entanto, em ambas as situações, o administrador tem direito à informação por parte do devedor, podendo ter acesso à sede e instalações empresariais e fiscalizar as suas contas (art. 33º, nº 3).

Para além desta medida, outras medidas cautelares podem ser, no entanto, adoptadas pelo Tribunal, tais como a proibição geral de o devedor praticar quaisquer actos de administração e disposição dos seus bens, a suspensão das acções executivas contra o mesmo e a aprensão imediata dos respectivos bens[194]. Normalmente, estes efeitos resultam logo da declaração de insolvência (cfr. arts. 81º, nº 1 e 88º), mas pode haver interesse em que sejam decretados como medidas cautelares, antes de a mesma ser proferida.

[194] Cfr. HEYER, *Einführung*, pp. 14-15.

11
Oposição à insolvência

O devedor pode deduzir oposição à insolvência no prazo de dez dias, devendo com a oposição oferecer todos os meios de prova de que disponha, ficando obrigado a apresentar as testemunhas arroladas, sendo o seu número máximo de dez (arts. 30, nº 1 e 25º, nº 2, CIRE, que remete para o art. 511º CPC). Para além disso, a lei impõe que o devedor junte com a oposição, sob pena de não recebimento[195], a lista dos seus cinco maiores credores, com exclusão do requerente, com indicação do respectivo domicílio (art. 30º, nº 2).

[195] Foi objecto de controvérsia na jurisprudência do Tribunal Constitucional se a sanção do não recebimento da oposição, prevista no art. 30º, nº 2, para a hipótese de o devedor não juntar a lista dos cinco maiores credores respeita o princípio do processo equitativo, consagrado no art. 20º, nº 4, da CRP. No acórdão do Tribunal Constitucional 556/2008, de 19 de Novembro de 2008 (CURA MARIANO, vencido BENJAMIM RODRIGUES) considerou-se esta norma inconstitucional por violar o direito constitucional a um processo equitativo consagrado no art. 20º, nº 4, CRP, posição reiterada no acórdão do Tribunal Constitucional 350/2012, de 5 de Julho de 2012 (CARLOS FERNANDES CADILHA, vencida MARIA LÚCIA AMARAL). Mas já no Acórdão 606/2013, de 24 de Setembro de 2013 (MARIA LÚCIA AMARAL, vencidos JOAQUIM SOUSA RIBEIRO e JOSÉ DA CUNHA BARBOSA) considerou-se que essa norma não padecia de inconstitucionalidade. Interposto recurso obrigatório para o plenário deste último acórdão, no Acórdão 639/2014, de 7 de Outubro 2014 (JOSÉ DA CUNHA BARBOSA, vencidas MARIA LÚCIA AMARAL e MARIA DE FÁTIMA MATA-MOUROS), foi decidido julgar inconstitucional a norma do nº 2 do artigo 30º do CIRE, por violação do princípio do processo equitativo, consagrado no artigo 20º, nº 4 da Constituição, quando interpretada no sentido de não dever ser admitida a oposição se não acompanhada da lista contendo a indicação dos cinco maiores credores da requerida e sem que a esta tenha previamente sido concedida a oportunidade de suprir a deficiência.

A oposição do devedor à declaração de insolvência tanto pode ser baseada na inexistência do facto-índice em que se funda o pedido formulado, como na inexistência da situação de insolvência (art. 30º, nº 3). A lei refere que cabe ao devedor a prova da sua solvência (art. 30º, nº 4), mas o que se trata é de ilidir a presunção de insolvência resultante da verificação do facto-índice, a qual deve ter por base a escrituração legalmente obrigatória[196], sem prejuízo do critério especial referido no art. 3º, nº 3 (art. 30º, nº 4).

Apesar de a redacção da lei poder indicar uma limitação aos fundamentos da oposição por parte do devedor, é manifesto que não lhe estará vedado opor-se à insolvência como base noutros fundamentos, designadamente a existência de excepções dilatórias insupríveis, como a falta de legitimidade do requerente da insolvência, por não ser responsável legal pelas suas dívidas ou não ser seu credor[197]. Uma vez que a legitimidade deve ser provada pelo requerente, parece que bastará ao devedor tornar duvidosa a existência do crédito para que o tribunal tenha que indeferir o requerimento da insolvência, sem prejuízo da possibilidade de o credor continuar a poder instaurar processo judicial para cobrança desse crédito. No caso, porém, de o credor já ter obtido um título executivo contra o devedor, serão limitadas as possibilidades de este se opor ao pedido de insolvência com base na inexistência do crédito, podendo, porém, alegar e provar que o mesmo já se encontra satisfeito[198].

Salvo nos casos em que a audiência do devedor tenha sido dispensada nos termos do art. 12º, a não dedução de oposição por este importa a confissão dos factos alegados na petição inicial, sendo a insolvência decretada no primeiro dia útil subsequente ao termo do prazo para deduzir oposição, se tais factos preencherem a hipótese de alguma das alíneas do nº 1 do artigo 20º (art. 30º, nº 5)[199].

[196] Admitiu-se, porém, no Ac. RL 22/1/2008 (Arnaldo Silva), em *CJ* 33 (2008), 1, pp. 79-82, que o devedor possa provar a sua solvência sem recurso a todos os livros obrigatórios, uma vez que alguns dos seus livros e até os balancetes podem dar um retrato sobre a sua solvabilidade.

[197] Neste sentido, Carvalho Fernandes/João Labareda, *Código da Insolvência*, sub art. 30º, nº 3, p. 237.

[198] Cfr. Heyer, *Einführung*, p. 9.

[199] Como se refere no Ac. RE 25/10/2007 (Fernando Bento), em *CJ* 32 (2007), 4, pp. 259-261, dado que esta confissão judicial é um meio de prova dos factos articulados na petição inicial, se estes integrarem qualquer das hipóteses normativas previstas nas alíneas *a)* a *h)* do nº 1 do art. 20º do CIRE, a insolvência não pode deixar de ser decretada.

12
Audiência de discussão e julgamento

Tendo havido oposição do devedor, ou tendo a audiência deste sido dispensada, tem lugar a audiência de discussão e julgamento, a qual é marcada para um dos cinco dias subsequentes, sendo o requerente, o devedor, e todos os administradores de direito ou de facto identificados na petição inicial notificados para comparecerem pessoalmente ou se fazerem representar por quem tenha poderes para transigir (art. 35º, nº 1)[200].

Se o devedor ou um seu representante não comparecerem nessa audiência, a sua omissão vale como confissão dos factos alegados na petição, a menos que a audiência do devedor tenha sido dispensada nos termos do art. 12º (art. 35º, nº 2). Assim, se os factos corresponderem ao disposto nalguma das alíneas do art. 20º, nº 1, é logo proferida sentença de declaração de insolvência (art. 35º, nº 4).

Se, comparecendo o devedor ou um seu representante, não estiver presente o requerente ou um seu representante, essa omissão é interpretada como desistência do pedido (art. 35º, nº 3), sendo então proferida sentença homologatória da desistência do pedido (art. 35º, nº 4).

Se comparecerem ambas as partes, ou apenas o requerente ou o seu representante na hipótese de a audiência do devedor ter sido dispensada, o juiz profere despacho destinado a identificar o objeto do litígio e a enunciar

[200] Conforme se refere no Ac. RL 13/3/2008 (Jorge Vilaça), em *CJ* 33 (2008), 2, pp. 88-90, em processo de insolvência a audiência de julgamento tem sempre lugar, mesmo que os factos já se encontrem provados por acordo ou confissão, uma vez que a mesma se destina a ouvir pessoalmente de novo as partes, antes de ser proferida sentença.

os temas da prova. (art. 35º, nº 5), sendo logo decididas eventuais reclamações e produzidas de imediato as provas (art. 35º, nº 6). Neste âmbito, cabe ao credor, requerente da insolvência, o ónus de provar os factos integradores da impossibilidade do cumprimento pelo devedor das suas obrigações vencidas, cabendo ao devedor o ónus de alegar e provar os factos comprovadores da sua solvência, que permitam ilidir a presunção de insolvência resultante do facto-índice (art. 30º, nº 4).

Após a produção das provas, têm lugar alegações orais, e o tribunal profere sem seguida a sentença (art. 35º, nº 7). Se a sentença não puder ser logo proferida, sê-lo-á no prazo de cinco dias (art. 35º, nº 8).

13
A sentença de indeferimento do pedido de declaração de insolvência, sua impugnação e publicidade

A sentença que indefira o pedido de declaração de insolvência é apenas notificada apenas ao requerente e ao devedor (art. 44º, nº 1), não sendo, em princípio objecto de publicidade. Exceptua-se apenas a hipótese de ter ocorrido a designação de um administrador judicial provisório (arts. 31º, nº 2, e 32º e ss.), a qual é, como se sabe, objecto de publicação e registo (art. 34º). Nessa situação, e dado que se impõe a correcção da informação incorrecta, a sentença que indefira o pedido é igualmente objecto de publicação e registo, nos termos previstos no artigo 38º, devidamente adaptados (art. 44º, nº 2).

A sentença que indefira o pedido de declaração de insolvência apenas pode ser impugnada por via de recurso (art. 45º).

A sentença que indefira o pedido de insolvência é igualmente objecto de publicidade. Efectivamente, o art. 44º, nº 2, estabelece que "no caso de ter sido nomeado um administrador judicial provisório, a sentença é objecto de publicação e registo, nos termos previstos nos artigos 37º e 38º, com as necessárias adaptações"[201]. Por esta via se pretende publicitar a não declaração de insolvência corrigindo assim a publicidade negativa que tinha resultado da nomeação do administrador judicial provisório.

[201] Efectivamente, a sentença que procede ao indeferimento do pedido é igualmente sujeita a registo comercial no caso de ter havido designação prévia de administrador judicial provisório, assim como o seu trânsito em julgado (art. 9º *i)* CRCom). Sendo a inscrição realizada antes do trânsito em julgado, ela terá o cariz de provisória por natureza (art. 64º, nº 1 *e)* CRCom).

No âmbito do registo civil, o registo do trânsito em julgado da sentença que indefira o pedido de declaração de insolvência obriga mesmo à eliminação no registo dos factos respeitantes ao processo de insolvência através da elaboração de um novo assento de nascimento (art. 81º-A, nº 1, *a)* do CRC).

14
A sentença de declaração de insolvência e seus efeitos

14.1. Conteúdo, notificação, citação e publicidade da sentença

A sentença de declaração de insolvência deve obedecer ao conteúdo referido no nº 1 do art. 36º. Assim, além de indicar a data e a hora da respectiva prolação, que na falta de outra indicação se considera o meio-dia (art. 36º, nº 1, *a)*), a sentença identifica o devedor insolvente, com indicação da sua sede ou residência (art. 36º, nº 1, *b)*), fixando residência aos administradores, de direito ou de facto, do devedor, bem como ao próprio devedor, se este for pessoa singular (art. 36º, nº 1, *c)*). Para além disso, a sentença nomeia o administrador da insolvência, com indicação do seu domicílio profissional (art. 36º, nº 1, *d)*), podendo, no entanto, determinar que a administração da massa insolvente será assegurada pelo próprio devedor, quando se verifiquem os pressupostos exigidos pelo nº 2 do art. 224º (art. 36º nº 1, *e)* e arts. 223º e ss.). O juiz pode ainda nomear uma comissão de credores (art. 66º), sem prejuízo da faculdade de a assembleia de credores dela prescindir (art. 67º)[202].

A sentença determina ainda, como providências intrumentais, a entrega pelo devedor dos documentos referidos no nº 1 do art. 24º, quando não constem dos autos (art. 36º, nº 1, *f)*) e a apreensão dos elementos da contabilidade e de todos os bens do devedor, para entrega ao administrador da insolvência (art. 36º, nº 1, *g)* e arts. 149º-150º).

[202] Cfr. Pedro de Albuquerque, *O Direito* 137º (2005), III, pp. 521-522 = *Estudos Dias Marques*, pp. 788-789.

A sentença ordena também a entrega ao Ministério Público dos elementos que indiciem a prática de infracção penal (art. 36º, nº 1, *h)*) e, caso disponha de elementos que justifiquem a abertura do incidente de qualificação da insolvência, declara aberto o incidente da qualificação da insolvência, com carácter pleno ou limitado, sem prejuízo do disposto no art. 187º (art. 36º, nº 1 *i)*),

A sentença designa ainda prazo, até 30 dias, para a reclamação de créditos (art. 36º nº 1 *j)*).

Finalmente, a sentença designa dia e hora, entre os 45 e os 60 dias para a reunião da assembleia de credores, destinada à apreciação do relatório do administrador de insolvência ou declara, fundamentadamente, prescindir da realização da referida assembleia (art. 36º, nº 1 *n)*, 75º e 156º). O juiz não pode, porém, dispensar a realização da assembleia de credores nos casos em que for previsível a apresentação de um plano de insolvência ou em que se determine que a administração da insolvência seja efetuada pelo devedor (art. 36º, nº 2). Caso seja prescindida a realização da assembleia, o juiz deve, logo na sentença, adequar a marcha processual a essa finalidade (art. 36º, nº 5), passando os prazos que se iniciam na data da assembleia a ter por referência o 45º dia posterior à data da sentença de declaração de insolvência (art. 36º, nº 4).

São notificados da sentença o devedor, o requerente da declaração de insolvência e os administradores a quem tenha sido fixada residência (art. 37º, nºs 1 e 2). Em relação aos administradores a quem tinha sido fixada residência, a notificação é pessoal, nos termos e pelas formas prescritos na lei processual para a citação, sendo-lhes igualmente enviadas cópias da petição inicial (art. 37º, nº 1). Já o requerente da insolvência é notificado nos termos por que se regem as notificações em processos pendentes (art. 37º, nº 2, primeira parte). O devedor, se não for o próprio requerente, é também notificado nos termos das notificações em processos pendentes, salvo se anteriormente não tiver sido citado pessoalmente, pois nesse caso a notificação obedece às regras da citação pessoal (art. 37º, nº 2, segunda parte).

Prevê-se ainda a notificação da sentença ao Ministério Público e, se o devedor for titular de uma empresa, à comissão de trabalhadores (art. 37º, nº 2.

É ainda obrigatória a notificação da sentença ao Fundo de Garantia Salarial, nos termos do art. 1º, nº 2 *a)* do Novo Regime do Fundo de Garantia Salarial, aprovado pelo D.L. 59/2015, de 21 de Abril.

Após a sentença, são citados para a acção os credores, variando a forma de citação consoante a categoria de credor em causa. Em relação aos cinco maiores credores conhecidos, com exclusão do que tiver sido requerente, estes são citados pessoalmente ou por carta registada, consoante tenham ou não residência habitual, sede ou domicílio em Portugal (art. 37º, nº 3). Os credores conhecidos com residência habitual, domicílio ou sede noutros Estados-Membros da União Europeia são citados por carta registada, em conformidade com o art. 54º do Regulamento (UE) 2015/848 (art. 37º, nº 4). Existindo créditos do Estado, de institutos públicos sem natureza de empresas públicos ou de instituições de segurança social, a notificação aos respectivos titulares é realizada por carta registada (art. 37, nº 5). Os demais credores e interessados são citados editalmente, com as formalidades ditadas pela incerteza das pessoas (cfr. arts. 251º e ss. CPC), com prazo de dilação de cinco dias e com anúncios publicados no Citius e num jornal diário de grande circulação nacional (art. 37º, nº 7).

A declaração de insolvência e a nomeação do administrador da insolvência são registadas oficiosamente na conservatória do registo civil, se o devedor for uma pessoa singular (art. 38º, nº 2 *a)*)[203], na conservatória do registo comercial, se houver factos relativos ao devedor insolvente sujeitos a esse registo (art. 38º, nº 2 *b)*[204]) e na entidade encarregada de outro registo público a que o devedor esteja eventualmente sujeito (art. 38º, nº 2 *c)*). Nos termos do art. 38º, nº 11, esse registo deve ainda conter os factos referidos no nº 2 do art. 24º do Regulamento (UE) 2015/848 do

[203] Em virtude da alteração efectuada pelo art. 6º do Decreto-Lei 53/2004, de 18 de Março ao Código do Registo Civil, passaram a ser sujeitos a registo civil diversos factos relativos à insolvência de pessoas singulares, designadamente a declaração de insolvência e o encerramento do respectivo processo (art. 1º, nº 1, *j)* CRC), os quais são averbados ao assento de nascimento (art. 69º, nº 1, *h)* CRC). Conforme escreve JORGE DUARTE PINHEIRO, *Estudos Dias Marques*, p. 209, "no domínio da condição civil, a insolvência judicialmente declarada surge ao lado de factos como o nascimento, a filiação, a adopção, o casamento e o óbito. Uma certidão de nascimento será suficiente para saber se a pessoa em apreço foi ou não declarada insolvente e que restrições implica a declaração".

[204] Nos termos do art. 9º *i)* CRCom são sujeitas a registo comercial "as sentenças de declaração de insolvência de comerciantes individuais, de sociedades comerciais, de sociedades civis sob forma comercial, de cooperativas, de agrupamentos complementares de empresas, de agrupamentos europeus de interesse económico e de estabelecimentos individuais de responsabilidade limitada (...), bem como o trânsito em julgado das referidas sentenças". O art. 64º, nº 1, *e)* deste Código considera provisória por natureza a inscrição da declaração de insolvência, antes do trânsito em julgado da sentença.

Parlamento Europeu e do Conselho, de 20 de maio de 2015, relativo aos processos de insolvência, que estabelece um conjunto de informações obrigatórias a incluir nos registos de insolvência que impõe que os Estados-Membros criem e mantenham.

A declaração de insolvência é ainda inscrita no registo predial, relativamente aos bens que integrem a massa insolvente, com base em certidão judicial da declaração de insolvência transitada em julgado, se o serviço de registo não conseguir aceder à informação necessária por meios electrónicos, e em declaração do administrador da insolvência que identifique os bens (art. 38º, nº 3)[205]. A secretaria deve ainda registar oficiosamente a declaração de insolvência e a nomeação do administrador da insolvência no registo informático de execuções (art. 38º, nº 6 *a)*), promover a inclusão dessas informações, bem como do prazo concedido para reclamações na página informática do tribunal (art. 38º, nº 6 *b)*) e comunicar a declaração de insolvência ao Banco de Portugal para inscrição na central de riscos do crédito (art. 38º, nº 6, *c)*)[206].

14.2. A hipótese de insuficiência da massa insolvente

No caso de o juiz concluir que o património do devedor não é presumivelmente suficiente para a satisfação das custas do processo e das dívidas previsíveis da massa insolvente (cfr. art. 51º), o que se presume sempre que esse património seja inferior a € 5000 (art. 39º, nº 9) e essa satisfação não estiver garantida por outra via, pode ocorrer o encerramento do processo logo após o trânsito em julgado da sentença (arts. 39º, 230º, nº 1 *d)* e 232º). Nessa situação, o processo é declarado findo, ocorrendo apenas a tramitação até final do denominado incidente limitado de qualificação

[205] Efectivamente, o art. 2º, nº 1, *n)* do Código do Registo Predial considera facto sujeito a registo a declaração de insolvência, determinando o art. 8º-B, nº 3 *c)* do mesmo Código a obrigação de o administrador da insolvência proceder a esse registo. Esta solução resulta do D.L. 116/2008, de 4 de Julho, uma vez que anteriormente o que (hoje revogado) art. 152º do CIRE sujeitava a registo era antes a apreensão de bens em processo de insolvência. É manifesto, no entanto, que neste caso o prazo para o registo da declaração de insolvência não se pode contar da própria sentença, ao contrário do que se prevê no art. 38º, nº 8, CIRE, devendo contar-se antes da data da apreensão dos bens. Cfr. CATARINA SERRA, "Insolvência e registo predial (a propósito das alterações do DL nº 116/2008, de 4/7)", em *SI* tomo 58, nº 317 (Janeiro-Março 2009), pp. 81-103.

[206] Cfr. PEDRO DE ALBUQUERQUE, *O Direito* 137º (2005), III, p. 523 = *Estudos Dias Marques*, p. 790.

da insolvência, caso o juiz disponha de elementos que o justifiquem (arts. 39º, nº 7, *b)*, 191º e 232º, nº 5)[207].

Nesses casos, a sentença não aprecia a eventual possibilidade de administração da massa insolvente pelo devedor; não determina a este a entrega da sua documentação, nem da sua contabilidade; não fixa prazo para os credores reclamarem os seus créditos; não estabelece as advertências de os credores comunicarem ao administrador da insolvência as garantias de que sejam titulares e de os devedores do insolvente deverem efectuar ao administrador os respectivos pagamentos; finalmente, não designa data para a assembleia de aprovação do relatório (art. 39º, nº 1, que exclui a aplicação do art. 36º, nº 1 *e)*, *f)*, *g)*, *i)*, *j)*, *l)*, *m)* e *n)*).

Esta decisão do juiz acaba por funcionar como uma dispensa condicional do concurso de credores, por razões de economia processual, mas não produz efeitos de caso julgado[208]. Efectivamente, qualquer interessado pode requerer, no prazo de cinco dias, que a sentença seja complementada com as restantes menções do nº 1 do art. 36º, o que prejudica a eficácia da decisão do juiz em sentido contrário (art. 39º, nº 2, *a)*). Perante esse requerimento, o juiz deve dar cumprimento integral ao art. 36º, observando-se em seguida o disposto nos arts. 37º e 38º, e prosseguindo com carácter pleno o incidente de qualificação da insolvência, sempre que ao mesmo haja lugar (art. 39º, nº 4).

Para tanto, o requerente do complemento de sentença é obrigado a depositar, à ordem do tribunal, o montante que o juiz razoavelmente entender necessário para garantir o pagamento das custas e dívidas, ou cauciona esse pagamento mediante garantia bancária, sendo a caução accionada apenas depois de comprovada a efectiva insuficiência da massa e na medida dessa insuficiência (art. 39º, nº 3)[209]. O requerente adquire, porém, o direito a exigir o reembolso das quantias despendidas às pessoas que, em violação

[207] Cfr. Catarina Serra, *O regime*, pp. 119-120 e Pedro de Albuquerque, *O Direito* 137º (2005), III, p. 523 = *Estudos Dias Marques*, p. 791.

[208] Neste sentido, Salvador da Costa, "O concurso de credores no processo de insolvência", em *Revista do CEJ*, IV (1º Semestre 2006), pp. 91-111 (94).

[209] No acórdão do Tribunal Constitucional 83/2010 de 3 de Março de 2010 (Pamplona de Oliveira), foi decidido, porém, "julgar inconstitucional, por violação do nº 1 do artigo 20º e da alínea *a)* do nº 1 do artigo 59º, ambos da Constituição, a norma do artigo 39º nº 3 do Código de Insolvência e da Recuperação de Empresas, quando interpretada no sentido de que o requerente do complemento da sentença, quando careça de meios económicos e, designadamente, beneficiar do apoio judiciário na modalidade de isenção da taxa de justiça

dos seus deveres como administradores, se hajam abstido de requerer a declaração de insolvência do devedor, ou o tenham feito com demora (art. 39º, nº 5), prescrevendo esse direito no prazo de cinco anos (art. 39º, nº 6).

Se não for requerido o complemento da sentença, não há qualquer privação dos poderes de administração e disposição pelo devedor, nem se produzem quaisquer dos efeitos que normalmente correspondem à declaração de insolvência (art. 39º, nº 7 *a)*). Em consequência, o administrador de insolvência fica com as suas competências limitadas à elaboração do parecer a que se refere o nº 3 do art. 188º (art. 39º, nº 7 *c)*)[210]. Por outro lado, o processo é declarado findo, logo que a sentença transite em julgado, sem prejuízo da tramitação até final do incidente limitado de qualificação da insolvência (art. 39º, nº 7º *b)*). Poderá futuramente ser instaurado novo processo após o trânsito em julgado, mas o juiz obrigará o requerente a depositar o necessário para pagamento das custas e dívidas previsíveis da massa insolvente (art. 39º, nº 7, *d)*)[211].

O regime da insuficiência da massa insolvente é excluído se, sendo o devedor pessoa singular, tiver requerido, anteriormente à sentença de declaração de insolvência, a exoneração do passivo restante (art. 39º, nº 8)[212].

Finalmente, sendo o devedor uma sociedade comercial, aplica-se-lhe, com as necessárias adaptações, o disposto no nº 4 do artigo 234º (art. 39º, nº 10).

e demais encargos com o processo, se não depositar a quantia que o juiz especificar nem prestar a garantia bancária alternativa não pode requerer aquele complemento de sentença"

[210] Decidiu, por isso, bem o Ac. RE 31/5/2007 (Eduarda Branquinho) na *CJ* 32 (2007), 3, pp. 256-257, ao considerar não poder nesse caso o administrador de insolvência determinar a apreensão de bens, mesmo que anteriormente não fossem conhecidos.

[211] No entanto, o acórdão do Tribunal Constitucional 602/2006, de 14 de Novembro de 2006 (Bravo Serra), julgou "inconstitucional, por violação do nº 1 do artigo 20º e da alínea *a)* do nº 1 do artigo 59º, um e outro da Lei Fundamental, a norma vertida no preceito da alínea *d)* do nº 7 do artigo 39º do Código da Insolvência e Recuperação de Empresas aprovado pelo Decreto-Lei nº 53/2004, de 18 de Março, quando interpretado no sentido de que dele decorre, nos casos em que foi proferida sentença nos termos do nº 1 daquele artigo, a imposição, ao trabalhador que não desfrute de condições económicas suficientes e que pretenda instaurar novo processo de insolvência para efeitos de nele ser reconhecida a reclamação do seu crédito por salários não pagos pela entidade insolvente, com vista ao disposto na alínea *a)* do artº 324º da Lei nº 35/2004, de 29 de Julho, do depósito de um montante que o juiz razoavelmente entenda necessário para garantir o pagamento das dívidas previsíveis da massa insolvente, não contemplando o benefício de apoio judiciário a possibilidade de isenção desse depósito".

[212] Cfr. o Ac. RP 28/5/2009 (José Ferraz), em *CJ* 34 (2009), 3, pp. 196-198.

14.3. Efeitos da sentença de declaração de insolvência

14.3.1. Efeitos sobre o insolvente

14.3.1.1. Transferência dos poderes de administração e disposição dos bens da massa insolvente para o administrador de insolvência

Nos termos do art. 81º, nº 1, a declaração de insolvência priva imediatamente o insolvente, por si ou pelos seus administradores, dos poderes de administração e de disposição dos bens integrantes da massa insolvente, os quais passam a competir ao administrador de insolvência. Esta solução compreende-se, dado que a declaração de insolvência faz pressupor uma certa desconfiança na capacidade de administração do devedor, dado que aí pode ter residido a causa da sua situação de insolvência[213].

A declaração de insolvência importa assim que o devedor fique privado dos seus poderes de administração e disposição do seu património. Este perde consequentemente a posse material e as faculdades de administração e disposição, quer dos bens que possui aquando da declaração de insolvência, quer dos bens e rendimentos que de futuro lhe advenham (art. 46º). Essa privação não se estende, porém, a bens excluídos da massa insolvente, como os bens impenhoráveis ou os abrangidos por uma separação de patrimónios, em relação aos quais o devedor conserva a liberdade de disposição. A privação também não se estende a negócios obrigacionais, uma vez que o devedor pode contrair dívidas, as quais no entanto não responsabilizam a massa insolvente[214].

A privação das faculdades de administração dos bens e direitos do insolvente estende-se aos seus administradores, ou seja, aos representantes legais e mandatários com poderes gerais, no caso de pessoas singulares, e aos encarregados da administração e liquidação do património, ou titulares dos órgãos sociais competentes para o efeito, no caso de pessoas colectivas (art. 81º, nº 1, e art. 6º). É, no entanto, de salientar que, contraditoriamente, o art. 82º vem determinar que os órgãos sociais do devedor se mantêm em funcionamento após a declaração de insolvência, ainda que com algumas competências reservadas ao administrador da insolvência (art. 82º, nºs 2, 3 e 4).

O art. 81º, nº 3, estabelece, porém, a não aplicabilidade ao administrador da insolvência de limitações ao poder de disposição do devedor

[213] Cfr. Montón Redondo/Montón Garcia, *op. cit.*, p. 108.

[214] Cfr. Bork, *Einführung*, p. 74, nº 136.

estabelecidas por decisão judicial ou administrativa, ou impostas por lei apenas em favor de pessoas determinadas. Assim, no caso de o devedor ter sido objecto de medida de acompanhamento (arts. 138º e ss. CC), naturalmente que não ficam os actos do administrador da insolvência dependentes da intervenção do respectivo acompanhante. Da mesma forma, não fica o administrador da insolvência obrigado a obter o consentimento dos familiares do devedor, ainda que a lei o exija para os actos de alienação de bens por este praticados, como sucede na venda a filhos ou netos (art. 877º CC), ou na alienação pelo devedor casado de imóveis ou estabelecimento comercial próprios ou comuns (art. 1682º-A, nº 1, CC), incluindo a casa de morada de família (art. 1682º-A, nº 2, CC)[215].

O art. 81º, nº 4, atribui ainda ao administrador de insolvência a representação do devedor para todos os efeitos de carácter patrimonial que interessem à insolvência, com excepção apenas da intervenção daquele no próprio processo de insolvência, seus incidentes e apensos (art. 81º, nº 5). A dúvida reside apenas em relação ao que se deve entender por efeitos de natureza patrimonial, e a que tipo de actos se pode estender a representação do administrador da insolvência. Naturalmente que o administrador da insolvência não pode pretender representar o insolvente em relação a actos, que embora com incidência patrimonial, têm natureza pessoal, como o casamento, o divórcio ou o testamento (art. 2182º CC). Mas já parece que essa representação deve abranger o acto de partilha[216] ou a aceitação ou repúdio de heranças.

Caso o insolvente celebre negócios sobre os bens da massa, estes são considerados ineficazes em relação a ela[217], passando a mesma a respon-

[215] No sentido de que o administrador da insolvência não necessita do consentimento do cônjuge do devedor para alienar a casa de morada de família, por não lhe ser extensível a protecção conferida pelo art. 108º, nº 2, ao arrendamento para habitação do insolvente, veja-se Jorge Duarte Pinheiro, *Estudos Dias Marques*, pp. 220-221.

[216] Em sentido contrário, excluindo a possibilidade de o administrador da insolvência representar o cônjuge insolvente, em caso de partilha dos bens por divórcio, cfr. Ac. RG 23/10/2008 (Maria Rosa Tching), em *CJ* 33 (2008), pp. 295-297.

[217] Catarina Serra, *O regime*, pp. 64-65, José de Oliveira Ascensão, "Insolvência: Efeitos sobre os negócios em curso", na *ROA* 65 (2005), pp. 281-312 (311-312) = *Themis*, edição especial, 2005, pp. 105-130 (129-130) = *DJ* 19 (2005), 2, pp. 233-261 (260-261) = AAVV, *Estudos Jurídicos e Económicos em Homenagem ao Professor Doutor António Sousa Franco*, II, Coimbra, Coimbra Editora, 2006, pp. 255-280 (279-280), e Alexandre Soveral Martins, *Um curso*, p. 144, sustentam, porém, a possibilidade de o administrador da insolvência ratificar o acto

der apenas nos termos do enriquecimento sem causa pelo que lhe tiver sido prestado (art. 81º, nº 6, *in principio*). Assim, se por exemplo, o devedor tiver alienado um bem da massa insolvente, tendo recebido o respectivo preço, esta não está obrigada a restituir o preço que não recebeu, cabendo antes ao devedor essa obrigação. Se, porém, o preço respectivo tiver dado entrada na massa insolvente, existe uma obrigação de restituição por parte da massa de tudo o que tiver sido recebido à custa do terceiro ou, se a restituição em espécie não for possível, o valor correspondente (art. 479º, nº 1, CC), a qual não pode exceder, porém, a medida do locupletamento da massa (art. 479º, nº 2, CC)[218].

Esses actos serão, porém, considerados eficazes em relação à massa se, não sendo susceptíveis de resolução incondicional, nos termos do art. 121º, nº 1, tiverem sido celebrados a título oneroso com terceiros de boa fé anteriormente ao registo da sentença de declaração de insolvência, efectuado nos termos do art. 38º, nº 2 (art. 81º, nº 6, *in fine a)*, e *b)*)[219]. Essa eficácia excepcional que resulta do antecipação da celebração do acto em relação ao registo de insolvência compreende-se em face da boa fé do terceiro, que confiou na ausência desse registo. No caso, porém, de os actos serem susceptíveis de resolução incondicional pareceria resultar da lei que os mesmos serão igualmente considerados ineficazes, independentemente da inexistência do registo da insolvência, não tendo assim o administrador sequer que desencadear a resolução em benefício da massa. Essa interpretação parece, porém, colocar gravemente em causa a posição do terceiro de boa fé, ao qual deverá ser reconhecida a possibilidade de defesa, exigindo-se assim igualmente a instauração da resolução pelo administrador da insolvência.

Há, porém, algumas situações que excepcionam a retirada ao devedor dos poderes de administração e disposição do seu património, em caso de insolvência.

Assim ocorre se o tribunal concluir pela insuficiência da massa insolvente e nenhum credor requerer o complemento da sentença, nos termos do art. 39º, nº 7 *a)*. Nesse caso, "o devedor não fica privado dos poderes de

praticado pelo insolvente. Negando essa possibilidade, o que nos parece mais correcto, cfr. MARIA DO ROSÁRIO EPIFÂNIO, "Efeitos da declaração de insolvência sobre o insolvente no novo Código da Insolvência e da Recuperação de Empresas", em *DJ* 19 (2005), 2, pp. 191-203 e *Manual*, pp. 106-107.

[218] Cfr. MARIA DO ROSÁRIO EPIFÂNIO, *DJ* 19 (2005), 2, p. 195.

[219] Cfr., na jurisprudência, o Ac. RL 28/2/2008 (SALAZAR CASANOVA), em *CJ* 33 (2008), 1, pp. 122-124.

administração e disposição do seu património, nem se produzem quaisquer dos efeitos que normalmente correspondem à declaração de insolvência".

Mantêm-se igualmente os poderes de administração e disposição na esfera do devedor se, tratando-se de insolvência de não empresários e titulares de pequenas empresas (arts. 249º e ss.), vier a ser aprovado um plano de pagamentos (arts. 251º e ss.), face ao que se dispõe no art. 259º, nº 1.

Finalmente, pode ser aprovada a administração da empresa pelo próprio devedor, caso em que naturalmente ele conserva a faculdade de a administrar (arts. 223º e ss.). Nesta situação, os poderes do administrador resumem-se à fiscalização da actividade do devedor (art. 226º, nº 1), sendo os actos por este praticados considerados eficazes, ainda que o devedor tenha o dever de não os realizar sem o consentimento do administrador da insolvência, tratando-se de actos de administração extraordinária, ou verificada a oposição deste, no caso de actos de administração ordinária (art. 226º, nº 2). Apesar de a lei nada dizer a esse respeito, parece que se deverá sustentar que nesse caso os actos de disposição continuam a ser da exclusiva competência do administrador da insolvência (art. 81º, nº 1).

14.3.1.2. Apreensão dos bens

Nos termos do art. 36º, nº 1 *g)*, na sentença que declarar a insolvência o juiz "decreta a apreensão, para imediata entrega ao administrador da insolvência, dos elementos da contabilidade do devedor e de todos os seus bens, ainda que arrestados, penhorados ou por qualquer forma apreendidos ou detidos". Esta disposição é concretizada do art. 149º, que estende a apreensão aos bens que tenham sido objecto de cessão aos credores, nos termos do art. 831º CC (art. 149º, nº 1 *b)*, mas dela exclui, no entanto, os bens apreendidos em virtude de infracção, quer de carácter criminal, quer de mera ordenação social (art. 149º, nº 1, *a)*), No caso de os bens já terem sido vendidos, a apreensão ocorre antes em relação ao produto da venda, caso este não tenha sido pago aos credores ou entre eles repartido (art. 149º, nº 2).

A apreensão abrange assim todos os bens susceptíveis de penhora, ainda que os mesmos tenham sido penhorados, arrestados ou por qualquer forma apreendidos ou detidos noutro processo. Apenas serão excluídos da apreensão os bens insusceptíveis de penhora, nos termos dos arts. 736º e ss. CPC, salvo, nos casos de bens relativamente impenhoráveis, se voluntariamente oferecidos pelo insolvente, e quanto aos bens parcialmente impenhoráveis em relação à parte sujeita a penhora. À semelhança do que sucede com a cessão de bens aos credores (art. 833º CC) também outros casos de impenhorabilidade convencional como os estabelecidos nos arts. 602º (impenhorabilidade por convenção das partes) ou 603º CC (impenhorabilidade por determinação de terceiro) não deverão excluir a apreensão para a massa insolvente, atento o seu carácter universal. Da mesma forma, os casos de *penhorabilidade subsidiária* de certos bens no património do devedor, como os casos do direito ao produto da liquidação da quota do sócio nas sociedades civis, em nome colectivo ou em comandita simples, não impedem a apreensão dessas bens, uma vez declarada a insolvência, dado que a insuficiência do património está demonstrada pelo que não faria sentido a exigência da prévia excussão de outros bens[220].

Existe ainda um regime especial para a apreensão da casa de morada de família no processo de insolvência. Estando em causa o respectivo arrendamento, o mesmo não pode ser apreendido para o processo de insolvência, atento o facto de se tratar de um direito inalienável e portanto absolutamente impenhorável (art. 736º *a)* CPC)[221]. Tratando-se, porém, de casa de habitação onde resida habitualmente o insolvente, determina o art. 150º, nº 5, que a sua desocupação pelo insolvente é regulada pelo art. 862º CPC de que se salienta a possibilidade de o insolvente requerer o diferimento da desocupação com fundamento em razões sociais imperiosas (art. 864º CPC)[222].

Se os bens já tiverem sido vendidos a apreensão tem por objecto o produto da venda, caso este ainda não tenha sido pago aos credores ou entre eles repartido (art. 149º, nº 2). Assim, caso não tenha ocorrido o pagamento ou a repartição dos montantes recebidos pelos credores, as importâncias depositadas à ordem do processo executivo devem ser apreendidas pela insolvência, atento o facto de ter que ser considerada a posição de todos os credores[223].

[220] Assim, LEBRE DE FREITAS, *RFDUL* 36 (1995), nº 2, p. 375 e em CATARINA SERRA (org.), *I Congresso*, p. 233.

[221] O art. 108º, nº 2, CIRE estabelece, no entanto, que o administrador da insolvência poderá declarar que as rendas vencidas após 60 dias da declaração de insolvência não possam ser exigidas nesse processo, podendo nesse caso o senhorio reclamar, como crédito sobre a insolvência, o direito à indemnização pelos prejuízos sofridos, no caso de despejo por falta de pagamento de rendas.

[222] Cfr. ROSÁRIO EPIFÂNIO, *Manual*, p. 99.

[223] Não podemos, por isso, acompanhar o Ac. STJ 30/10/2014 (ORLANDO AFONSO), processo 2308/11, em *CJ-ASTJ* 22 (2014), 3, pp. 99-101, que sustenta que, efectuada a venda executiva, os montantes depositados passam a ser propriedade dos credores reconhecidos e graduados

O poder de apreensão resulta da declaração de insolvência, pelo que deve a mesma ser realizada de imediato pelo administrador da insolvência (art. 150º, nº 1), salvo se for decretada a administração da massa insolvente pelo devedor, em que a apreensão só tem lugar, quando cessa essa administração (art. 228º, nº 2).

A apreensão é efectuada mediante arrolamento ou entrega directa de balanço, nos termos do art. 150º, nº 4, ficando o administrador da insolvência como depositário dos bens e sendo o depósito regulado pelas normas gerais e, em especial, pelas que disciplinam do depósito judicial de bens penhorados (art. 150º, nº 1).

Conforme escreveu LEBRE DE FREITAS, "tendo por objecto, além dos elementos da contabilidade, todos os bens penhoráveis do falido, a apreensão reveste-se dum *carácter definitivo* que a distingue das providências cautelares. Com ela realiza-se, é certo, uma *finalidade de acautelamento*", uma vez que o facto de os bens serem apreendidos pelo administrador da insolvência, impede o insolvente de proceder à sua ocultação ou dissipação. "Mas a função da apreensão consiste, essencialmente, em concretizar o conteúdo da massa falida e o objecto dos actos executivos (administração e alienação) que sobre ela subsequentemente se irão realizar. Trata-se de uma função semelhante à da penhora no processo executivo (...). A função da apreensão dos bens do falido extravasa assim a função cautelar, constituindo uma *função executiva*"[224].

14.3.1.3. Fixação de residência ao devedor e seus administradores

Nos termos do art. 36º, nº 1 *c)* na sentença que declara a insolvência, o juiz deve fixar residência, quer aos administradores, de direito ou de facto, do devedor (cfr. art. 6º), quer ao próprio devedor, quando este seja pessoa singular. Estas entidades passam assim a estar sujeitas a um regime de residência fixa, o que os impede de mudar de residência, ou de dela se afastarem sem comunicação ao tribunal.

O regime desta fixação de residência deve ser integrado a partir do art. 196º CPP[225].

na respectiva sentença, não havendo, por isso, lugar à sua apreensão para a insolvência. É manifesto que nessa situação ainda não houve pagamento aos credores, pelo que os montantes depositados têm que ser apreendidos para a insolvência.

[224] Cfr. LEBRE DE FREITAS, *RFDUL* 36 (1995), nº 2, p. 374.

[225] Neste sentido MARIA DO ROSÁRIO EPIFÂNIO, "Efeitos da declaração de insolvência sobre o insolvente e outras pessoas", em DIOGO LEITE DE CAMPOS (org.), *Estudos em Homenagem*

14.3.1.4. Vinculação do devedor por obrigações de colaboração, informação e apresentação

O devedor fica, em consequência da declaração de insolvência, vinculado por várias obrigações, constantes do art. 83º.

Assim, em primeiro lugar, o devedor fica vinculado por um dever genérico de prestar toda a colaboração que lhe for requerida pelo administrador da insolvência para efeitos de desempenho das suas funções (art. 83º, nº 1 *c)*), tendo igualmente o dever de prestar todas as informações relevantes para o processo que lhe sejam solicitadas pelo administrador da insolvência, pela assembleia de credores, pela comissão de credores ou pelo tribunal (art. 83º, nº 1 *a)*)[226]. Ocorrendo a recusa de cumprimento de qualquer destes deveres é a mesma objecto de livre apreciação pelo tribunal, nomeadamente para efeitos de qualificação da insolvência como culposa (art. 83º, nº 3). No caso, porém, de ocorrer o incumprimento reiterado do dever de colaboração até à data de elaboração do parecer referido no nº 3 do art. 188º, o juiz perde a possibilidade de livre apreciação, devendo declarar necessariamente a insolvência como culposa (art. 186º, nº 2 *i)*)[227].

Outro dever que recai sobre o insolvente é o de se apresentar pessoalmente no tribunal, sempre que tal lhe seja determinado pelo juiz ou pelo administrador da insolvência, salvo a ocorrência de legítimo impedimento ou expressa permissão de se fazer representar por mandatário (art. 83º, nº 1 *b)*). Em caso de falta sem justificação, o juiz ordena a comparência do devedor sob custódia, sem prejuízo da multa aplicável (art. 83º, nº 2),

ao Prof. Doutor Manuel Henrique Mesquita, I, Coimbra, Universidade de Coimbra/Coimbra Editora, 2009, pp. 797-826 (802) e *Manual*, pp. 76 e ss.

[226] Conforme referem MONTÓN REDONDO/MONTÓN GARCIA, *op. cit.*, p. 106, estes deveres de informação destinam-se a proporcionar todos os dados, normalmente económicos, de que o administrador de insolvência necessite, relacionados com os aspectos patrimoniais da actividade do devedor. É de notar, aliás, que a própria sentença de insolvência decreta a apreensão da contabilidade do devedor para entrega ao administrador da insolvência (art. 36º, nº 1, *g)*) e dela pode constar a determinação de que o devedor entregue imediatamente ao administrador da insolvência os documentos referidos no nº 1 do art. 24º, quando ainda não constem dos autos.

[227] Efectivamente, dado que o incumprimento reiterado dos deveres de colaboração e de apresentação estabelece uma presunção inilídivel de insolvência culposa, o nº 3, do art. 83º só pode ser aplicável fora dessa situação. Neste sentido, já MENEZES LEITÃO, *Código da Insolvência*, sub art. 83º, nº 2, p. 120. Seguem esta posição CARVALHO FERNANDES/JOÃO LABAREDA, *Código da Insolvência*, sub art. 83º, nº 3, p. 421 e ROSÁRIO EPIFÂNIO, *Manual*, p. 84.

tendo, ainda, no caso de incumprimento reiterado desse dever, que declarar a insolvência como culposa (art. 186º, nº 2, *i*).

A lei sujeita aos mesmos deveres de colaboração, informação e apresentação, e consequentemente às mesmas sanções, os administradores do devedor (cfr. art. 6º, nº 1), e os membros do seu órgão de fiscalização, bem como as pessoas que tenham desempenhado esses cargos nos dois anos anteriores (art. 83º, nº 4). Já os empregados e prestadores de serviços do devedor, bem como as pessoas que o tenham sido nos dois anos anteriores ao início do processo, são sujeitos aos deveres de colaboração e de informação, mas não ao dever de apresentação pessoal (art. 83º, nº 5).

14.3.1.5. Direito a alimentos do devedor pessoa singular

O processo de insolvência tem como consequência necessária que todo o património do devedor fique afecto à satisfação dos direitos dos credores. No entanto, é manifesto que essa consequência não pode implicar que o devedor fique sem os meios necessários para assegurar a sua subsistência digna e a do seu agregado familiar[228].

A nossa lei vem por isso estabelecer que, se o devedor carecer absolutamente de meios de subsistência e os não puder angariar pelo seu trabalho, pode o administrador da insolvência, com o acordo da comissão de credores, ou da assembleia de credores, se aquela não existir, arbitrar-lhe um subsídio a título de alimentos (art. 84º, nº 1), sendo que, havendo justo motivo, essa atribuição pode cessar em qualquer estado do processo, por decisão do administrador de insolvência (art. 84º, nº 2)[229].

A posição dominante na nossa doutrina é a de que esta faculdade se limita ao devedor pessoa singular, não abrangendo os administradores das pessoas colectivas e de que a concessão dos alimentos constitui um poder discricionário do administrador da insolvência e da comissão de credores ou da assembleia de credores, pelo que não pode ser judicialmente impugnada (art. 630º CPC). Assim, perante a recusa dessas entidades, restaria

[228] Cfr. Montón Redondo/Montón García, *op. cit.*, pp. 105-106.

[229] A lei não define em que consiste o "justo motivo". Para Rosário Epifânio, *Estudos Henrique Mesquita*, I, p. 815, e *Manual*, pp. 121, o justo motivo consistirá na "alteração da conjuntura fáctica existente à data da concessão do subsídio; por exemplo, a cessação da carência de meios de subsistência, quando estes possam ser obtidos através do trabalho, a conduta do insolvente que prejudique a massa insolvente (p. ex., a violação do dever de colaboração previsto no art. 83º) ou o normal andamento do processo".

ao devedor reclamar a prestação de alimentos das pessoas referidas no art. 2009º, deixando de o poder fazer em relação à massa[230].

Esta solução é, de facto, a que mais se adequa à letra da lei mas parece--nos de constitucionalidade muito duvidosa, dado que a tutela alimentar do devedor – que não se vê por que não se deva estender também aos administradores da pessoa colectiva insolvente – deve prevalecer sobre o interesse dos seus credores, sob pena de se atentar contra a dignidade da pessoa humana (art. 1º Const.) e o direito das pessoas à sua integridade pessoal (art. 25º Const.)[231]. Ora, dado que as leis devem ser interpretadas em conformidade com a Constituição, deverá entender-se existir aqui não uma mera *faculdade*, mas antes um verdadeiro *dever* do administrador da insolvência e dos credores, de atribuir alimentos ao devedor à custa da massa insolvente, caso se verifique a sua carência alimentar[232].

Por outro lado, ao contrário do que se prevê no ordenamento alemão, em que a concessão de alimentos ao devedor insolvente abrange igualmente os membros da sua família (cfr. o § 100 da *Insolvenzordnung*), a nossa lei, seguindo o art. 47º, nº 3, da *Ley Concursal* espanhola, parece excluir essa possibilidade, dado que o art. 93º determina que "o direito a exigir alimentos do insolvente relativo a período posterior à declaração de insolvência só pode ser exercido contra a massa se nenhuma das pessoas referidas no artigo 2009º do Código Civil estiver em condições de os prestar, devendo nesse caso o juiz fixar o respectivo montante". Apenas quando o insolvente está obrigado a prestar alimentos nos termos desse artigo, é que o administrador da insolvência tem o dever de os considerar na fixação do subsídio que lhe é atribuído (art. 84º, nº 4). Trata-se igualmente de uma solução inconstitucional, por contrariar a protecção da família nuclear (art. 67º Const.), dado que nada justifica que o agregado familiar do insolvente não seja considerado aquando da atribuição de elementos ao insolvente, obrigando os membros desse agregado a recorrer aos outros familiares referidos no art. 2009. Entendemos, por isso, que a atribuição de alimentos ao

[230] Cfr. CATARINA SERRA, *O regime*, pp. 69 e ss., ANTÓNIO SUBTIL/MATOS ESTEVES/MARIA JOSÉ ESTEVES/LUÍS M. MARTINS, *op. cit.*, sub art. 84º, pp. 174-175, CARVALHO FERNANDES/JOÃO LABAREDA, *Código da Insolvência*, sub art. 84º, nºs, 3 e 6, pp. 423-424.

[231] Neste sentido, já MENEZES LEITÃO, *Código da Insolvência*, sub art. 84º, nº 3, p. 121.

[232] Defendem igualmente que o insolvente é titular de um verdadeiro direito a alimentos, RUI PINTO DUARTE, "Efeitos da declaração de insolvência quanto à pessoa do devedor", em *Themis*, edição especial (2005), pp. 131-150 (148) e ROSÁRIO EPIFÂNIO, *Manual*, p. 121.

insolvente prevista no art. 84º, que consideramos ser legalmente devida, deve contemplar igualmente as necessidades do seu agregado familiar.

14.3.1.6. Limitação à possibilidade de administração de bens alheios por parte do insolvente pessoa singular

Em consequência da declaração de insolvência, o devedor sofre algumas limitações à possibilidade de administração de bens alheios, o que se justifica pela necessidade de protecção dos titulares desses bens contra os riscos da actuação de alguém que se vê colocado em situação de insolvência.

Assim, caso o insolvente pessoa singular tenha filhos a cargo, o tribunal poderá decretar providências especiais em ordem à protecção dos bens do filho, nos termos do art. 1920º CC, ou instituir o regime de administração dos seus bens (art. 1922º CC). No caso de ter sido estabelecida a tutela do menor, os insolventes apenas podem ser nomeados tutores se forem exclusivamente encarregados da guarda e regência do menor (art. 1933º, nº 2, CC). Caso a declaração de insolvência do tutor se verifique em data posterior à da sua nomeação, deverá ser-lhe retirada a administração dos bens do menor (art. 1948º, *b)*, por maioria de razão). Da mesma forma, o insolvente não pode ser nomeado nem permanecer nos cargos de vogal do conselho de família, protutor e administrador de bens (arts. 1953º, nº 1, 1955º, nº 1, 1960º, 1967º e 1972º)[233].

14.3.1.7. A eventual incapacidade do insolvente pessoa singular

Tradicionalmente discutia-se a integração do estatuto do falido entre as categorias de incapacidades[234]. A verdade, no entanto, é que, dificilmente a situação do insolvente pode ser qualificada como uma incapacidade. Efectivamente, o insolvente conserva o exercício de todos os seus direitos pessoais estranhos à insolvência e pode manter a administração dos bens estranhos à massa insolvente. O insolvente continua, por outro lado, a exercer a sua profissão, não sendo o contrato de trabalho afectado pela insolvência do trabalhador (art. 113º, nº 1). Na verdade, ao insolvente é apenas retirada a administração dos bens apreendidos para a massa, sendo-lhe

[233] Cfr. Jorge Duarte Pinheiro, *Estudos Dias Marques*, p. 221.

[234] Cfr. José Gabriel Pinto Coelho, "Efeitos da falência sobre a capacidade do falido, segundo o novo Código de Processo Civil", na *ROA* 3 (1943), pp. 176-210 = FACULDADE DE DIREITO DA UNIVERSIDADE DE LISBOA (org.), *Estudos de Direito Comercial*, I- *Das Falências*, Coimbra, Almedina, 1989, pp. 11-41.

ainda vedado alienar ou onerar os bens que possua ou que venha a possuir no futuro (arts. 81º, nºs 1 e 2). Assim, a pretensa incapacidade do insolvente limita-se a impedir a prática de actos de onde possa resultar diminuição do seu património, o que se desvia do regime comum das incapacidades, que se destinam à protecção dos próprios incapazes, enquanto que a retirada dos poderes de administração e disposição de bens ao insolvente visa antes a protecção do interesse dos seus credores. Esta situação assume assim antes os contornos de uma ilegitimidade, uma vez que o insolvente não está genericamente impedido de praticar actos com carácter patrimonial, sendo-lhe apenas retirada a possibilidade de praticar actos com reflexos na massa insolvente[235].

Não deixa, no entanto, de existir alguma restrição à capacidade do devedor em virtude da insolvência, resultante do facto de lhe ser obrigatoriamente fixada residência na sentença que decrete a insolvência (art. 36º, nº 1, *c)*).

14.3.1.8. A dissolução do insolvente pessoa colectiva

A declaração de insolvência acarreta igualmente a dissolução da pessoa colectiva, passando a sua personalidade colectiva a restringir-se à prática dos actos necessários para a liquidação do seu património. Esta solução consta do art. 182º, nº 1, *c)*, CC, relativamente às associações, do art. 192º, nº 1, *c)* CC, relativamente às fundações e do art. 1007 *c)*, CC. relativamente às sociedades civis, e do art. 141º, nº 1, *e)*, CSC, em relação às sociedades comerciais.

Tratando-se de sociedades comerciais, a dissolução do insolvente pode, no entanto, cessar com um regresso à actividade da sociedade após o encerramento do processo. Esse regresso à actividade verifica-se, independentemente de deliberação dos sócios, sempre que o encerramento do processo resultar da aprovação de um plano de insolvência que preveja a continuidade da sociedade comercial (art. 234º, nº 1). O regresso à actividade pode ainda ser deliberado pelos sócios no caso de o processo de insolvência terminar por pedido do devedor (arts. 234º, nº 2, e 230º, nº 1 *c)*).

Não se verificando qualquer destas situações, a sociedade dissolvida considera-se extinta com o registo do encerramento da liquidação (art. 234º, nº 3).

[235] Neste sentido JORGE DUARTE PINHEIRO, *Estudos Dias Marques*, pp. 209-210.

14.3.2. Efeitos sobre as acções judiciais

A declaração de insolvência desencadeia efeitos de vária ordem sobre as acções judiciais[236]. Assim, a restrição que se verifica em relação às faculdades de administração e disposição por parte do insolvente implica que se lhe retire a possibilidade de instaurar ou prosseguir acções em que se apreciem questões relativas a bens compreendidos na massa insolvente (art. 85º, nº 1). O administrador da insolvência substitui o insolvente em todas as acções referidas, independentemente da apensação ao processo da insolvência e do acordo da parte contrária (art. 85º, nº 3). Exceptua-se, no entanto, dessa solução a intervenção do devedor no próprio processo de insolvência, seus incidentes e apensos, salvo expressa disposição em contrário (art. 81º, nº 5)[237].

Para além disso, a declaração de insolvência determina a suspensão de quaisquer diligências executivas ou providências requeridas pelos credores da insolvência que atinjam os bens integrantes da massa insolvente, e obsta à instauração ou ao prosseguimento de qualquer acção executiva intentada pelos credores da insolvência; porém, se houver outros executados, a execução prossegue contra estes (art. 88º, nº 1). Daqui resulta que o processo de insolvência determina a proibição de instauração ou prosseguimento de acções executivas, bem como de qualquer penhora, arresto ou arrolamento sobre os bens que integram a massa insolvente, vigorando essa proibição enquanto durar o processo[238]. Apenas após o seu encerramento, os credores recuperam a possibilidade de instaurar e fazer seguir acções executivas, salvo se houver restrições a essa faculdade instituídas por plano de insolvência ou plano de pagamentos (art. 233º, nº 1, *c*))[239].

236 Cfr. Fátima Reis Silva, "Efeitos processuais da declaração de insolvência", em Catarina Serra (org.), *I Congresso de Direito da Insolvência*, Coimbra, Almedina, 2013, pp. 255-268.

237 Face a esta excepção decidiu o Ac. RL 6/3/2008 (Salazar Casanova), em *CJ* 33 (2008), 2, pp. 85-88, que o mandatário do devedor, com base em procuração junta aos autos, tem legitimidade para requerer no próprio processo o incidente de destituição do administrador da insolvência (art. 56º CIRE), ou para impugnar a resolução de bens em benefício da massa insolvente (art. 125º CIRE) ou para invocar nulidade processual no âmbito do apenso de reclamação e verificação de créditos (arts. 195º e 199º CPC).

238 Em consequência desta proibição é nula a venda de bens em processo executivo realizada após ter sido decretada a insolvência do executado. Cfr. Ac. RG 5/6/2008 (Manso Rainho), em *CJ* 33 (2008), 3, pp. 273-274.

239 Não pode por esse motivo ser decretada a extinção da instância executiva por impossibilidade superveniente da lide, em virtude da insolvência do executado, ocorrendo apenas a

Os referidos processos são apensados ao processo de insolvência, desde que o administrador o requeira com fundamento na conveniência para os fins do processo (art. 85º, nº 1), solução que é, no entanto exceptuada em relação às acções de impugnação pauliana, nos termos do art. 127º, nº 2. Para além disso, o juiz deve requisitar ao tribunal ou entidade competente a remessa, para efeitos de apensação aos autos da insolvência, de todo e qualquer processo em que se tenha efectuado qualquer acto de apreensão ou detenção de bens compreendidos na massa insolvente (art. 85º, nº 2). O administrador pode ainda requerer ao tribunal a apensação dos autos em que haja sido declarada a insolvência de pessoas que legalmente respondam pelas dívidas do insolvente ou, tratando-se de pessoa singular casada, do seu cônjuge, se o regime de bens não for o da separação (art. 86º, nº 1). Essa faculdade de apensação também existe, no caso de o devedor ser uma sociedade comercial, relativamente aos processos de sociedades que se encontrem com o devedor em relação de domínio ou de grupo (art. 86º, nº 2), caso em que esta pode ser determinada oficiosamente pelo

suspensão da mesma, enquanto durar o processo. Cfr. Ac. RG 5/6/2008 (Antero Veiga), em *CJ* 33 (2008), 3, pp. 274-275 e Ac. RC 22/9/2009 (Emídio Santos), em *CJ* 34 (2009), 4, pp. 27-28. Esta situação veio, aliás, a ficar definitivamente esclarecida com o aditamento dos nºs 3 e 4 do art. 88º pela Lei 16/2012, segundo a qual só com o encerramento do processo nos termos previstos nas alíneas *a)* a *d)* do art. 233º se extinguem as execuções suspensas. Por maioria de razão a mesma situação se verifica nas acções declarativas que igualmente não podem ser consideradas extintas por inutilidade superveniente da lide. Cfr. Ac. STJ 15/3/2012 (Sebastião Póvoas), em *CJ*-ASTJ 20 (2012), 2, pp. 132-136. Não podemos por isso concordar com o AUJ 1/2014 (Fernandes da Silva), publicado no *D.R.* nº 39, I Série, de 25/2/2014, onde se consignou que "transitada em julgado a sentença que declara a insolvência, fica impossibilitada de alcançar o seu efeito útil normal a acção declarativa proposta pelo credor contra o devedor, destinada a obter o reconhecimento do crédito peticionado, pelo que cumpre decretar a extinção da instância, por inutilidade superveniente da lide, nos termos da alínea *e)* do [anterior] art. 287º do CPC". Na verdade, as acções não se extinguem apenas se suspendem, uma vez que o credor conserva o direito de as reactivar após o encerramento do processo, nos termos do art. 233º. Concordando com esse acórdão, cfr. Dionísio de Oliveira, "Os efeitos da declaração de insolvência sobre as acções declarativas", na *RDI*, nº 1 (Abril 2016), pp. 75-89 (86 e ss.). No Ac. RC 24/1/2017 (Arlindo Oliveira), processo 303/12.1TBSPS.C1, na *CJ* 42/2017(1), considerou-se que não poderia ser extinta por inutilidade superveniente da lide a acção sub-rogatória instaurada pelo credor do repudiante no caso de este ser posteriormente declarado insolvente.

Chegou a ser apreciada pelo Tribunal Constitucional a eventual inconstitucionalidade do AUJ 1/2014, por violação do art. 20º da Constituição, mas o Tribunal Constitucional entendeu de forma diferente não considerando essa interpretação como inconstitucional. Cfr. Ac. TC 46/2014, de 9 de Janeiro de 2014 (Fernando Vaz Ventura).

juiz do processo ao qual são apensados os demais ou requerida por todos os devedores declarados insolventes nos processos a apensar (art. 86º, nº 3). No entanto, quando os processos corram termos em tribunais com diferente competência em razão da matéria, a apensação só é determinada se for requerida pelo administrador da insolvência do processo instaurado em tribunal de competência especializada ou se for decidida pelo juiz do mesmo processo (art. 86º, nº 4).

O insolvente perde igualmente a possibilidade de submeter questões a decisão arbitral, ficando por isso "suspensa a eficácia da convenções arbitrais em que o insolvente seja parte respeitantes a litígios cujo resultado possa influenciar o valor da massa, sem prejuízo do disposto em tratados internacionais aplicáveis" (art. 87º, nº 1). O art. 87º, nº 2, estabelece, no entanto, que os processos arbitrais já instaurados prosseguem os seus termos, sem que sejam apensados ao processo de insolvência[240], sem prejuízo da substituição do devedor pelo administrador de insolvência (art. 85º, nº 3) e da necessidade de o credor reclamar o seu crédito no processo de insolvência (art. 128º, nº 5).

Ocorre, porém, um regime especial em relação às acções e execuções por dívidas da massa insolvente (cfr. art. 51º). Em relação a estas, o art. 89º, nº 1, limita-se a estabelecer que durante os três meses seguintes à data da declaração de insolvência, não podem ser propostas as respectivas execuções. Por outro lado, quaisquer acções, incluindo as executivas, relativas a dívidas da massa insolvente correm obrigatoriamente por apenso ao processo de insolvência, com excepção das execuções por dívidas de natureza tributária (art. 89º, nº 2)[241].

14.3.4. Efeitos sobre os créditos

A declaração de insolvência tem efeitos consideráveis sobre os créditos[242]. Efectivamente, a razão de ser do processo de insolvência é a de fazer com

[240] Neste sentido, já Menezes Leitão, *Código da Insolvência*, sub art. 87º, nº 2, p. 123, e Carvalho Fernandes/João Labareda, *Código da Insolvência*, sub art. 87º, nº 4, p. 433.

[241] Dado que os créditos relativos à impugnação de um despedimento decretado após a declaração de insolvência constituem dívidas da massa insolvente (art. 51º, nº 1, *c)* e nº 2 CIRE), considerou-se, no Ac. RC 17/4/2008 (Luís Azevedo Mendes), em *CJ* 33 (2008), 2, pp. 77-78, o Tribunal de Trabalho como incompetente para julgamento desta questão, dada a apensação obrigatória decretada no art. 89º, nº 2, CIRE.

[242] Cfr., sobre estes, Gonçalo Andrade e Castro, "Efeitos da declaração de insolvência sobre os créditos", em *DJ* 19 (2005), 2, pp. 263-290.

que todos os credores do mesmo devedor exerçam os seus direitos no âmbito de um único processo e o façam em condições de igualdade (*par conditio creditorum*), não tendo nenhum credor quaisquer outros privilégios ou garantias, que não aqueles que sejam reconhecidos pelo Direito da Insolvência, e nos precisos termos em que este os reconhece.

Consequentemente, durante a pendência do processo, os credores apenas poderão exercer os seus direitos no âmbito do processo de insolvência (art. 90º), deixando, como se viu, de poder instaurar acções independentes ou continuar a prosseguir outros processos à margem do processo de insolvência. Assim se garante a intangibilidade do património do devedor, já que a massa insolvente deixa de poder ser utilizada como garantia geral de outros créditos que não aqueles que sejam exercidos no processo de insolvência[243].

Por outro lado, a declaração de insolvência vai produzir o vencimento imediato de todas as obrigações do insolvente (art. 91º, nº 1), com excepção dos créditos suspensivamente condicionados (cfr. sobre estes o art. 50º). Já em relação aos créditos resolutivamente condicionados, a lei equipara-os a créditos incondicionados enquanto a condição não se preencher, sem prejuízo de os pagamentos recebidos deverem ser restituídos, uma vez verificada a condição (art. 94º). Sendo apenas estas obrigações excepcionadas, vencem-se tanto as obrigações puras (art. 777º, nº 1, CC), como as obrigações a prazo, e ainda as que tenham sido sujeitos às cláusulas *cum potuerit* (art. 778º, nº 1, CC) ou *cum voluerit* (art. 778º, nº 2, CC). A razão desse vencimento antecipado prende-se com a falta de confiança dos credores na solvabilidade do devedor, bem como com a necessidade de verificar e liquidar a massa insolvente de uma só vez[244].

Em consequência desse vencimento antecipado, as obrigações passarão a vencer juros legais a partir dessa data[245], ainda que esses juros legais tenham a natureza de créditos subordinados, salvo se estiverem abrangi-

[243] Cfr. Montón Redondo/Montón García, *op. cit.*, p. 127.

[244] Cfr. Ary Elias da Costa, *op. cit.*, pp. 94-95.

[245] Alterou-se assim a solução do art. 151º do CPEREF, que determinava a cessação da contagem de juros em consequência da declaração de insolvência. Achamos a alteração muito criticável, por contrária ao princípio da estabilização do passivo, que deveria resultar da declaração de insolvência. Efectivamente, a partir do momento em que a mesma é decretada, o que interessa é salvar o capital, não fazendo sentido que se mantenham pretensões a juros, mesmo que na maioria dos casos revestindo a natureza de créditos subordinados.

dos por garantia real ou por privilégios creditórios gerais, até ao valor dos bens respectivos (art. 48º, *b)*). No caso, porém, de a prestação não ser exigível à data da insolvência, pela qual não fossem devidos juros remuneratórios, ou pela qual fossem devidos juros inferiores à taxa de juros legal, a obrigação é reduzida em ordem a evitar que a antecipação do vencimento permita ao credor beneficiar do *interusurium* (art. 91º, nºs 2, 3, 4, e 5).

Para além disso, a sentença de declaração de insolvência determina a suspensão de todos os prazos de prescrição e caducidade oponíveis pelo devedor, durante o decurso do processo (art. 100º). Assim, a sentença de declaração de insolvência vai permitir não apenas a suspensão dos prazos de prescrição, mas também a dos prazos de caducidade, ao contrário do que normalmente resulta do regime geral (art. 328º, *in fine* CC). Em consequência, sendo possível aos credores recorrer à impugnação pauliana antes da declaração de insolvência (art. 618º CC), o prazo para esse efeito ficará suspenso enquanto decorrer o processo. Deve-se considerar que a suspensão cessa com o encerramento do processo reiniciando-se nesse momento a contagem dos prazos (art. 233º, nº 1 *a)*)[246].

A declaração de insolvência determina igualmente a extinção de certas garantias. Assim, o art. 97º determina que a declaração de insolvência faz extinguir:

a) Os privilégios creditórios gerais que forem acessórios de créditos sobre a insolvência de que forem titulares o Estado, as autarquias locais e as instituições de segurança social, constituídos mais de 12 meses antes do início do processo de insolvência;

b) Os privilégios creditórios especiais que forem acessórios de créditos sobre a insolvência de que forem titulares o Estado, as autarquias locais e as instituições de segurança social, vencidos mais de 12 meses antes da data do início do processo de insolvência;

c) As hipotecas legais cujo registo haja sido requerido dentro dos dois meses anteriores à data do início do processo de insolvência, e que

[246] Suscitam, porém, um problema complicado os créditos previstos no art. 257º, nº 3, em relação aos quais se suspende o prazo de prescrição e caducidade com a sentença declaratória de insolvência, a qual é proferida após o trânsito em julgado da sentença que homologa o plano de pagamentos (art. 259º, nº 1), mas esse prazo é logo reiniciado com o trânsito em julgado dessa mesma sentença, dado que ela determina o encerramento do processo (art. 259º, nº 4).

forem acessórias de créditos sobre a insolvência do Estado, das autarquias locais e das instituições de segurança social;

d) Se não forem independentes de registo, as garantias reais sobre imóveis ou móveis sujeitos a registo integrantes da massa insolvente, acessórias de créditos sobre a insolvência, e já constituídas mas ainda não registadas nem objecto de pedido de registo;

e) As garantias reais sobre bens integrantes da massa insolvente acessórias dos créditos havidos como subordinados.

A declaração de insolvência restringe ainda a faculdade de os credores da insolvência compensarem os seus créditos com dívidas à massa[247]. Efectivamente, os credores da insolvência apenas podem efectuar a compensação na hipótese de o preenchimento dos pressupostos legais da compensação ser anterior à declaração de insolvência (art. 99º, nº 1 *a)*) e de ter o crédito sobre a insolvência preenchido antes do contra-crédito da massa os requisitos estabelecidos no art. 847º do Código Civil (art. 99º, nº 1 *b)*), ou seja, de que o crédito é exigível judicialmente e não procede contra ele excepção peremptória ou dilatória de direito material e que as duas obrigações têm por objecto coisas fungíveis do mesmo género e qualidade. Relativamente a este último pressuposto, o art. 99º, nº 3, determina, no entanto, que "a compensação não é prejudicada pelo facto de as obrigações terem por objecto divisas ou unidades de cálculo distintas, se for livre a sua conversão recíproca no lugar do pagamento do contra-crédito, tendo a conversão lugar na data em que a compensação produza os seus efeitos". Não são, no entanto, relevantes para o preenchimento dos requisitos previstos no art. 99º, nº 1, para se poder operar a compensação a perda do benefício do prazo, prevista no nº 1 do art. 780º do Código Civil (art. 99º, nº 2 *a)*) e a conversão em dinheiro e o vencimento antecipado resultantes do disposto no nº 1 do art. 91º e no art. 96º (art. 99º, nº 2 *b)*).

[247] Esse regime não é aplicável à compensação pelo administrador da insolvência, que continua a regular-se pelos requisitos gerais dos arts. 847º e ss. CC. Deve, no entanto, distinguir-se entre as dívidas da massa e os créditos sobre a insolvência. Em relação às dívidas da massa, a compensação deverá operar em pleno. Já em relação aos créditos sobre a insolvência, o administrador apenas poderá efectuar a compensação na percentagem em que os mesmos puderem ser satisfeitos. No mesmo sentido, para o Direito Alemão, cfr. RUDOLF BROMEIER, "Die Aufrechnung durch den Insolvenzverwalter", em *ZinsO* 2007, pp. 1208-1210.

O art. 99º, nº 4 estabelece ainda que a compensação não é admissível:

a) Se a dívida à massa se tiver constituído após a data da declaração de insolvência, designadamente em consequência da resolução de actos em benefício da massa insolvente, prevista nos arts. 120º e ss;
b) Se o credor da insolvência tiver adquirido o seu crédito de outrem, após a data da declaração de insolvência[248];
c) Com dívidas do insolvente pelas quais a massa não seja responsável;
d) Entre dívidas à massa e créditos subordinados sobre a insolvência.

Sendo admissível a compensação, a sua declaração extingue tanto o crédito do declarante como o do insolvente. Desta forma, o declarante obtém em termos económicos o valor integral do seu crédito, sendo subtraído ao regime do concurso de credores, que apenas lhe asseguraria uma percentagem do mesmo. Consequentemente, neste caso, o declarante não necessita de efectuar a reclamação do seu crédito. Apenas quando o valor do mesmo ultrapasse o montante do crédito do insolvente, poderá ele efectuar essa reclamação pelo remanescente[249].

O art. 101º ressalva o regime especial estabelecido nos arts. 283º e ss. do Código de Valores Mobiliários. Efectivamente, os arts. 283º e ss. do CVM, na redacção do Decreto-Lei 85/2011, de 29 de Junho e do Decreto-Lei 40/2014, de 18 de Março, estabelecem um regime especial, que prevalece sobre as disposições do CIRE. Esse regime caracteriza-se por a abertura do processo não ter efeitos retroactivos em relação aos direitos e obrigações dos participantes, nem afectar a irrevogabilidade das ordens de transferência ou o carácter definitivo da compensação (art. 283º CVM), nem sequer as garantias prestadas (art. 284º CVM). No caso de insolvência de um dos participantes, os seus direitos e obrigações regem-se pelo direito aplicável ao sistema (art. 286º CVM), sendo obrigatória a notificação da abertura do processo à CMVM.

[248] Aplicar-se-á esta disposição à transmissão dos créditos posterior à declaração de insolvência, havendo assim nesse caso um benefício para o devedor em consequência dessa transmissão. Cfr. MENEZES LEITÃO, *Cessão de créditos*, Coimbra, Almedina, 2005, p. 387. Sobre o caso específico da titularização de créditos, cfr. HUGO ROSA FERREIRA, "Compensação e Insolvência (em particular, na cessão de créditos para titularização), em RUI PINTO (org.), *Direito da Insolvência. Estudos*, Coimbra, Coimbra Editora, 2011, pp. 9-64.

[249] Cfr. HEYER, *Einführung*, p. 98. Não concordamos por isso com a posição defendida no Ac. RC 12/1/2010 (GONÇALVES FERREIRA), em *CJ* 35 (2010), 1, pp. 8-11, de que apenas o credor que tivesse reclamado o seu crédito poderia exercer a compensação no processo de insolvência.

14.3.5. Efeitos sobre os negócios em curso

14.3.5.1. O direito de opção do administrador de insolvência

Em relação aos negócios em curso[250], a lei estabelece genericamente um direito de opção do administrador de insolvência entre a execução do contrato e a recusa do seu cumprimento. Esse direito de opção é genericamente reconhecido no art. 102º que a lei qualifica como "princípio geral", mas que, no entanto, apenas se aplica a contratos bilaterais em que, à data da declaração de insolvência, não haja ainda total cumprimento, nem pelo insolvente, nem pela outra parte[251]. Esses contratos ficam suspensos com a declaração de insolvência até que o administrador comunique se opta pela execução ou recusa o cumprimento (art. 102º, nº 1). A outra parte tem, porém, a faculdade de fixar ao administrador da insolvência um prazo para este exercer a sua opção, findo o qual se considera que recusa o cumprimento (art. 102º, nº 2).

A concessão deste direito de opção ao administrador da insolvência resulta do facto de a insolvência consistir numa impossibilidade geral de cumprimento das obrigações, que justifica a adopção de medidas em defesa dos credores. Ora, se o insolvente se visse forçado a cumprir negócios em curso, os pagamentos que efectuasse beneficiariam alguns credores em detrimento de outros, sendo por isso que a lei estabelece que os credores perdem, com a declaração de insolvência, a possibilidade de exigir autono-

[250] Cfr. José de Oliveira Ascensão, "Efeitos da falência sobre a pessoa e negócios do falido", na *ROA* 55 (1995), pp. 641-688 (642 e ss.) = *RFDUL* 36 (1995), nº 2, pp. 319-352 (320 e ss.), ID, *ROA* 65 (2005), pp. 282 e ss. = *Themis*, edição especial, 2005, pp. 106 e ss. = *DJ* 19 (2005), 2, pp. 235 e ss. = *Estudos Sousa Franco*, II, pp. 257 e ss. e Maria do Rosário Epifânio, *Os efeitos substantivos da falência*, Porto, Universidade Católica, 2000, pp. 183 e ss.

[251] Oliveira Ascensão, *ROA* 65 (2005), pp. 288 e ss. = *Themis*, edição especial, 2005, pp. 111 e ss. = *DJ* 19 (2005), 2, pp. 239 e ss. = *Estudos Sousa Franco*, II, pp. 260 e ss., propõe a aplicação analógica desta disposição não apenas aos contratos bilaterais, mas também aos contratos e negócios unilaterais, posição que não acompanhamos, pois não vemos que a analogia se justifique. Como correctamente refere Luís Miguel Pestana de Vasconcelos, "O novo regime insolvencial da compra e venda", em *RFDUP* 3 (2006), pp. 521-559 (537), ficam excluídos desta disposição os negócios unilaterais, os contratos unilaterais, os contratos bilaterais imperfeitos, assim como aqueles contratos bilaterais sinalagmáticos em que uma das partes já tenha cumprido na íntegra. No mesmo sentido, cfr. Luís A. Carvalho Fernandes, "Efeitos substantivos privados da declaração de insolvência", em Luís A. Carvalho Fernandes / João Labareda, *Colectânea de Estudos sobre a Insolvência*, Coimbra, Almedina, 2009, pp. 179-213 (212) e Rosário Epifânio, *Manual*, pp. 175-176 e, na doutrina alemã, BORK, *Einführung*, p. 83, nº 153.

mamente os seus créditos. Correspondendo, no entanto, esse negócios em curso a contratos bilaterais, o sinalagma leva a que a outra parte não seja obrigada a cumprir, se o insolvente não o fizer. Ora, como o cumprimento desses contratos pode ser conveniente aos interesses da massa, concede-se ao administrador a possibilidade de optar entre o cumprimento do contrato e a sua recusa, consoante for ou não conveniente para a massa. Assim se consegue conciliar os interesses da massa e a tutela da igualdade dos credores com o regime característico dos contratos bilaterais.

A lei determina assim que os contratos bilaterais ainda não integralmente cumpridos pelas partes se mantêm após a declaração de insolvência, ainda que num estado de suspensão até ao exercício pelo administrador do seu direito de opção. Daqui resulta a conclusão que a declaração de insolvência não afecta as pretensões de cumprimento destes contratos bilaterais pela outra parte, apenas as suspendendo provisoriamente. É apenas a decisão do administrador da insolvência, no caso de optar pela recusa do cumprimento, que inviabiliza essas pretensões, gerando um direito de indemnização na outra parte, o qual se deve considerar correspondente a uma responsabilidade por factos lícitos[252].

A opção pela recusa não afecta os direitos de separação de bens, a que se referem os arts. 141º e ss., os quais podem continuar a ser exercidos. Implica, no entanto, que o contrato deixe de poder ser executado para o futuro, embora a recusa não tenha eficácia retroactiva, já que nenhuma das partes tem direito de restituição do que já prestou (art. 102º, nº 3, *a)*). A massa insolvente pode, porém, exigir o valor da contraprestação correspondente à prestação já efectuada pelo devedor, na medida em que ainda não tenha sido realizada pelo outra parte (art. 102º, nº 3, *b)*), assim como a outra parte tem direito a exigir, como crédito sobre a insolvência, o valor da prestação do devedor, deduzido do valor da contraprestação correspondente que ainda não tenha sido realizada (art. 102º, nº 3 *c)*).

A recusa de cumprimento por parte do administrador da insolvência não prejudica o direito à indemnização pelos prejuízos causados à outra parte pelo incumprimento, ainda que esta indemnização seja fortemente restringida (art. 102º, nº 3, *d)*). Assim, para além de esta indemnização

[252] Em sentido contrário, embora reconhecendo que a aparência da lei vai no sentido que propugnamos, cfr. NUNO PINTO OLIVEIRA, "Efeitos da declaração de insolvência sobre os negócios em curso: em busca dos princípios perdidos?", em CATARINA SERRA (org.), *I Congresso de Direito da Insolvência*, Coimbra, Almedina, 2013, pp. 201-227.

ter a natureza de crédito sobre a insolvência (art. 102º, nº 3, *d)* (*iii*)), o seu montante é limitado ao valor da contraprestação correspondente à prestação já efectuada pelo devedor, na medida em que não tenha sido realizada pela outra parte (art. 102º, nº 3, *d)* (*i*) e nº 3 *b)*), sendo ainda abatida do quantitativo a que a outra parte tenta direito (art. 102º, nº 3 *d)* (*ii*)), ou seja o valor da prestação do devedor, na parte incumprida, deduzido do valor da contraprestação de que a outra parte ficou exonerada (art. 102º, nº 3 *c)*).

No caso de o administrador da insolvência optar pelo cumprimento do contrato, ele adquire o direito a exigir as prestações contratualmente acordadas, tendo a outra parte igualmente o direito de exigir esse cumprimento, o qual constitui dívida da massa, nos termos do art. 51º, nº 1, *f)*, salvo na medida correspondente à contraprestação já realizada pela outra parte anteriormente à declaração de insolvência ou que se reporte a período anterior a essa declaração[253]. Como dívida da massa, a satisfação dos contratos cujo cumprimento não seja recusado pelo administrador da insolvência goza de prioridade em face dos créditos sobre a insolvência (art. 172º, nº 1). Salienta-se, no entanto, que é considerada abusiva a opção pela execução do contrato se o cumprimento pontual das obrigações contratuais por parte da massa insolvente for manifestamente improvável (art. 102º, nº 4).

14.3.5.2. Os casos especiais de prestações de coisas infungíveis e prestações fraccionadas

14.3.5.2.1. Generalidades

No art. 103º, sob a manifestamente errada epígrafe "prestações indivísiveis" o legislador refere-se a duas situações distintas: as prestações que tenham "natureza infungível" (parecendo não se referir a este conceito, mas antes a prestações de coisas infungíveis) e as prestações que sejam fraccionáveis "na entrega de várias coisas, não facilmente substituíveis, entre as quais interceda uma conexão funcional", as quais correspondem a prestações divisíveis. O cerne da norma parece corresponder à divisibilidade da prestação, já que mesmo no caso de prestações de natureza infungível, o relevante é a sua divisibilidade, conforme resulta do nº 6.

253 Daqui resulta, por exemplo, que num contrato de fornecimento de mercadorias, o pagamento das que tiverem sido entregues antes da declaração da insolvência constitui simples dívida da insolvência, ao passo que o pagamento das que tiverem sido fornecidas após a declaração constitui dívida da massa.

14.3.5.2.2. Os casos em que essas prestações constituem créditos do insolvente

Quando as prestações de coisas infungíveis e as prestações fraccionáveis constituem créditos do insolvente, pretende-se essencialmente que o direito de escolha do administrador da insolvência continue a poder exercer-se em relação à parte da prestação ainda não realizada, evitando assim a sua aplicação numa lógica de tudo ou nada. As consequências legais variam, consoante o administrador da insolvência venha a recusar o cumprimento ou opte antes pela execução do contrato.

Assim, *caso o administrador da insolvência venha a recusar o cumprimento*, em lugar de a massa insolvente ter o direito de exigir o valor da contraprestação correspondente à prestação já efectuada pelo devedor, na medida em que ainda não tenha sido realizada pela outra parte, apenas passa a poder exigir a restituição do que lhe tiver sido prestado, na medida do seu enriquecimento à data da declaração de insolvência (art. 103º, nº 1, *a*)). Da mesma forma, em lugar de a outra parte ter direito a exigir, como crédito sobre a insolvência, o valor da prestação do devedor, na parte incumprida, deduzido do valor da contraprestação correspondente que ainda não tenha sido realizada, tem apenas direito a pedir a diferença, se favorável a essa parte, entre os valores da totalidade das prestações contratuais (art. 103º, nº 1, *b*)). Para além disso, a outra parte tem direito, como credor da insolvência, ao reembolso do custo ou à restituição do valor da parte da prestação realizada anteriormente à declaração de insolvência, consoante tal prestação seja ou não infungível (art. 103º, nº 1, *c*)).

A outra parte tem, porém, nesse caso, a faculdade de se opor à recusa do cumprimento do administrador da insolvência, completando a sua prestação que ainda esteja em falta. Nessa altura, os efeitos da recusa do administrador da insolvência são afastados, dado que tudo se passa como se o contrato já estivesse executado, tendo então a outra parte o direito a exigir, como crédito sobre a insolvência, o direito correspondente à contraprestação em falta (art. 103º, nº 2).

Caso o administrador da insolvência opte pela execução do contrato, o direito da outra parte à contraprestação só constitui crédito sobre a massa no que exceda o valor que seria apurado por aplicação do disposto no art. 103º, nº 1, *c*) se o administrador da insolvência tivesse optado pela recusa do cumprimento (art. 103º, nº 3). A opção pelo cumprimento dos contratos com prestações divisíveis implica assim que a lei opere uma divisão do direito à contraprestação em dois créditos de natureza distinta. A parte que não exceda o valor correspondente ao reembolso do custo da prestação de coisa infungível, ou à parte da prestação de coisa fungível, realizadas antes da declaração de insolvência, assume a natureza de crédito sobre a insolvência. Já a parte que exceda esse valor adquire a natureza de crédito sobre a massa.

14.3.5.2.3. Os casos em que essas prestações constituem dívidas do insolvente

O regime das prestações de coisas infungíveis e fraccionáveis altera-se, caso essas prestações correspondam antes a dívidas do insolvente. As consequências serão também naturalmente diferentes, consoante o administrador da insolvência venha a optar pela recusa do cumprimento, ou antes pela execução do contrato.

Caso o administrador da insolvência opte pela recusa do cumprimento, e se trate de uma prestação de coisa infungível, a massa insolvente perde o direito de exigir o valor da contraprestação correspondente à parte já efectuada pelo devedor, na medida em que ainda não tenha sido realizada pela outra parte (art. 103º, nº 4, *a) in principio* e 102º, nº 3, *b)*). No caso de se tratar de prestação de coisa fungível, esse direito é substituído pelo direito à restituição do valor da parte da prestação já efectuada anteriormente à declaração de insolvência (art. 103º, nº 4, *a), in fine*). A lei continua, porém, em qualquer caso, a permitir à outra parte o direito a pedir a diferença, se favorável a essa parte, entre os valores da totalidade das prestações contratuais (art. 103º, nº 1, *b)*), a que acresce o direito ao reembolso do que tiver sido prestado, como crédito sobre a insolvência (art. 103º, nº 4, *b)*).

Caso o administrador da insolvência opte pela execução do contrato, o direito da outra parte à contraprestação em dívida constitui, na sua totalidade, crédito sobre a massa (art. 103º, nº 5).

14.3.5.3. Venda com reserva de propriedade, locação financeira e locação-venda

14.3.5.3.1. Insolvência do vendedor ou locador

Estando em causa contratos de venda com reserva de propriedade, locação financeira e locação-venda, determina o art. 104º que a insolvência do vendedor não afecta a posssibilidade de o comprador exigir o cumprimento do contrato, no caso de a coisa já lhe ter sido entregue. O legislador atribui assim primordialmente ao comprador a opção pelo cumprimento do contrato, não conferindo ao administrador da insolvência a possibilidade de efectuar a sua recusa, nos termos do art. 102º[254]. Trata-se de uma solução que se destina a tutelar as expectativas de aquisição da propriedade resultante destes contratos, na medida em que estas expectativas vêm a ser reconhecidos em sede de insolvência, sendo que a solução consagrada vai no sentido do art. 10º, nº 2 do Regulamento (UE) 2015/848. Efectivamente, tem-se propugnado na doutrina mais moderna de que a reserva de propriedade constitui uma mera garantia a favor do vendedor, que não deve privar o comprador do domínio da coisa em caso de insolvência daquele[255]. A mesma situação vigora, nos termos do art. 104º, nº 2, para a locação-venda e locação financeira, uma vez que estas constituem igualmente meras garantias do locador, que não devem prejudicar a aquisição da propriedade pelo locatário, caso este decida optar pelo cumprimento do contrato. Também não vemos razão para excluir desta mesma solução a locação financeira restitutiva, a qual justifica *a fortiori* uma maior protecção da expectativa de reaquisição por parte do adquirente[256].

Cabe, porém, perguntar o que sucede no caso de o comprador ou locatário não exercer a sua opção pelo cumprimento do contrato. Neste caso, parece que se deverá devolver ao administrador da insolvência a possibilidade de optar pelo cumprimento do contrato, forçando o comprador ou locatário a adquirir a propriedade, ou pela sua recusa, com as consequências previstas no art. 104º, nº 5[257]. Essa opção do administrador da insolvência também se verifica se, apesar da reserva da propriedade, a coisa ainda não tiver sido entregue ao comprador, dado que o vendedor mantém nessa hipótese a possibilidade de resolver o contrato (cfr. art. 886º CC).

Nos casos em que o administrador da insolvência possa recusar o cumprimento, o art. 104º, nº 5, estabelece que a recusa tem os efeitos previstos no art. 102º, nº 3, o que implica que o comprador ou locatário não tenha o

[254] Esta norma não parece, aliás, aplicável nesta situação, uma vez que já se verificou o cumprimento do contrato por uma das partes, o vendedor, quando realizou a entrega da coisa, visando a conservação da propriedade uma mera função de garantia.

[255] Neste sentido, já Luís Lima Pinheiro, *A cláusula de reserva de propriedade*, Coimbra, Almedina, 1988, pp. 78 e ss., e Menezes Leitão, *Direito das Obrigações*, III- *Contratos em especial*, 9ª ed., Coimbra, Almedina, 2014, pp. 56 e ss.

[256] Em sentido contrário, excluindo a locação financeira restitutiva do âmbito de aplicação do art. 104º, nº 2, cfr. Pestana de Vasconcelos, *A cessão*, pp. 241-242, nota (517).

[257] Neste sentido, cfr. Pestana de Vasconcelos, *A cessão*, p. 242, nota (518).

direito à restituição das prestações realizadas (art. 102º, nº 3, *a)*) mas possa exigir, como crédito sobre a insolvência a diferença, se positiva, entre o valor da coisa na data da recusa, e o montante das prestações previstas até ao fim do contrato, actualizadas à data da declaração de insolvência por aplicação do nº 2 do art. 91º, tendo igualmente o direito a ser indemnizado, nos termos do art. 102º, 3º, *d)*, como crédito sobre a insolvência.

14.3.5.3.2. Insolvência do comprador ou locatário

Caso seja o comprador ou o locatário o insolvente, e ele se encontrar na posse da coisa, o art. 104º, nº 3, determina a aplicação plena do direito de escolha do administrador da insolvência, nos termos do art. 102º, com a ressalva de que o prazo concedido ao administrador da insolvência para exercer a sua opção não pode esgotar-se antes de decorridos cinco dias sobre a data da assembleia de apreciação do relatório, salvo se o bem for passível de desvalorização considerável durante esse período e a outra parte advertir expressamente o administrador da insolvência dessa circunstância[258].

O administrador da insolvência poderá optar pela continuação do contrato, caso a massa tenha disponibilidade para adquirir o bem, sendo então o pagamento do preço respectivo considerado dívida da massa insolvente, na parte correspondente ao período posterior à declaração de insolvência (art. 51º, nº 1, *f)*). A opção pela execução só fará, no entanto, sentido, caso o bem em questão se apresente como necessário para a continuação da actividade do estabelecimento. Em virtude desta possibilidade de opção pela continuação do contrato, não parece que, no caso da locação financeira, se possa manter, após a declaração de insolvência, a faculdade prevista no art. 18º *b)* do D.L. 149/95, de 24 de Junho, que admite a resolução do contrato de locação financeira pelo locador sempre que se verifiquem qualquer dos fundamentos de declaração de falência do locatário. Consideramos por isso que esta faculdade apenas ocorre no período anterior à declaração de insolvência, já que após a mesma se passa a aplicar o art. 104º CIRE[259].

[258] Sustenta Pestana de Vasconcelos, *A cessão*, p. 719, que "a *ratio* desta disposição, inspirada na lei alemã, prende-se com a própria continuação da actividade ou encerramento do estabelecimento ou estabelecimentos incluídos na massa insolvente, que é justamente objecto de deliberação por parte da assembleia de credores de apreciação do relatório do administrador de insolvência (art. 156º, nº 2, CIRE)".

[259] Neste sentido, Pestana de Vasconcelos, *A cessão*, p. 773, nota (1456).

Optando o administrador da insolvência pela recusa do cumprimento, dispõe o art. 104º, nº 5, que os seus efeitos são os previstos no art. 102º, nº 3. Consequentemente, nesse caso nenhuma das partes terá direito à restituição do que prestou (art. 102º, nº 3, *a)*), o que implica que o vendedor não terá que restituir as prestações que tenha recebido anteriormente como contrapartida pela aquisição do bem, não sendo aplicável o art. 102º, nº 3, *b)*, na medida em que a entrega da coisa pelo vendedor suplanta os pagamentos que tiverem sido entretanto feitos pelo comprador. Já o direito consignado no art. 102º, nº 3, *c)* "tem por objecto o pagamento, como crédito sobre a insolvência, da diferença, se positiva, entre o montante das prestações ou rendas previstas até final do contrato, actualizadas para a data da declaração de insolvência por aplicação do estabelecido no nº 2 do art. 91º, e o valor da coisa na data da recusa..." (art. 104º, nº 5). Para além disso, o alienante tem direito a ser indemnizado pelos prejuízos resultantes do incumprimento, o qual é, no entanto, abatido do valor a que o vendedor ou locador tenha direito por força do critério anterior (art. 103º, nº 3, *d)* ii)), constituindo igualmente crédito sobre a insolvência (art. 103º, nº 3 *d)* iii)). No cálculo dos prejuízos sofridos pelo vendedor ou locador inclui-se naturalmente a desvalorização que o bem tenha sofrido durante o período de vigência do contrato

A declaração de insolvência do comprador não prejudica, no entanto, o direito de separação de bens, por parte do locador, nos termos do art. 141º, nº 1 *a)*[260], ou do vendedor, caso tenha sido estipulada uma cláusula de reserva de propriedade, nos termos do art. 141º, nº 1, *c)*. O nº 4 deste artigo 104º consagra, porém, na sequência da anterior norma do art. 155º, nº 4, do CPEREF, que "a cláusula de reserva de propriedade nos contratos de alienação de coisa determinada, em que o comprador seja o insolvente, só é oponível à massa insolvente no caso de ter sido estipulada por escrito, até ao momento da entrega da coisa". Trata-se de disposição necessária para evitar simulações em prejuízo da massa insolvente, mas que constitui uma atenuação da eficácia comum da reserva em sede de insolvência. É, no entanto, de salientar que semelhante regra não se encontra consagrada em sede de locação-venda, a qual não exige a forma escrita, ao contrário do que sucede com a locação financeira. Por outro lado, também

[260] Cfr. a este propósito o Ac. RG 9/10/2008 (CONCEIÇÃO BUCHO), em *CJ* 33 (2008), 4, pp. 291-293.

parece que a simples estipulação por escrito não será suficiente no caso de a reserva ter por objecto coisas imóveis ou móveis sujeitas a registo, exigindo-se o registo para que a mesma possa ser oponível à massa insolvente.

14.3.5.4. Venda sem entrega

No art. 105º refere-se o caso da venda sem entrega, em que já ocorreu a transmissão da propriedade, distinguindo as situações de insolvência do vendedor e do comprador. Em caso de insolvência do vendedor, mesmo que o contrato não esteja cumprido por nenhuma das partes, a situação não poderia ser enquadrada no art. 102º e objecto do direito de escolha do administrador da insolvência, dado que a recusa do cumprimento declarada pelo administrador da insolvência não poderia impedir o comprador, já proprietário, de reivindicar a sua propriedade. Aliás, o art. 8º, nº 2, *c)* do Regulamento (UE) 2015/848 determina expressamente que o direito de um terceiro a reivindicar um bem nunca é afectado pelos processos de insolvência.

Relativamente à insolvência do comprador, este artigo 105º admite a recusa de cumprimento pelo administrador, caso em que o comprador terá que devolver a diferença entre o valor da prestação incumprida e o valor da coisa na data da recusa, que constitui crédito sobre a insolvência.

Poderá, porém, o administrador optar pelo cumprimento, Nesse caso, esta disposição parece manter em vigor o art. 468º do Código Comercial, que refere que "o vendedor que se obrigar a entregar a coisa vendida antes de ser pago o preço considerar-se-á exonerado de tal obrigação, se o comprador falir antes da entrega, salvo prestando-se caução do respectivo preço" para o qual o art. 201º *d)* do CPEREF remetia, apesar das críticas que OLIVEIRA ASCENSÃO justificadamente formulou a esta solução[261]. No entanto, o facto de no art. 141º do Código se ter eliminado a remissão para essa norma, ao contrário do que fazia aquele preceito, e ainda se previa no Anteprojecto (art. 125º, nº 1 *d)*) coloca dúvidas sobre esta questão[262].

[261] Cfr. OLIVEIRA ASCENSÃO, *ROA* 1995, p. 663 = *RFDUL* 36 (1995), nº 2, p. 335.

[262] Actualmente OLIVEIRA ASCENSÃO, *ROA* 65 (2005), pp. 304-305 = *Themis*, edição especial, 2005, pp. 123-124 = *DJ* 19 (2005), 2, pp. 248-249 = *Estudos Sousa Franco*, II, pp. 273-274, considera o art. 468º CCom revogado, remetendo a solução para as causas de justificação gerais do Direito das Obrigações. Igualmente no sentido da revogação do art. 468º CCom., CARVALHO FERNANDES/JOÃO LABAREDA, *Código da Insolvência*, sub art. 105º, nº 6, p. 471. Em

14.3.5.5. Contrato-promessa

O regime do contrato-promessa encontra-se previsto no art. 106º, norma que suscita a maior perplexidade.

Efectivamente, no nº 1 passou-se a consignar que a não afectação do contrato-promessa *com eficácia real* (cfr. art. 413º CC), em caso de insolvência do promitente vendedor, depende de o beneficiário estar na posse da coisa à data da declaração de insolvência, solução que temos por dificilmente justificável. Efectivamente o contrato-promessa com eficácia real constitui um direito real de aquisição a favor do beneficiário da promessa, que não se vê por que deva ser afectado pela insolvência, independentemente de o bem se encontrar ou não na sua posse[263].

Já o art. 106º, nº 2, estabelece que a recusa de cumprimento da promessa de compra e venda é sujeita ao mesmo regime do da venda com reserva de propriedade, quanto à limitação de indemnização, quer a insolvência respeite ao promitente-comprador, quer ao promitente-vendedor.

Esta disposição omite, porém, a hipótese muito frequente de o beneficiário da promessa de venda *sem eficácia real* se encontrar na posse da coisa, caso em que o art. 755º *f)* CC lhe atribui um direito de retenção, que constitui uma garantia que tem que ser atendida em sede de insolvência[264]. Para além disso, a estipulação de sinal e o direito ao aumento

sentido contrário, veja-se, porém, ANA PRATA/JORGE MORAIS CARVALHO/RUI SIMÕES, *Código da Insolvência*, sub art. 141º, nº 14, p. 411.

263 Não concordamos, por isso, com a decisão do Ac. STJ 20/10/2011 (SALAZAR CASANOVA), em *CJ-ASTJ* 19 (2011), 3, pp. 77-79, que admitiu que o administrador de insolvência poderia recusar o cumprimento de contrato-promessa com eficácia real, em que não houve tradição da coisa, considerando que em consequência o promitente-comprador perdia a possibilidade de recorrer à execução específica. Em sentido contrário, ALEXANDRE SOVERAL MARTINS, *Um curso*, p. 184, argumentando que a sujeição a registo do contrato-promessa com eficácia real "faz toda a diferença".

264 Não nos parece minimamente defensável a posição de NUNO MANUEL PINTO OLIVEIRA / CATARINA SERRA, "Insolvência e contrato-promessa: os efeitos da insolvência sobre o contrato-promessa com eficácia obrigacional", na *ROA* 70 (2010), pp. 395-440 (433 e ss.), que pretendem excluir o direito de retenção em caso de recusa do cumprimento do contrato-promessa, verificada em sede de insolvência. Nessa hipótese, o direito de retenção do promitente-comprador seria uma garantia inaplicável na insolvência, que é precisamente a situação em que as garantias mais se justificam, sendo manifesto que a lei não prevê a sua caducidade nessa situação. No sentido de que o direito de retenção se mantém em caso de insolvência, cfr. ainda GRAVATO MORAIS,em *CDP* nº 29 (Janeiro/Março 2010), pp. 9 e ss., e na jurisprudência Ac. RP 26/5/2011 (FILIPE CAROÇO), em *CJ* 36 (2011), 3, pp. 188-191. A jurisprudência foi uniformizada no sentido que defendemos no Ac. STJ 20/3/2014 (TÁVORA

do valor da coisa não podem ser nesse caso afectados por esta recusa de cumprimento do administrador, pelo que a solução deste artigo é dificilmente compreensível.

Temos defendido por isso uma interpretação correctiva desta disposição[265], da qual resulte que o contrato-promessa com eficácia real não seja, em caso algum, afectado pela declaração de insolvência. Já o contrato-promessa sem eficácia real não poderia ser objecto de recusa do cumprimento se o beneficiário tiver obtido a tradição da coisa, sendo esta a hipótese contemplada no art. 106º, nº 1. Neste enquadramento, o nº 2 abrangeria apenas as situações em que ainda não ocorreu a entrega da coisa ao promitente-comprador, caso em que pode haver recusa de cumprimento, nos termos

VÍTOR), publicado no D.R. I Série de 19 de Maio de 2014, que estabeleceu que "no âmbito da graduação de créditos em insolvência, o consumidor promitente-comprador em contrato, ainda que com eficácia obrigacional com *traditio*, devidamente sinalizado, que não obteve o cumprimento do negócio por parte do administrador da insolvência goza do direito de retenção nos termos do estatuído no art. 755º, nº 1, *f*) do Código Civil". Este acórdão tem anotação concordante de GRAVATO MORAIS, "Da tutela do retentor-consumidor em face da insolvência do promitente-vendedor – Ac. de Uniformização de Jurisprudência nº 4/2014, de 20.3.2014, Proc. 92/05", em *CDP* nº 46 (Abril/Junho 2014), pp. 52-56.

O AUJ 4/2014 criou, porém, um problema desnecessário ao restringir a sua doutrina aos promitentes-compradores que sejam consumidores, quando nada na lei permite estabelecer essa restrição. A jurisprudência posterior tem vindo, porém, a abandonar progressivamente essa restrição, aplicando o mesmo regime a casos em que não estão em causa consumidores, pelo menos no sentido jurídico do termo. Foi assim que no Ac. STJ 29/5/2014 (JOÃO BERNARDO), processo 1092/10.0TBLSD-G.P1.S1, se considerou que a referência apenas excluía "aquele que adquire o bem no exercício da sua atividade profissional de comerciante de imóveis", considerando por isso ireelevante que no imóvel estivesse instalada uma loja de artigos para o lar. Igualmente no Ac. STJ 16/2/2016 (MARIA CLARA SOTTOMAYOR), processo 135/12.7TBMSF.G1.S1, se considerou beneficiar do direito de retenção no processo de insolvência o promitente-comprados de um imóvel destinado a exploração agrícola. Também no Ac. STJ 24/5/2016 (NUNO CAMEIRA, vencido JOÃO CAMILO), processo 3374/07.9TBGMR-C.G2.S1, se considerou poder ser invocado o direito de retenção em processo de insolvência pelo promitente-comprador de um imóvel para arrendamento. Da mesma forma, no Ac. STJ 5/7/2016 (ANA PAULA BOULAROT), processo 1129/11.5TBCVL-C.C1.S1, considerou-se gozar do direito de retenção o advogado titular de um contrato-promessa de dação em pagamento para liquidação dos honorários em dívida, que depois de obter a tradição da fracção a destinou à habitação de amigos. Finalmente no Ac. STJ 3/10/2017 (JÚLIO GOMES), processo 212/11.1T2AVR-B.P1.S1, considerou-se que consumidor é todo o utilizador final de imóveis considerando como tais promitentes-compradores que instalaram nos imóveis prometidos vender uma agência de seguros e um salão de cabeleireiro.

[265] Cfr. MENEZES LEITÃO, *Código da Insolvência Anotado*, sub art. 106º, nº 5, p. 138. No mesmo sentido, GRAVATO MORAIS, *CDP* nº 29 (Janeiro/Março 2010), pp. 10 e ss.

gerais, apenas com a diferença de o crédito sobre a insolvência previsto no art. 102º, nº 3 *c)* ser calculado de acordo com o critério do art. 104º, nº 5.

Assim, a recusa do cumprimento do contrato-promessa, em caso de insolvência do promitente-vendedor, só será possível se não se tiver verificado a tradição da coisa para o promitente-comprador, independentemente de o contrato-promessa ter ou não eficácia real[266]. Sendo realizada essa recusa de cumprimento, nenhuma das partes tem direito à restituição do que prestou (art. 102º, nº 3, *a)*), o que leva a que o promitente-vendedor não tenha que restituir o sinal recebido ou qualquer antecipação do preço. Nesse caso, no entanto, e por força do art. 104º, nº 5, o promitente-comprador terá direito como indemnização a receber a diferença, se positiva, entre o valor da coisa objecto do contrato prometido, na data da recusa, e o montante do preço que ainda teria que pagar, a qual constitui crédito sobre a insolvência. O promitente-comprador acaba assim, em consequência da recusa de cumprimento, por ver afectados os seus direitos decorrentes do contrato-promessa, uma vez que não poderá recorrer à execução específica (art. 830º CC), nem solicitar o pagamento do sinal em dobro (art. 442º, nº 2 CC)[267].

No caso de existir tradição da coisa para o promitente-comprador, já não parece possível a recusa de cumprimento por parte do administrador

[266] Em sentido contrário, com base numa interpretação puramente literal do art. 106º, cfr. Nuno Manuel Pinto Oliveira / Catarina Serra, *ROA* 70 (2010), pp. 403 e ss. e Nuno Manuel Pinto Oliveira, "'Com mais irreflexão que culpa'? o debate sobre o regfme da recusa de cumprimento do contrato-promessa", em *CDP* nº 36 (Outubro/Dezembro 2011), pp. 3-21. No entanto, em Catarina Serra (org.), *I Congresso de Direito da Insolvência*, Coimbra, Almedina, 2013, pp. 211 e ss. (214-215), este último autor veio defender que a opção da recusa do cumprimento poderia ser abusiva em caso de já ter sido entregue uma casa de habitação. No sentido que defendemos veja-se o Ac. STJ 20/10/2011 (Hélder Roque), em *CJ-ASTJ* 19 (2011), 3, pp. 79-88.

[267] Neste sentido, cfr. Nuno Oliveira / Catarina Serra, *ROA* 70 (2010), pp. 413 e ss. e Nuno Oliveira, em *CDP* nº 36 (Outubro/Dezembro 2011), pp. 9 e ss. Em sentido contrário, defendendo a aplicação do art. 106º, nº 2, apenas às promessas não sinalizadas, continuando a vigorar para as sinalizadas o regime do art. 442º CC, veja-se, porém, Luís Miguel Pestana de Vasconcelos, "Contrato-promessa e falência / insolvência – Ac. do TRC de 15.4.2008, Proc. 937/07", em *CDP* nº 24 (Outubro/Dezembro 2008), pp. 54-64 (62-63), "Direito de retenção, contrato-promessa e insolvência", em *CDP* nº 33 (Janeiro/Março 2011), pp. 3-29 (9 e ss.) e "O regime insolvencial do contrato-promessa de compra e venda", na *RDI*, nº 1 (Abril 2016), pp. 57-74 (60 e ss.) e Fernando de Gravato Morais, "Promessa obrigacional de compra e venda com tradição da coisa e insolvência do promitente-vendedor", em *CP* nº 29 (Janeiro/Março 2010), pp. 3-12 (9).

da insolvência, devendo ser reconhecida no âmbito da graduação dos créditos a garantia do direito de retenção, prevista no art. 755º, nº 1, *f)* CC[268], a qual naturalmente se manterá como referente à restituição do sinal em dobro ou ao aumento do valor da coisa. O direito do promitente-comprador, em caso de eficácia real ou tradição da coisa, deve ser considerado como dívida da massa, uma vez que se trata de contrato que não pode ser recusado pelo administrador da insolvência (art. 51º, nº 1, *e)*)[269].

É bastante mais complexo o regime no caso de a insolvência ser do promitente-comprador. Efectivamente, começa por se salientar que neste caso qualquer recusa do cumprimento por parte do administrador da insolvência não prejudicará a manutenção do direito de o promitente-vendedor solicitar a restituição e separação de bens, nos termos do art. 141º, nº 1 *a)*, no caso de a coisa objecto do contrato prometido estar na posse do promitente-comprador, uma vez que a sua propriedade mantém-se na esfera daquele. Por outro lado, como a recusa de cumprimento não determina a restituição do que foi prestado (art. 102º, nº 3 *a)*), o administrador da insolvência também não poderá reclamar a restituição do sinal que o promitente-comprador insolvente tenha prestado ao promitente-vendedor. Ora, neste caso, não faz sentido que o promitente-vendedor adquira simultaneamente direito à indemnização prevista no art. 104º, nº 5, por força do art. 106º, nº 2, uma vez que tal implicaria que a insolvência da outra parte lhe atribuísse ainda um benefício que o art. 442º, nº 4, CC expressamente exclui[270]. Não parece, por isso, que nos contratos-promessa sinalizados, o promitente-vendedor possa reclamar a indemnização prevista no art. 104º, nº 5, em caso de insolvência do promitente-comprador, tendo apenas direito ao sinal recebido e à restituição e separação da coisa. Esse

[268] Neste sentido, em relação à graduação do direito de retenção, cfr. Ac. RG 11/11/2009 (MARIA ROSA TCHING), em *CJ* 34 (2009), 5, pp. 251-254. Já PESTANA DE VASCONCELOS, em *CDP* nº 33 (Janeiro/Março 2011), p. 20, e na *RDI*, nº 1 (Abril 2016), pp. 70 e ss. restringe, a nosso ver sem qualquer base legal, a aplicação do direito de retenção aos casos em que o promitente-comprador seja um consumidor, posição que foi acolhida no Ac. STJ 14/6/2011 (FONSECA RAMOS), em *CJ-ASTJ* 19 (2011), 2, pp. 108-112, no Ac. STJ 9///2014 (NUNO CAMEIRA) e no Ac. STJ 25/11/2014 (FERNANDES DO VALE), estes últimos disponíveis em www.dgsi.pt

[269] Neste sentido, NUNO MANUEL PINTO OLIVEIRA, "A qualificação do crédito resultante da não execução do contrato-promessa", em CATARINA SERRA (org.), *III Congresso de Direito da Insolvência*, Coimbra, Almedina, 2015, pp. 115-135. Ao contrário do que sustenta este autor, não consideramos, porém, que esta qualificação afecte minimamente o direito de retenção conferido pelo art. 755º, nº 1, *f)* CC.

[270] Neste sentido, PESTANA DE VASCONCELOS, *A cessão*, pp. 901-902, nota (1669).

direito à indemnização existirá apenas em relação a contratos-promessa não sinalizados, caso em que o promitente-vendedor, não tendo que restituir a parte do preço já recebida, terá direito a reclamar, como crédito sobre a insolvência, a diferença, se positiva, entre o montante do preço ainda não satisfeito e o valor da coisa na data da recusa.

O administrador da insolvência pode, no entanto, optar pela execução do contrato, nos termos do art. 102º, nº 1, caso em que poderá naturalmente solicitar a execução específica do contrato-promessa, perdendo nesse caso o promitente-vendedor, que não seja o insolvente, o direito à restituição e separação de bens. Em consequência da suspensão da execução do contrato decretada no art. 102º, nº 1, parece que a outra parte não poderá desencadear os efeitos resolutivos da estipulação de sinal previstos no art. 442º CC, enquanto o administrador da insolvência não comunicar a sua opção. A outra parte pode, porém, nos termos do art. 102º, nº 2, fixar ao administrador da insolvência um prazo razoável para exercer a sua opção, após o que se considera que recusa o cumprimento.

14.3.5.6. Operações a prazo

No art. 107º, que se inspira no § 104 da *Insolvenzordnung* contempla-se a situação específica das operações a prazo, que são alargadas em relação à antiga disposição do art. 163º CPEREF. As mesmas passam a abranger a entrega de mercadorias ou a realização de prestações financeiras, que tenham um preço de mercado, que tiver de ser efectuada em determinada data ou dentro de certo prazo. As prestações financeiras abrangem designadamente, nos termos do art. 107º, nº 3: *a)* a entrega de valores mobiliários, com excepção das acções representativas de pelo menos 10% do capital de uma sociedade, cuja liquidação não tenha cariz meramente financeiro; *b)* a entrega de metais preciosos; *c)* os pagamentos em dinheiro cujo montante seja directa ou indirectamente determinado pela taxa de câmbio de uma divisa estrangeira, pela taxa de juro legal, por uma unidade de cálculo ou pelo preço de outros bens; *d)* opções ou outros direitos à venda ou à entrega de bens referidos nas alíneas *a)* e *b)* ou a pagamentos referidos na alínea *c)*. Abranger-se-ão assim as operações referidas nos arts. 252º e ss. CVM, designadamente os futuros, opções, reportes[271] e empréstimos, e ainda os *forwards* e *swaps*.

[271] PESTANA DE VASCONCELOS, *A cessão*, pp. 330 e ss., nota (682), e 796-797, propugna, no entanto, uma interpretação restritiva do art. 107º, nºs 1 e 5, CIRE, considerando que o mesmo

Verificando-se a declaração de insolvência antes de ocorrer a data ou se extinguir o prazo previsto para a realização da operação, a execução não pode ser exigida por nenhuma das partes, tendo o comprador ou o vendedor apenas direito ao pagamento da diferença entre o preço ajustado e o preço de mercado do bem ou prestação financeira no segundo dia posterior ao da declaração de insolvência relativamente a contratos com a mesma data ou prazo de cumprimento, a qual, sendo exigível ao insolvente, constitui crédito sobre a insolvência (art. 107º, nº 1). O vendedor terá em consequência que restituir ao comprador as importâncias já pagas, podendo compensar essa obrigação com o seu crédito à diferença de preço até à concorrência dos respectivos montantes, constituindo o direito à restituição crédito sobre a insolvência, no caso de ser o vendedor o insolvente (art. 107º, nº 2).

Com esta solução obtém-se a cessação imediata destes contratos, retirando o poder de escolha ao administrador de insolvência entre a execução e a recusa de cumprimento, o qual poderia ser utilizado com intuitos especulativos em relação à futura evolução do preço, o que seria gerador de insegurança nestas operações. Pelo mesmo motivo, o art. 122º exclui a resolução em benefício da massa em relação a estas operações. No entanto, caso as operações a prazo não sejam abrangidas pelo art. 107º, nº 1, já é aplicável a opção pela execução ou pela recusa de cumprimento pelo administrador da insolvência, tendo esta as consequências previstas no art. 104º, nº 5, devidamente adaptado (art. 107º, nº 5).

Complexa é, no entanto, a hipótese de os vários negócios sobre prestações financeiras se integrarem num contrato-quadro, ao qual só possa pôr-se termo unitariamente no caso de incumprimento. Neste caso, o art. 107º, nº 4 vem estabelecer que o conjunto desses negócios é qualificado como um contrato bilateral, para efeitos desse artigo e do art. 102º. Através dessa ficção, visa-se assim evitar que o facto de já haver negócios realizados antes da declaração de insolvência, impeça a aplicação em relação a elas da solução prevista no art. 107º, nº 1, sendo o contrato tratado em globo para efeitos de exigência da diferença de preço, o que permite recorrer ao *netting*[272]. A mesma solução vigorará para a hipótese de as operações a

se aplica apenas aos reportes com função especulativa, mas não aos reportes que tenham uma função de crédito e garantia.

[272] Assim PESTANA DE VASCONCELOS, *RFDUP* 3 (2006), p. 551.

prazo não serem abrangidas pelo nº 1, sendo o contrato também considerado como um único para efeitos de opção do administrador da insolvência entre a execução e a recusa de cumprimento, nos termos do art. 102º[273].

14.3.5.7. Contrato de locação

14.3.5.7.1. Insolvência do locatário

O art. 108º regula os efeitos da insolvência do locatário sobre o contrato de locação, estabelecendo que a respectiva declaração não suspende esse contrato, mas atribui ao administrador da insolvência o direito de proceder à sua denúncia com um pré-aviso de 60 dias, salvo se, nos termos da lei ou do contrato for suficiente um pré-aviso anterior (art. 108º, nº 1). Essa "denúncia do contrato" constitui no entanto, em bom rigor, uma recusa do seu cumprimento, na medida em que constitui a outra parte no direito a receber, como crédito sobre a insolvência, as rendas ou alugueres correspondentes ao período intercedente entre a data da produção dos seus efeitos e o fim do prazo contratual estipulado, ou a data, para a qual de outro modo, teria sido possível a denúncia pelo insolvente[274]. A esse valor são, no entanto, em ordem a evitar o enriquecimento da outra parte, abatidos os custos inerentes à prestação do locador por esse período, bem como os ganhos obtidos através de uma aplicação alternativa do locado, desde que imputáveis à antecipação do fim do contrato, com actualização de todas as quantias, nos termos do nº 2 do art. 91º, para a data de produção de efeitos da denúncia (art. 108º, nº 3).

Esse direito de "denúncia" (recusa de cumprimento) do administrador da insolvência é, no entanto, excluído se se tratar de arrendamento para habitação do insolvente. Neste caso, o administrador pode apenas declarar que o direito ao pagamento das rendas vencidas decorridos 60 dias após essa declaração não será exercível no processo de insolvência. Nessa hipótese, o senhorio ficará constituído no direito a exigir, como crédito sobre a insolvência, indemnização pelos prejuízos sofridos em caso de despejo

[273] Neste sentido, sobre o § 102, Abs. 2, S.3, HARALD KROTH, em EBERHARD BRAUN, *Insolvenzordnung Kommentar*, 2ª ed., München, Beck, 2004, § 104, nº 10, pp. 606-607.

[274] Efectivamente, a denúncia do contrato de locação implicaria a sua cessação para o futuro, perdendo o locador qualquer direito às rendas ou alugueres futuros, a partir dessa data. Verificando-se a conservação do direito a essas prestações, ainda que como crédito sobre a insolvência, é manifesto que o contrato se mantém, pelo que é antes de recusa de cumprimento que se trata.

por falta de pagamento de alguma ou algumas das referidas rendas, até ao montante das correspondentes a um trimestre (art. 108º, nº 2).

A lei retira ao senhorio a possibilidade a possibilidade de resolver o contrato após a declaração de insolvência do locatário com fundamento na falta de pagamento das rendas ou alugueres respeitantes ao período anterior ao da declaração de insolvência (art. 108º, nº 4 *a)*) ou deterioração da situação financeira do locatário (art. 108º, nº 4, *b)*)[275]. Parece criticável a solução prevista no art. 108º, nº 4 *a)* de excluir a faculdade de resolução do senhorio por falta de pagamento de rendas e alugueres anteriores, que o obriga a manter vigente um contrato que, nos termos legais, tinha todos os fundamentos para resolver, sem que tal alterasse a qualificação desses créditos como créditos sobre a insolvência. Já a solução do art. 108º, nº 4 *b)* de não permitir a resolução do contrato após a declaração de insolvência com base na deterioração da situação financeira do locatário harmoniza-se com o disposto no art. 119º, nº 3, que estabelece que a declaração de insolvência não pode constituir, só por si, fundamento para a resolução.

No caso, porém, de a coisa ainda não ter sido entregue ao locatário à data da declaração de insolvência deste, a mesma confere, quer ao administrador da insolvência, quer ao locador, o direito de resolverem o contrato, sendo lícito a qualquer deles fixar um prazo razoável para a resolução, findo o qual se considera cessado esse direito (art. 108º, nº 5).

14.3.5.7.2. Insolvência do locador

No caso, porém, de ser o locador o insolvente os direitos do locatário só vêm a ser afectados se a coisa ainda não lhe tiver sido entregue, o que pode ser justificado em função do vinculismo arrendatício, mas cuja atenuação no NRAU torna controversa[276].

Efectivamente, tendo a coisa objecto do contrato já sido entregue ao locatário, estabelece o art. 109º, nº 1, que a declaração de insolvência do

[275] Já será, porém, possível a resolução do contrato pelo locador com fundamento na falta de pagamento das rendas ou alugueres vencidos após a declaração de insolvência, mas a respectiva declaração tem que ser dirigida ao administrador de insolvência. Neste sentido, relativamente a um aluguer de veículos sem condutor, cfr. Ac. RP 13/3/2008 (Carlos Portela), em *CJ* 33 (2008), 2, pp. 181-183.

[276] Criticamente, veja-se Ascensão, *ROA* 65 (2005), p. 292 = *Themis*, edição especial, 2005, p. 114 = *DJ* 19 (2005), 2, pp. 238 = *Estudos Sousa Franco*, II, pp. 263-264, que propõe a restrição da solução ao arrendamento para habitação.

locador não suspende a execução do contrato de locação, só sendo a denúncia por qualquer das partes possível para o fim do prazo em curso, sem prejuízo dos casos de renovação obrigatória. Já no caso de a coisa ainda não lhe ter sido entregue, quer o administrador da insolvência, quer o locatário poderão resolver o contrato, podendo qualquer das partes fixar à outra um prazo para o efeito, findo o qual cessa o direito de resolução (art. 109º, nº 2, e 108º, nº 5).

A lei estabelece ainda que a alienação da coisa locada no processo de insolvência não priva o locatário dos direitos que lhe são reconhecidos pela lei civil nessa circunstância (art. 109º, nº 3). Entre esses direitos encontra-se a manutenção da posição contratual (art. 1057º) e o direito de preferência (art. 1091º, nº 1 *a*)).

14.3.5.8. Contratos de mandato e de gestão

14.3.5.8.1. Insolvência do mandante

O art. 110º, abrange directamente os contratos de mandato, incluindo os de comissão, sendo o seu regime extensivo ainda, com as devidas adaptações, a quaisquer outros contratos pelos quais o insolvente tenha confiado a outrem a gestão de assuntos patrimoniais, com um mínimo de autonomia, designadamente os contratos de gestão de carteiras e de gestão de património (art. 110º, nº 4).

Em relação a todos estes contratos consagra-se agora a regra geral da caducidade do mandato, em consequência da insolvência do mandante (art. 110º, nº 1). A solução da caducidade como regra geral compreende-se face ao cariz *intuitu personae* do mandato. No entanto, essa solução da caducidade do mandato é estranhamente também aplicável ao mandato também no interesse do mandatário ou de terceiro, em que o art. 1170º, nº 2, CC impede a revogação e o art. 1175º CC exclui a caducidade[277]. Trata-se de uma solução extremamente prejudicial e que pode contribuir para destruir completamente essa figura, amplamente utilizada na

[277] Embora se trate de solução inicialmente defendida pela doutrina italiana (cfr. MARCELLO FOSCHINI, "Estinzione del mandato in rem propriam per soppravenuto fallimento del mandante", em *RDComm* 59 (1961), II, pp. 81-96 e LUDOVICO PAZZAGLIA, "La sorte del mandato (e di contratti simili) in caso di fallimento d'una delle parti", em *RDComm* 62 (1964), I, pp. 24-38), ela tem vindo a ser contraditada na doutrina mais recente (cfr. FRANCESCO A. MAGNI, "Il mandato irrevocabile all'incasso", em VINCENZO CUFFARO (org.), *Le garanzie rafforzate del credito*, Torino, Utet, 2000, pp. 339-365 (350 e ss.)), o que consideramos correcto.

prática[278]. Efectivamente, o mandato também no interesse do mandatário ou de terceiro constitui um negócio distinto do mandato comum, uma vez que tem por fim atribuir simultaneamente um benefício ao mandatário ou ao terceiro, pelo que não se justifica que o negócio seja afectado com a declaração de insolvência. Neste caso, nem sequer existe um direito de escolha do administrador da insolvência, havendo antes uma caducidade do mandato, sem direito a qualquer indemnização. Ora, não se vê justificação para que seja posto em causa desta maneira um direito adquirido pelo credor muito antes da declaração de insolvência.

A lei determina, no entanto, a manutenção transitória do mandato em vigor pelo tempo necessário até que o administrador da insolvência esteja em condições de providenciar, caso seja necessária a prática de actos pelo mandatário para evitar prejuízos previsíveis para a massa insolvente (art. 110º, nº 2, *a)*), ou durante o período em que o mandatário desconhecia sem culpa a insolvência do mandante (art. 110º, nº 2, nº *b)*). Enquanto que, no primeiro caso, o diferimento da caducidade do mandato se justifica pela necessidade de conferir legitimidade ao mandatário para a prática de actos urgentes, no segundo caso esse diferimento constitui uma forma de tutelar a boa fé do mandatário, evitando a atribuição de ilegitimidade a actos que ele praticou por conta do mandante, desconhecendo sem culpa a sua situação de insolvência[279]. As duas situações beneficiam, no entanto, de avaliação distinta, já que no primeiro caso a remuneração e o reembolso de despesas pelo mandatário constituem dívidas da massa, enquanto que no segundo caso constituem antes dívidas da insolvência (art. 110º, nº 3).

[278] Maria João Tomão Carreiro Vaz Tomé, "Sobre o contrato de mandato sem representação e o *trust*", em *ROA* 67 (2007), 3, pp. 1091-1161 (1114 e 1154) propugna, no entanto, uma interpretação restritiva desta disposição. A seu ver "apenas os contratos de mandato em que o insolvente seja o credor das obrigações do mandatário – mormente da obrigação de entrega dos bens adquiridos em execução do mandato – deverão caducar com a declaração de insolvência", já que a "*ratio legis* consiste em fazer cessar aqueles contratos de mandato de que possam emergir créditos ou débitos para a massa insolvente. Por conseguinte, o contrato de mandato não deverá caducar se a respectiva execução pelo mandatário não puder reflectir-se na massa insolvente". Não vemos, porém, que haja base legal para sustentar esta interpretação.

[279] É de salientar, no entanto, que por força do disposto no art. 112º, nº 1, esta situação não impede a caducidade da procuração pelo que, sendo o mandato com representação, a legitimidade ficará circunscrita às relações internas entre mandante e mandatário.

14.3.5.8.2. Insolvência do mandatário

Apesar de não prevista no art. 110º, parece que a caducidade do mandato deverá considerar-se aplicável analogicamente aos casos de insolvência do mandatário[280]. Tratando-se, porém, de mandato sem representação, deverão, conforme acima se referiu, considerar-se estranhos à massa insolvente os bens adquiridos pelo mandatário, nas condições referidas no art. 1184º CC, devendo o mandante ter direito a reclamá-los, nos termos do art. 141º, nº 1, *c)*. Em relação aos créditos, uma vez que o mandante pode substituir-se ao mandatário no exercício dos respectivos direitos (art. 1181º, nº 2 CC), poderá o mesmo reclamá-los no âmbito da reclamação de bens, a fim de os poder receber directamente do devedor (art. 141º, nº 5).

14.3.5.9. Procurações

O art. 112º consagra em relação à procuração as mesmas soluções adoptadas para o mandato pela que as considerações anteriormente feitas aplicam-se também neste caso. Efectivamente, a regra geral é a da caducidade em consequência da insolvência do representado de todas as procurações que digam respeito ao património integrante da massa insolvente (art. 112º, nº 1), o que se harmoniza com a atribuição em exclusivo ao administrador da insolvência da representação do devedor para todos os efeitos de carácter patrimonial que interessem à insolvência (art. 81º, nº 4)[281]. Conforme acima referimos, parece-nos de criticar a extensão desta solução às procurações também no interesse do mandatário ou de terceiro, dado que por essa via se afectam direitos do interessado conferidos anteriormente à declaração de insolvência.

[280] Neste sentido, também RAPOSO SUBTIL / MATOS ESTEVES / MARIA JOSÉ ESTEVES / LUÍS M. MARTINS, *op. cit.*, sub art. 110º, p. 198, LUÍS CARVALHO FERNANDES/JOÃO LABAREDA, *Código da Insolvência*, sub art. 110º, nº 13, pp. 485-486 e MARIA JOÃO TOMÉ, *ROA* 67 (2007), 3, pp. 1131 e 1155. Em sentido contrário, defendendo que o mandato não caduca automaticamente em caso de insolvência do mandatário, podendo, no entanto, o mandante revogá-lo ao abrigo do art. 1170º CC, cfr. CASTRO MENDES/JESUS DOS SANTOS, *op. cit.*, p. 35, PESTANA DE VASCONCELOS, *A cessão*, p. 232, nota (503), e ALEXANDRE SOVERAL MARTINS, *Um curso*, p. 205.

[281] Considerou-se, porém, no Ac. RL 6/3/2008 (SALAZAR CASANOVA), em *CJ* 33 (2008), 2, pp. 85-88, que as procurações com poderes forenses gerais não se poderão considerar integralmente extintas com a insolvência, uma vez que a actuação do procurador pode exercer-se pode exercer-se fora do âmbito do património integrante da massa insolvente ou para os efeitos do art. 81º, nº 5.

A caducidade da procuração deixa, porém, de se verificar na hipótese referida no art. 110º, nº 2 *a)*, ou seja, quando seja necessária a prática de actos pelo procurador para evitar prejuízos previsíveis para a massa insolvente, até que o administrador da insolvência tome as providências necessárias. Verifica-se assim o diferimento da caducidade da procuração, caso seja necessária a prática pelo procurador de actos urgentes. Sintomaticamente, no entanto, não se estendeu à procuração o regime do art. 110º, nº 2, *b)*, o que implica não ser conferida eficácia aos actos que o procurador pratique de boa fé, desconhecendo a caducidade da procuração.

Pelo contrário, o art. 112º, nº 2, estabelece que aos actos praticados pelo procurador depois da caducidade da procuração é aplicável o disposto nos nºs 6 e 7 do art. 81º, com as necessárias adaptações. Os actos celebrados pelo procurador serão assim considerados ineficazes em relação à massa insolvente, respondendo esta apenas segundo as regras do enriquecimento sem causa, salvo se esses actos, não sendo de algum dos tipos referidos no art. 121º, nº 1, forem celebrados a título oneroso com terceiros de boa fé antes do registo da declaração de insolvência. Da mesma forma, os pagamentos realizados ao procurador só serão considerados liberatórios se forem efectuados de boa fé antes do registo da sentença, ou se se provar que o respectivo montante deu efectiva entrada na massa insolvente.

Este regime encontra-se em contradição com o disposto no art. 266º, nº 2, do Código Civil, nos termos do qual a extinção da procuração em resultado da insolvência não pode afectar a posição de terceiros que sem culpa a ignorassem, não tendo este preceito sido excepcionado em caso de insolvência. No entanto, parece que a publicitação da declaração de insolvência poderá contribuir para considerar culposa a ignorância do terceiro, para efeitos desta disposição.

O art. 112º, nº 3, vem estabelecer que o procurador que desconheça sem culpa a insolvência do representado não é responsável perante terceiros pela ineficácia do negócio resultante da falta de poderes de representação. Naturalmente que essa responsabilidade já se verificará caso o procurador tenha actuado culposamente nessa situação.

14.3.5.10. Contrato de trabalho
14.3.5.10.1. Insolvência do empregador
14.3.5.10.1.1. Generalidades

Relativamente aos efeitos da insolvência do empregador sobre o contrato de trabalho[282], anteriormente ao actual CIRE, estes encontravam-se previstos no art. 172º CPEREF, que dispunha que "aos trabalhadores do falido aplica-se, quanto à manutenção dos seus contratos após a declaração de falência, o regime geral de cessação do contrato de trabalho, sem prejuízo da transmissão de contratos que acompanhe a alienação de estabelecimentos industriais e comerciais"[283]. Actualmente, o CIRE deixou de se referir especificamente aos efeitos da insolvência do trabalhador no contrato de trabalho, o que suscita a dúvida sobre qual o regime aplicável.

Para PEDRO ROMANO MARTINEZ, é aplicável ao caso o art. 111º, que remete para o art. 108º. Assim, a insolvência do empregador não acarreta a cessação imediata do contrato de trabalho por caducidade, o qual subsiste, continuando a ser executado, embora se admita a sua denúncia por qualquer das partes. Após a declaração de insolvência, o administrador pode proceder à sua denúncia num prazo de sessenta dias (art. 108º, nº 1, por força do art. 111º, nº 1). Essa denúncia antecipada do contrato pelo administrador implica o pagamento de uma compensação à outra parte (art. 111º, nº 2, ainda que o autor considere a forma de cálculo dessa com-

[282] Seguimos, nesta parte, MENEZES LEITÃO, "As repercussões da insolvência no contrato de trabalho", na *RDES* 47 (2006), nºs 3/4, pp. 273-289 = RUY DE ALBUQUERQUE / ANTÓNIO MENEZES CORDEIRO, *Estudos em Memória do Professor Doutor José Dias Marques*, Coimbra, Almedina, 2007, pp. 871-884. Cfr. também MARIA DO ROSÁRIO PALMA RAMALHO, "Aspectos laborais da insolvência (Notas breves sobre as implicações laborais do regime do Código da Insolvência e da Recuperação de Empresas)", em RUY DE ALBUQUERQUE / ANTÓNIO MENEZES CORDEIRO, *Estudos em Memória do Professor Doutor José Dias Marques*, Coimbra, Almedina, 2007, pp. 687-705 e JÚLIO GOMES, "Nótula sobre os efeitos da insolvência do empregador nas relações de trabalho", em CATARINA SERRA (org.), *I Congresso de Direito da Insolvência*, Coimbra, Almedina, 2013, pp. 285-297.

[283] Sobre os efeitos da insolvência do empregador no contrato de trabalho, no âmbito do CPEREF, cfr. ANTÓNIO NUNES DE CARVALHO, "Reflexos laborais do Código dos Processos Especiais de Recuperação de Empresa e de Falência", na *RDES* 37 (1995), nºs, 1/2/3, pp. 55-88, e nº 4, pp. 319-350. e PEDRO ROMANO MARTINEZ, "Repercussões da Falência nas Relações Laborais", na *RFDUL* 36 (1995), nº 2, pp. 417-424. e LUÍS CARVALHO FERNANDES, "Repercussões da Falência na Cessação do Contrato de Trabalho", em PEDRO ROMANO MARTINEZ (org.) *Estudos do Instituto de Direito do Trabalho*, I, Coimbra, Almedina, 2001, pp. 411-440.

pensação, prevista no art. 108º, nº 3, como de difícil aplicação no âmbito laboral. O autor defende, no entanto, a necessária conjugação desse regime com o anterior art. 391º CT (hoje art. 347º CT)[284].

Já Luís Carvalho Fernandes e João Labareda contestam a aplicabilidade do art. 111º, e consequentemente do art. 108º, em matéria de contrato de trabalho, por entenderem que não é adequado ao regime deste contrato. Para estes autores, a norma reguladora dos efeitos da insolvência do empregador nas relações de trabalho encontra-se no art. 277º norma que não é exclusivamente aplicável em sede de Direito Internacional Privado, mas também em sede substantiva. Estes autores sustentam assim que é com base no anterior art. 391º CT (hoje art. 347º CT), por força dessa remissão, que se podem encontrar quais os efeitos da insolvência do empregador no âmbito das relações laborais[285].

Cabe tomar posição nesta questão. Em primeiro lugar, parece-nos que é manifesto que o art. 111º não é aplicável ao contrato de trabalho, dado que apenas se refere a contratos de prestação duradoura de serviço[286]. Mas também não resulta do art. 277º, qualquer indicação do regime substantivo aplicável em sede de relações laborais, uma vez que esta disposição constitui manifestamente uma norma de conflitos e não uma disposição remissiva de natureza substantiva. Tem assim que se concluir que o CIRE não contém qual disposição regulando os efeitos da insolvência do empregador no âmbito das relações laborais.

É no Código de Trabalho que é referida especificamente a situação da insolvência e recuperação de empresas (hoje art. 347º CT), estabelecendo-se que a declaração judicial de insolvência do empregador não faz cessar os contratos de trabalho, devendo o administrador da insolvência continuar a satisfazer integralmente as obrigações que dos referidos contratos resultem para os trabalhadores enquanto o estabelecimento não for definitivamente encerrado (art. 347º, nº 1, CT). Daqui resulta que a declaração judicial de insolvência mantém em vigor os contratos de trabalho, a menos que se verifique o encerramento do estabelecimento. Há,

[284] Cfr. Pedro Romano Martinez, *Da cessação do contrato*, 2ª ed., Coimbra, Almedina, 2006, pp. 421 e ss.

[285] Cfr. Luís Carvalho Fernandes, *RDES* 45 (2004), nºs 1/3, pp. 20-21 = Carvalho Fernandes / João Labareda, *Colectânea*, pp. 228-229, e Carvalho Fernandes/João Labareda, *Código da Insolvência*, sub art. 111º, nº 4, p. 487.

[286] No mesmo sentido, Rosário Ramalho, *Estudos Dias Marques*, p. 695.

no entanto, efeitos especiais a salientar em resultado da administração judicial da empresa insolvente.

14.3.5.10.1.2. A repercussão da insolvência do empregador nos contratos de trabalho existentes enquanto se verificar a administração da empresa insolvente

Se e enquanto não for determinado o encerramento ou transmissão do estabelecimento, em princípio a administração da empresa passa a ser realizada pelo administrador da insolvência (art. 81º, nº 1), o qual passa a representar o devedor para todos os efeitos de carácter patrimonial que interessem à insolvência (art. 81º, nº 4). O art. 55º, nº 1 *b)*, refere mesmo que se inclui entre as competências do administrador "prover, no entretanto, à conservação e frutificação dos direitos do insolvente e à continuação da exploração da empresa, se for o caso, evitando quando possível o agravamento da sua situação económica". Assim, o administrador da insolvência adquire os poderes do empregador relativamente aos vínculos laborais, ainda que lhe seja vedado agravar a situação económica da empresa. Parece, por isso, que o administrador da insolvência não poderá aumentar os encargos laborais existentes, designadamente celebrando novas convenções colectivas, aumentando unilateralmente os salários ou atribuindo gratificações aos trabalhadores[287]. Não parece, no entanto, que o administrador possa suspender convenções colectivas, as quais continuarão aplicáveis à empresa[288]. Apesar desta situação, não parece que o administrador da insolvência assuma a qualidade de empregador, uma vez que essa administração é realizada na qualidade de órgão da insolvência, o que implica a não assunção de qualquer risco empresarial[289].

Em certos casos, admite-se, porém, que a administração da massa insolvente seja realizada pelo próprio devedor (arts. 223º e ss.), situação em que ao administrador da insolvência são apenas atribuídas competências de fiscalização (art. 226º). Neste caso, a liquidação da empresa só tem lugar depois de ter sido retirada a administração ao insolvente (art. 225º). Apesar de o art. 347º, nº 1, CT, apenas atribuir ao administrador da insolvên-

[287] Neste sentido, ANTÓNIO NUNES DE CARVALHO, *RDES* 37 (1995), nº 4, p. 322.

[288] Equaciona esta possibilidade, invocando o exemplo espanhol, JÚLIO GOMES, em CATARINA SERRA (org.), *I Congresso*, p. 289.

[289] Neste sentido, STEPHAN RIES, "Der Insolvenzverwalter – 'Arbeitgeber' oder nur 'Organ der (Insolvenz-)Rechtspflege", em *ZinsO* 2008, pp. 414-420.

cia o dever de cumprir as obrigações resultantes do contrato de trabalho, é manifesto que idêntico dever recai sobre o devedor, quando a administração da insolvência lhe seja atribuída[290].

Enquanto não se verificar o encerramento definitivo, o administrador da insolvência pode fazer cessar os contratos dos trabalhadores cuja colaboração não seja indispensável ao regular funcionamento da empresa (art. 347º, nº 2, CT). Resta saber, quais os trabalhadores que se podem considerar abrangidos por esta formulação. No âmbito da legislação anterior ao Código do Trabalho de 2003, sustentou CARVALHO FERNANDES que seriam aqueles em relação aos quais a recepção da prestação de trabalho seja possível por parte da entidade patronal, mas menos conveniente do ponto de vista da rendibilidade da empresa. Não se estaria assim perante a hipótese de caducidade do contrato de trabalho, baseada na impossibilidade de a empresa receber a prestação, ainda que esta possa igualmente ocorrer em resultado da insolvência[291]. Esta posição foi mantida pelo autor, em face do Código do Trabalho de 2003[292]. Já ABÍLIO MORGADO, em face da legislação anterior a esse Código, excluía a possibilidade de caducidade em caso de falência, considerando que a lei não a instituíra, ainda que o devesse ter feito[293]. Já perante o Código de Trabalho de 2003, entendeu PEDRO ROMANO MARTINEZ, que a desnecessidade dos trabalhadores por parte do administrador da insolvência constitui igualmente uma hipótese de caducidade, semelhante à do encerramento da empresa, sendo que ambas obrigam, salvo no caso das microempresas, ao procedimento exigido para o despedimento colectivo (hoje arts. 360º e ss. CT)[294].

Parece, no entanto, que a caducidade dos contratos de trabalho apenas ocorre em caso de encerramento da empresa mas também esta faz aplicar o procedimento do despedimento colectivo (art. 347º, nº 3 CT). Já a cessação do contrato pelo administrador da insolvência não constitui uma hipótese de caducidade, dado que não se verificam *in casu* os pressupostos do art. 343º *b)* CT, representando antes uma hipótese particular de reso-

290 Neste sentido, CARVALHO FERNANDES, *RDES* 45 (2004), nºs 1/3, p. 22 = CARVALHO FERNANDES / JOÃO LABAREDA, *Colectânea*, p. 230.

291 Assim, CARVALHO FERNANDES, em ROMANO MARTINEZ (org.), *Estudos*, p. 430.

292 Cfr. CARVALHO FERNANDES, *RDES* 45 (2004), nºs 1/3, pp. 24-25 = CARVALHO FERNANDES / JOÃO LABAREDA, *Colectânea*, pp. 231-232.

293 Cfr. ABÍLIO MORGADO, *CTF* 370 (Abril-Junho 1993), p. 107.

294 Cfr. PEDRO ROMANO MARTINEZ, *Da cessação*, pp. 423-424.

lução do contrato. No entanto, também essa resolução, salvo no caso das microempresas obedece ao procedimento exigido para o despedimento colectivo (arts. 360º e ss. CT).

Efectivamente, o procedimento adoptado em caso de insolvência segue em grande parte o regime do despedimento colectivo, mas com algumas adaptações. Começa por se salientar que não se exige que o empregador tenha posto à disposição do trabalhador despedido, até ao termo do prazo de aviso prévio, a compensação a que se refere o art. 366º CT, bem como os créditos vencidos ou exigíveis em virtude da cessação do contrato de trabalho, ao contrário do que normalmente dispõe o art. 383º *c)* CT (cfr. o art. 363º, nº 5 CT). Tal não significa que os trabalhadores não tenham direito a estes créditos, como aliás agora expressamente refere o art. 347º, nº 5 CT, mas apenas que a sua satisfação não é condição para a cessação dos respectivos contratos[295]. Estes créditos vêm a ser considerados dívidas da massa insolvente (art. 51º, nº 1 *c)*), cuja satisfação obedece a um regime especial privilegiado (art. 172º)[296].

Para além disso, não parece de exigir uma fundamentação específica para o despedimento colectivo, incluída na comunicação (cfr. art. 360º, nº 2 *a)* CT), bastando os pressupostos da insolvência e da desnecessidade dos trabalhadores, sendo essa desnecessidade o critério a indicar nos termos do art. 360º, nº 2 *c)* CT. Verificada essa desnecessidade, não parece possível o recurso à fase de informações e negociações quanto a medidas alternativas, a que se refere o art. 366º CT, as quais até poderiam agravar a situação de insolvência[297].

Resta saber qual o procedimento exigido para fazer cessar os contratos de trabalho no caso de microempresas. Coerentemente, com a sua tese da aplicação do art. 108º CIRE ao contrato de trabalho, vem PEDRO

[295] Neste sentido, ROMANO MARTINEZ, *Da cessação*, p. 425.

[296] Neste sentido, CARVALHO FERNANDES, *RDES* 45 (2004), nºs 1/3, p. 26 = CARVALHO FERNANDES / JOÃO LABAREDA, *Colectânea*, pp. 233-234. Em sentido contrário, veja-se, porém, o Ac. RC 14/7/2010 (BARATEIRO MARTINS), em *CJ* 35 (2010), 3, pp. 38-40 e em *CDP* nº 34 (Abril-Junho 2011), pp. 55-63, com anotação desfavorável de MENEZES LEITÃO, "A natureza dos créditos laborais resultantes de decisão do administrador de insolvência – Ac. do TRC de 14.7.2010, Proc. 562/09", *ibid*, pp. 63-66 e na doutrina JÚLIO GOMES, em CATARINA SERRA (org.), *I Congresso*, pp. 291 e ss.

[297] Neste sentido, perante a legislação anterior, ANTÓNIO NUNES DE CARVALHO, *RDES* 37 (1995), nº 4, p. 337, o qual considera que, no âmbito do processo de insolvência, "o pressuposto do despedimento colectivo existe *in re ipsa*".

ROMANO MARTINEZ sustentar que basta o aviso prévio de sessenta dias, a que se refere esta disposição[298]. Não parece, porém, que se exija um aviso prévio tão dilatado, antes se justificando que a cessação dos contratos de trabalho nas microempresas em caso de insolvência se processe de forma mais expedita.

14.3.5.10.1.3. A possibilidade de celebração de novos contratos de trabalho por parte do administrador da insolvência

O art. 55º, nº 4, CIRE dispõe que "o administrador da insolvência pode contratar a termo certo ou incerto os trabalhadores necessários à liquidação da massa insolvente ou à continuação da exploração da empresa, mas os novos contratos caducam no momento do encerramento definitivo do estabelecimento onde os trabalhadores prestam serviço, ou, salvo convenção em contrário, no da sua transmissão". Desta disposição resulta que o administrador da insolvência tem competência para celebrar novos contratos de trabalho, tomando apenas em consideração a necessidade dos trabalhadores para liquidação da massa insolvente ou para a continuação da exploração da empresa. Os contratos de trabalho apenas podem, porém, ser celebrados a termo certo ou incerto, sendo que esta hipótese de contrato a termo parece ter enquadramento no art. 140º, nº 2 *g)* e nº 3 CT[299].

Em relação ao regime dos contratos a termo, o art. 55º, nº 4, apenas determina que estes contratos caducam com o encerramento definitivo do estabelecimento ou, salvo convenção em contrário, no momento da sua transmissão. É manifesto, no entanto, que esta norma tem um âmbito mais restrito do que aquele que poderia parecer. Efectivamente, o administrador da insolvência pode contratar trabalhadores a termo, não apenas para continuação da exploração de uma empresa, mas também para a liquidação da massa insolvente. Ora, estando em causa esta última situação, o trabalhador não é afecto à exploração de qualquer empresa (a qual até pode nem existir na massa insolvente), pelo que a caducidade do contrato de trabalho neste caso não pode ser determinada pelo encerramento do estabelecimento, apenas devendo ocorrer quando se verifica o termo

[298] Cfr. PEDRO ROMANO MARTINEZ, *Da cessação*, pp. 423-424.

[299] Em sentido, contrário, CARVALHO FERNANDES, *RDES* 45 (2004), nºs 1/3, p. 35 = CARVALHO FERNANDES / JOÃO LABAREDA, *Colectânea*, p. 242, considera o art. 55º, nº 4, CIRE, uma nova hipótese de celebração do contrato de trabalho a termo que extravasa do disposto no (hoje) art. 140º CT.

certo ou então quando estiver concluída a liquidação da massa. Propomos, assim, a interpretação extensiva do art. 55º, nº 4, acrescentando a liquidação da massa insolvente como causa de caducidade do contrato de trabalho a termo celebrado pelo administrador da insolvência, quando o trabalhador tenha sido contratado para esse efeito específico.

Apenas se o trabalhador for afecto à continuação da exploração de uma estabelecimento é que se justifica a caducidade do contrato, com o encerramento desse estabelecimento[300]. Esta situação não difere, porém, do que genericamente se prevê no art. 347º, nº 1, *in fine* CT, salvo o facto de a lei a considerar desde o início como um termo resolutivo incerto, atenta a grande probabilidade de verificação do encerramento, a partir do momento em que se inicia o processo de insolvência. O regime especial do art. 55º, nº 4, admite, porém, a estipulação de termo certo e não apenas de termo incerto, pelo que poderá o administrador da insolvência acordar com os trabalhadores um termo certo para o contrato, prevendo ou não a possibilidade da sua renovação (cfr. art. 149º CT). As eventuais renovações não afectarão, porém, que o encerramento definitivo da empresa determine a caducidade do contrato de trabalho a termo.

A lei prevê ainda, a título supletivo, que o contrato a termo (do trabalhador afecto à exploração de estabelecimento) caduque igualmente com a alienação desse estabelecimento. Podem, porém, as partes estipular o contrário, sendo que, a ocorrer essa estipulação, a posição jurídica do empregador nos contratos de trabalho celebrados pelo administrador da insolvência transmite-se para o adquirente do estabelecimento (art. 285º, nº 1 CT), podendo até o contrato transformar-se em contrato sem termo, nos termos do art. 147º, nº 2, CT.

14.3.5.10.1.4. Efeitos em caso de encerramento da empresa

Parece resultar do art. 347º, nº 1, *in fine*, CT que o encerramento definitivo do estabelecimento faz cessar os contratos de trabalho, sendo uma hipótese de caducidade do contrato de trabalho, porque se verifica uma impossibilidade superveniente, absoluta e definitiva de o empregador receber a prestação de trabalho (art. 343º *b)* CT)[301]. Nos termos do art. 156º, nº 2, a deliberação sobre o encerramento ou manutenção em actividade do esta-

[300] Já não ocorrerá naturalmente essa caducidade se se verificar o encerramento de outro estabelecimento existente na massa.

[301] Neste sentido, ROMANO MARTINEZ, *Da cessação*, p. 423.

belecimento é tomada normalmente na assembleia de credores de apreciação do relatório do administrador da insolvência, onde deve ser dada oportunidade à comissão de trabalhadores ou aos representantes destes de se pronunciarem sobre o mesmo (art. 156º, nº 1). Pode, porém, o administrador da insolvência determinar o encerramento antecipado com o parecer favorável da comissão de credores, ou com o acordo do devedor, no caso de esta não existir, o qual pode ser suprido por intervenção judicial (art. 157º). O encerramento da empresa determina a caducidade do contrato de trabalho, mas não deixa de ter que se seguir, com as necessárias adaptações, o procedimento exigido para o despedimento colectivo, referido nos arts. 360º e ss. CT (art. 347º, nº 3, CT)[302].

O art. 347º, nº 6, CT vem, porém, determinar que "o disposto no nº 3 aplica-se em caso de processo de insolvência que possa determinar o encerramento do estabelecimento". Trata-se de norma que suscita especiais dúvidas de interpretação, na medida em que parece nada acrescentar ao anteriormente referido. Nas palavras de CARVALHO FERNANDES, perante a lei anterior, "se por caso em que o processo de insolvência «possa determinar o encerramento» do estabelecimento se quer significar a *possibilidade* de o encerramento ocorrer ou não, então a situação já está coberta pelo nº 1, *in fine* do art. 391º [hoje art. 347º]; se, com aquela expressão, se pretende significar que o encerramento do estabelecimento é resultado necessário do processo de insolvência, não vemos que no CIRE tal hipótese ocorra. Assim, a utilidade do preceito estará dependente de, em processos especiais de insolvência, prevenidos no próprio *Código* [art. 2º, nº 2, al. *b*)], tal regime vir a merecer consagração"[303].

Conforme se referiu, o encerramento definitivo da empresa em resultado da insolvência do empregador obriga à aplicação com as necessárias adaptações do procedimento exigido para o despedimento colectivo, a que se referem os arts. 360º e ss. CT. Há, porém, várias modificações a observar.

A primeira modificação, que se encontra especialmente prevista no art. 363º, nº 5 CT, é que não é condição para a obtenção do despedimento colectivo que o empregador ponha à disposição do trabalhador a compen-

[302] Considerou o Ac. RC 7/7/2005 (FERNANDES DA SILVA), em *CJ* 30 (2005), 4, pp. 58-61, que, caso não sejam seguidos esses trâmites já não se verifica a caducidade do contrato de trabalho, ocorrendo antes um despedimento ilícito.

[303] Cfr. CARVALHO FERNANDES, *RDES* 45 (2004), nºs 1/3, p. 27 = CARVALHO FERNANDES / JOÃO LABAREDA, *Colectânea*, p. 235.

sação a que se refere o art. 366º CT, bem como os créditos vencidos ou exigíveis em virtude da cessação do contrato de trabalho, ao contrário do que normalmente dispõe o art. 383º *c)* CT.

Parecem justificar-se ainda outras modificações nos procedimentos adoptados para o despedimento colectivo. Assim, não se justifica que a comunicação a que se refere o art. 360º, nº 2 *a)* CT faça referência aos motivos invocados para o despedimento, bastando indicar a situação de insolvência. Também não se justificaria que fossem indicados os critérios que servem de base para a selecção dos trabalhadores a despedir, ao contrário do que dispõe o art. 360º, nº 2 *c)*, CT dado que o encerramento afecta, em princípio, todos os trabalhadores da empresa. Por outro lado, não parece que o administrador da insolvência possa, ao abrigo do art. 360º, nº 2, *f)*, CT atribuir aos trabalhadores qualquer indemnização acima da que resulte dos critérios legais, uma vez que lhe está vedado agravar a situação financeira da empresa. Finalmente, também não parece haver lugar às informações e negociações previstas no art. 361º CT, dado que elas pressupõem uma continuação da empresa que neste caso é necessariamente excluída, não se justificando por isso a sua adopção, que só resultaria em maiores encargos para a massa insolvente[304].

14.3.5.10.1.5. Efeitos em caso de alienação da empresa

Uma alternativa ao encerramento da empresa é a sua alienação. Esta encontra-se prevista no art. 162º, competindo ao administrador da insolvência, logo que inicia as suas funções efectuar diligências com vista à alienação da empresa do devedor ou dos seus estabelecimentos (art. 162º, nº 2). A lei manifesta preferência pela alienação como um todo, a menos que haja proposta satisfatória ou se reconheça vantagem na alienação separada de certas partes (art. 162º, nº 1). Caso seja aprovado um plano de insolvência, este pode ainda prever a transmissão da empresa a terceiro (art. 195º, nº 2 *b)*), podendo ainda ocorrer no caso de saneamento por transmissão a constituição de nova ou novas sociedades, para onde se transferem os estabelecimentos do insolvente (art. 199º).

A transmissão da empresa ou estabelecimento é regulada autonomamente nos arts. 285º e ss. CT, que parecem ser igualmente aplicáveis à

[304] Cfr. Carvalho Fernandes, *RDES* 45 (2004), nºs 1/3, pp. 28-29 = Carvalho Fernandes / João Labareda, *Colectânea*, pp. 236-237.

transmissão da empresa, quer esta ocorra por determinação do administrador da insolvência, quer em resultado da aprovação de um plano de insolvência. Na doutrina, CARVALHO FERNANDES tem, porém, defendido alguma aplicação limitada deste regime. Assim, para o autor não se aplicaria ao processo de insolvência o (hoje) art. 286º CT, relativo à informação e consulta dos representantes dos trabalhadores, por tal lhe parecer pouco compatível com a transmissão forçada que ocorre em processo de insolvência[305]. E igualmente não se aplicaria o regime da responsabilidade solidária do transmitente, previsto actualmente no art. 285º, nº 2, CT, não apenas porque o pagamento das dívidas pelo insolvente obedece a um regime especial, mas também porque o destino da pessoa colectiva insolvente é normalmente a sua extinção, ocorrendo igualmente a liquidação dos patrimónios autónomos, sendo que tratando-se de uma pessoa singular lhe pode ser concedida a exoneração do passivo restante[306].

Não vemos, porém, razões para excluir a aplicação de qualquer desses preceitos.

Relativamente ao art. 286º CT, a informação e consulta dos representantes dos trabalhadores constitui um dever legal que incumbe tanto sobre o transmitente como sobre o adquirente devendo o administrador da insolvência cumprir os deveres que incumbem ao transmitente nos termos gerais (arts. 81º, nº 1 e nº 4).

Já quanto à responsabilidade do transmitente, esta abrange solidariamente por um ano as obrigações vencidas antes da transmissão (art. 285º, nº 2 CT). Se se tratar de obrigações laborais contraídas no processo da insolvência por parte do administrador da insolvência, são consideradas dívidas da massa (art. 51º, nº 1, *c)* CIRE) e liquidadas nos termos do art. 172º. Se se tratar de obrigações laborais contraídas antes do processo de insolvência, são considerados créditos sobre a insolvência (art. 46º), os quais são liquidados nos termos dos arts. 173º e ss. Com a transmissão da empresa naturalmente que os credores preferirão reclamar esses créditos ao adquirente, que será previsivelmente mais solvente, mas não há motivo para se excluir a responsabilidade do transmitente, quando o pagamento pelo adquirente

305 Cfr. CARVALHO FERNANDES, *RDES* 45 (2004), nºs 1/3, pp. 30 e ss. = CARVALHO FERNANDES / JOÃO LABAREDA, *Colectânea*, pp. 237 e ss.

306 Cfr. CARVALHO FERNANDES, *RDES* 45 (2004), nºs 1/3, pp. 32 e ss. = CARVALHO FERNANDES / JOÃO LABAREDA, *Colectânea*, pp. 240 e ss.

não se verificar. O facto de a insolvência poder levar à extinção do devedor pessoa colectiva, à liquidação do património autónomo, ou à exoneração do passivo restante do devedor pessoa singular, não é argumento em sentido contrário, dado que estes efeitos normalmente ocorrem apenas após o encerramento do processo (vide arts. 234º, nº 3, e 235º).

14.3.5.10.1.6. Efeitos sobre as acções laborais pendentes contra o empregador

Pode igualmente questionar-se quais os efeitos da declaração de insolvência sobre as acções laborais interpostas contra o empregador por parte dos trabalhadores. Após a declaração de insolvência poderá ser requerida a apensação dessas acções, nos termos do art. 85º CIRE. No entanto, os trabalhadores serão forçados a reclamar os seus créditos no âmbito do processo de insolvência, de harmonia com o disposto nos arts. 90º e 128º e ss. CIRE.

14.3.5.10.2. Insolvência do trabalhador

Em relação à insolvência do trabalhador, esta encontra-se regulada no art. 113º, que se limita a referir que a declaração de insolvência do trabalhador não suspende o contrato de trabalho, mas que o ressarcimento de prejuízos decorrentes de uma eventual violação dos deveres contratuais apenas pode ser reclamado ao próprio insolvente. Assim, os danos resultantes de eventuais incumprimentos contratuais por parte do trabalhador insolvente não podem ser reclamados no processo de insolvência, tendo que ser reclamados directamente ao insolvente.

Relativamente aos efeitos da insolvência sobre a remuneração do trabalhador, há que tomar em consideração, em primeiro lugar, que não pode ser apreendida pela insolvência a parte da remuneração do trabalhador que seja impenhorável, o que actualmente corresponde a dois terços (art. 738º, nº 1 CPC), com o limite máximo de três salários mínimos nacionais à data da apreensão e como limite mínimo, quando o executado não tenha outro rendimento e o crédito não seja de alimentos, o correspondente a um salário mínimo nacional (art. 738º, nº 3 CPC). No entanto, acima desses montantes, os bens ou rendimentos que sejam adquiridos pelo devedor entram para a massa, ficando-lhe interdita a sua alienação ou cessão, mesmo que a aquisição seja posterior ao encerramento do processo (art. 81º, nº 2). O administrador assume a representação do devedor para todos os efeitos que interessem à insolvência (art. 81º, nº 4).

Uma vez que o trabalhador é necessariamente uma pessoa singular[307], pode ser-lhe concedida a exoneração do passivo restante, nos termos dos arts. 235º e ss. Nessa hipótese é efectuada a cessão do rendimento disponível do trabalhador a um fiduciário (art. 239º, nº 2) ficando o insolvente apenas com o que for considerado necessário para o seu sustento minimamente digno, bem como do seu agregado familiar, que não pode em princípio ultrapassar três vezes o salário mínimo nacional, e ainda para o exercício pelo devedor da sua actividade profissional e outras despesas ressalvadas pelo juiz (art. 239º, nº 3 *b*))[308]. Tudo o resto deve ser entregue pelo insolvente ao fiduciário, logo que receba os correspondentes rendimentos (art. 239º, nº 4 *c*)). Nessa hipótese de cessão do rendimento disponível, o insolvente fica obrigado a exercer uma profissão remunerada, não abandonando sem motivo legítimo, e a procurar diligentemente tal profissão quando desempregado, não recusando desrazoavelmente algum emprego para que seja apto (art. 239º, nº 4, *b*)). O insolvente fica ainda com a obrigação de informar o tribunal e o fiduciário de qualquer mudança de domicílio ou de condições de emprego, no prazo de 10 dias após a respectiva ocorrência, bem como quando solicitado e dentro de igual prazo, sobre as diligências realizadas para a obtenção de emprego (art. 239º, nº 4 *d*)).

Pode, porém, acontecer que o insolvente não possa angariar rendimentos com o seu trabalho e careça absolutamente de meios de subsistência. Nesse caso, a lei admite a possibilidade de lhe ser atribuído, a título de alimentos, um subsídio à custa dos rendimentos da massa insolvente (art. 84º, nº 1), podendo essa atribuição cessar a qualquer momento, apenas com base na decisão do administrador da insolvência (art. 84º, nº 2). Já relativamente à família do insolvente, o direito a alimentos apenas pode ser exercido contra a massa nas condições do art. 93º, só tendo o insolvente direito a que o subsídio contemple os seus familiares nos casos de aplicação desse artigo (art. 84º, nº 4), solução que, conforme referimos *supra*, consideramos ser inconstitucional.

[307] No sentido de que as pessoas colectivas não podem ser trabalhadores, cfr. ROMANO MARTINEZ, *Direito do Trabalho*, 4ª ed., Coimbra, Almedina, 2007, pp. 125 e ss. (129) e MONTEIRO FERNANDES, *Direito do Trabalho*, 14ª ed., Coimbra, Almedina, 2009 pp. 196-197. Hoje esta solução está expressamente consagrada no art. 11º CT.

[308] Conforme se salientou no Ac. RL 12/4/2011 (ANA RESENDE), em *CJ* 36 (2011), 2, pp. 129-131, o montante indispensável a uma existência condigna deve ser objecto de uma ponderação casuística perante a situação em causa, sendo que nas despesas a ressalvar se incluem as necessárias em virtude da situação clínica do devedor.

14.3.5.11. Contratos de prestação de serviços

14.3.5.11.1. Prestação duradoura de serviço no interesse do insolvente

O art. 111º refere-se à situação da prestação duradoura de um serviço no interesse do insolvente, estabelecendo que, caso os mesmos não caduquem por força do disposto no art. 110º, não se suspendem com a declaração de insolvência, podendo ser denunciados por qualquer das partes nos termos do nº 1 do art. 108º, com as necessárias adaptações. Parecem estar aqui apenas em questão as hipóteses de prestação de serviços duradoura com prazo fixado, uma vez que no caso contrário se passaria a conceder um pré-aviso para a denúncia do contrato em caso de insolvência que não se encontra previsto no regime geral do contrato de prestação de serviços. Efectivamente, a prestação de serviços em geral é sujeita às regras do mandato (art. 1156º CC), e em relação a este, já se prevê, no art. 1170º CC um direito de livre revogação, pelo que não se vê a que propósito se prevê um direito de denúncia em caso de insolvência. Mesmo tratando-se de empreitada, no art. 1229º CC também se prevê a faculdade de desistência por parte do dono da obra, sem o sujeitar a um pré-aviso[309].

No art. 111º, nº 2 estabelece-se que a denúncia do contrato apenas dá lugar a indemnização se for efectuada pelo administrador de insolvência, constituindo crédito sobre a insolvência. Daqui resulta, portanto, que o prestador de serviços pode denunciar o contrato com fundamento na insolvência da outra parte, caso em que não fica sujeito a qualquer indemnização.

Já a denúncia antecipada pelo administrador da insolvência implica o pagamento de uma indemnização, nos termos do art. 108º, nº 3, a qual constitui crédito sobre a insolvência (art. 111º, nº 2). Uma vez que se trata de uma denúncia antecipada antes do fim do prazo, a indemnização terá como objecto o valor das retribuições ou outras compensações que o prestador de serviços deixou de auferir em consequência dessa denúncia, até ao momento do fim do prazo contratualmente estipulado ou de outro em que a denúncia se poderia verificar, por força do contrato ou da lei.

Em ordem a evitar que a denúncia antecipada possa provocar um enriquecimento injustificado do prestador de serviços, a lei determina que ao valor das prestações em falta sejam deduzidos, quer os custos que o prestador de serviços teria que suportar com o exercício das suas funções,

[309] Neste sentido, já Menezes Leitão, *Código da Insolvência*, sub art. 111º, nº 3, p. 144. Em sentido contrário, Carvalho Fernandes/João Labareda, *Código da Insolvência*, sub art. 111º, nº 2, p. 486.

enquanto o contrato se mantivesse, quer os proveitos obtidos pela prestação de outros serviços que a denúncia do contrato lhe possibilitou.

As quantias apuradas, quer em relação ao montantes da indemnização, quer em relação ao valor das suas deduções, são actualizadas com dedução do *interusurium*, nos termos do art. 91º, nº 2.

14.3.5.11.2. Prestação de serviço pelo devedor insolvente

O art. 114º, nº 1, estende a aplicação do art. 113º "aos contratos pelos quais o insolvente, sendo uma pessoa singular, esteja obrigado à prestação de um serviço, salvo se este se integrar na actividade da empresa de que for titular e não tiver natureza infungível". Daqui resulta uma equiparação das prestações de serviços de natureza infungível não enquadradas numa actividade empresarial às prestações laborais, sendo-lhes aplicável o mesmo regime da não suspensão em consequência da declaração de insolvência, mas com a limitação da possibilidade da exigência de indemnização dos prejuízos causados pelo incumprimento ao próprio insolvente, não respondendo consequentemente a massa insolvente por essa situação.

Sem prejuízo deste regime, o art. 114º, nº 2, estende ainda a aplicação do art. 111º aos contratos que tenham por objecto uma prestação duradoura de um serviço pelo devedor insolvente, estabelecendo, no entanto, que o dever de indemnizar apenas existe se for da outra parte a iniciativa da denúncia. Assim, no caso de a prestação de serviços pelo devedor ter carácter duradouro, embora a declaração de insolvência do devedor não suspenda o contrato (art. 113º, nº 1, *ex vi* do art. 114º, nº 1), qualquer das partes o pode denunciar, devendo a denúncia ser efectuada com um pré-aviso de sessenta dias, a menos que da lei ou do contrato resulte um prazo inferior (arts. 111º, nº 1, e 108º, nº 1, *ex vi* do art. 114º, nº 2). Se a denúncia provier do devedor insolvente, o mesmo não fica obrigado ao pagamento de qualquer indemnização. Já se a denúncia provier da outra parte, esta fica obrigada a pagar as prestações em falta até ao fim do prazo contratualmente estipulado ou daquele em que a denúncia seria legal ou contratualmente possível, com dedução dos custos que o insolvente suportaria e dos proveitos que a cessação antecipada lhe proporciona, actualizados nos termos do nº 2 do art. 91º (arts. 111º, nº 2, e 108º, nº 3, *ex vi* do art. 114º, nº 2)[310].

[310] Não vemos assim qualquer vantagem no exercício da denúncia antecipada pela outra parte neste caso, pois, embora perca o direito à prestação de serviços pelo devedor, continua a ter que lhe pagar as prestações em falta, não sendo os montantes a deduzir compensação suficiente.

Uma vez que estas prestações não têm natureza salarial, não estão sujeitas ao regime da impenhorabilidade estabelecida no art. 738º, nº 1, CPC, o que implica que as mesmas sejam integralmente adquiridas pela massa, nos termos do art. 81º, nº 2, devendo consequentemente a outra parte fazer esses pagamentos ao administrador da insolvência (art. 36º, nº 1, *m*)). Em qualquer caso, o devedor insolvente, como pessoa singular poderá igualmente beneficiar da exoneração do passivo restante (arts. 235º e ss.), podendo igualmente ser-lhe atribuído um subsídio a título de alimentos (art. 84º).

14.3.5.12. Cessão e penhor de créditos futuros

Relativamente aos negócios de cessão e penhor de créditos futuros, o art. 115º, nº 1, estabelece que "sendo o devedor uma pessoa singular e tendo ele cedido ou dado em penhor, anteriormente à data da declaração de insolvência, créditos futuros emergentes de contratos de trabalho ou de prestação de serviços, ou o direito a prestações sucedâneas futuras, designadamente subsídios de desemprego ou pensões de reforma, a eficácia do negócio ficará limitada aos rendimentos respeitantes ao período anterior à data da declaração de insolvência, ao resto do mês em curso nesta data e aos 24 meses subsequentes". Este regime aplica-se apenas em relação a cessões realizadas antes da declaração de insolvência, uma vez que após a mesma, qualquer cessão de bens ou rendimentos futuros passa a ser interdita ao devedor, mesmo que a aquisição apenas ocorra após o encerramento do processo (art. 81º, nº 2).

Daqui resulta que se o devedor tiver cedido ou dado em penhor rendimentos futuros advenientes de contrato de trabalho, prestações de serviços ou prestações sociais (por exemplo em garantia de um empréstimo bancário) essas cessão ou penhor só se mantêm eficazes por um período de dois anos após a data da declaração de insolvência. O credor pode assim apenas durante esse período continuar a exigir para si as prestações correspondentes aos créditos cedidos ou empenhados. Passado esse prazo, a cessão torna-se ineficaz e as prestações objecto de cessão e penhor passam a ser devidas novamente à massa insolvente[311].

[311] Conforme refere HEYER, *Einführung*, pp. 26-27, esta regra destina-se igualmente a estabelecer o princípio do tratamento igualitário dos credores. Efectivamente, dado que os rendimentos do trabalho subordinado ou autónomo e de prestações sociais constituem o único bem ou o bem mais importante com que o comum dos credores pode contar para sa-

Estando em causa a cessão ou penhor de créditos constituídos antes da declaração de insolvência e relativos a rendas ou alugueres devidos por contrato de locação que o administrador da insolvência não possa denunciar ou resolver, verifica-se igualmente a limitação da eficácia da cessão, mas esta é consideravelmente mais abrangente, dado que a cessão apenas se mantém eficaz em relação às rendas ou alugueres que respeitem ao período anterior à data de declaração de insolvência, ao resto do mês em curso nessa data e ao mês subsequente (art. 115º, nº 2).

A limitação da eficácia da cessão não prejudica, no entanto, a possibilidade de o devedor por esses créditos efectuar a compensação com dívidas à massa, desde que estejam preenchidos os respectivos pressupostos, nos termos do art. 115º, nº 3.

O enquadramento dogmático da eficácia da cessão e penhor de créditos futuros após a declaração de insolvência tem sido controvertido, tendo surgido um amplo debate na doutrina entre duas teorias: a teoria da transmissão e a teoria da imediação[312].

Para os defensores da *teoria da transmissão*, uma vez que o crédito chega a pertencer durante um segundo ao património do insolvente, tal é suficiente para que seja objecto de aquisição pela massa insolvente, sendo o negócio de cessão ineficaz em relação a esta nos termos gerais. Efectivamente, de acordo com esta teoria, o cedente tem necessariamente que ser titular do poder de disposição sobre o crédito no segundo em que se deve verificar a sua transmissão para o cessionário. Ora, se nesse momento o cedente já foi declarado insolvente, perdeu o poder de disposição sobre o crédito, sendo os actos de alienação considerados ineficazes em relação à massa. Assim, no momento em que surge o crédito este vem a ser apreendido pela massa, não merecendo qualquer tutela a posição do cessionário, dado que este, ao celebrar a cessão de créditos futuros, aceita o risco da insolvência do cedente no momento da constituição do crédito.

Pelo contrário, segundo a *teoria da imediação*, dado que o crédito se constitui directamente no património do cessionário, a solução lógica seria a

tisfação dos seus créditos, não deve esse ser colocada em termos duradouros como garantia exclusiva de um único credor. No entanto, o legislador não poderia tornar imediatamente a cessão ineficaz no momento da declaração de insolvência, dado que tal a desvalorizaria como garantia, o que prejudicaria todos os devedores, uma vez que este é normalmente o único bem que podem dar como garantia, em ordem a obter a concessão de crédito.

[312] Cfr., sobre este debate, MENEZES LEITÃO, *Cessão de créditos*, pp. 432 e ss.

de que não poderia ser objecto de apreensão pela massa insolvente, sendo também inatacável o negócio de cessão, uma vez que foi celebrado definitivamente antes da declaração de insolvência.

Conforme acima se referiu, esta disposição apenas se refere a créditos resultantes de contrato de trabalho, prestação de serviço e prestações sucedâneas futuras, bem como de contratos de locação, o que não permite inferir a posição geral do legislador sobre esta questão. No entanto, em relação a estes créditos, ao estabelecer-se a doutrina de que a cessão ou o penhor de créditos futuros fica limitada aos anteriores à declaração de insolvência e a um curto período posterior, consagra-se a teoria da transmissão[313].

14.3.5.13. Contratos de conta-corrente

O art. 116º estabelece a solução tradicional de que a declaração de insolvência importa o encerramento das contas correntes. Efectivamente, o encerramento da conta corrente é indispensável em ordem ao apuramento exacto da posição do insolvente como credor ou devedor da outra parte, o qual só se pode determinar através do exame do saldo da conta, sendo apenas este exigível (art. 346º, nº 4 CCom). Na verdade, como refere o art. 350º CCom, "antes do encerramento da conta corrente nenhum dos interessados será considerado como credor ou devedor do outro, e só o encerramento fixa invariavelmente o estado das relações jurídicas das partes, produz de pleno direito a compensação do débito com o crédito corrente e determina a pessoa do credor e do devedor"[314].

14.3.5.14. Contratos de associação em participação

O art. 117º, nº 1 estabelece que a associação em participação se extingue pela insolvência do associante. Trata-se de solução que já resultava do art. 166º do CPEREF, encontrando-se igualmente prevista no art. 27º *g)* do D.L. 231/81, de 28 de Julho, que estabelece o regime dos contratos de consórcio e associação em participação[315]. Justifica-se a extinção imediata da asso-

[313] Neste sentido, já nos tínhamos expressado em Menezes Leitão, *Código da Insolvência*, sub art. 115º, nº 3, pp. 146-147. Em sentido contrário, defendendo a teoria da imediação, a nosso ver sem razão, cfr. Pestana de Vasconcelos, *A cessão*, pp. 472 e ss.

[314] Cfr. Ary Elias da Costa, *op. cit.*, p. 94.

[315] Estranhamente, não se encontra qualquer norma relativa ao consórcio no CIRE, sendo que, nos termos do art. 10º, nº 2 *a)* do D.L. 231/81, a declaração de falência constitui justa causa de resolução deste contrato.

ciação em participação em caso de insolvência do associante pela manifesta impossibilidade de realização do objecto contratual, a partir desse momento, dado que, visando a associação em participação a associação de uma pessoa à actividade económica prosseguida por outra (art. 21º, nº 1, D.L. 231/81), a insolvência desta, na medida em que a impede de prosseguir a sua actividade, deve acarretar necessariamente a extinção desse contrato.

A associação em participação envolve da parte do associado a prestação de uma contribuição de natureza patrimonial (art. 24º D.L. 231/81) e a sua participação nos lucros e eventualmente nas perdas do associante (art. 21º, nº 2, e 25º D.L. 231/81). Em caso de insolvência, o art. 117º, nº 2 obriga o associado a entregar à massa insolvente do associante a parte ainda não liquidada das perdas em que deva participar, conservando, porém, o direito de reclamar, como crédito sobre a insolvência, as prestações que tenha realizado e que não devam ser incluídas na sua participação nas perdas. Este regime impede assim o associado de compensar as perdas com a devolução das prestações a que tenha direito, o que não se apresenta muito coerente com os termos em que o art. 99º passou a admitir a compensação após a declaração de insolvência.

14.3.5.15. Agrupamento complementar de empresas e agrupamento europeu de interesse económico

O art. 118º, nº 1, vem estabelecer que, salvo em caso de disposição diversa do contrato, quer o agrupamento complementar de empresas, quer o agrupamento europeu de interesse económico, não se dissolvem em consequência da insolvência de um ou mais membros do agrupamento. Em relação ao agrupamento complementar de empresas, essa solução constava já do art. 165º do CEPEREF, bem como art. 16º, nº 2, do Decreto-Lei 430/73, de 25 de Agosto que, regulamenta a Lei 4/73, de 4 de Junho, que disciplina esta figura. A solução foi estendida ao Agrupamento Europeu de Interesse Económico, o que permitiu colmatar uma lacuna sobre esta figura, já que o art. 36º do Regulamento CEE nº 2137/85, de 25 de Julho de 1985, estabelece que ele se encontra sujeito às disposições do direito nacional que regula a insolvência e cessação de pagamentos. Ora, a única norma nacional que existia era o art. 10º do D.L. 148/90, de 9 de Maio, actualmente ultrapassada, e que não indicava o respectivo regime[316].

[316] O legislador seguiu a proposta que apresentámos aquando da discussão do anteprojecto. Cfr. MENEZES LEITÃO, "Os efeitos da declaração de insolvência sobre os negócios em curso",

Caso um dos membros do agrupamento complementar de empresas seja declarado insolvente, a lei atribui-lhe o direito de se exonerar do agrupamento (art. 118º, nº 2). A insolvência constitui, poir outro lado, fundamento legal para a sua exclusão por do agrupamento (art. 13º *b)* D.L. 430/73). Parece dever ser a solução idêntica para o agrupamento europeu de interesse económico, face ao que se dispõe no art. 27º do Regulamento CEE nº 2137/85.

É considerada nula a cláusula do contrato que obrigue o membro declarado insolvente a indemnizar os danos causados aos restantes membros ou ao agrupamento (art. 118º, nº 3).

14.3.5.16. Injuntividade do regime dos efeitos da insolvência sobre os negócios em curso

O regime dos efeitos da insolvência sobre os negócios em curso tem natureza injuntiva, já que a lei estabelece a proibição de as partes estabelecerem convenções em sentido contrário (art. 119º, nº 1), sendo "em particular nula a cláusula que atribua à situação de insolvência de uma das partes o valor de uma condição resolutiva do negócio ou confira nesse caso à parte contrária um direito de indemnização, de resolução ou de denúncia em termos diversos" daqueles que a lei prevê (art. 119º, nº 2)[317].

Numa solução algo contraditória, a lei admite, porém, "que a situação de insolvência possa configurar justa causa de resolução ou de denúncia em atenção à natureza e conteúdo das prestações contratuais" (art. 119º, nº 3). A lei não permite assim a estipulação de cláusulas resolutivas expressas ou de direitos de denúncia, mas admite que da natureza e conteúdo do contrato resulte implicitamente a atribuição desses direitos[318].

em MINISTÉRIO DA JUSTIÇA (org.), *Código da Insolvência e da Recuperação de Empresas*, Coimbra, Coimbra Editora, 2004, pp. 61-68 (66).

[317] Cfr. Luís Menezes Leitão, "A (in)admissibilidade da insolvência como causa de resolução dos contratos", em CATARINA SERRA (org.), *III Congresso de Direito da Insolvência*, Coimbra, Almedina, 2015, pp. 89-101.

[318] Carvalho Fernandes/João Labareda, *Código da Insolvência*, sub art. 119º, nº 3, p. 498, consideram exemplo desta situação os contratos bancários de abertura de crédito.

14.3.6. A resolução em benefício da massa insolvente

14.3.6.1. Requisitos da resolução em benefício da massa insolvente

14.3.6.1.1. Generalidades

Uma vez que o processo de insolvência visa a satisfação igualitária dos direitos dos credores, não é admissível a concessão de vantagens especiais a qualquer deles a partir do momento em que a situação de insolvência do devedor vem a ser conhecida. Daí que, caso o devedor tenha concedido alguma vantagem desse tipo no período suspeito anterior à declaração, a lei venha permitir à massa insolvente a recuperação das atribuições patrimoniais correspondentes. Para esse efeito, o administrador da insolvência pode determinar a resolução de actos e omissões em benefício da massa insolvente[319], nos termos dos arts. 120º e ss. do CIRE[320].

Os requisitos da resolução variam, tendo que se distinguir entre requisitos gerais (art. 120º) e requisitos em relação a certas categorias de actos (art. 121º), falando a lei a este último propósito em resolução incondicional.

14.3.6.1.2. Requisitos gerais da resolução

Relativamente aos *requisitos gerais da resolução*, a lei estabelece os seguintes:

a) Realização pelo devedor de determinado acto;
b) Prejudicialidade do acto em relação à massa insolvente;
c) Verificação desse acto nos dois anos anteriores à data do início do processo de insolvência;
d) Existência de má fé do terceiro.

A resolução em benefício da massa insolvente exige, em primeiro lugar, que o devedor tenha realizado determinado acto. Com a alteração do art. 120º, nº 1, pela Lei 16/2012, deixou de ser possível a resolução de omissões, ainda que por lapso a lei continua a fazer referência a essa possibilidade nos arts. 120º, nº 4, e 126º, nº 2. Efectivamente, não fazia qualquer sentido

[319] Cfr., sobre esta figura, FERNANDO DE GRAVATO MORAIS, *Resolução em benefício da massa insolvente*, Coimbra, Almedina, 2008.

[320] No âmbito da lei anterior, admitia-se ainda uma acção de impugnação pauliana colectiva, prevista nos arts. 1201º e 1204º do CPC 1961 e depois nos arts. 157º, 157º, e 159º CPEREF, tendo o CIRE restringido a reacção do administrador de insolvência à resolução em benefício da massa. Não é por isso hoje possível ao administrador de insolvência instaurar uma acção de impugnação pauliana colectiva. Neste sentido, cfr. Ac. RC 12/1/2016 (BARATEIRO MARTINS), em *CJ* 41 (2016), I, pp. 5-7.

a possibilidade de resolver omissões, prevista na versão inicial do Código, que aliás não incluía nenhuma previsão de como se processava nesse caso a resolução. O legislador do CIRE inspirou-se no § 129, II, da *Insolvenzordnung*, mas esta norma nunca fala em resolução, mas antes em *Anfechtung*, que significa contestação ou impugnação. A resolução de uma omissão implicaria considerar-se praticado o acto omitido, o que teria como resultado poder-se alterar toda a situação patrimonial do insolvente, ficcionando-se retroactivamente a prática de actos que ele não realizou, o que é excessivo. Bem andou, por isso, a Lei 16/2012 em eliminar essa possibilidade[321].

A *prejudicialidade dos actos em relação à massa insolvente* consiste, de acordo com o art. 120º, nº 2, no facto de estes diminuirem, frustrarem, porem em perigo ou retardarem a satisfação dos credores da insolvência. A lei estabelece, no entanto, no art. 120º, nº 3, uma presunção *iuris et de iure* de actos prejudiciais à massa, ao considerar como tais, sem admissão de prova em contrário, os actos de qualquer dos tipos referidos no art. 121º, ainda que praticados ou omitidos fora dos prazos aí contemplados.

A *verificação do acto nos dois anos anteriores ao início do processo de insolvência* vai implicar que apenas possam ser resolvidos em benefício da massa insolvente os actos que tenham decorrido nos dois anos anteriores ao início do processo, uma vez que só este período é considerado como suspeito para efeitos da resolução. Assim, se o acto tiver sido praticado antes desse período, não poderá o mesmo ser objecto de resolução em benefício da massa insolvente.

O último requisito da resolução em benefício da massa insolvente é *a existência de má fé de terceiro*, considerando-se como tal, nos termos do art. 120º nº 5, o conhecimento por este das seguintes circunstâncias: *a)* a situação de insolvência do devedor; *b)* o carácter prejudicial do acto (ou omissão), estando o devedor à data em situação de insolvência iminente; *c)* o início do processo de insolvência. Nos termos do art. 120º, nº 4, a má fé presume-se "quanto a actos cuja prática ou omissão tenha ocorrido dentro dos dois anos anteriores ao início do processo de insolvência e em que tenha participado ou de que tenha aproveitado pessoa especialmente relacionada com o insolvente, ainda que a relação especial não existisse a essa

[321] Em sentido contrário, defendendo que continua a ser possível a resolução de omissões, cfr. PEDRO PAIS DE VASCONCELOS, "Resolução a favor da massa – atos omissivos", em CATARINA SERRA (org.), *III Congresso de Direito da Insolvência*, Coimbra, Almedina, 2015, pp. 104-114.

data". As pessoas especialmente relacionadas com o insolvente encontram-se enumeradas no art. 49º, nº 2, salientando-se, no entanto, que a lei não exige, para fazer funcionar a presunção, que as mesmas sejam os adquirentes no negócio a resolver, bastando que tenham participado ou dele tenham aproveitado[322].

14.3.6.1.3. Requisitos da resolução incondicional

Os requisitos gerais da resolução acima enunciados são dispensados no caso de se tratar dos actos referidos no art. 121º, os quais são resolúveis, independentemente de quaisquer outros requisitos, para além dos previstos na mesma disposição legal, incluindo naturalmente os prazos referidos. Esses actos são os seguintes:

a) Partilha celebrada menos de um ano antes da data do início do processo de insolvência, em que o quinhão do insolvente haja sido essencialmente preenchido com bens de fácil sonegação, cabendo aos co-interessados a generalidade dos imóveis e dos valores nominativos;

b) Actos celebrados pelo devedor a título gratuito dentro dos dois anos anteriores à data do início do processo de insolvência, incluindo o repúdio de herança ou legado, com excepção dos donativos conformes aos usos sociais;

c) Constituição pelo devedor de garantias reais relativas a obrigações preexistentes ou de outras que as substituam nos seis meses anteriores à data de início do processo de insolvência;

d) Fiança, subfiança, aval e mandatos de crédito em que o insolvente haja outorgado no período referido na alínea anterior e que não respeitem a operações negociais com real interesse para ele;

322 Por esse motivo no AUJ 15/2014, de 13/11/2014 (SALAZAR CASANOVA), publicado no D.R. de 22/12/2014 foi uniformizada a jurisprudência no seguinte sentido: "Nos termos e para os efeitos dos artigos 120º, nº 4 e 49º, nºs 1 e 2, alíneas *c)* e *d)* do Código da Insolvência e da Recuperação de Empresas, presume-se que age de má fé a sociedade anónima que adquire bens a sociedade por quotas declarada insolvente, sendo de considerar o sócio-gerente desta e seu filho, interveniente no negócio de aquisição como representante daquela, pessoas especialmente relacionadas com a insolvente". Cfr. a recensão a este acórdão de MIGUEL TEIXEIRA DE SOUSA, "Resolução em benefício da massa insolvente por contrato celebrado com pessoa especialmente relacionada com o devedor – Ac. de Uniformização de Jurisprudência nº 15/2014, de 13.11.2014, Proc. 1936/10", no *CDP* nº 50, pp. 58-62.

e) Constituição pelo devedor de garantias reais em simultâneo com a criação das obrigações garantidas, dentro dos 60 dias anteriores à data do início do processo de insolvência;
f) Pagamento ou outros actos de extinção de obrigações cujo vencimento fosse posterior à data do início do processo de insolvência, ocorridos nos seis meses anteriores à data do início do processo de insolvência, ou depois desta mas anteriormente ao vencimento;
g) Pagamento ou outra forma de extinção de obrigações efectuados dentro dos seis meses anteriores à data do início do processo de insolvência em termos não usuais no comércio jurídico e que o credor não pudesse exigir;
h) Actos a título oneroso realizados pelo insolvente dentro do ano anterior à data do início do processo de insolvência em que as obrigações por ele assumidas excedam manifestamente as da contraparte;
i) Reembolso de suprimentos, quando tenha lugar dentro do mesmo período referido na alínea anterior.

Esses actos são assim resolúveis independentemente da verificação de quaisquer outros requisitos, designadamente a má fé do adquirente. A resolução incondicional deixa, porém, de ser possível, em caso de normas legais que excepcionalmente exijam sempre a má fé ou a verificação de outros requisitos (art. 121º, nº 2)[323].

A enumeração, no art. 121º, dos actos sujeitos à resolução incondicional é absolutamente taxativa. Em consequência, qualquer acto que não esteja previsto nesta enumeração só poderá ser resolvido em benefício da massa insolvente se se verificarem os pressupostos do art. 120º.

14.3.6.2. Exclusão da resolução

Há determinados actos, em relação aos quais a lei exclui a possibilidade de aplicação da resolução em benefício da massa insolvente.

Assim, em primeiro lugar, nos termos do art. 120º, nº 6, são insusceptíveis de resolução em benefício da massa insolvente os negócios jurídicos celebrados no âmbito de processo especial de revitalização ou de processo especial para acordo de pagamento regulados no presente diploma, de

[323] Um exemplo desta situação é o art. 8º, nº 1, *b)* do D.L. 453/99, de 5 de Novembro, diploma alterado pelos D.L. 82/2002, de 5 de Abril e 303/2003, de 5 de Dezembro. Cfr. Gravato Morais, *op. cit.*, pp. 146-147.

providência de recuperação ou saneamento, ou de adopção de medidas de resolução previstas no título VIII do RGICSF, bem como os realizados no âmbito do Regime Extrajudicial de Recuperação de Empresas ou de outro procedimento equivalente previsto em legislação especial, cuja finalidade seja prover o devedor com meios de financiamento suficientes para viabilizar a sua recuperação.

Para além disso, os termos do art. 122º, a resolução em benefício da massa insolvente é excluída em relação aos actos compreendidos num sistema de pagamentos, tal como definido pela alínea *a)* do art. 2º da Directiva 98/26/CE, do Parlamento Europeu ou do Conselho de 19 de Maio ou equiparável. Desta disposição resulta assim, em consonância com o art. 3º da referida Directiva que as ordens de transferência e a compensação relativas a valores mobiliários têm carácter definitivo, não sendo afectadas pela insolvência dos participantes no sistema, pelo que não podem ser resolvidas em benefício da massa insolvente.

A insolvência dos participantes no sistema de liquidação de valores mobiliários é aliás objecto de regime especial, constante dos arts. 283º e ss. CVM. Resulta deste regime que a abertura do processo de insolvência não tem efeitos retroactivos sobre os direitos e obrigações decorrentes da sua participação no sistema ou a ela associados (art. 283º, nº 1 CVM). Em consequência, a abertura desses processos não afecta a irrevogabilidade das ordens de transferência, a sua oponibilidade a terceiros, nem o carácter definitivo da compensação, relativamente a ordens introduzidas antes da abertura do processo (art. 283º, nº 2, *a)* CVM). Mesmo em relação às ordens introduzidas após a abertura do processo, estas não são afectadas se tiverem sido executadas no mesmo dia, e os órgãos competentes provarem que não tinham nem deviam ter conhecimento da abertura do processo (art. 283º, nº 2, *b)* CVM). Mesmo as garantias prestadas não são afectadas pela abertura do processo (art. 284º CVM).

14.3.6.3. Legitimidade activa e passiva para o exercício do direito de resolução

Relativamente à legitimidade activa para o exercício do direito de resolução, o art. 123º é muito claro no sentido de que a mesma compete exclusivamente ao administrador da insolvência. Não parece, por isso, aceitável a tese de que os credores poderão proceder a essa resolução se intimarem o administrador para realizar a mesma e ele não o fizer num prazo razoável[324]. Na verdade, essa omissão do administrador da insolvência, para além de implicar a sua responsabilização perante os credores (art. 59º), poderá determinar a sua substituição por outro (art. 56º) que concretize a resolução. Já não será, porém, admissível que os credores se substituam ao administrador da insolvência, praticando actos que cabem na sua exclusiva esfera de competência.

Já relativamente à legitimidade passiva para o exercício do direito de resolução, a mesma deve ser dirigida contra ambas as partes no acto que se pretende resolver.

14.3.6.4. Forma de exercício do direito de resolução

Em coerência com o regime geral da resolução, que estabelece que a mesma se pode fazer por simples declaração à outra parte (art. 436º, nº 1, CC), o art. 123º, nº 1, não exige que a resolução seja realizada por acção judicial, bastando-se para o efeito com uma simples comunicação por carta registada com aviso de recepção[325]. É antes aos destinatários da resolução que incumbe o ónus de impugnar a mesma em acção dirigida contra a massa insolvente, para o que dispõem um prazo de três meses (art. 125º). Por esse motivo, não vemos que faça sentido instaurar uma acção judicial para declarar a resolução, a qual nunca poderia ter como efeito a redução do prazo de impugnação da mesma[326], podendo apenas recorrer-se à acção judicial para obter a condenação das partes no cumprimento das obrigações que a mesma desencadeia (art. 126º, nº 2)[327].

A resolução pode, porém, ser ainda exercida por via de excepção, quando o negócio não esteja cumprido (art. 123º, nº 2).

Em qualquer caso, a declaração de resolução terá que conter os fundamentos da mesma, sem o que será afectada de nulidade[328]. Sendo nula a

[324] Defende esta solução GRAVATO MORAIS, *op. cit.*, pp. 149-150.

[325] Não parece ter razão CATARINA SERRA, *O novo regime*, p. 109, quando dispensa a carta registada, entendendo serem admissíveis outras formas de comunicação à outra parte.

[326] Em sentido contrário, admitindo que a acção pudesse ser usada como expediente para reduzir esse prazo de impugnação, GRAVATO MORAIS, *op. cit.*, p. 156.

[327] Em sentido contrário, CARVALHO FERNANDES / JOÃO LABAREDA, *Código da Insolvência*, sub art. 123º, nº 4, p. 510, admitem que o administrador possa recorrer aos meios judiciais, em lugar de utilizar a comunicação por carta registada. No mesmo sentido, GRAVATO MORAIS, *op. cit.*, pp. 152-153, ainda que questionando que haja "interesse específico nisso".

[328] Neste sentido, cfr. Ac. RG 26/3/2009 (GOUVEIA BARROS), em *CJ* 34 (2009), 2, pp. 311-314, e Ac. RE 27/2/2014 (FRANCISCO XAVIER), em *CJ* 39 (2014), 1, pp. 251-254.

resolução, o administrador da insolvência não está impedido de proceder ao envio de nova comunicação, desde que entretanto não tenha decorrido o prazo previsto no art. 123º, nº 1[329]. Já não parece, porém, admissível a apresentação de nova comunicação após a impugnação da resolução, nos termos do art. 125º, uma vez que a acção consolida a impugnação do acto[330].

14.3.6.5. Prazo para o exercício do direito de resolução

A resolução tem que ser exercida no prazo de seis meses após o conhecimento do acto pelo administrador da insolvência, mas nunca depois de decorridos dois anos sobre a data da declaração de insolvência (art. 123º, nº 1). No caso de o negócio ainda não estar cumprido, a resolução pode ser exercida sem dependência de prazo (art. 123º, nº 2).

A lei qualifica na epígrafe do art. 123º, nº 1, como "prescrição do direito" a situação decorrente da ultrapassagem desse prazo. A qualificação é manifestamente estranha, dado que a situação parece ser antes de caducidade do direito de promover a resolução[331].

14.3.6.6. Oponibilidade da resolução a transmissários posteriores

À semelhança do que se prevê para a impugnação pauliana no art. 613º CC, a resolução em benefício da massa insolvente pode ser oposta a transmissários do direito, bem como àqueles que constituam direitos sobre os bens em relação aos quais a resolução seja exercida. Exige-se, no entanto, sempre a má fé do terceiro, salvo se se tratar de sucessor a título universal ou se a nova transmissão tiver sido realizada a título gratuito (art. 124º).

A oponibilidade da resolução aos transmissários posteriores é possível, independentemente do número de transmissões, desde que se verifique em relação a todas elas o requisito da má fé do adquirente[332], o qual é, como se disse, dispensado nos casos de sucessão universal ou transmissão gratuita.

[329] Neste sentido, cfr. Ac. STJ 25/2/2014 (Moreira Camilo), em *CJ-ASTJ* 22 (2014), 1, pp. 151-152.

[330] Em consequência, no Ac. STJ 20/3/2014 (Azevedo Ramos), em *CJ-ASTJ* 22 (2014), 1, pp. 165-167, rejeitou-se a possibilidade de efectuar novamente a resolução em reconvenção da acção de impugnação.

[331] Neste sentido, Carvalho Fernandes / João Labareda, *Código da Insolvência*, sub art. 123º, nº 3, p. 510. Em sentido contrário, Gravato Morais, *op. cit.*, pp. 161 e ss.

[332] Neste sentido, Gravato Morais, *op. cit.*, pp. 176-177.

14.3.6.7. Impugnação da resolução

Dado que a resolução é realizada por declaração do administrador da insolvência, através de carta registada com aviso de recepção, cabe à parte que se opõe à resolução o ónus de intentar a acção correspondente, destinada à impugnação da mesma, a qual corre como dependência do processo de insolvência (art. 125º).

A acção deve ser instaurada no prazo de três meses, o qual se inicia a partir do momento em que a parte tem conhecimento da resolução, o que se considera ocorrer no momento em que recebe a carta registada comunicando o seu exercício. Esse prazo de três meses deve considerar-se como peremptório, pelo que o seu decurso implica a caducidade do direito de impugnação, devendo em consequência ter-se como definitivamente verificada a resolução[333]. O facto de se prever uma acção autónoma do administrador de insolvência no art. 126º, nº 2 CIRE, não pode servir para dar nova oportunidade de contestação da resolução à outra parte.

14.3.6.8. Efeitos da resolução

Os efeitos da resolução correspondem aos estabelecidos nos arts. 433º e 289º do Código Civil. A resolução tem assim efeitos retroactivos, devendo reconstituir-se a situação que existiria se o acto não tivesse sido praticado (art. 126º, nº 1[334]).

A lei prevê que a acção instaurada pelo administrador de insolvência, com a finalidade de obter os efeitos da resolução é dependência do processo de insolvência (art. 126º, nº 2). Dado que a resolução é efectuada por carta registada (art. 123º), cabendo à outra parte o ónus de a impugnar por via judicial (art. 125º), a acção referida naquela disposição apenas pode ter como finalidade a obtenção da restituição das prestações, sendo assim de condenação e não constitutiva. Não pode, por isso, o réu utilizá-la para contestar a eficácia da resolução, se não procedeu atempadamente à sua impugnação, no prazo de três meses referido no art. 125º.

[333] Neste sentido, cfr. Ac. RG 1/6/2010 (Maria Rosa Tching), em *CJ* 35 (2010), 3, pp. 288-290, que conclui em consequência não ser admissível à contraparte no negócio resolvido recorrer ao processo de restituição e separação de bens, previsto no art. 146º, nº 2.

[334] Por lapso, esta disposição continua a fazer referência à possibilidade de a resolução abranger actos omitidos, situação que foi abolida com a alteração ao art. 120º, nº 1, efectuada pela Lei 16/2012.

A resolução em benefício da massa insolvente faz cessar *ex tunc* os efeitos do acto praticado em prejuízo da massa, surgindo uma relação de liquidação, nos termos da qual se determina a restituição das prestações já realizadas. Os termos dessa restituição variam, no entanto, consoante o acto resolvido tenha sido celebrado a título oneroso ou a título gratuito.

Se o acto tiver sido celebrado a título oneroso, o terceiro deve restituir à massa os bens e valores objecto da resolução dentro do prazo fixado na sentença (art. 126º, nº 3). Se o não fizer, são-lhe aplicáveis as sanções previstas na lei de processo para o depositário de bens penhorados que falte à entrega deles (cfr. art. 771º CPC). Já a obrigação de restituição a cargo da massa insolvente só se verificará em espécie se o objecto prestado pelo terceiro puder ser identificado e separado da parte restante da massa (art. 126º, nº 4). No caso contrário, a obrigação de restituir o valor correspondente constitui dívida da massa insolvente na medida do respectivo enriquecimento à data da declaração de insolvência, e dívida da insolvência quanto ao eventual remanescente (art. 126º, nº 5). Se o terceiro estiver de má fé, o crédito que para ele resulta em virtude da resolução assume a natureza de crédito subordinado (art. 48º *e)*).

Pelo contrário, se a aquisição ocorrer a título gratuito, a sua obrigação de restituição só existe na medida do seu próprio enriquecimento, salvo o caso de má fé real ou presumida (art. 126º, nº 6). Daqui resulta que o adquirente a título gratuito vem a ser mais protegido do que o adquirente a título oneroso, uma vez que o primeiro tem que restituir integralmente os bens, ficando com o crédito sobre a massa insolvente ou sobre a insolvência, enquanto que o segundo apenas tem que restituir aquilo com que se enriqueceu. Trata-se de uma situação para a qual não vemos qualquer justificação.

14.3.6.9. Preclusão da possibilidade de recurso à impugnação pauliana

O decretamento da resolução em benefício da massa insolvente preclude a possibilidade de os credores recorrerem à impugnação pauliana dos actos abrangidos por essa resolução (art. 127º, nº 1). *A contrario*, não estão os credores da insolvência impedidos de recorrer à impugnação pauliana, enquanto não se verificar a resolução em benefício da massa insolvente[335].

[335] Neste sentido, Carvalho Fernandes / João Labareda, *Código da Insolvência*, sub art. 127º, nº 2, p. 517 e Gravato Morais, *op. cit.*, p. 205

Precisamente por esse motivo, o art. 127º, nº 2, estabelece que estas acções, pendentes à data da declaração de insolvência ou propostas posteriormente não serão apensas ao processo de insolvência e, em caso de resolução do acto pelo administrador da insolvência, só prosseguirão os seus termos se tal resolução vier a ser declarada ineficaz por sentença definitiva, a qual terá força vinculativa no âmbito daquelas acções quanto às questões que tenha apreciado, desde que não ofenda caso julgado de formação anterior.

A procedência da impugnação pauliana tem os efeitos previstos no art. 616º CC, determinando a restituição do bens na medida do interesse do credor que a tenha requerido (art. 616º, nº 1 CC), ou do seu valor, em caso de má fé (art. 616º, nº 2, CC), ficando a obrigação de restituição limitada ao enriquecimento do adquirente, existindo boa fé (art. 616º, nº 3, CC). Para efeitos da procedência desta acção, o crédito do requerente é tomado em consideração, abstraindo das modificações que tiverem sido decretadas por plano de insolvência ou de pagamentos (art. 127º, nº 3).

Uma vez que se trata neste caso de impugnação pauliana individual, os seus efeitos apenas aproveitarão ao credor que a tenha requerido (art. 616º, nº 4, CC), com a consequente violação do princípio da igualdade dos credores em caso de insolvência. A omissão do administrador da insolvência em promover a resolução em benefício da massa insolvente tenderá a estimular as acções de impugnação paulianas individuais até porque o prazo para as mesmas (art. 618º CC) é consideravelmente superior àquele que se prevê para a resolução (art. 123º).

15
Impugnação da sentença de declaração de insolvência

A sentença de declaração de insolvência pode ser impugnada tanto por via de embargos (arts. 40º e 41º) como por via de recurso (art. 42º).

A impugnação por via de embargos funda-se na alegação pelo embargante de factos ou indicação de meios de prova que não tenham sido tidos em conta pelo tribunal e que possam afastar os fundamentos da declaração de insolvência (art. 40º, nº 2). Já o recurso, que pode ser interposto cumulativa ou alternativamente com a oposição por embargos, baseia-se antes na consideração que, face aos elementos apurados, a declaração de insolvência não devia ter sido proferida (art. 42º, nº 1)[336]. Quer os embargos, quer o recurso da decisão que os indefira, quer o recurso da sentença suspendem a liquidação e partilha do activo, salvo quanto à venda imediata de bens susceptíveis de deterioração ou depreciação (arts. 40º, nº 3, 42º, nº 3, e 158º, nº 2).

[336] Assim, enquanto o recurso visa a apreciação da legalidade da sentença que declarou a insolvência, os embargos destinam-se a permitir a apreciação de nova matéria de facto ou novos meios de prova, que não tenham sido objecto de anterior apreciação pelo tribunal. A parte deve consequentemente recorrer quando pretenda demonstrar que, face aos elementos de facto apurados, a insolvência não poderia ser declarada e deve embargar, quando pretenda apresentar novos elementos de facto, que afastem a situação de insolvência. Não está vedado à parte utilizar cumulativamente as duas vias de impugnação, mas não poderá utilizar o recurso para aditar novos elementos de facto nem os embargos para sustentar a ilegalidade da sentença, o que impede a repetição dos mesmos fundamentos. Cfr. Carvalho Fernandes/João Labareda, *Código da Insolvência*, sub art. 42º, nº 2, pp. 285-286 e Paula Costa e Silva, *ROA* 65 (2005), 3, pp. 725-726.

Nos termos do art. 40º, nº 1, têm legitimidade para opor embargos à sentença: *a)* o devedor em situação de revelia absoluta, se não tiver sido pessoalmente citado; *b)* o cônjuge, ascendentes ou descendentes e os afins do 1º grau da linha recta do insolvente, no caso de a declaração de insolvência se fundar na fuga do devedor relacionada com a sua falta de liquidez; *c)* o cônjuge, herdeiro, legatário ou representante do devedor, quando o falecimento tenha ocorrido antes de findo o prazo para a oposição por embargos que ao devedor fosse lícito deduzir, nos termos da alínea *a)*; *d)* qualquer credor que como tal se legitime; *e)* os responsáveis legais pelas dívidas do insolvente; *f)* os sócios, associados ou membros do devedor. A legitimidade para a apresentação de recurso incumbe às mesmas pessoas (art. 42º, nº 1), mas o devedor pode interpor recurso, mesmo quando a interposição por embargos lhe esteja vedada (art. 42º, nº 2).

Daqui resulta serem extremamente limitadas as possibilidades de o devedor apresentar embargos à sentença de declaração de insolvência, que se resumem à existência de revelia absoluta, em caso de ausência de citação pessoal para a acção (art. 40º, nº 1, *a)*). Essa solução compreende-se, dado que, no caso de o devedor se ter apresentado à insolvência ou, tendo sido pessoalmente citado para a acção, não apresente oposição, confessará a sua situação de insolvência (art. 28º e 30º, nº 5), pelo que não fará sentido que posteriormente pudesse apresentar embargos. A mesma exclusão ocorrerá se o devedor tiver apresentado oposição que veio a ser julgada improcedente, uma vez que, se já lhe tiver sido dada oportunidade para se pronunciar sobre o mérito do pedido, não faz sentido que o devedor pretenda invocar novos factos ou apresentar novas provas, quando o credor não beneficia da mesma possibilidade[337].

Os embargos devem ser instaurados no prazo de cinco dias após a notificação da sentença ao embargante ou a fim da dilação aplicável (art. 40º, nº 2), sendo o processo autuado por apenso ao processo de insolvência (art. 41º, nº 1). O juiz profere despacho liminar no dia seguinte (art. 41º, nº 1), em que indefere a petição ou manda notificar o administrador da insolvência e a parte contrária para contestarem, querendo no prazo de cinco dias (art. 41º, nº 2). As partes são obrigadas a oferecer todos os meios de prova com os articulados, estando obrigadas a apresentar as testemunhas,

[337] Neste sentido, cfr. CARVALHO FERNANDES/JOÃO LABAREDA, *Código da Insolvência*, sub art. 40º, nº 4, p. 280.

que não podem exceder dez no total (arts. 41º, nº 3, e 25º, nº 2, CIRE e 511º CPC). Após a contestação são produzidas, no prazo máximo de dez dias, as provas que se possam realizar antecipadamente, sendo a audiência de julgamento realizada nos cinco dias imediatos, nos termos do art. 41º, nº 1, e do art. 35º, nºs 5 a 8 (art. 41º, nº 4).

O recurso, que em princípio apenas é admissível até à relação (art. 14º), deve ser interposto no prazo de quinze dias, juntamente com as alegações, nos termos do art. 638º, nº 1, atenta a natureza urgente do processo de insolvência (art. 9º)[338]. A legitimidade para recorrer é idêntica à que ocorre para a dedução de embargos, por força da remissão do art. 42º, nº 1, para o art. 40º, nº 1, pelo que o recurso apenas será possível em que a lei admite a essas pessoas a dedução de embargos[339], podendo ser apresentado em alternativa aos embargos ou cumulativamente com eles. No entanto, em relação ao devedor, é admitida a interposição de recurso, mesmo quando a oposição por embargos lhe esteja vedada (art. 42º, nº 2). Sendo interposto recurso, o mesmo suspende a liquidação e partilha do activo (arts. 42º, nº 3, e 40º, nº 3), mantendo-se apenas a possibilidade de o administrador da insolvência proceder à venda antecipada dos bens susceptíveis de perecimento ou deterioração, nos termos do art. 158º, nº 2.

O art. 43º estabelece que a revogação da sentença que declarou a insolvência, seja em resultado da procedência dos embargos, seja em virtude do provimento do recurso, não afecta os efeitos dos actos legalmente praticados pelos órgãos da insolvência. O devedor fica assim vinculado ao cumprimento das obrigações emergentes desses actos, apenas lhe restando responsabilizar o requerente da insolvência por pedido infundado, nos termos (restritos) em que o art. 22º CIRE admite essa responsabilização[340].

[338] Cfr. Carvalho Fernandes/João Labareda, *Código da Insolvência*, sub art. 42º, nº 7, p. 287 e Isabel Alexandre, "O processo de insolvência: Pressupostos processuais, tramitação, medidas cautelares e impugnação da sentença", em *Themis*, edição especial (2005), pp. 43-80 (77).

[339] Considerou-se, por isso, correctamente no Ac. RE 27/2/2014 (Francisco Xavier), na *CJ* 39 (2014), 1, pp. 249-251, que o cônjuge que não se encontre nalguma das situações previstas no art. 40º, nº 1, *b)* e *c)* não pode apresentar recurso da declaração de insolvência.

[340] Cfr. Paula Costa e Silva, *ROA* 65 (2005), 3, pp. 730-731.

16
Reclamação e verificação de créditos

16.1. Generalidades

Após a sentença de declaração de insolvência tem lugar a fase de verificação do passivo[341]. A verificação do passivo constitui um processo declarativo que corre por apenso ao processo de insolvência, compreendendo as fases de reclamação de créditos (arts. 128º e ss.), saneamento (art. 136º), instrução (art. 137º), discussão e julgamento da causa (arts. 138º e 139º) e sentença (art. 140º).

Tem sido controvertido quem são as partes na verificação de créditos. Em face da legislação anterior, MIGUEL TEIXEIRA DE SOUSA sustentou que os credores reclamantes são simultaneamente partes activas, relativamente aos créditos por elas reclamados, e partes passivas, quanto aos créditos reclamados pelos outros credores, uma vez que os podem contestar. Parte passiva seria igualmente o próprio falido, que para esse efeito não é representado pelo liquidatário judicial. Quanto ao liquidatário, este não assumiria a qualidade de parte no apenso de reclamação de créditos, uma vez que lhe competem deveres funcionais perante o Tribunal[342]. Perante a legislação actual, defende SALVADOR DA COSTA, que nesse processo

[341] Cfr. MIGUEL TEXEIRA DE SOUSA, "A verificação do passivo no processo de falência", na *RFDUL* 36 (1995), nº 2, pp. 353-369, MARIANA FRANÇA GOUVEIA, "Verificação do passivo", em *Themis*, edição especial (2005), pp. 151-163 e MARIA JOSÉ COSTEIRA, "Classificação, verificação e graduação de créditos no Código da Insolvência e Recuperação de Empresas", em CATARINA SERRA (org.), *I Congresso de Direito da Insolvência*, Coimbra, Almedina, 2013, pp. 241-253

[342] Cfr. TEIXEIRA DE SOUSA, *RFDUL* 36 (1995), p. 362.

assumem a posição de partes principais do lado activo os credores, numa situação de litisconsórcio voluntário sucessivo e do lado passivo o insolvente, representado pelo administrador de insolvência[343]. Concordamos com esta posição.

É de salientar que neste processo não vale o princípio do inquisitório, estabelecido no art. 11º do Código, pelo que a decisão do juiz apenas se pode basear nos factos alegados pelas partes[344].

16.2. Reclamação de créditos

Os credores da insolvência, incluindo o requerente da mesma e o Ministério Público na defesa dos interesses das entidades que represente, que pretendam fazer valer os seus direitos de crédito no âmbito do respectivo processo, têm que apresentar a competente reclamação dos seus créditos (art. 128º). Só são reclamáveis os créditos sobre a insolvência relativos a prestações patrimoniais, o que exclui nomeadamente as obrigações naturais, os direitos relativos à constituição e extinção de estados pessoais, e os direitos potestativos relativos à anulação e resolução de negócios jurídicos[345]. A reclamação não é, no entanto, essencial para o reconhecimento do crédito, dado que o administrador da insolvência tem o dever de reconhecer, não apenas os créditos reclamados, mas também os que constem dos elementos da contabilidade do devedor ou sejam por outra forma do seu conhecimento (art. 129º, nº 1, parte final).

Já os credores da massa não estão sujeitos ao dever de reclamar os seus créditos, devendo aguardar que os mesmos lhe sejam liquidados com precipuidade, nos termos do art. 172º[346].

A reclamação de créditos deve ser apresentada no prazo fixado na sentença de declaração de insolvência, o qual não poderá, porém, exceder 30 dias (art. 36º, nº 1, *j)*)[347], devendo o administrador da insolvência devolver as reclamações que lhe sejam apresentadas extemporaneamente. Após

[343] Cfr. Salvador da Costa, *Revista do CEJ*, IV (1º Semestre 2006), pp. 102-103.

[344] Neste sentido, Mariana França Gouveia, *Themis*, edição especial (2005), p. 161.

[345] Cfr. Teixeira de Sousa, *RFDUL* 36 (1995), p. 356, e Salvador da Costa, *Revista do CEJ*, IV (1º Semestre 2006), p. 103.

[346] Neste sentido, Ac. RC 14/7/2010 (Barateiro Martins), em *CJ* 35 (2010), 3, pp. 38-40.

[347] Nos termos do art. 37º, nº 3, em relação aos cinco maiores credores, esse prazo conta-se a partir da notificação pessoal. Já em relação aos credores citados editalmente, esse prazo só começa a correr depois de finda a dilação de cinco dias, contada desde a publicação do último anúncio (art. 37º, nº 6).

essa data, é, no entanto, ainda possível reclamar créditos anteriormente constituídos no prazo de seis meses subsequente ao trânsito em julgado da sentença de declaração de insolvência, desde os credores não tenham sido avisados nos termos do art. 129º, bem como créditos de constituição posterior, no prazo de três meses após essa constituição, caso termine posteriormente (art. 146º, nºs 1 e 2).

A reclamação efectua-se por meio de requerimento endereçado ao administrador da insolvência e apresentado por transmissão electrónica de dados (art. 128º, nº 2). Se, porém, os credores da insolvência não estiverem patrocinados, o requerimento de reclamação de créditos é apresentado no domicílio profissional do administrador da insolvência ou para aí remetido por correio electrónico ou por via postal registada, devendo o administrador, respectivamente, assinar no ato de entrega, ou enviar ao credor no prazo de três dias da receção, comprovativo do recebimento, sendo o envio efectuado pela forma utilizada na reclamação (art. 128º, nº 3). Se, por lapso, a reclamação for apresentada em tribunal deve o mesmo proceder à sua remessa ao administrador, considerando-se a mesma recebida na data da sua entrega ao tribunal[348].

O requerimento é acompanhado de todos os documentos probatórios disponíveis e deve indicar: *a)* a proveniência do crédito, data de vencimento, montante de capital e de juros; *b)* eventuais condições a que esteja subordinado, sejam suspensivas ou resolutivas; *c)* a natureza comum, subordinada, privilegiada ou garantida, com indicação de quais os bens ou direitos objecto da garantia e respectiva indicação registral, se aplicável; *d)* existência de eventuais garantias pessoais, com indicação dos garantes; e *e)* taxa de juros moratórios aplicável (art. 128º, nº 1). Por força do art. 147º, nº 2 CPC, aplicável por força do art. 17º, a reclamação deve ser deduzida por forma articulada[349].

As reclamações de créditos são apreciadas pelo administrador da insolvência, o qual deve, no prazo de 15 dias após o termo do prazo de reclamações entregar duas listas na secretaria, organizadas por ordem alfabética,

[348] Neste sentido, SALVADOR DA COSTA, *Revista do CEJ*, IV (1º Semestre 2006), p. 104, o qual, no entanto, refere na nota (6) haver tribunais que se encontram a determinar a devolução dos instrumentos de reclamação de créditos aos seus apresentantes.

[349] Neste sentido, CARVALHO FERNANDES/JOÃO LABAREDA, *Código da Insolvência*, sub art. 128º, nº 8, p. 541, e SALVADOR DA COSTA, *Revista do CEJ*, IV (1º Semestre 2006), p. 104. Em sentido contrário, MARIANA FRANÇA GOUVEIA, *Themis*, edição especial (2005), pp. 152-153.

sendo que uma respeita aos créditos por si reconhecidos e outra aos créditos não reconhecidos (art. 129º, nº 1, primeira parte). Em caso de reconhecimento, que pode ter por base quer a reclamação, quer o facto de os direitos constarem dos elementos da contabilidade do devedor ou serem por outra forma do conhecimento do administrador (art. 129º, nº 1, parte final), é indicada na lista a identificação de cada credor, a natureza do crédito, o montante de capital e juros à data do termo do prazo das reclamações, as garantias pessoais e reais, os privilégios, a taxa de juros moratórios aplicável, as eventuais condições suspensivas ou resolutivas e o valor dos bens integrantes da massa insolvente sobre os quais incidem garantias reais de créditos pelos quais o devedor não responda pessoalmente (art. 129º, nº 2). Em caso de não reconhecimento, a lista indica os respectivos motivos justificativos (art. 129º, nº 3), parecendo, por isso, que a decisão do administrador que se limite a proceder ao reconhecimento de um crédito não tem que ser fundamentada[350].

A lei impõe apenas a notificação da lista aos credores não reconhecidos, aos reconhecidos que não tenham apresentado reclamação e aos reconhecidos em termos diversos da respectiva reclamação (art. 129º, nº 4). Os outros credores podem consultar a lista na secretaria judicial, sabendo, porém, que a ausência da notificação implica o deferimento integral da sua reclamação. Durante o prazo para impugnações e respostas, o processo, que contém as listas, é mantido na secretaria judicial para exame e consulta de todos os interessados (art. 134º, nº 5). Para além disso, tanto a comissão de credores como qualquer interessado pode examinar as reclamações de créditos, os documentos que as instruam e os documentos da escrituração do insolvente no local mais adequado que deve ser indicado no final das listas (art. 133º).

A lei prevê que qualquer interessado pode impugnar a lista de créditos reconhecidos (e naturalmente também a dos não reconhecidos)[351], com

[350] Salvador da Costa, *Revista do CEJ*, IV (1º Semestre 2006), p. 106, entende, no entanto, que, não obstante a letra da lei, haverá que exigir uma fundamentação mínima da decisão de reconhecimento, não só porque afecta o conjunto dos credores, mas também porque condiciona a decisão de impugnação, sendo especialmente necessária essa fundamentação em caso de reconhecimento parcial ou não consideração de alguma garantia real ou preferência de pagamento.

[351] Conforme salienta Maria José Costeira, *Themis*, edição especial (2005), p. 31, é manifestamente infeliz a redacção da epígrafe e do corpo do art. 130º, na medida em que

fundamento na indevida inclusão ou exclusão de créditos, ou na incorrecção do montante ou da qualificação dos créditos reconhecidos (art. 130º, nº 1). O prazo para as impugnações é de 10 dias após o termo do prazo para o administrador da insolvência entregar as listas (art. 130º, nº 1)[352], salvo no caso dos credores avisados por carta registada, em que o prazo de dez dias se conta a partir do 3º dia útil posterior à data da respectiva expedição (art. 130º, nº 2). As impugnações devem ser deduzidas por forma articulada (art. 147º, nº 2 CPC), devendo ser nelas indicados todos os meios de prova, com obrigação de apresentação das testemunhas (art. 134º, nº 1) com dois duplicados, os quais serão extraídos pela secretaria em caso de apresentação em suporte digital, sendo um destinado ao arquivo do tribunal e outro colocado na secretaria para consulta dos interessados (art. 134º, nº 2), sendo ainda obrigatório juntar ou extrair uma cópia adicional para entrega ao titular do crédito reconhecido, que não seja o próprio impugnante (art. 134º, nº 3), ao qual deve ser notificada a impugnação (art. 134º, nº 4).

A inexistência de impugnações implica que o juiz profira de imediato sentença de verificação e graduação dos créditos, a qual, salvo erro manifesto, se limita à homologação da lista dos credores reconhecidos elaborada pelo administrador da insolvência e à graduação dos créditos em atenção ao que conste dessa lista (art. 130º, nº 3)[353]. É assim extremamente limitado

do mesmo parece resultar que o se impugna é apenas o reconhecimento de créditos e não também o não reconhecimento, quando é manifesto que a impugnação abrange as duas situações. Efectivamente, se é da lista de créditos não reconhecidos que constam as razões do não reconhecimento, não se vê como a mesma pode deixar de ser tomada em consideração na impugnação. No mesmo sentido, Salvador da Costa, *Revista do CEJ*, IV (1º Semestre 2006), p. 106.

352 Tem sido, porém, questionado o que sucede no caso de o administrador da insolvência não cumprir o prazo para a entrega das listas previsto no nº 1 do art. 129º. No Ac. RL 15/2/2011 (Luís Lameiras, vencido Abrantes Geraldes), em *CJ* 36 (2011), 1, pp. 133-138 considerou-se que nesse caso o prazo para as impugnações só se inicia depois da efectiva entrega das listas pelo administrador.

353 A situação parece, porém, ser distinta no caso de a lista incluir créditos relativos à indemnização por despedimento ilícito, uma vez que nesse caso compete ao tribunal decidir o montante da indemnização entre 15 e 45 dias de retribuição base e diuturnidades por cada ano ou fracção de antiguidade (art. 391º, nº 1 CT). Neste caso, embora o administrador deva naturalmente emitir o seu parecer sobre a reclamação, o juiz não estará vinculado por esse parecer atento o facto de a lei deferir ao tribunal a fixação de indemnização. Em consequência poderá decidir em sentido inverso, mesmo na ausência de impugnações. Neste sentido, cfr.

o poder o juiz controlar as listas elaboradas pelo administrador da insolvência, que se limita à correcção de erros evidentes da própria lista, não lhe sendo possível averiguar da veracidade e legalidade da lista perante as reclamações apresentadas, as quais nem sequer lhe são comunicadas[354].

Podem responder às impugnações tanto o administrador da insolvência como qualquer interessado que assuma posição contrária às mesmas, incluindo o devedor (art. 131º, nº 1). No caso, porém, de a impugnação se fundar na indevida inclusão de certo crédito na lista dos credores reconhecidos, na omissão da indicação das condições a que se encontre sujeito ou no facto de lhe ter sido atribuído um montante excessivo ou uma qualificação de grau superior à colecta, apenas o próprio titular desse crédito poderá responder (art. 131º, nº 2). As respostas devem ser deduzidas por forma articulada (art. 147º, nº 2 CPC), com obrigação de indicação das provas (art. 134º, nº 1 e 25º, nº 2), e apresentadas no prazo de 10 dias após o termo do prazo para impugnações ou à notificação do titular do crédito objecto de impugnação, consoante o caso, sob pena de a impugnação ser julgada procedente (art. 131º, nº 3)[355].

MARIA JOSÉ COSTEIRA / FÁTIMA REIS SILVA, "Classificação, verificação e graduação de créditos no CIRE – Em especial os créditos laborais", em *PDT* 76-77-78, pp. 359-371 (370-371).

[354] Neste sentido, MARIA JOSÉ COSTEIRA, *Themis*, edição especial (2005), p. 31, e em CATARINA SERRA (org), *I Congresso*, pp. 252-253, onde, porém, admite que o juiz deverá verificar os requisitos formais (*ad substantiam*) das hipotecas. Em sentido contrário, CARVALHO FERNANDES/JOÃO LABAREDA, *Código da Insolvência*, sub art. 130º, nº 8, pp. 528-529, propõem que se interprete em termos amplos o conceito de erro manifesto, tendo o juiz sempre que verificar a conformidade substancial e formal dos títulos dos créditos constantes da lista, para o que pode solicitar ao administrador os necessários elementos. Também MARIANA FRANÇA GOUVEIA, *Themis*, edição especial (2005), p. 156, admite que esta disposição é uma mera faculdade atribuída ao juiz, podendo este, quando desconfie que a lista apresentada enferma de alguma irregularidade, solicitar ao administrador da insolvência que lhe forneça os elementos em que se baseou para elaborar a lista. No mesmo sentido, vide ainda SALVADOR DA COSTA, *Revista do CEJ*, IV (1º Semestre 2006), p. 108. Parece-nos, porém, que esta posição é incompatível, quer com o facto de o juiz nem sequer ter conhecimento das reclamações apresentadas, quer com a não aplicação do princípio inquisitório no âmbito da verificação dos créditos, conforme resulta do art. 11º.

[355] Atribui-se assim efeito cominatório pleno à ausência de resposta à impugnação, solução que merece a crítica de MARIANA FRANÇA GOUVEIA, *Themis*, edição especial (2005), pp. 158-159, e SALVADOR DA COSTA, *Revista do CEJ*, IV (1º Semestre 2006), pp. 109-110, em termos que merecem a nossa concordância. Efectivamente, não parece fazer sentido que alguém que reclamou o seu crédito e foi objecto de impugnação, venha a ver a sua reclamação desconsiderada apenas por não ter respondido à impugnação.

As listas de créditos reconhecidos e não reconhecidos, juntamente com as impugnações e respostas são autuadas por um único apenso (art. 132º), o qual não inclui as reclamações, que são assim apenas objecto de apreciação pelo administrador da insolvência.

Dentro do prazo de 10 dias após o termo do prazo para resposta às impugnações, a comissão de credores deve juntar o seu parecer sobre as mesmas (art. 135º). No entanto, a não junção do parecer não afecta a marcha do processo, seguindo este, mesmo que o parecer não seja junto (art. 136º, nº 1). Essa não junção, quando culposa, é, no entanto, susceptível de fazer incorrer os membros da comissão em responsabilidade perante os credores, nos termos do art. 70º.

16.3. Saneamento do processo

A fase de saneamento do processo de verificação de créditos inicia-se com a marcação pelo juiz de uma tentativa de conciliação, a realizar nos dez dias seguintes após a junção do parecer pela comissão de credores ou do decurso do prazo para essa junção. Para essa tentativa são notificados todos os que tenham apresentado impugnações e respostas, a comissão de credores e o administrador de insolvência, os quais deverão comparecer pessoalmente ou fazer-se representar por procuradores com poderes especiais para transigir (art. 136º, nº 1). A tentativa de conciliação destina-se a permitir o reconhecimento de créditos impugnados, a qual depende da aprovação de todos os presentes e ocorre nos precisos termos dessa impugnação (art. 136º, nº 2).

Após a realização da tentativa de conciliação é o processo concluso ao juiz para elaboração de despacho nos termos dos arts. 595º e 596º CPC (art. 136º, nº 3).

O juiz pode, porém, entender que não se mostra adequado realizar a tentativa de conciliação, caso em que profere de imediato o despacho saneador (art. 136º, nº 8).

O juiz pode ainda considerar reconhecidos os créditos em relação aos quais considere suficiente os elementos de prova constantes dos autos (art. 136º, nº 5). Em relação aos créditos que reconheça, o despacho saneador tem a forma e valor de uma sentença, declarando-os verificados e graduando-os em conformidade com as disposições legais (art. 136º, nº 6).

Em relação aos créditos cuja verificação dependa de prova a produzir, a graduação apenas ocorre na sentença final, a menos que o juiz considere que as impugnações sob apreciação, dado o seu montante ou natureza, não impedem a prolação imediata, observando-se o disposto no nº 1 do artigo 180º (art. 136º, nº 7). No caso de não efectuar a prolação imediata da sentença, e nos termos do art. 596º CPC, aplicável por força do art. 136º, nº 3, cabe ao juiz proferir despacho destinado a identificar o objecto do litígio e enunciar os temas da prova.

16.4. Instrução do processo

No caso de existirem diligências probatórias a realizar antes da audiência de discussão e julgamento, compete ao juiz ordenar as providências necessárias para que estejam concluídas no prazo de 20 dias, a contar do despacho que as tiver determinado. É de notar que aproveita a todos os interessados a prova produzida por qualquer deles (art. 137º).

16.5. Discussão e julgamento da causa

Após a produção das provas ou após expirado o prazo marcado nas cartas, a audiência de discussão e julgamento vem a ser marcada para um dos 10 dias posteriores (art. 138º). Essa audiência obedece aos termos do processo declarativo comum, sendo consequentemente aplicáveis as regras dos arts. 599º e ss. CPC. Há, porém, algumas especialidades a observar. Assim, é prevista a audição, sempre que for necessário, do administrador da insolvência e da comissão de credores, na altura em que o tribunal o determine (art. 139º *a)*). Para além disso, a ordem de produção de provas deve corresponder à ordem por que tiverem sido apresentadas as impugnações (art. 139º *b)*). Finalmente, na discussão podem usar da palavra, em primeiro lugar, os advogados dos impugnantes e depois os dos respondentes, não havendo lugar a réplica (art. 139º *c)*).

16.6. Sentença

Finda a audiência de discussão e julgamento, o juiz deve proferir a sentença de verificação e graduação dos créditos, nos dez dias subsequentes (art. 140º, nº 1). A lei determina que se deve efectuar uma graduação geral para os bens da massa insolvente e uma especial para os bens a que respeitem direitos reais de garantia e privilégios creditórios (art. 140º, nº 2). Numa solução tradicional, determina-se, porém, o não atendimento, no âmbito da insolvência, das preferências resultantes de penhora e de hipoteca judicial, com o que se visa assegurar a *par conditio creditorum*. Em ordem a compensar o credor garantido da perda dessa preferência, determina-se, porém, que as custas respectivas passam a constituir dívidas da massa insolvente (art. 140º, nº 3), o que implica que sejam pagas antes da satisfação dos credores da insolvência (arts. 46º, nº 1 e 172º).

17
Restituição e separação de bens

A restituição e separação de bens é regulada pelos arts. 141º e ss[356]. Nestes casos, o terceiro tem uma pretensão de natureza real, a separar da massa bens de que o insolvente não é o efectivo dono, constituindo assim uma situação distinta da reclamação de créditos, em que estão em causa créditos sobre a insolvência. Dado que a lei não permite que a oposição à indevida apreensão de bens para a massa insolvente tenha lugar através de embargos de terceiro (art. 342º, nº 2, CPC), prevê-se para esse efeito a restituição e separação de bens, que constitui um meio específico de oposição, que se processa em termos semelhantes à verificação de créditos[357].

A restituição e separação de bens da massa insolvente é admitida em três situações, a que se refere o art. 141º, nº 1:

a) direito de restituição, a seus donos, dos bens apreendidos para a massa insolvente, mas de que o insolvente fosse mero possuidor em nome alheio;

b) direito de separação por parte do cônjuge do insolvente, dos seus bens próprios e da sua meação nos bens comuns;

c) direito de separação dos bens de terceiro indevidamente apreendidos e quaisquer outros bens, dos quais o insolvente não tenha a plena e exclusiva propriedade ou sejam estranhos à insolvência ou insusceptíveis de apreensão para a massa.

[356] Cfr. José Lebre de Freitas, *RFDUL* 36 (1995), nº 2, pp. 376 e ss., e em Catarina Serra (org.), *I Congresso*, p. 234 e ss.

[357] Cfr. Lebre de Freitas, *RFDUL* 36 (1995), nº 2, p. 376 e em Catarina Serra (org.), *I Congresso*, p. 234.

O primeiro fundamento da restituição é a existência de um direito real ou pessoal de gozo por parte de terceiro sobre os bens aprendidos, que atribua a esse terceiro a posse em nome próprio dos mesmos e que consequentemente não se devam considerar pertencentes à massa. O caso mais comum é o de os bens serem da propriedade de terceiro, a qual, conforme se sabe, atribui ao proprietário o direito de exigir de qualquer possuidor ou detentor da coisa o reconhecimento do seu direito de propriedade e a consequente restituição do que lhe pertence (art. 1311º CC). Mas apesar de a lei se referir apenas " a seus donos", parece que também outros direitos poderão estar aqui em causa[358]. Assim, naturalmente os titulares de outros direitos reais de gozo que atribuam a posse poderão ser aqui abrangidos. E mesmo os titulares de um direito pessoal de gozo que atribua o direito à posse da coisa devem poder exercer o direito à restituição e separação[359]. Assim, por exemplo, o locatário relativamente a uma locação ainda não denunciada pode exercer o direito à restituição e separação de bens[360].

O segundo fundamento de restituição é a existência de um direito do cônjuge a separar da massa os seus bens próprios e a sua meação nos bens comuns. O exercício deste direito depende, naturalmente, de não ter havido declaração de insolvência de ambos os cônjuges, conforme se prevê nos arts. 264º e ss.

O terceiro fundamento da restituição é a existência de bens de terceiro indevidamente apreendidos, bem como de bens de que o insolvente não seja o pleno e exclusivo proprietário, e ainda de bens estranhos à insolvência ou indevidamente apreendidos pela massa insolvente. Efectivamente, no caso de indivisão ou contitularidade de bens, só se liquida no processo de insolvência o direito que o insolvente tenha sobre esses bens (art. 159º), pelo que poderão os outros contitulares o direito à restituição e separação de bens. Da mesma forma, poderá o direito à restituição e sepa-

[358] Neste sentido, expressamente CARVALHO FERNANDES/JOÃO LABAREDA, *Código da Insolvência*, sub art. 141º, nº 5, p. 547.

[359] Neste sentido, HEYER, *Einführung*, p. 33. Em sentido contrário, sustentou LEBRE DE FREITAS, *RFDUL* 36 (1995), nº 2, p. 380, e em CATARINA SERRA (org.), *I Congresso*, p. 238, que não pode ser fundamento de separação a titularidade de um direito de crédito, em virtude de o devedor não o perder com a apreensão da coisa pela massa insolvente.

[360] Conforme resulta do art. 109º, nº 1, a declaração de insolvência não suspende a execução do contrato de locação em que o insolvente seja o locador. No entanto, caso a coisa ainda não tenha sido entregue ao locatário à data da insolvência, pode o administrador da insolvência resolver o contrato (arts. 109º, nº 2, e 108º, nº 5).

ração ser exercido no caso de apreensão de bens impenhoráveis fora dos pressupostos do art. 46º, nº 2[361]. Da mesma forma, parece dever incluir-se aqui a situação do vendedor sob reserva de propriedade, bem como do locador financeiro, antes de adquirido o bem, ou do promitente vendedor, que concedeu a tradição da coisa, uma vez que correspondem a situações em que o insolvente ainda não adquiriu a propriedade dos bens, pelo que estes devem ser separados da massa, independentemente da opção do administrador da insolvência na execução ou recusa de cumprimento. A mesma situação deverá ocorrer inversamente em relação à compra com reserva de propriedade, em caso de insolvência do vendedor, e do locatário financeiro, e ainda pelo menos, no caso do beneficiário da promessa com eficácia real[362].

Para além disso, poderá utilizar-se a restituição ou separação de bens para reclamar a restituição de benfeitorias e incorporações efectuadas na massa insolvente, sempre as benfeitorias possam ser removidas, ou enquanto a acessão não for actuada.

Deve, porém, equacionar-se, o que sucede, no caso de as benfeitorias e as incorporações não poderem ser objecto de levantamento, tendo antes que ser pagas em valor pela massa insolvente. MENEZES CORDEIRO sustenta que nesse caso o valor deveria ser igualmente objecto de separação da massa falida, sendo objecto da restituição de bens, uma vez que essa pretensão teria igualmente natureza real[363]. Diferentemente, TEIXEIRA DE SOUSA, sustenta que nesse caso está-se perante um crédito da massa, uma vez que essas prestações pecuniárias representam o valor de bens integrados na massa falida, e por isso devem ser tratadas, enquanto sucedâneo desses bens, segundo o regime mais aproximado possível ao estabelecido para esses últimos[364]. Por nossa parte, entendemos que a aquisição do valor das benfeitorias e das incorporações representa um enriquecimento sem

[361] Cfr. CARVALHO FERNANDES/JOÃO LABAREDA, *Código da Insolvência*, sub art. 141º, nº 5, p. 547.

[362] Assim, LEBRE DE FREITAS, *RFDUL* 36 (1995), nº 2, p. 378 e em CATARINA SERRA (org.), *I Congresso*, p. 236-237.

[363] Cfr. MENEZES CORDEIRO, "Da falência e das incorporações e benfeitorias feitas por terceiros" em *O Direito* 120 (1988), I-II, pp. 85-108 (106 e ss.) = FACULDADE DE DIREITO DA UNIVERSIDADE DE LISBOA (org.), *Estudos de Direito Comercial*, I- *Das Falências*, Coimbra, Almedina, 1989, pp. 117-140 (138 e ss.).

[364] Cfr. TEIXEIRA DE SOUSA, *RFDUL* 36 (1995), p. 356.

causa da massa insolvente[365], o qual deve ser por isso tratado como dívida da massa, nos termos do art. 51º, nº 1, *i*).

A restituição de bens pode ainda ser aplicada a casos particulares de direitos de crédito. Efectivamente, o art. 141º, nº 4, admite que se possa reclamar a restituição de mercadorias e outras coisas móveis, desde que as mesmas sejam identificadas, dispensando-se, porém, a identificação no caso de coisas fungíveis[366]. Ora, as coisas fungíveis a restituir serão naturalmente da propriedade do insolvente, uma vez que é esse o efeito da *datio* de coisas fungíveis, tendo nesse caso o reclamante um mero direito de crédito à restituição que, conforme se verifica, pode, no entanto, ser exercido por via da reclamação de bens. A mesma coisa ocorre no caso de mercadorias enviadas ao insolvente a título de consignação ou comissão, que tiverem sido vendidas a crédito, podendo o comitente reclamar o preço devido pelo comprador, a fim de o poder receber deste (art. 141º, nº 5), solução que se compreende com a faculdade de substituição do mandatário pelo mandante no exercício dos direitos de crédito (art. 1181º, nº 2, CC).

Se for instaurada acção para a verificação do direito à restituição ou separação de bens que já se encontrem liquidados, uma vez assinado o correpondente termo de protesto, enquanto persistirem os seus efeitos, é mantida em depósito quantia igual ao produto da venda (art. 172º, nº 4).

A restituição e separação de bens deve ser solicitada no prazo fixado na sentença declaratória da insolvência para a reclamação de créditos. Passado esse prazo, a restituição de bens terá que ser proposta em acção autónoma, nos termos do art. 146º.

365 Trata-se de um caso de enriquecimento por incremento de valor em coisa alheia. Cfr. Luís Menezes Leitão, *O enriquecimento sem causa no Direito Civil*, Lisboa, C.E.F., 1996, pp. 827 e ss., reed., Coimbra, Almedina, 2005, pp. 798 e ss., e *Direito das Obrigações*, I, pp. 396 e ss.

366 Luís Miguel Pestana de Vasconcelos, *A cessão*, p. 238, em nota, entende também dever ser aqui incluído o dinheiro.

18
Verificação ulterior

Tanto os créditos sobre a insolvência como o direito à separação ou restituição de bens podem ainda ser exercidos posteriormente, de modo a serem atendidos no processo de insolvência, em acção proposta contra a massa insolvente, os credores e o devedor (art. 146º, nº 1). Para esse efeito, não se exige qualquer superveniência desses créditos ou direitos em relação ao prazo normal para apresentação das reclamações[367].

As acções que venham a ser instauradas correm por apenso ao processo de insolvência, seguindo a forma do processo comum, e ficando as custas a cargo do autor, caso não venha a ser deduzida contestação (art. 148º).

A legitimidade e o prazo para a interposição das referidas acções varia consoante se pretenda exercer reclamação de outros créditos ou antes o direito à restituição ou separação de bens.

Em relação à reclamação de créditos, esta não pode ser deduzida ulteriormente por parte dos credores que tenham sido notificados nos termos do art. 129º, nº 4, salvo tratando-se de créditos de constituição posterior. Perdem assim o direito à reclamação ulterior os credores cujos créditos não tenham sido reconhecidos, aqueles cujos créditos tenham sido reconhe-

[367] Esta posição já era sustentada em face da legislação anterior, apesar de a utilização da expressão "novos créditos" no art. 205º CPEREF, poder levar a uma interpretação literal contrária. Neste sentido, MARTIM DE ALBUQUERQUE, "Novos créditos", em *RFDUL* 27 (1986), pp. 35-55 = FACULDADE DE DIREITO DA UNIVERSIDADE DE LISBOA (org.), *Estudos de Direito Comercial*, I- *Das falências*, Coimbra, Almedina, 1989, pp. 87-103, e TEIXEIRA DE SOUSA, *RFDUL* 36 (1995), p. 364. Hoje, tendo-se passado a usar a expressão "outros créditos", nenhumas dúvidas podem surgir.

cidos pelo administrador da insolvência sem que os tenham reclamados ou em termos diversos da reclamação e tenham sido objecto de notificação por parte do administrador da insolvência (art. 146º, nº 2 *a*)). A estes credores resta assim deduzir impugnação das listas (art. 130º). Para além disso, a reclamação ulterior de créditos só pode ser feita no prazo de seis meses subsequente ao trânsito em julgado da sentença de declaração de insolvência, ou no prazo de três seguintes à respectiva constituição, caso termine posteriormente (art. 146º, nº 2 *b*)).

Pelo contrário, o direito à restituição e separação de bens pode ser exercido a todo o tempo (art. 146º, nº 2, primeira parte). A interposição da referida acção tem como efeito que deixa de proceder-se à liquidação dos bens enquanto não houver sentença transitada em julgado, salvo nos casos de anuência do interessado, venda antecipada efectuada nos termos do nº 2 do art. 158º, ou se o adquirente for advertido da controvérsia acerca da titularidade, a aceitar ser da sua conta a álea respectiva (art. 160º, nº 1).

Após a interposição da acção, deve o autor assinar termo de protesto no processo de insolvência (art. 146º, nº 3), sendo que os efeitos do protesto caducam se o autor, negligentemente, deixar de promover os termos da causa durante 30 dias (art. 146º, nº 4).

As consequências da caducidade dos efeitos do protesto variam consoante se esteja perante uma hipótese de acção para a verificação de créditos ou antes para a verificação da restituição e separação de bens.

Estando em causa a verificação de créditos, a ausência ou caducidade dos efeitos do protesto determinam que o credor só adquira direito a entrar nos rateios posteriores ao trânsito em julgado da respectiva sentença e apenas pelo montante do crédito que venha a ser verificado, ainda que se trate de crédito garantido ou privilegiado (art. 147º *a*)).

Estando em causa a restituição e separação de bens, a ausência ou caducidade dos efeitos do protesto implicam que o autor só possa tornar efectivos os direitos que lhe forem reconhecidos na respectiva sentença passada em julgado, relativamente aos bens que a esse tempo ainda não tenham sido liquidados. Se os bens já tiverem sido liquidados, no todo ou em parte, a venda é eficaz e o autor é apenas embolsado do respectivo produto, podendo este ser determinado, ou quando não o possa ser, do valor que lhe tiver sido fixado no inventário (art. 147º *b*)). Nessa situação, para a satisfação do crédito correspondente, o autor só pode obter pagamento pelos valores que não tenham entrado já em levantamento ou rateio anterior, condicional ou definitivamente, nem se achem salvaguardados por terceiros, em virtude de recurso ou de protesto lavrado nos termos do artigo anterior e que, por isso, existam livres na massa insolvente, com respeito da preferência que lhe cabe, enquanto crédito sobre a massa insolvente (art. 147º *c*)).

19
Assembleia de credores de apreciação do relatório

Um momento importante do processo de insolvência é a assembleia de apreciação do relatório, que pode ocorrer antes de se iniciar a liquidação propriamente dita.

Após a revisão do CIRE pela Lei 12/2012, deixou de ser obrigatória a assembleia de apreciação do relatório, podendo o juiz, na sentença que declare a insolvência, prescindir da mesma em declaração fundamentada (art. 36º, nº 1, *n)*). Esta faculdade do juiz já não se verifica, no entanto, nos casos em que seja previsível a apresentação de um plano de insolvência ou em que se determine que a administração da massa insolvente seja realizada pelo devedor (art. 36º, nº 2).

Nos casos em que o juiz prescinde da assembleia de apresentação do relatório, qualquer interessado, no prazo de reclamação de créditos, pode requerer ao tribunal a sua convocação, caso em que o juiz deve designar dia e hora, entre os 45 e os 60 dias subsequentes à sentença de insolvência para a sua realização (ar. 36º, nº 3).

A assembleia destina-se a apreciar o relatório do administrador da insolvência. Efectivamente, nos termos do art. 155º, nº 1, o administrador da insolvência tem o dever de elaborar um relatório, contendo: *a)* a análise do documento apresentado pelo devedor ao abrigo do art. 24º, nº 1, *c)*; *b)* a análise do estado da contabilidade do devedor e a sua opinião sobre os documentos de prestação de contas e de informação financeira juntos por este aos autos; *c)* a indicação das perspectivas de manutenção, total ou parcial da empresa do devedor, da conveniência da aprovação de um plano de insolvência e quais as consequências para os credores dos diversos cenários; *d)* se considerar conveniente a aprovação de um plano de insolvência, qual a remuneração que pretende auferir pelo mesmo; *e)* quaisquer outros elementos que considere relevantes.

O relatório inclui obrigatoriamente como anexos o inventário e a lista provisória de credores (art. 155º, nº 2).

O inventário indica os bens e direitos que integram a massa insolvente, e qual o seu valor, natureza, características, localização, ónus que sobre eles incidam e eventuais dados de identificação registral (art. 153º, nº 1). O inventário deve ainda explicitar se o valor dos bens é divergente numa perspectiva de continuidade da empresa (art. 153º, nº 2) e quais os litígios cujo desfecho possa afectar esses bens (art. 153º, nº 4).

Já a lista provisória de credores enumera por ordem alfabética os credores que constam da contabilidade do devedor, que hajam reclamado os seus créditos ou sejam por outra via conhecidos do administrador, devendo referir o respectivo endereço, montante, fundamento, natureza garantida, privilegiada, comum, ou subordinada dos créditos, sujeição a condições e possibilidade de compensação (art. 154º, nº 1). A lista contém ainda uma avaliação das dívidas da massa insolvente na hipótese de pronta liquidação (art. 154º, nº 2).

O relatório e os seus anexos devem ser juntos aos autos pelo menos oito dias antes da assembleia de apresentação do relatório (art. 155º, nº 3).

Na assembleia de apreciação do relatório, deve ser dada ao devedor, à comissão de credores, à comissão de trabalhadores ou aos representantes dos trabalhadores a oportunidade de se pronunciarem sobre o mesmo (art. 156º, nº 1). Após a apreciação dessas entidades, caberá então aos credores apreciar o relatório e deliberar sobre a melhor forma de acautelar a satisfação dos seus interesses e qual o subsequente desenvolvimento do processo. As deliberação tomadas não revestem, no entanto, carácter definitivo, já que podem ser revogadas ou modificadas em reunião posterior (art. 156º, nº 6).

Na assembleia de apreciação do relatório os credores devem pronunciar-se especificamente sobre o encerramento ou a manutenção em actividade dos estabelecimentos compreendidos na massa insolvente (art. 156º, nº 2), sendo que, no caso de deliberarem a manutenção em actividade, deverão fixar a remuneração devida ao administrador da insolvência pela sua gestão (art. 25º, nº 3, da Lei 22/2013).

Os credores podem ainda deliberar instruir o administrador no sentido da elaboração de um plano de insolvência devendo, nesse caso, fixar igualmente a remuneração devida pela elaboração desse plano (art. 26º da Lei 22/2013). Nessa hipótese, a assembleia pode determinar a suspensão da liquidação e partilha da massa insolvente (art. 156º, nº 3), a qual não impede a venda de bens susceptíveis de deterioração ou perecimento (art. 156º, nº 5, e 158º, nº 2), e cessa se o plano não for apresentado nos 60 dias seguintes (art. 156º, nº 4, *a*)) ou não for subsequentemente admitido, aprovado ou homologado (art. 156º, nº 4, *b*)).

A assembleia de apreciação do relatório pode ainda pronunciar-se sobre o pedido de exoneração do passivo restante formulado pelo devedor pessoa singular (art. 236º, nº 4), ainda que a decisão sobre o mesmo caiba ao juiz (art. 237º).

20
Liquidação da massa insolvente

20.1. Generalidades

Uma fase importante do processo de insolvência é a liquidação da massa insolvente. A liquidação destina-se a permitir a satisfação, ao memos parcial, dos credores do insolvente, para o que é necessário que o seu património seja convertido numa quantia pecuniária que possa ser repartida por esses credores. Para esse efeito, haverá que proceder à cobrança dos créditos e à alienação dos bens e direitos compreendidos na massa insolvente, em ordem a obter os valores necessários a esse pagamento.

A liquidação encontra-se regulada nos arts. 156º e ss., sendo processada como apenso ao processo de insolvência (art. 170º).

20.2. Dispensa, suspensão e interrupção da liquidação

20.2.1. Generalidades

O processo de liquidação da massa insolvente pode vir a ser afectado, na medida em que se possa verificar a dispensa, suspensão ou interrupção da liquidação. Ocorrendo a dispensa da liquidação, a mesma nem sequer se inicia, verificando-se a satisfação dos credores da insolvência por outra via. No caso de suspensão da liquidação, a mesma inicia-se, mas o seu decurso fica temporiamente paralisado, enquanto se verificar determinada situação a que se atribui esse efeito. Finalmente, em caso de interrupção da liquidação, a mesma inicia-se, mas a verificação de determinada situação provoca o encerramento do processo, sem que a mesma esteja concluída.

20.2.2. Dispensa da liquidação

O art. 171º, nº 1 prevê a possibilidade de a liquidação ser objecto de dispensa pelo juiz, no todo ou parte, sempre que o devedor seja uma pessoa singular e na massa insolvente não esteja compreendida uma empresa. A lei exige, no entanto, para esse efeito, que o devedor entregue ao administrador da massa insolvente uma quantia em dinheiro não inferior àquela que resultaria da liquidação, requisito este de muito difícil verificação face à situação de insolvência. A dispensa da liquidação tem que ser solicitada pelo administrador, com o acordo prévio do devedor, ficando a decisão sem efeito, se o devedor não fizer entrega da importância fixada pelo juiz, no prazo de oito dias (art. 171º, nº 2).

20.2.3. Suspensão da liquidação

A lei prevê igualmente que a liquidação seja suspensa em diversas situações.

Assim, em primeiro lugar, a assembleia de apreciação do relatório pode determinar a suspensão da liquidação e partilha da massa insolvente, caso confira ao administrador o encargo de elaborar um plano de insolvência (art. 156º, nº 3). A suspensão cessa automaticamente se o plano não for apresentado pelo administrador da insolvência nos 60 dias seguintes (art. 156º, nº 4 *a*)) ou, sendo-o, não for subsequente admitido, aprovado ou homologado (art. 156º, nº 4, *b*)).

Em segundo lugar, a liquidação e partilha da massa insolvente pode ser suspensa, a requerimento do proponente de plano da insolvência se tal for necessário para não pôr em risco a execução desse plano (art. 206º, nº 1). O juiz deve, porém, abster-se de ordenar a suspensão, ou proceder ao levantamento da suspensão já decretada, se a medida envolver o perigo de prejuízos consideráveis para a massa insolvente, ou o prosseguimento da liquidação e partilha lhe for requerido pelo administrador da insolvência, com o acordo da comissão de credores, se existir, ou da assembleia de credores (art. 206º, nº 2). Em qualquer caso, a suspensão cessa, se o plano de insolvência não vier a ser admitido, aprovado ou homologado (arts. 206º, nº 3, e 156º, nº 4, *b*)).

Finalmente, a liquidação é suspensa, no caso de ser atribuída ao devedor a administração da massa insolvente, uma vez que o art. 225º estabelece que nesse caso a mesma só tem lugar depois de retirada ao devedor essa administração.

A suspensão da liquidação não obsta, no entanto, à venda antecipada dos bens da massa insolvente susceptíveis de perecimento ou deterioração (arts. 156º, nº 5, 206º, nº 3, 225º, *in fine*, e 158º, nº 2).

20.2.4. Interrupção da liquidação

A liquidação é imediatamente interrompida, caso o administrador verifique ser a massa insolvente insuficiente para satisfação das custas do processo e das suas restantes dívidas (art. 232º, nº 4). Efectivamente, dado que, nos termos do art. 39º, a insuficiência da massa insolvente declarada pelo juiz não permite que a liquidação se inicie por não se produzirem os efeitos normalmente atribuídos à declaração de insolvência, caso a mesma seja descoberta posteriormente, não faz sentido o administrador da insolvência continuar a liquidação. O administrador da insolvência dará conhecimento do facto ao juiz, podendo este conhecer igualmente oficiosamente da situação, que, após audição do devedor, da assembleia de credores e dos credores da massa, declarará o processo encerrado (arts. 230º, nº 1, *a)* e 232º, nºs 1 e 2).

20.3. Regulação especial da liquidação através de plano da insolvência

A liquidação pode ser objecto de regulação especial, afastando-se do regime estabelecido no CIRE, caso venha a ser aprovado um plano de insolvência (art. 192º, nº 1). Nesse caso, o plano deverá indicar quais os preceitos legais derrogados e o âmbito da respectiva derrogação (art. 195º, nº 2, *e)*)[368], podendo inclusivamente afastar totalmente a própria liquidação, adoptando outra via de satisfação dos credores, como a recuperação do titular da empresa, ou a transmissão da mesma a outra entidade (art. 195º, nº 2, *b)*).

20.4. Início da liquidação

Antes do início da fase da liquidação propriamente dita, previamente à assembleia de apreciação do relatório o administrador da insolvência pode, porém, proceder imediatamente ao encerramento dos estabelecimentos do devedor, desde que obtenha o parecer favorável da comissão de credores ou, na falta desta, o devedor não se oponha, ou ainda, independen-

[368] PAULA COSTA E SILVA, *ROA* 65 (2005), 3, p. 743, considera, porém, que, face aos interesses que tutelam, os arts. 159º, 160º, e 168º devem considerar-se inderrogáveis.

temente dessa oposição, quando o juiz o autorizar, por considerar que o adiamento da medida acarretaria uma diminuição considerável da massa insolvente (art. 157º).

Nos termos do art. 158º, nº 1, o administrador da insolvência pode iniciar a venda dos bens apreendidos para a massa insolvente desde que a sentença declaratória de insolvência tenha transitado em julgado[369], haja sido realizada a assembleia de apreciação do relatório e as deliberações tomadas pelos credores nessa assembleia não se oponham a essa venda[370]. A venda inicia-se independentemente da verificação do passivo, o que significa que o incidente de verificação dos créditos não tem efeito suspensivo da liquidação.

O administrador da insolvência pode, porém, independentemente dos requisitos acima referidos, proceder ainda à venda imediata de bens que não possam ou não se devam conservar por estarem sujeitos a deterioração ou depreciação (art. 158º, nº 2). Nesse caso, o administrador da insolvência deve comunicar esse facto ao devedor, à comissão de credores, sempre que exista, e ao juiz com, pelo menos dois dias úteis de antecedência, e proceder à publicação de anúncio no Citius (art. 158º, nº 3). O juiz, por sua iniciativa ou a requerimento do devedor, da comissão de credores, ou de qualquer credor, pode impedir a venda antecipada, sendo essa decisão insusceptível de recurso (art. 158º, nº 4).

20.5. Liquidação de bens em situação de contitularidade, indivisão ou litígio sobre a titularidade

Perante o postulado principal da responsabilidade patrimonial de que a execução só deve incidir sobre bens do devedor (art. 817º CC), uma vez que, fora dos casos referidos no art. 818º CC, só estes respondem pelas suas dívidas[371], torna-se necessário acautelar os direitos de terceiro, em caso, de

[369] Para ocorrer trânsito em julgado da declaração de insolvência exige-se, não apenas que esta não seja objecto de recurso (art. 628º CPC), mas também que não haja sido deduzida oposição, ou que esta tenho sido julgada definitivamente improcedente, atento o facto de tanto a oposição (art. 40º, nº 3) como o recurso (art. 42º, nº 3), terem efeito suspensivo da liquidação e partilha. Neste sentido, cfr. Carvalho Fernandes/João Labareda, *Código da Insolvência*, sub art. 158º, nº 6, p. 594 e Paula Costa e Silva, *ROA* 65 (2005), 3, pp. 723 e ss.

[370] Um exemplo de deliberação dos credores contrária à venda seria aquela que determinasse a suspensão da liquidação e partilha da massa insolvente. Cfr. Paula Costa e Silva, *ROA* 65 (2005), 3, p. 722.

[371] Cfr. Menezes Leitão, *Obrigações*, I, p. 56.

contitularidade, indivisão ou litígio sobre a titularidade. A liquidação de bens indivisos, sobre os quais seja exercido direito de restituição ou separação, ou de bens relativamente aos quais venha a ser apurada a contitularidade do insolvente fica limitada ao direito que o insolvente tenha sobre esses bens (art. 159º). Já no caso de existência de litígio sobre a titularidade dos bens, por se encontrar pendente acção de reivindicação, pedido de restituição ou de separação de bens apreendidos para a massa insolvente, a liquidação desses bens depende da decisão definitiva desse litígio (art. 160º, nº 1, proémio). Admite-se, no entanto, que a liquidação ocorra nos casos de: *a)* anuência do interessado (art. 160º, nº 1, *a)*)[372]; *b)* venda antecipada de bens susceptíveis de perecimento ou deterioração (arts. 160º, nº 1, *b)* e 158º, nº 2); *c)* se o adquirente for advertido da controvérsia acerca da titularidade, e aceitar ser inteiramente da sua conta a álea respectiva (art. 160º, nº 1, *c)*)[373]. Nesta última hipótese, a lei determina que a substituição processual se opera com a simples comunicação pelo administrador da insolvência ao tribunal da causa, independentemente de habilitação do adquirente ou do acordo da parte contrária (art. 160º, nº 2).

20.6. O regime específico dos actos de especial relevo e da alienação de empresa compreendida na massa insolvente

A lei estabelece, no entanto, que depende do consentimento da comissão de credores ou, se esta não existir, da assembleia de credores, a prática de actos jurídicos que assumam especial relevo para o processo de insolvência (art. 161º, nº 1). O conceito de acto de especial relevo vem a ser concretizado nos nºs 2 e 3 do art. 161º, através da indicação dos vectores através dos quais se efectua essa qualificação e uma enumeração exemplificativa de uma série de actos considerada como correspondendo a esse conceito. No caso de o administrador da insolvência pretender efectuar alienações que

[372] Para efeitos desta disposição, o interessado é naturalmente o autor da reivindicação ou do pedido de restituição e separação de bens e não o insolvente. Neste sentido, CARVALHO FERNANDES/JOÃO LABAREDA, *Código da Insolvência*, sub art. 160º, nº 3, p. 599, e PAULA COSTA E SILVA, *ROA* 65 (2005), 3, pp. 733 e ss. Conforme salienta esta última autora, a anuência não extingue a pretensão do interessado, mas o transmissário não tem que lhe restituir a coisa, sendo antes a massa que deve entregar-lhe o preço da venda.

[373] Salienta PAULA COSTA E SILVA, *ROA* 65 (2005), 3, pp. 736-737 que "[c]om isto se pretende afastar a possível reacção do adquirente contra a massa insolvente caso viesse a concluir-se que ele adquirira a *non domino*; aceitar ele a álea parece querer significar que ele aceitará o risco da perda da demanda, sem possibilidade de pedir a restituição do preço pago".

correspondam a actos de especial relevo por negociação particular deverá comunicar a identidade do adquirente e as demais condições do negócio, não só à comissão de credores, se existir, como ao próprio devedor com a antecedência mínima de 15 dias relativamente à data da transacção (art. 161º, nº 4). O juiz deve mandar sobrestar na alienação e convocar a assembleia de credores para prestar o seu consentimento à operação, se isso lhe for requerido pelo devedor ou por um credor ou grupo de credores cujos créditos representem, na estimativa do juiz, pelo menos um quinto do total de créditos não subordinados, e o requerente demonstrar a plausibilidade de a alienação a outro interessado ser mais vantajosa para a massa insolvente (art. 161º, nº 5)[374].

O legislador estabelece ainda uma regime especial para a alienação da empresa compreedida na massa insolvente, determinando que a mesma deve ser realizada como um todo, a não ser que não haja proposta satisfatória ou se reconheça vantagem na liquidação ou na alienação separada de certas partes (art. 162º, nº 1). O administrador da insolvência deve, aliás, logo que inicia as suas funções, efectuar imediatamente diligências para a alienação da empresa do devedor ou dos seus estabelecimentos (art. 162º, nº 2).

A violação pelo administrador da insolvência destas disposições não prejudica a eficácia dos actos que pratique, excepto se as obrigações por ele assumidas excederem manifestamente as da contraparte (art. 163º). O administrador da insolvência responderá, no entanto, pelos danos causados ao devedor e aos credores da insolvência e da massa insolvente (art. 59º, nº 1), podendo ser ainda destituído com justa causa (art. 56º).

[374] Os nºs 4 e 5 do art. 161º estão em aparente contradição com o disposto no nº 1, dado que, enquanto neste preceito se exige o consentimento para quaisquer actos de especial relevo, daqueles parece resultar que a venda por negociação particular que revista esta qualificação se basta com a comunicação à comissão de credores e ao devedor, só sendo a assembleia chamada a prestar o seu consentimento no caso referido no nº 5. Essa interpretação é, porém, inaceitável face aos riscos da venda por negociação particular, onde se exige a maior transparência e isenção. Entendemos, por isso, na sequência de PAULA COSTA E SILVA, *ROA* 65 (2005), 3, p. 738, que, na venda por negociação particular que corresponda a um acto de especial relevo, é sempre de exigir o consentimento da comissão de credores, só se aplicando o nº 5 do art. 161º, no caso de esta ter prestado esse consentimento. No caso de não existir comissão de credores, será obrigatório solicitar o consentimento da assembleia de credores, nos termos do art. 161º, nº 1, recebendo esta os elementos referidos no art. 161º, nº 4 (cfr. art. 80º). Em sentido contrário, veja-se, porém, ANA PRATA/JORGE MORAIS CARVALHO/RUI SIMÕES, *Código da Insolvência*, sub art. 161º, nº 8, p. 489.

20.7. Alienação dos bens compreendidos na massa insolvente

O administrador da insolvência procede preferencialmente à venda dos bens em leilão electrónico, podendo justificadamente optar por qualquer das que são admitidas em processo executivo ou por alguma outra que tenha por mais conveniente (art. 164º, nº 1)[375]. A venda é assim sujeita ao regime previsto nos arts. 811º e ss. CPC, os quais lhe são aplicáveis por força do art. 17º CIRE[376].

No entanto, os credores que gozem de garantia real sobre bens a alienar devem ser sempre ouvidos sobre a modalidade da alienação, e informados do valor base fixado e do preço da alienação projectada a entidade determinada (art. 164º, nº 2). Esses credores têm a faculdade de, no prazo de uma semana, propor a aquisição do bem, por si ou por terceiro, por preço superior à alienação projectada ou ao valor base fixado (art. 164º, nº 3, *in princ*). Essa proposta, só é, no entanto, eficaz se for acompanhada, como caução, de um cheque visado à ordem da massa insolvente, no valor de 20% do montante da proposta, aplicando-se, com as devidas adaptações, o disposto nos arts. 824º e 825º CPC" (art. 164º, nº 4). Caso o administrador da insolvência não aceite a proposta, fica obrigado a colocar o credor na situação que decorreria da alienação a esse preço, caso ela tenha lugar por preço inferior (art. 164º, nº 3, *in fine*)[377].

[375] Salienta, no entanto, MARIA JOSÉ COSTEIRA, *Themis*, edição especial (2005), p. 37, que, em virtude de o art. 161º considerar como acto de especial relevo a alienação de um elenco muito exaustivo de bens do insolvente, só em casos de pequena monta o administrador poderá livremente escolher a modalidade da venda, já que na prática a mesma depende quase sempre de autorização da comissão de credores ou da assembleia

[376] Pode consequentemente a venda ser inválida nos termos do art. 838º CPC, sempre que se reconheça a existência de algum ónus ou limitação ou de erro sobre a coisa transmitida resultante de falta de conformidade. Neste sentido. cfr. Ac. RC 11/2/2014 (FREITAS NETO), em *CJ* 39 (2014), 1, pp. 38-41.

[377] Esta é a única sanção para a não aceitação da proposta, pelo que não é nula a venda feita a terceiro por preço inferior. Cfr. Ac. RG 28/7/2008 (MARIA ROSA TCHING), em *CJ* 33 (2008), 3, pp. 291-294. Conforme salienta PAULA COSTA E SILVA, *ROA* 65 (2005), 3, p. 740, trata-se neste caso de uma responsabilidade pessoal do administrador da insolvência, não havendo consequentemente alteração ao regime do concurso de credores. Entendemos que a mesma solução deve ser aplicada à hipótese de o administrador da insolvência omitir a notificação aos credores com garantia real, desde que estes demonstrem que a omissão frustrou a possibilidade de apresentar proposta com essas consequências. Em sentido diferente, consideram CARVALHO FERNANDES/JOÃO LABAREDA, *Código da Insolvência*, sub art. 164º, nº 12, p. 619, que nessa situação "o administrador responderá perante o credor pelo diferencial entre o

Dispõe o art. 165º que "aos credores garantidos que adquiram bens integrados na massa insolvente e aos titulares de direito de preferência, legal ou convencional com eficácia real, é aplicável o disposto para o exercício dos respectivos direitos na venda em processo executivo". Tal implica a aplicação aos credores garantidos do disposto no art. 815º CPC, que os dispensa de depositar a parte do preço que não seja necessária para pagar a credores graduados antes deles e que não exceda a importância que tem a receber. Em relação aos credores titulares de direito de preferência, legal ou convencional, com eficácia real, tratando-se de venda por propostas em carta fechada aplicar-se-á o disposto no art. 819º CPC, que determina a sua notificação para a data em que deva realizar-se a abertura das propostas, e no art. 823º CPC, quanto à forma de exercício do respectivo direito. Caso o administrador da insolvência opte pela venda directa deverá dar execução ao disposto no art. 831º CPC[378].

O art. 166º, nº 1, estabelece ainda que, em caso de atraso na alienação do bem objecto de garantia real, o credor titular da garantia deve ser compensado pelo retardamento da alienação do bem que não lhe seja imputável, bem como pela desvalorização do mesmo resultante da sua utilização em proveito da massa insolvente. O administrador da insolvência pode, no entanto, optar por satisfazer integralmente um crédito com garantia real à custa da massa insolvente antes de proceder à venda do bem objecto da garantia, contanto que o pagamento tenha lugar depois da data fixada no nº 1 do art. 158º para o começo da venda de bens (art. 166º, nº 2).

20.8. Proibição de aquisição de bens da massa insolvente pelo administrador da insolvência

A lei proibe ao administrador da insolvência a aquisição, directamente ou por interposta pessoa, de bens ou direitos compreendidos na massa insolvente, qualquer que seja a modalidade da venda (art. 168º, nº 1). A violação desta proibição, além de constituir fundamento de destituição por justa causa, obriga o administrador da insolvência a restituir à massa o bem ou direito ilicitamente adquirido, sem direito a reaver a prestação efectuada (art. 168º, nº 2).

valor obtido e o total do crédito garantido, sem prejuízo da faculdade de provar que o credor preterido, se devidamente notificado, apresentaria proposta que não permitiria o ressarcimento integral do seu crédito, caso em que, então, responderá somente até à concorrência da proposta presuntiva".

[378] Cfr. Paula Costa e Silva, *ROA* 65 (2005), 3, p. 740.

20.9. Depósito do produto das vendas

Nos termos do art. 167º, nº 1, e 150º, nº 6, o produto das diversas vendas, ressalvadas as somas estritamente indispensáveis às despesas correntes de administração, deve ir sendo depositado em conta à ordem da administração da massa, aberta pelo administrador da insolvência em instituição de crédito por si escolhida. No caso de existir comissão de credores, a movimentação do respectivo depósito só pode ser feita mediante assinatura conjunta do administrador da insolvência e de, pelo menos, um dos membros da comissão (art. 167º, nº 2). A lei estabelece ainda que, sempre que sejam previstos períodos relativamente longos de imobilização dos fundos depositados, deverão ser feitas aplicações em produtos de baixo risco e que recolham o parecer favorável prévio da comissão de credores, se ela existir (art. 167º, nº 3).

20.10. Conclusão da liquidação

A liquidação deverá estar concluída no prazo de um ano contado da data da assembleia de apreciação do relatório, o qual pode ser prorrogado por períodos consecutivos de seis meses, havendo razões que justifiquem o prolongamento. O incumprimento do prazo estabelecido para a liquidação constitui justa causa de destituição do administrador da insolvência (art. 169º).

21
Pagamento

21.1. Generalidades

O pagamento dos créditos encontra-se regulado nos arts. 172º e ss., o qual determina a liquidação em primeiro lugar das dívidas da massa, e apenas posteriormente dos créditos sobre a insolvência, sendo que estes últimos só podem ser liquidados se estiverem verificados por sentença transitada em julgado (art. 173º). A hierarquização dos créditos sobre a insolvência implica que sejam liquidados em primeiro lugar os créditos garantidos (art. 174º) e privilegiados (art. 175º), depois os créditos comuns (art. 176º) e finalmente os créditos subordinados (art. 177º).

21.2. Pagamento das dívidas da massa insolvente

As dívidas da massa insolvente são aquelas que se encontram referidas no art. 51º. Em relação a estas, a lei determina a sua liquidação antes de se proceder ao pagamentos dos créditos sobre a insolvência (art. 172º, 1, primeira parte), devendo essa liquidação ocorrer na data do vencimento das dívidas, seja qual for o estado do processo (art. 172º, nº 3). Para esse efeito, o administrador da insolvência deverá deduzir da massa insolvente os bens e direitos necessários para a satisfação dessas dívidas, incluindo as que previsivelmente se venham a constituir até ao encerramento do processo (art. 172º, nº 1, parte final). Essas dívidas devem ser primeiramente imputadas nos rendimentos da massa. Não sendo estes rendimentos suficientes, a imputação é efectuada na devida proporção ao produto da venda de cada bem móvel ou imóvel. Se esses bens forem objecto de garantias reais, a imputação deve limitar-se a 10% do seu valor, salvo na medida do indispensável à satisfação integral das dívidas da massa insolvente ou do que não prejudique a satisfação integral dos créditos garantidos (art. 172º, nº 2).

21.3. Pagamento dos créditos que beneficiem de garantia real

Uma vez liquidadas as dívidas da massa insolvente, pode iniciar-se o pagamento dos créditos que beneficiem de garantias reais, as quais incluem os privilégios creditórios especiais – art. 47º, nº 4 *a)* – abrangendo, além destes, a consignação de rendimentos, o penhor, a hipoteca e o direito de retenção. Não relevam nesta sede as garantias de origem processual, como a penhora, o arresto e a hipoteca judicial (art. 140º, nº 3), nem as garantias reais que se extingam com a declaração de insolvência (art. 97º, nº 3, *b)*, *c)*, *d)* e *e)*).

O pagamento aos credores garantidos é realizado com base no produto da alienação dos bens objecto da garantia, abatidas as correspondentes despesas, e a percentagem de 10%, destinada à liquidação das dívidas da massa insolvente (art. 174º, nº 1, e 172º, nº 2). Esse regime é aplicável, mesmo no caso de as garantias reais se destinarem à satisfação de dívidas de terceiro, pela qual o insolvente não responda pessoalmente, excepto se o bem tiver sido alienado com a garantia ou o titular renunciar à mesma (art. 174º, nº 3 *a)*)[379]. Caso as garantias reais sejam utilizadas para solver dívida de terceiro, esta sofre igualmente a dedução do *interusurium*, resultante do vencimento antecipado das obrigações do insolvente (art. 174º, nº 3, *b)*), sendo que o respectivo pagamento vai importar sub-rogação nos direitos do credor (art. 174º, nº 3 *c)*) e art. 592º CC), com a consequente entrada desse crédito na massa insolvente.

No caso de os bens se encontrarem onerados com garantias reais a favor de vários credores, o pagamento será realizado de acordo com a hierarquização dessas garantias. Em princípio, a hierarquização da sua constituição efectua-se de acordo com a ordem da constituição. Em relação aos privilégios imobiliários especiais, no entanto, a lei estabelece que eles preferem à consignação de rendimentos, à hipoteca ou ao direito de retenção, ainda que essas garantias sejam anteriores (art. 751º). No entanto, as hipotecas que visem garantir o pagamento de créditos hipotecários subjacentes a

[379] No caso de o bem ser alienado com a garantia, nos termos do art. 164º, nº 5, esta mantém-se naturalmente activa na esfera do adquirente, pelo que não se justifica que o credor seja pago pelo produto da venda. Já no caso de renúncia, ocorre a extinção da garantia, pelo que deixa de ter cabimento o pagamento.

obrigações hipotecárias prevalecem sobre qualquer privilégio creditório imobiliário (art. 3º, nº 2, do Decreto-Lei 59/2006, de 20 de Março). Já o direito de retenção que recaia sobre coisa imóvel prevalece sobre a hipoteca, ainda que ela tenha sido constituída anteriormente (art. 759º, nº 2).

Não sendo os bens objecto da garantia suficientes para a liquidação integral dos créditos que garantem, e respondendo o devedor pelos mesmos com a generalidade do seu património, são os saldos respectivos incluídos entre os créditos comuns (art. 174º, nº 1, parte final), sendo atendidos nos rateios que se realizarem entre os credores comuns (art. 174º, nº 2).

21.4. Pagamento dos créditos privilegiados

Os créditos privilegiados são aqueles que beneficiam de um privilégio creditório geral (art. 47º, nº 4 *a)*). Entre estes encontram-se: *a)* o privilégio mobilário geral dos trabalhadores, a que se refere o art. 333º, nº 1, *a)* CT; *b)* os privilégios mobiliários gerais do Estado e das autarquias locais para garantia dos créditos de impostos, nos termos do art. 736º CC; *c)* os privilégios mobiliários e imobiliários gerais das instituições de segurança social, referidos nos arts. 244º e 245º CRCSS; *d)* os privilégios por despesas de funeral, de doença ou de obrigações de alimentos, nos termos do art. 737º CC; *e)* o privilégio mobiliário geral, a graduar em último lugar, relativamente aos direitos de crédito não subordinados de que seja titular o credor requerente da declaração de insolvência, até ao limite de 500 unidades de conta (art. 98º, nº 1).

Salienta-se, porém, que, nos termos do art. 97º *a)* se extinguem com a declaração de insolvência "os privilégios creditórios gerais que forem acessórios de créditos sobre a insolvência de que forem titulares o Estado, as autarquias locais e as instituições de segurança social, constituídos mais de 12 meses antes da data do início do processo de insolvência".

O pagamento dos créditos privilegiados é realizado à custa dos bens não afectos a garantias reais prevalecentes e na proporção dos seus montantes, quanto aos que sejam igualmente privilegiados (art. 175º). No caso de haver em depósito quantias que assegurem uma distribuição não inferior a 5% do valor desses créditos[380], o administrador da insolvência, obtido o

[380] Carvalho Fernandes/João Labareda, *Código da Insolvência*, sub art. 178º, nº 4, p. 657, entendem que não se exige que o valor de 5% corresponda ao de todos os créditos privilegiados, podendo esse rateio ocorrer apenas em relação aos créditos privilegiados de idêntica posição.

parecer da comissão de credores, se existir, pode propor um rateio parcial, competindo ao juiz decidir sobre os pagamentos que considere justificados (art. 178º).

21.5. Pagamento dos créditos comuns

Os créditos comuns são aqueles que não correspondem a dívidas da massa, nem a créditos garantidos ou privilegiados, nem se integrem na categoria de créditos subordinados (art. 47º, nº 4 *c*)). O pagamento neste caso tem lugar apenas após a satisfação das dívidas da massa e dos créditos garantidos e privilegiados, sendo efectuado o rateio na proporção do valor nominal dos respectivos créditos, se a massa for insuficiente para a respectiva liquidação integral (art. 176º). Podem igualmente ocorrer rateios parciais quando, existindo em depósito quantias que assegurem o pagamento de 5% do total dos créditos comuns, o administrador da insolvência os propor, com o parecer da comissão de credores, quando exista, e o juiz considerar justificados os pagamentos (art. 178º). Nesse caso, o pagamento aos credores comuns vai-se fazendo fraccionadamente através da entrega de quotas não inferiores a 5% do valor nominal de cada crédito[381].

Transitoriamente, em virtude da crise económica causada pela pandemia COVID-19, determinou a Lei 75/2020, no seu art. 16º a obrigatoriedade de, em todos os processos de insolvência pendentes à data da sua entrada em vigor, serem realizados rateios parciais das quantias depositadas à ordem da massa insolvente, desde que, cumulativamente:

a) Tenha transitado em julgado a sentença declaratória da insolvência e o processo tenha prosseguido para liquidação do ativo pela forma prevista nos artigos 156.º e ss;
b) Esteja esgotado o prazo de impugnação da relação de credores previsto no artigo 130º, sem que nenhuma impugnação tenha sido deduzida, ou, tendo-o sido, se a impugnação em causa já estiver decidida, seja nos termos do disposto no nº 3 do art. 131º seja por decisão judicial, aplicando-se o disposto no nº 1 do artigo 180º, caso a decisão não seja definitiva;
c) As quantias depositadas à ordem da massa insolvente sejam iguais ou superiores a € 10 000 e a respetiva titularidade não seja controvertida.

[381] Cfr. Montón Redondo/Montón García, *op. cit.*, p. 197.

Esta regra cessará, porém, a sua vigência em 31 de Dezembro de 2021 (art. 18º, nº 1, da Lei 75/2020).

21.6. Pagamento dos créditos subordinados

Os créditos subordinados encontram-se referidos no art. 48º, só ocorrendo o seu pagamento depois de terem sido integralmente pagos os credores comuns, sendo efectuado pela ordem correspondente às diversas alíneas do art. 48º, salvo no caso de subordinação convencional, em que é possível estipular uma prioridade diferente (art. 177º). Apenas depois de pagos integralmente os créditos subordinados previstos numa das alíneas do art. 48º se pode efectuar o pagamento daqueles constantes da alínea seguinte. Assim, a partir do momento em que a massa insolvente se torna insuficiente para cobrir os créditos subordinados de uma das alíneas é efectuado o rateio entre os respectivos titulares, deixando de ser pagos os credores abringidos pelas alíneas seguintes.

21.7. Aspectos específicos de tutela de certos créditos

21.7.1. A situação dos credores de obrigações solidárias

O pagamento aos credores de obrigações solidárias (cfr. arts. 512º e ss. CC) em que vários devedores estejam insolventes obedece a cautelas especiais. Efectivamente, dado que o art. 95º, nº 1, admite que o credor possa concorrer pela totalidade do seu crédito a cada uma das massas de devedores solidários e garantes, há que acautelar que o somatório das quantias que eventualmente receba de todas elas não exceda o montante do seu crédito. Em consequência, o art. 179º determina que o credor não possa receber o pagamento sem apresentar certidão comprovativa dos montantes recebidos nos processos de insolvência dos restantes devedores, tendo igualmente o administrador da insolvência que dar conhecimento do pagamento nesses outros processos. No caso de ocorrer o pagamento parcial da obrigação por um devedor solidário não insolvente, este só pode ser pago após o titular do crédito principal ser integralmente satisfeito (art. 179º, nº 2).

21.7.2. A situação dos créditos sob condição suspensiva

Os créditos sob condição suspensiva são igualmente sujeitos a um regime especial quanto à liquidação. Efectivamente, embora eles sejam considerados pelo seu valor nominal nos rateios parciais, devem continuar depositadas as quantias que por estes lhes sejam atribuídas na pendência da condição (art. 181º, nº 1).

Já em relação ao rateio final, se não estiver ainda preenchida a condição, haverá que distinguir consoante a sua verificação seja ou não manifestamente improvável. No primeiro caso, considerar-se-á o crédito como desprovido de qualquer valor, vindo as quantias depositadas a ser rateadas pelos demais credores (art. 181º, nº 2 *a*)). No segundo caso, o administrador da insolvência depositará em instituição de crédito a quantia correspondente ao valor nominal do crédito para ser entregue ao titular, uma vez preenchida a condição suspensiva, ou rateada pelos demais credores, depois de adquirida a certeza de que tal verificação é impossível (art. 181º, nº 2, *b*)).

21.7.3. A situação dos créditos emergentes do contrato de trabalho

Os créditos emergentes do contrato de trabalho e da sua violação e cessação beneficiam de garantias especiais, constantes dos arts. 333º e ss. CT[382]. É, no entanto, de salientar que para os trabalhadores a conservação do seu vínculo laboral surge como bastante mais importante do que a tutela dos seus créditos laborais, uma vez que esse vínculo lhes assegura a obtenção de meios de subsistência pessoal e familiar, para além da realização e valorização profissional[383].

Nos termos do art. 333º, nº 1, *a*) e *b*) CT aos trabalhadores são atribuídos um privilégio mobiliário geral e um privilégio imobiliário especial sobre os bens imóveis do empregador nos quais o trabalhador preste a sua actividade[384]. Nenhum destes privilégios se extingue com a declaração de insolvência, pois não se encontram incluídos na enumeração constante do art. 97º CIRE.

[382] Cfr., especialmente PEDRO ROMANO MARTINEZ, *Direito do Trabalho*, pp. 615 e ss. e JOANA VASCONCELOS, "Sobre a garantia dos créditos laborais no Código do Trabalho", em ANTÓNIO MONTEIRO FERNANDES (org.), *Estudos de Direito do Trabalho em Homenagem ao Prof. Manuel Alonso Olea*, Coimbra, Almedina, 2004, pp. 321-341.

[383] Salienta este aspecto ANTÓNIO NUNES DE CARVALHO, *RDES* 37 (1995), nº 4, pp. 319 e ss.

[384] No Ac. RG 10/4/2008 (ANTÓNIO MAGALHÃES), na *CJ* 33 (2008), 2, pp. 289-291, considera-se que a atribuição do privilégio imobiliário especial depende da alegação e prova pelos trabalhadores de que prestavam trabalho no referido imóvel. Essa posição tem vindo a ser, no entanto, contraditada por outras decisões, entre as quais o Ac. RC 25/2/2014 (FONTE RAMOS), na *CJ* 39 (2014), 1, pp. 48-50, onde se considerou que o prinvilégio se estende a todos os imóveis utilizados na actividade empresarial do empregador, independentemente de qualquer conexão directa e específica com a actividade laboral efectiva e concreta de cada trabalhador.

Para além disso, os trabalhadores podem ainda demandar solidariamente com o empregador as sociedades que com este se encontrem em relação de participações recíprocas, de domínio ou de grupo, nos termos previstos nos artigos 481º e seguintes do Código das Sociedades Comerciais (art. 334º CT), bem como os sócios controladores da sociedade empregadora desde que se verifiquem os pressupostos dos arts. 78º, 79º e 83º CSC e os seus gerentes, administradores e directores, nos termos dos arts. 78º e 79º CSC (art. 335º CT).

Há que referir ainda a existência de uma garantia do pagamento dos créditos emergentes do contrato de trabalho e da sua violação ou cessação, pertencentes ao trabalhador, que não possam ser pagos pelo empregador por motivo de insolvência ou situação económica difícil, a qual é assegurada pelo Fundo de Garantia Salarial, nos termos previstos em legislação específica (art. 336º CT). Essa legislação específica é presentemente o Novo Regime do Fundo de Garantia Salarial (NRFGS), aprovado pelo D.L. 59/2015, de 21 de Abril. Resulta do art. 1º NRFGS, que são abrangidos pela garantia os créditos emergentes do contrato de trabalho ou da sua violação ou cessação, assegurando o Fundo o seu pagamento no caso de ser proferida sentença de declaração de a insolvência do empregador (art. 1º, nº 1, *a)* NRFGS), e ainda quando tenha sido designado o administrador judicial provisório no processo especial de revitalização (art. 1º, nº 1, *b)*, NRFGS) ou proferido despacho de aceitação do requerimento proferido pelo IAPMEI, no âmbito do procedimento extrajudicial de recuperação de empresas (art. 1º, nº 1 *c)* NRFGS).

Para esse efeito deve o tribunal, no processo de insolvência, notificar o Fundo da sentença de declaração de insolvência do empregador, com cópia da petição inicial e da relação de credores e das acções judiciais (art. 1º, nº 2, a, NRFGS). Da mesma forma, no processo especial de revitalização, logo após a sua nomeação, o administrador judicial provisório deve notificar o Fundo da apresentação do requerimento previsto no art. 17º-C do CIRE, com cópia dos documentos que o acompanham, bem como despacho que o nomeou. Também no procedimento extrajudicial de recuperação (art. 1º, nº 2, *b)* NRFGS). Da mesma forma, no âmbito do procedimento extrajudicial de recuperação, o IAPMEI deve notificar o Fundo do requerimento de utilização do SIREVE, do despacho de aceitação deste requerimento, da celebração e cessação do acordo e da extinção do procedimento (art. 1º, nº 2, *c)* NRFGS).

O pagamento pelo Fundo limita-se, porém, ao montante equivalente a seis meses de retribuição, que não podem exceder o triplo da retribuição mínima garantida (art. 3º, nº 1, NRFGS), e só sendo satisfeitos os créditos que se tiverem vencido nos seis meses anteriores à data da propositura da acção ou do requerimento de revitalização ou de utilização do SIREVE (art. 2º, nº 2, NRFGS), salvo se não existirem créditos vencidos nesse período de referência, ou o seu montante seja inferior a esse limite máximo, caso em que o Fundo assegura até esse limite os créditos vencidos após o período de referência (art. 2º, nº 2, NRFGS). Os créditos só são, no entanto, satisfeitos pelo Fundo se tiverem sido reclamados até um ano a partir do dia seguinte àquele em que cessou o contrato de trabalho (art. 2º, nº 8, NRFGS).

Deve ainda salientar-se que a lei admite a possibilidade de, por decisão do administrador da insolvência, serem atribuídos alimentos a quem seja titular de créditos sobre a insolvência emergentes de contrato de trabalho, ou da violação ou cessação deste contrato, até ao limite do respectivo montante, mas, a final, deduzir-se-ão os subsídios ao valor destes créditos (art. 84º, nº 3 CIRE).

21.7.4. A situação dos créditos do Estado e das autarquias locais

O Estado e as autarquias locais beneficiam, quer de privilégios especiais e gerais, mobiliários e imobiliários, quer de hipoteca legal, para tutela de vários dos seus créditos.

Em relação aos privilégios especiais, o art. 744º, nº 1, atribui um privilégio imobiliário especial aos "créditos sobre contribuição predial devida ao Estado ou às autarquias locais, inscritos para cobrança no ano corrente na data da penhora, ou acto equivalente e nos dois anos anteriores (...) sobre os bens cujos rendimentos estão sujeitos àquela tributação". Actualmente, a contribuição predial, que era um imposto sobre os rendimentos dos prédios, encontra-se substituída pelo imposto municipal sobre imóveis, que é um imposto sobre o valor patrimonial dos mesmos (art. 1º CIMI). No entanto, o art. 122º, nº 1, CIMI determina que o imposto municipal sobre imóveis goza das mesmas garantias estabelecidas pelo Código Civil para a contribuição predial, pelo que o privilégio conferido pelo art. 744º, nº 1, se mantém em vigor, sendo aplicável a esse imposto. O art. 744º, nº 2, atribui ainda um privilégio sobre os bens transmitidos aos créditos do Estado pela sisa e pelo imposto sobre sucessões e doações, o qual é igualmente mantido pelo art. 39º do CIMT e pelo art. 47º, nº 1 CIS.

Outro privilégio imobiliário constante de legislação especial é o do Estado, resultante de garantia no quadro dos seguros de crédito (art. 17º, nº 6, do D.L. 183/88, de 24 de Maio).

Existe ainda um privilégio mobiliário especial para os créditos do Estado resultantes do imposto sobre sucessões e doações (art. 738º, nº 2, CC) actualmente referente ao imposto de selo (art. 47º CIS).

Relativamente aos privilégios mobiliários gerais, temos o privilégio mobiliário geral para garantia dos créditos fiscais do Estado e das autarquias locais (art. 736º). Na legislação especial encontram-se ainda outros privilégios mobiliários gerais, como o do Estado relativamente ao imposto do rendimento das pessoas singulares (art. 111º C.I.R.S.) ou relativamente ao rendimento sobre o imposto das pessoas colectivas (art. 108º CIRC), e o do Estado resultante de aval (art. 22º da Lei 112/97, de 13 de Setembro).

A lei estabeleceu ainda um privilégio imobiliário geral do Estado, relativo aos impostos sobre o rendimento (art. 111º do CIRS e art. 108º do CIRC).

Em relação à hipoteca legal do Estado, ela encontra-se prevista no art. 705º *a)* e *b)*, CC quer em relação aos bens cujos rendimentos estão sujeitos à contribuição predial (hoje, imposto municipal sobre imóveis) para garantia desse crédito, quer em relação aos bens dos encarregados da gestão de fundos públicos, para garantia do cumprimento das suas obrigações.

A eficácia dos privilégios gerais e especiais do Estado e das autarquias locais como garantias é no entanto mais reduzida pelo facto de que aqueles de que sejam titulares o Estado, as autarquias locais e as instituições de segurança social, respectivamente constituídos ou vencidos mais de 12 meses antes da data do início do processo de insolvência, se extinguirem com a declaração de insolvência (art. 97º, nº 1, *a)* e *b)*). Da mesma forma, a declaração de insolvência importa a extinção das hipotecas legais cujo registo haja sido requerido dentro dos dois meses anteriores à data do início do processo de insolvência, e que forem acessórias de créditos sobre a insolvência do Estado, autarquias locais e instituições de segurança social (art. 97º, nº 1, *c)*).

21.7.5. A situação dos créditos das instituições de segurança social

Os créditos das instituições de segurança social são garantidos por um privilégio mobiliário geral e por um privilégio imobiliário geral, nos termos dos arts. 204º e 205º CRCSS[385]. Consideram-se, portanto, como créditos privilegiados, nos termos do art. 175º, pelo que só podem ser pagos com bens não afectos a garantias reais prevalecentes, e com respeito da prioridade que lhes caiba, quanto aos seus montantes, relativamente a créditos igualmente privilegiados.

Começando por fazer referência ao privilégio imobiliário geral, o art. 205º CRCSS, estabelece que "os créditos da segurança social por contribuições, quotizações e respectivos juros de mora gozam de privilégio imobiliário sobre os bens imóveis existentes no património do contribuinte à data da instauração do processo executivo, graduando-se logo após os créditos referidos no artigo 748º do Código Civil". Inicialmente, questionou-se se este privilégio, anteriore previsto no o art. 11º do D.L. 103/80, de 9 de Maio, prevaleceria sobre a hipoteca, dado ser a solução que pareceria resultar do teor literal do art. 751º, ainda que fosse manifesto que a norma não se destinava a abranger privilégios imobiliários gerais, mas apenas especiais, conforme compreensivelmente defendia a doutrina e a jurisprudência. Justificadamente, o Tribunal Constitucional, no acórdão nº 363/2002, de 17/9/2002, decidiu "declarar a inconstitucionalidade, com força obrigatória geral, por violação do princípio da confiança ínsito no princípio do Estado de direito democrático, consagrado no art. 2º da Constituição da República, das normas constantes do artigo 11º do Decreto-Lei nº 103/80, de 9 de Maio, e do artigo 2º do Decreto-Lei nº 512/76, de 3 de Julho, na interpretação segundo a qual o privilégio imobiliário geral nelas conferido à segurança social prefere à hipoteca, nos termos do artigo 751º do Código Civil"[386]. Em consequência, o art. 5º do Decreto-Lei 38/2003, de 8 de Março, alterou esta última disposição, esclarecendo que apenas o privilégio imobiliário especial prevalece sobre a hipoteca, não sendo esse regime aplicável ao privilégio imobiliário geral.

Já quanto ao privilégio mobiliário geral, determina o art. 204º CRCSS, que "os créditos da segurança social por contribuições, quotizações e respectivos juros de mora gozam de privilégio imobiliário geral, graduando-se nos termos referidos na alínea *a)* do nº 1 do art. 747º do Código Civil",

[385] Cfr., ainda que sobre o regime anterior, SALVADOR DA COSTA, *Revista do CEJ*, IV (1º Semestre 2006), pp. 99 e ss.

[386] Cfr. Acórdão TC 363/2002, publicado no Diário da República, I Série-A, de 16/10/2002, pp. 6777 e ss.

acrescentando o nº 2 que "este privilégio prevalece sobre qualquer penhor, ainda que de constituição anterior". Pareceria assim que este privilégio apenas cederia perante os créditos dos trabalhadores (art. 333º, nº 2, *a)* do CT) e perante os créditos do Estado e das autarquias locais resultantes de impostos (art. 747º *a)* CT), prevalecendo sobre o penhor ainda que de constituição anterior[387].

Sucede, porém, que a prevalência do privilégio mobiliário geral sobre penhores anteriores deve considerar-se igualmente inconstitucional por identidade de razão com a solução já reconhecida de inconstitucionalidade de prevalência do privilégio imobiliário geral sobre a hipoteca[388].

Os privilégios, gerais e especiais, das instituições da segurança social, respectivamente constituídos ou vencidos mais de 12 meses antes da data do início do processo de insolvência extinguem-se em consequência dessa declaração (art. 97º, nº 1 *a)* e *b)*).

21.7.6. A situação dos créditos do Instituto de Emprego e Formação Profissional

O art. 7º,do Decreto-Lei 437/78, de 28 de Dezembro atribui aos créditos de que é titular o Instituto de Emprego e Formação Profissional um privilégio mobiliário geral sobre os bens móveis do devedor, o qual é graduado logo após os créditos referidos na alínea *a)* do nº 1 do art. 747º, nos mesmos termos dos créditos previstos no art. 1º, nº 1, do D.L. 512/76, de 3 de Julho, com prevalência sobre qualquer penhor, ainda que de constituição anterior.

A remissão efectuada para o art. 1º, nº 1, do D.L. 512/76, de 3 de Julho deve hoje considerar-se para o art. 10º do D.L. 103/80, de 3 de Maio. Conjugando o nº 2 do art. 10º do D.L. 103/80 com os arts. 747º e 749º resulta, porém, uma lacuna de colisão, uma vez que sendo o crédito do art. 747º, nº 1, *a)* graduado depois do penhor, o crédito do IEFP, ao ser graduado depois deste não poderia prevalecer sobre o penhor. Alguma doutrina pretende resolver essa lacuna considerando que a preferência do privilégio mobiliário geral sobre o penhor estabelecida no art. 7º, nº 1, *a)* do D.L. 437/78, só se aplica se não existirem créditos privilegiados previstos

[387] Neste sentido, SALVADOR DA COSTA, *Revista do CEJ*, IV (1º Semestre 2006), p. 99.

[388] Cfr. MIGUEL LUCAS PIRES, *Dos privilégios creditórios. Regime jurídico e sua influência no concurso de credores*, Coimbra, Almedina, 2004, pp. 132-134. No mesmo sentido, vide na jurisprudência o Ac. RP 9/11/2006 (SALEIRO DE ABREU), disponível em http://www.dgsi.pt .

no art. 747º, nº 1, *a)*. Caso se verifique a existência dos mesmos, o penhor passa a prevalecer sobre eles, sendo assim graduado à frente do privilégio do IEFP[389].

Conforme acima se referiu, entendemos no entanto que a prevalência do privilégio mobiliário geral sobre penhores anteriormente constituídos se apresenta como inconstitucional, pelo que preferimos considerar que essa preferência não ocorre em nenhuma circunstância, o que afasta a lacuna de colisão anteriormente referida.

21.8. Rateio final e pagamentos

Uma vez encerrada a liquidação da massa insolvente, o processo é remetido à conta, sendo a distribuição e o rateio final realizados pela secretaria logo em seguida. O encerramento da liquidação não é prejudicado pela circunstância de a actividade de o devedor gerar rendimentos que acresceriam à massa (art. 182º, nº 1).

O administrador da insolvência pode apresentar no processo proposta de distribuição e de rateio final, acompanhada da respectiva documentação de suporte, sendo tal informação apreciada pela secretaria (art. 182º, nº 3).

Se as sobras da liquidação nem sequer chegarem para cobrir as despesas do rateio, as mesmas são atribuídas ao organismo responsável pela gestão financeira e patrimonial do Ministério da Justiça (art. 182º, nº 2), não se chegando a realizar qualquer pagamento aos credores. Na hipótese contrária, os pagamentos são efectuados, sem necessidade de requerimento, preferencialmente, por meio de transferência bancária para o IBAN do respetivo destinatário, sendo a quantia sacada sobre a conta da insolvência (art. 183º, nº 1), ou, não sendo tal possível, através de cheque sacado sobre a conta da insolvência (art. 183º, nº 2). Nesse caso, não sendo o cheque apresentado a pagamento no prazo de um ano contado desde a data do aviso ao credor, prescreve o crédito respectivo e reverte a quantia a favor do Instituto de Gestão Financeira e Equipamentos da Justiça, I. P. (art. 183º, nº 3).

Apesar de se tratar de uma hipótese pouco comum, poderá ainda dar-se o caso de o produto da liquidação ser suficiente para pagamento dos créditos sobre a insolvência, o que sucederá se o devedor, embora impos-

[389] Neste sentido, veja-se SALVADOR DA COSTA, *Revista do CEJ*, IV (1º Semestre 2006), p. 101. Na jurisprudência cfr. Ac. STJ de 8/6/2006 (OLIVEIRA BARROS), disponível em http://www.dgsi.pt .

sibilitado de cumprir as suas obrigações vencidas por ausência de liquidez no seu património, tenha apesar disso um activo superior ao passivo. Nesse caso, o art. 184º, nº 1, estabelece que o saldo deverá ser entregue pelo administrador ao devedor. No caso de o devedor não ser uma pessoa singular, o administrador deverá entregar "às pessoas que nele participem a parte do saldo que lhe pertenceria se a liquidação fosse efectuada fora do processo de insolvência ou [cumprir] o que de diverso estiver a este respeito legal ou estatutariamente previsto (art. 184º, nº 2).

22
Incidente de qualificação da insolvência

22.1. Generalidades

O incidente de qualificação de insolvência, previsto nos arts. 185º e ss., constitui uma fase do processo que se destina a averiguar quais as razões que conduziram à situação de insolvência, e consequentemente se essas razões foram puramente fortuitas ou correspondem antes a uma actuação negligente ou mesmo com intuitos fraudulentos do devedor[390]. Essa avaliação pode ter naturalmente consequências penais (cfr. arts. 227º e ss. CP), ou em termos de responsabilidade civil, nos termos do art. 82º, nº 3, mas estas não podem ser avaliadas nesse incidente (art. 185º).

22.2. Pressupostos da qualificação da insolvência

Na sentença decidir-se-á então se a insolvência deve ser qualificada como culposa ou fortuita (art. 189º, nº 1). Nos termos do art. 186º, nº 1, a insolvência é considerada culposa se "tiver sido criada ou agravada em consequência da actuação, dolosa ou com culpa grave, do devedor, ou dos seus administradores, de direito ou de facto, nos três anos anteriores ao início do processo de insolvência". *A contrario*, a insolvência será considerada fortuita sempre que não se verifique essa situação. Exige-se, assim, para a qualificação da insolvência como culposa, não apenas *uma conduta dolosa ou com culpa grave* do devedor e seus administradores mas também *um nexo*

[390] Cfr. Montón Redondo/Montón Garcia, *op. cit.*, pp. 199 e ss. Entre nós, veja-se Rui Estrela de Oliveira, "Uma brevíssima incursão pelos incidentes de qualificação da insolvência", em *O Direito* 142º (2010), V, pp. 931-987 e José Manuel Branco, "Qualificação da insolvência (evolução da figura), na *RDI*, nº 1 (Abril 2016), pp. 13-43.

de causalidade entre essa conduta e a situação de insolvência, consistente na contribuição desse comportamento para a criação ou agravamento da situação de insolvência.

O art. 186º, nº 2, contém, no entanto, uma presunção *juris et de jure* de insolvência culposa, considerando-a como tal sempre que os administradores, de direito ou de facto, do devedor que não seja pessoa singular tenham praticado actos destinados a empobrecer o património do devedor ou incumprido determinadas obrigações legais. Entre os actos destinados ao empobrecimento do património do devedor encontra-se: a dissipação do seu património (art. 186º, nº 2 *a)*); a criação artificial de passivos ou a redução de lucros (art. 186º, nº 2 *b)*); a revenda com prejuízo de mercadorias não pagas (art. 186º, nº 2 *c)*); a disposição dos bens do devedor em proveito pessoal ou de terceiros (art. 186º, nº 2 *d)*); a exploração, eventualmente a coberto da personalidade colectiva da empresa, da sua actividade em proveito pessoal ou de terceiros e em prejuízo da mesma (art. 186º, nº 2 *e)*); a utilização do crédito ou dos bens do devedor por forma contrária aos interesses deste (art. 186º, nº 2, *f)*); e a prossecução de uma exploração deficitária, no interesse pessoal ou de terceiros (art. 186º, nº 2 *g)*). Em relação ao incumprimento das obrigações legais encontra-se a de manter contabilidade organizada[391], incluindo a posse de contabilidade dupla, fictícia ou a prática de irregularidades na mesma que perturbem a compreensão da sua situação financeira ou patrimonial (art. 186º, nº 2 *h)*) ou o incumprimento reiterado dos deveres de apresentação e colaboração no processo de insolvência (art. 186º, nº 2, *i)*).

Verificados alguns destes factos, o juiz terá assim que decidir necessariamente no sentido da qualificação da insolvência como culposa. A lei institui consequentemente no art. 186º, nº 2, uma presunção *iuris et de iure*, quer da existência de culpa grave, quer do nexo de causalidade desse comportamento para a criação ou agravamento da situação de insolvência, não admitindo a produção de prova em sentido contrário[392].

[391] Cfr., este propósito os Ac. RC 22/5/2007 (Freitas Neto) na *CJ* 32 (2007), 3, pp. 12-14, Ac. RP 22/5/2007 (Mário Cruz) na *CJ* 32 (2007), 3, pp. 174-176, Ac. RL 27/11/2007 (Isabel Salgado) na *CJ* 32 (2007), 5, pp. 104-108, Ac. RE 5/6/2008 (Maria Alexandra Moura Santos), em *CJ* 33 (2008), 3, pp. 247-249.

[392] Neste sentido, cfr. Raposo Subtil / Matos Esteves / Maria José Esteves / Luís M. Martins, *op. cit.*, p. 265. Como bem se salienta no Ac. RL 9/7/2015 (Regina Almeida), processo 519/10.5TYLSB, publicado na *CJ* 40 (2015), 3, pp. 118-127, uma vez

O art. 186º, nº 3, contém uma presunção *iuris tantum* de culpa grave do devedor que não seja uma pessoa singular, sempre que os seus administradores, de direito ou de facto[393], tenham incumprido o dever de requerer a declaração de insolvência ou a obrigação de elaborar as contas anuais, no prazo legal e de submetê-las à devida fiscalização e depósito na conservatória do registo comercial[394]. Demonstrados esses factos, o juiz presumirá a culpa do devedor na sua situação de insolvência, excluindo, porém, essa qualificação se for demonstrado que a impossibilidade de cumprimento de obrigações vencidas não se deveu a culpa do devedor[395]. Efectivamente, o que resulta do art. 186º, nº 3, é apenas uma presunção de culpa grave, em resultado da actuação dos seus administradores, de direito ou de facto, mas não uma presunção da causalidade da sua conduta em relação à situação de insolvência, exigindo-se a demonstração nos termos do art. 186º, nº 1, que a insolvência foi causada ou agravada em consequência dessa mesma conduta[396].

O art. 186º, nº 4, estende as presunções dos nºs 2 e 3, com as necessárias adaptações, à actuação do devedor pessoa singular e seus administradores (cfr. art. 6º). Efectivamente, com excepção da situação referida na

verificados factos integradores das situações contempladas no nº 2 do art. 186º, a insolvência tem que ser declarada como culposa, mesmo que existam outras causas que para ela tenham concorrido, como a crise financeira mundial.

393 No Ac. RC 22/5/2007 (Freitas Neto) na *CJ* 32 (2007), 3, pp. 12-14, considerou-se a insolvência como culposa em consequência da inexistência de livros de contabilidade, considerando-se responsáveis pela situação todos os gerentes, e não apenas o executivo. Também no Ac. RL 27/11/2007 (Isabel Salgado) na *CJ* 32 (2007), 5, pp. 104-108, se considerou que o incumprimento, em termos substanciais da obrigação de manter a contabilidade organizada, acarreta automaticamente a qualificação da insolvência de uma sociedade entre cônjuges, responsabilizando-se pela situação os cônjuges, enquanto únicos sócios da sociedade.

394 Assim, no Ac. RP 22/5/2007 (Mário Cruz) na *CJ* 32 (2007), 3, pp. 174-176, considerou-se como presunção *iuris tantum* da qualificação da insolvência como culposa a ausência de depósito das contas nma conservatória nos últimos quatro anos.

395 Assim, no Ac. RG 14/6/2006 (Manso Rainho), na *CJ* 31 (2006), 3, pp. 288-290, determinou-se que a insolvência é de considerar como fortuita, independentemete do o gerente não ter requerido a declaração de insolvência nem ter procedido ao depósito das contas na conservatória do registo comercial se se provou que a impossibilidade de cumprimento resultou da falência de outra sociedade, com a qual se tinha celebrado contrato de empreitada.

396 No Ac. RC 8/2/2011 (Beça Pereira), em *CJ* 36 (2011), 1, pp. 31-33, considerou-se de excluir a qualificação como culposa da insolvência se não se demonstrar a existência de nexo de causalidade entre a falta de depósito das contas e a situação de insolvência.

alínea *e)* do nº 2 do art. 186º, todos os restantes factos mencionados podem facilmente ser aplicáveis à insolvência de pessoas singulares, devendo as mesmas presunções funcionar igualmente nessa situação.

No entanto, se o devedor for pessoa singular não obrigada a apresentar-se à insolvência, a omissão ou retardamento na apresentação não determina a qualificação da insolvência como culposa, ainda que seja determinante de um agravamento da situação económica do insolvente (art. 186º, nº 5).

22.3. Processamento do incidente

O incidente de qualificação de insolvência é declarado aberto, com carácter pleno ou limitado, na própria sentença de declaração de insolvência, caso o juiz disponha de elementos que justifiquem a sua abertura (art. 36º, nº 1, *i)*). No entanto, caso o devedor já tenha sido declarado insolvente em processo anteriormente encerrado, o facto de a insolvência não ter sido qualificada como culposa no processo anterior impede, em virtude do princípio *non bis in idem*, que o assunto seja novamente objecto de discussão nesse segundo processo. Assim, tal só ocorrerá se a não qualificação no processo anterior tiver resultado da aprovação de um plano de pagamentos aos credores ou for provado que a situação de insolvência não se manteve ininterruptamente desde a data da sentença de declaração anterior (art. 187º).

Não sendo o incidente de qualificação da insolvência aberto na sentença, qualquer interessado tem até quinze dias depois da realização da assembleia de apreciação do relatório – ou após o 45º dias posterior à sentença, caso aquela não tenha lugar (art. 36º, nº 4) – para alegar, por escrito, o que considerar oportuno para a qualificação da conduta do devedor como culposa e indicar as pessoas que devem ser afectadas por tal qualificação, cabendo ao juiz conhecer os factos alegados e, se o considerar oportuno, declarar aberto o incidente de qualificação da insolvência, nos 10 dias subsequentes (art. 188º, nº 1). O despacho que declara aberto o incidente de qualificação da insolvência é irrecorrível, sendo de imediato publicado no Citius (art. 188º, nº 2)

Declarado aberto o incidente, o administrador da insolvência, quando não tenha sido ele a propor a qualificação da insolvência como culposa, deverá nos 20 dias seguintes, se prazo mais longo não for fixado pelo juiz, apresentar um parecer[397], devidamente fundamentado e documentado,

[397] Tem-se considerado que este prazo não é peremptório, mas meramente ordenador, podendo o juiz instar o administrador a apresentar o parecer. Neste sentido, cfr. CARVALHO

sobre os factos relevantes, onde incluirá uma proposta de decisão, referindo as pessoas que devem ser afectadas pela qualificação da insolvência como culposa (art. 188º, nº 3)[398].

O parecer e as alegações vão em seguida com vista ao Ministério Público, para que se pronuncie no prazo de dez dias (art. 188º, nº 4).

Havendo concordância de posições do administrador da insolvência e do Ministério Público no sentido da qualificação da insolvência como fortuita, o juiz pode proferir de imediato decisão nesse sentido, a qual é irrecorrível (art. 188º, nº 5)[399]. Caso não exerça essa faculdade, o juiz manda notificar o devedor e citar pessoalmente aqueles que em seu entender devem ser afectados pela qualificação da insolvência, para deduzirem oposição no prazo de quinze dias (art. 188º, nº 6), podendo o administrador da insolvência, o Ministério Público e qualquer interessado às oposições no prazo de 10 dias (art. 188º, nº 7). Segue-se o regime estabelecido para as reclamações de créditos (art. 188º, nº 8), o que implica para além da obrigação de indicar os meios de prova (arts. 134º e 25º, nº 2), a emissão de parecer pela comissão de credores (art. 135º), o saneamento do processo

Fernandes/João Labareda, *Código da Insolvência*, sub art. 188º, nº 12, p. 689, e, na jurisprudência, Ac. RC 23/1/2008 (Falcão de Magalhães), em *CJ* 33 (2008), 1, pp. 13-17. Em sentido contrário, Rui Estrela de Oliveira, *O Direito* 142º (2010), V, p. 956, entende ser o prazo peremptório, tendo a omissão do administrador por efeito propor a qualificação da insolvência como fortuita.

398 A exigência de fundamentação do parecer do administrador variará, no entanto, consoante a existência ou não existência de alegações, e a sua proposta qualificar insolvência seja qualificada como culposa ou fortuita. Propondo a qualificação da insolvência como culposa, o administrador tem que apreciar os factos invocados nas alegações ou outros de que teha conhecimento, e averiguar se eles correspondem efectivamente à qualificação da insolvência como culposa. No segundo caso, bastará ao administrador invocar a inexistência de factos que justifiquem essa qualificação, bem como a ausência de alegações dos interessados. Neste sentido, cfr. Carvalho Fernandes/João Labareda, *Código da Insolvência*, sub art. 188º, nº 9, pp. 688-689, e na jurisprudência, Ac. RG 14/6/2006 (Vieira da Cunha), em *CJ* 31 (2006), 3, pp. 290-292

399 Foi alterada pela Lei 16/2012, a redacção anterior desta disposição que obrigava o juiz a decidir nesse sentido, o que motivou justificadas críticas da doutrina. Cfr. Maria José Costeira, *Themis*, edição especial (2005), p. 32, Luís Carvalho Fernandes, "A qualificação da insolvência e a administração da massa insolvente pelo devedor", na *Themis*, edição especial (2005), pp. 81-104 (90) = Luís A. Carvalho Fernandes / João Labareda, *Colectânea de Estudos sobre a insolvência*, Coimbra, Almedina, 2009, pp. 247-273 (258), Luís Carvalho Fernandes/João Labareda, *Código da Insolvência*, sub art. 188º, nº 13, pp. 688-689, e Rui Estrela de Oliveira, *O Direito* 142 (2010), V, pp. 959 e ss..

(art. 136º), a realização de diligências instrutórias (art. 137º) e audiência de julgamento (arts. 138º e 139º).

Dado o disposto no art. 11º, a decisão do incidente de qualificação da insolvência pode ser baseada em factos não alegados pelas partes, exigindo-se no entanto que o visado tenha sido chamado a pronunciar-se sobre eles, para efeitos de exercício do seu direito de defesa e contraditório[400].

A sentença que qualifique a insolvência como culposa inclui uma série de disposições, como a de identificar as pessoas afectadas pela qualificação (art. 189º, nº 2 *a)*) e decretar a sua inibição para a administração de patrimónios alheios e para o exercício do comércio ou para a ocupação de titular de órgão de pessoa colectiva por um período de dois a dez anos (art. 189º, nº 2, *b)* e *c)*), as quais são sujeitas a registo (art. 189º, nº 3). Para além disso, sempre que algum credor se encontre envolvido na qualificação da insolvência como culposa, a sentença determina a perda de todos os seus créditos sobre a insolvência ou sobre a massa insolvente e a sua condenação na restituição dos bens e direitos já recebidos em pagamento desses créditos (art. 189º, nº 2 *d)*). A sentença condena ainda as pessoas afectadas a indemnizarem os credores do insolvente no montante dos créditos não satisfeitos, até às forças dos respectivos patrimónios, sendo solidária tal responsabilidade entre todos os afectados (art. 189º, nº 2, *e)*)[401].

A sentença que qualifique a insolvência como culposa é susceptível de recurso, nos termos gerais do art. 14º, o qual pode ser interposto por qualquer das pessoas afectadas pela qualificação.

Prevê-se ainda que o incidente de qualificação da insolvência possa ter carácter limitado (art. 191º), o que sucede sempre que o tribunal verifica

[400] Cfr., neste sentido, o Ac. RP 20/10/2007 (José Ferraz), na *CJ* 32 (2007), 4, pp. 189-194.

[401] Esta solução, introduzida pela Lei 16/2012, de 20 de Abril, efectua um retorno ao sistema do art. 126º-A CPEREF, permitindo responsabilizar os administradores pelas dívidas da pessoa colectiva insolvente. Cfr. Adelaide Menezes Leitão, "Insolvência culposa e responsabilidade dos administradores na Lei nº 16/2012, de20 de Abril", em Catarina Serra (org.), *I Congresso de Direito da Insolvência*, Coimbra, Almedina, 2013, pp. 269-283. Ao contrário, no entanto, do que se exigia nessa disposição, não está previsto na lei a exigência de requerimento do Ministério Público ou de qualquer credor nesse sentido. Rosário Epifânio, *Manual*, p. 142, e Alexandre Soveral Martins, *Um curso*, pp. 432-433, invocando o caso paralelo do art. 82º, nº 3, *b)* sustentam não haver lugar neste caso ao pagamento directo aos credores, uma vez que tal violaria o princípio da igualdade entre credores e o regime da graduação de créditos, ingressando antes essas quantias na massa insolvente em benefício de todos os credores.

que o património do insolvente não é presumivelmente suficiente para satisfação das custas do processo e das dívidas da massa insolvente (cfr. arts. 39º, nº 1 e 232º, nº 5). Nesse caso, o juiz, caso disponha de elementos que o justifiquem, decreta a abertura do incidente de qualificação da insolvência com carácter limitado (art. 36º, nº 1 *i*)), seguindo o mesmo o regime dos arts. 188º e 189º, sendo que, como não existe assembleia de apreciação do relatório, o prazo para os interessados requererem o que tiverem por conveniente para a qualificação da insolvência como culposa é necessariamente o de 45 dias contados da data da sentença de declaração de insolvência ou da decisão de encerramento a que se refere o art. 232º, devendo, quando aplicável, o administrador apresentar o seu parecer nos quinze dias subsequentes (art. 191º, nº 1 *a*)). Para esse efeito, o insolvente fica sujeito aos deveres de apresentação e colaboração previstos no art. 83º, na medida do necessário à elaboração do parecer do administrador (art. 191º, nº 2), tendo ainda o dever específico de colocar à disposição dos interessados para exame os documentos da sua escrituração (art. 191º, nº 1 *b*)). Por outro lado, a sentença não vai determinar a perda dos créditos sobre a insolvência, mesmo que sejam afectados pela qualificação credores do insolvente (art. 191º, nº 1 *c*)).

22.4. Efeitos da qualificação da insolvência como culposa

22.4.1. Generalidades

Nos termos do art. 189º, nº 2, a qualificação da insolvência como culposa desencadeia os seguintes efeitos, os quais são logo decretados na respectiva sentença:

a) Inibição das pessoas afectadas pela qualificação para administrarem patrimónios de terceiros por um período de 2 a 10 anos;

b) Inibição das mesmas pessoas para o exercício do comércio durante um período de 2 a 10 anos, bem como para a ocupação de qualquer cargo de titular de órgão de sociedade comercial ou civil, associação ou fundação privada de actividade económica, empresa pública ou cooperativa;

c) Perda de quaisquer créditos sobre a insolvência ou sobre a massa insolvente detidos pelas pessoas afectadas pela qualificação e a sua condenação na restituição dos bens ou direitos já recebidos no pagamento desses créditos.

d) Condenação na indemnização aos credores do devedor declarado insolvente no montante dos créditos não satisfeitos até às forças dos respectivos patrimónios, sendo solidária tal responsabilidade entre todos os afectados.

Examinemos sucessivamente esses efeitos:

22.4.2. Inibição das pessoas afectadas pela qualificação para a administração de patrimónios de terceiros.

O art. 189º, nº 2, *b)*, na redacção da Lei 16/2012, estabelece como consequência da qualificação da insolvência como culposa a inibição das pessoas afectadas para administrarem patrimónios de terceiros por um período de 10 anos[402]. As pessoas afectadas perdem assim a possibilidade de administrar quaisquer patrimónios de terceiros, quer essa faculdade lhes seja atribuída por contrato, quer por imposição legal, como sucede no caso na administração dos bens dos filhos menores (art. 1878º, nº 1, e 1881º CC),

[402] Na sua redacção anterior este norma decretava a inabilitação das pessoas afectadas por um período de 2 a 10 anos, o que levou a que se questionasse a sua constitucionalidade por violação do art. 26º da Constituição. O Ac. RG 14/6/2006 (Manso Rainho), na *CJ* 31 (2006), 3, pp. 288-290, considerou constitucional a conjugação do art. 186º, nº 3 com as consequências emergentes do art. 189º, nº 2 CIRE. Mas já o Tribunal Constitucional, no Ac. TC 564/2007, de 13 de Novembro de 2007 (Sousa Ribeiro, vencido Benjamim Rodrigues) julgou inconstitucional a norma do art. 189º, nº 2, *b)* por ofensa ao art. 26º da Constituição. Esta solução viria a ser confirmada na decisão sumária 615/2007, de 27 de Novembro (Cura Mariano), para a hipótese de a norma se aplicar a administrador da sociedade comercial declarada insolvente. Com o mesmo alcance, vieram a pronunciar-se os Acs. 570/2008, de 26 de Novembro (Vítor Gomes), 571/2008, de 26 de Novembro (Carlos Fernandes Cadilha) e 584/2008, de 26 de Novembro (Gil Galvão), assim como as decisões sumárias 85/2008, de 22 de Fevereiro (Maria Lúcia Amaral), 267/2008, de 26 de Maio (Mário Torres), 323/2008, de 19 de Junho (Benjamim Rodrigues), 376/2008, de 16 de Julho (Vítor Gomes), 417/2008, de 16 de Setembro (Sousa Ribeiro), e 425/2008, de 22 de Setembro (Vítor Gomes). Estas decisões podem ser encontradas em http://www.tribunalconstitucional.pt.
Posteriormente, no Ac. TC nº 173/2009, de 2 de Abril (Joaquim de Sousa Ribeiro), publicado no D.R. I Série, de 4 de Maio de 2009, pp. 2518-2523, embora se tenha declarado a inconstitucionalidade com força obrigatória geral do art. 189º, nº 2, *b)* do CIRE, tal ocorreu apenas no caso da sua aplicação a administrador de sociedade declarada insolvente. Defendendo que a declaração de inconstitucionalidade deveria ter tido alcance mais geral, veja-se a declaração de voto do próprio relator, a pp. 2522.
Foi assim apenas com a revisão do art. 189º pela Lei 16/2012, de 20 de Abril, que uma solução tão aberrante veio a ser definitivamente expurgada do nosso ordenamento jurídico.

quer ainda por nomeação judicial, como sucede com os cargos de tutor (arts. 1927º e ss. CC) ou de administrador de bens (art. 1922º CC).

A inibição para a administração de patrimónios alheios está sujeita a inscrição oficiosa no registo civil, bem como no registo comercial, em caso de comerciantes em nome individual, sendo a inscrição efectuada com base em comunicação electrónica ou telemática da secretaria, acompanhada do extracto de sentença (art. 189º, nº 3). Apesar de a Lei 16/2012 não ter alterado o art. 81º-A, nº 1, *c)* CRC deverá considerar-se dever ser eliminado esse averbamento, passados cinco anos após o fim do período de inibição, mediante a elaboração de novo registo de nascimento.

22.4.3. Inibição dessas pessoas para o exercício do comércio e para a ocupação de cargos sociais em certas pessoas colectivas

Nos termos do art. 189º, nº 2, *c)* a sentença que qualifique a insolvência como culposa decreta ainda a inibição das pessoas por ela afectadas para o exercício do comércio durante um período de 2 a 10 anos, bem como para a ocupação de qualquer cargo de titular de órgão de sociedade comercial ou civil, associação ou fundação privada de actividade económica, empresa pública ou cooperativa.

Esta inibição não constitui uma incapacidade em sentido técnico, sendo antes uma incompatibilidade resultante do estado de insolvência culposa. O seu fundamento é a defesa geral da credibilidade do comércio e dos cargos vedados[403], que poderia ser posta em causa se os mesmos fossem ocupados por pessoas reconhecidamente culpadas de insolvência.

A inibição para o exercício do comércio ou para a ocupação de certos cargos está sujeita a inscrição no registo civil, devendo ainda ser inscritas no registo comercial, em caso de comerciantes em nome individual (art. 189º, nº 3, e arts. 1º, nº 1, *n)* CRC e 9º *j)* CRCom). No entanto, no âmbito do registo civil, decorridos cinco anos após o final do período fixado para a inibição, o seu averbamento é eliminado mediante a elaboração de um novo assento de nascimento (art. 81º-A, nº 1, *c)* CRC).

22.4.4. Perda de créditos sobre a insolvência ou sobre a massa insolvente

O art. 189º, nº 2, *d)* estabelece ainda que a sentença que qualifique a insolvência como culposa decreta ainda a perda de quaisquer créditos sobre a

[403] Cfr. Jorge Duarte Pinheiro, *Estudos Dias Marques*, p. 212.

insolvência ou sobre a massa insolvente detidos pelas pessoas afectadas pela qualificação e a sua condenação na restituição dos bens ou direitos já recebidos no pagamento desses créditos. Trata-se de uma situação de confisco-sanção, sendo retirados aos afectados pela qualificação, como penalização pela sua responsabilidade na insolvência, quer os créditos que disponham sobre a insolvência (art. 47º), quer mesmo os créditos sobre a massa insolvente (art. 51º). Em consequência, o administrador da insolvência excluirá esses créditos do pagamento, a que deveria proceder, nos termos dos arts. 172º e ss.

Caso já se tenha verificado o pagamento desses créditos, a sentença condena na restituição dos bens e direitos recebidos em virtude dos mesmos. Em consequência dessa condenação, não parece que o administrador da insolvência tenha que recorrer à resolução em benefício da massa insolvente (arts. 120º e ss.), competindo-lhe antes proceder à cobrança desses créditos.

22.4.5. Indemnização aos credores do devedor insolvente

A sentença deve ainda condenar as pessoas afectadas pela qualificação a indemnizarem os credores do devedor declarado insolvente no montante dos créditos não satisfeitos, até às forças dos respectivos patrimónios, sendo solidária tal responsabilidade entre todos os afectados (art. 189º, nº 2, *e*)). Tal responsabilização compreende-se, devido à culpa do devedor, e dos seus administradores de direito ou de facto, em relação à frustração de créditos que a insolvência provoca nos credores, o que constitui fundamento de responsabilidade civil, nos termos gerais (art. 483º CC).

A responsabilidade é solidária nos termos gerais da responsabilidade civil delitual (art. 497º CC). No entanto, a lei refere que a responsabilidade é apenas "até às forças dos respectivos patrimónios", sendo duvidoso como deve entender-se esta expressão. Sabendo-se que o direito de execução apenas abrange o património do próprio devedor, só podendo estender-se a terceiros nos casos previstos no art. 818º CC, é evidente que os direitos de indemnização dos credores sobre os afectados pela qualificação estariam sempre limitados aos seus patrimónios. Parece, no entanto, que neste caso o que a lei pretende é excluir a possibilidade de os afectados pela qualificação serem declarados insolventes por não poderem cumprir esta obrigação de indemnização na sua integralidade, dado que a mesma se reduz ao montante correspondente aos seus patrimónios. Não se devem admitir assim novos processos de insolvência contra os afectados em virtude de não poderem cumprir a obrigação de indemnização aos credores em que foram condenados[404].

A lei determina que compete ao tribunal fixar o valor das indemnizações na sentença que qualifique a insolvência como culposa. Caso tal não seja possível, em virtude de o tribunal não dispor dos elementos necessários para calcular o montante dos prejuízos sofridos, indicará apenas os critérios a utilizar para a sua quantificação, a efectuar em liquidação de sentença (art. 189º, nº 4).

[404] Em sentido contrário Rui Pinto Duarte, "Responsabilidade dos administradores: coordenação dos regimes do CSC e do CIRE", em Catarina Serra (org.), *III Congresso de Direito da Insolvência*, Coimbra, Almedina, 2015, pp. 151-173 (168) considera que "não deve ser atribuído significado especial à expressão (...), entendendo que o legislador apenas quis enfatizar que todo o património de cada pessoa afetada responde pela indemnização em causa". Também José Manuel Branco, *RDI*, nº 1, (Abril 2016), pp. 22-23, defende que esta "pouco rigorsa expressão" se identifica apenas com o disposto no art. 601º CC, que limita a responsabilidade do devedor aos bens susceptíveis de penhora.

23
O plano de insolvência

23.1. Generalidades

Conforme resulta do art. 1º, nº 1, do CIRE, a satisfação dos credores deve ocorrer preferencialmente através de um plano de insolvência, que nomeadamente se baseie na recuperação da empresa compreendida na massa insolvente[405], só devendo ser adoptados os trâmites processuais da liquidação estabelecida em processo de insolvência, quando tal não se afigure possível. Daqui resulta que a liquidação da massa insolvente se apresenta como supletiva, e até mesmo subsidiária, já que os credores devem optar por outra solução, através do plano de insolvência, previsto nos arts. 192º e ss. Essa solução pode ser a recuperação da empresa insolvente, mas também outro modo de liquidação do património do insolvente, decidido pelos credores ao abrigo da sua autonomia[406]. Apesar de após a Lei 16/2012, o legislador manifestar preferência pela recuperação, continua a deixar na mão dos credores a escolha entre a recuperação ou a liquidação, dando-lhes inteira liberdade de optarem, em termos de racionalidade económica, pela que julgarem ser a melhor solução de defesa dos seus interesses.

[405] Cfr. EDUARDO SANTOS JÚNIOR, "O plano de insolvência. Algumas notas", em *O Direito*, 138 (2006), III, pp. 571-591 = RUY DE ALBUQUERQUE / ANTÓNIO MENEZES CORDEIRO (org.), *Estudos em Memória do Professor Doutor José Dias Marques*, Coimbra, 2007, pp. 121-141, GISELA TEIXEIRA JORGE FONSECA, "A natureza jurídica do plano de insolvência", em RUI PINTO (org.), *Direito da Insolvência. Estudos*, Coimbra, Coimbra Editora, 2011, pp. 65-129, e LUÍS MENEZES LEITÃO, *A recuperação económica dos devedores*, Coimbra, Almedina, 2019, pp. 87 e ss.

[406] Neste sentido, SANTOS JÚNIOR, *O Direito*, 138 (2006), III, p. 573 = *Estudos Dias Marques*, p. 123. Não tem, por isso, o plano de insolvência que prever a administração pelo devedor. Cfr. Ac. RP 29/1/2008 (CARLOS MOREIRA), em *CJ* 33 (2008), 1, pp. 181-183.

A lei tem, no entanto, o cuidado de agora autonomizar o plano de recuperação no quadro dos planos de insolvência, exigindo que, quando o plano se destine a prover à recuperação do devedor, essa menção conste em todos os documentos e publicações respeitantes ao mesmo.

23.2. Legitimidade para ser objecto de plano de insolvência

A aplicação do plano de insolvência é em princípio universal, ocorrendo em todos os processos de insolvência que abrangem qualquer dos sujeitos passivos referidos no art. 2º, nº 1, CIRE.

Estando em causa pessoas singulares, no entanto, os arts. 249º e 250º inviabilizam a aplicação do plano de insolvência em relação aos não empresários ou titulares de pequenas empresas, existindo para eles um processo sucedâneo, que é o plano de pagamentos, previsto nos arts. 251º e ss. Para este efeito são considerados como não empresários os que não tenham sido titulares de qualquer empresa nos três anos anteriores ao início do processo de insolvência (art. 249º, nº 1, *a)*). Já o conceito de "titular de pequena empresa" é estabelecido em função das características do seu passivo, considerando-se como tais aqueles que não tenham dívidas laborais, possuam um número de credores inferior a 20 e um passivo global não excedente a € 300 000 à data do início do processo (art. 249º, nº 1, *b)*). Ocorrendo a insolvência de ambos os cônjuges, os requisitos acima referidos terão que se verificar relativamente a cada um dos cônjuges (art. 249º, nº 2).

Questiona-se, porém, se ocorrendo o falecimento no decurso do processo de insolvência de uma pessoa singular que não seja empresária ou que seja titular de pequena empresa, passando o processo a correr contra a herança jacente (art. 2º, nº 1, *b)*), se poderá passar a recorrer ao plano de insolvência. Entre nós, SANTOS JÚNIOR pronuncia-se afirmativamente[407]. Efectivamente, neste caso não se justifica continuar a utilizar o regime mais protector do devedor que é o do plano de pagamentos, pelo que será naturalmente admissível o recurso ao plano de insolvência, como o é em relação a qualquer herança jacente.

23.3. Legitimidade para apresentar a proposta de plano de insolvência

Nos termos do art. 193º, nº 1, têm legitimidade para apresentar a proposta de plano de insolvência o devedor, o administrador da insolvência, qual-

[407] Cfr. SANTOS JÚNIOR, *O Direito*, 138 (2006), III, p. 578 = *Estudos Dias Marques*, pp. 128-129.

quer pessoa que responda legalmente pelas dívidas da massa insolvente e qualquer credor ou grupo de credores cujos créditos representem pelo menos um quinto do total dos créditos não subordinados reconhecidos na sentença de verificação dos créditos, ou na estimativa do juiz, se tal sentença ainda não tiver sido proferida.

Em relação ao administrador da insolvência, este pode apresentar a proposta por sua própria iniciativa ou a requerimento da assembleia de credores (arts. 193º, nº 2, e 156º, nº 3), devendo neste último caso fazê-lo em prazo razoável[408]. Quando não seja da sua iniciativa, a sua proposta deve ser realizada em colaboração com a comissão de credores, se existir, com a comissão ou representantes dos trabalhadores ou com o devedor, devendo conformar-se com as directivas que tenham sido aprovadas em assembleia de credores (art. 193º, nº 3).

23.4. Conteúdo do plano de insolvência

Nos termos do art. 192º, nº 1, o plano da insolvência pode regular, em derrogação das normas do CIRE, o pagamento dos créditos sobre a insolvência, a liquidação da massa insolvente e a sua repartição pelos titulares daqueles créditos ou pelo devedor, bem como a responsabilidade do devedor, depois de findo o processo de insolvência. Os credores têm assim, em relação ao conteúdo do plano ampla liberdade de estipulação, podendo livremente adoptar algumas das soluções previstas no CIRE, ou outras, mesmo que em derrogação dos seus preceitos, o que implica que o plano da insolvência seja, em termos de conteúdo, um negócio atípico[409]. Há, no entanto, algumas restrições à estipulação dos credores, dado que o art. 192º, nº 2, estabelece que "o plano só pode afectar por forma diversa a esfera jurí-

[408] A lei não define o que se deve entender por prazo razoável, sendo este um conceito vago e indeterminado, a necessitar de ser concretizado em relação a cada insolvência em particular. Parece, no entanto, que esse prazo não deverá exceder os 60 dias, atenta a circunstância de a liquidação e partilha da massa insolvente não se poder prolongar para além dessa data (arts. 156º, nº 3, e nº 4 *a*)). Neste sentido, cfr. CARVALHO FERNANDES / JOÃO LABAREDA, *Código da Insolvência*, sub art. 193º, nº 8, pp. 710-711, e SANTOS JÚNIOR, *O Direito*, 138 (2006), III, p. 582 = *Estudos Dias Marques*, p. 132.

[409] Entende, no entanto, MENEZES CORDEIRO, *O Direito* 137 (2005), III, p. 503, que, apesar de o conteúdo concreto do plano de insolvência depender da vontade das partes, é possível, com base no art. 195º, nº 2 *b*), apresentar uma classificação exemplificativa de planos de insolvência, abrangendo: *a*) o plano de liquidação da massa insolvente; *b*) o plano de recuperação; *c*) o plano de transmissão de empresa; e *d*) o plano misto.

dica dos interessados, ou interferir com direitos de terceiros, na medida em que tal seja expressamente autorizado neste título ou consentido pelos visados". Conforme acima se referiu, a lei passou igualmente a autonomizar o plano de recuperação no quadro dos planos de insolvência, exigindo que, quando o plano se destine a prover à recuperação do devedor, essa menção conste em todos os documentos e publiucações respeitantes ao mesmo (art. 192º, nº 3).

Nos termos do art. 194º, nº 1, o plano da insolvência obedece ao princípio da igualdade dos credores da insolvência, admitindo-se, porém, diferenciações justificadas por razões objectivas. Nenhum credor pode, no entanto, ser objecto de tratamento desfavorável em relação a credores em idêntica situação, a não ser com o seu consentimento, que se considera tacitamente prestado, em caso de voto favorável (art. 194º, nº 2). A nossa jurisprudência tem interpretado latamente esta disposição, admitindo amplamente que o plano da insolvência estabeleça diferenciações entre classes de credores, e altere a sua situação jurídica sem consentimento destes[410]. Em virtude do princípio da igualdade dos credores, o plano de insolvência não tem que atribuir preferências de pagamento a credores privilegiados, cujos privilégios se extinguem com a declaração de insolvência, mesmo que os respectivos credores tenham votado contra o plano[411].

O plano da insolvência indica, em primeiro lugar, as alterações dele decorrentes para a situação dos credores da insolvência (art. 195º, nº 1). Para além disso, o plano de insolvência deve indicar a sua finalidade, descrever as medidas necessárias à sua execução, já realizadas ou ainda a executar, e conter todos os elementos relevantes para efeitos da sua aprovação pelos credores e homologação pelo juiz (art. 195º, nº 2).

[410] Assim, no Ac. RL 12/7/2007 (ANTÓNIO ABRANTES GERALDES) na *CJ* 32 (2007), 3, pp. 110-115, considerou ser admissível a homologação de plano de insolvência que previa a manutenção apenas de alguns trabalhadores na empresa adquirente do património da insolvente e diferentes percentagens de pagamento imediato a certos credores privilegiados. Também no Ac. RP 15/11/2007 (DEOLINDA VARÃO) na *CJ* 32 (2007), 5, pp. 175-178, se considerou, legalmente admissível determinar o pagamento dos credores hipotecários à frente dos privilégios dos trabalhadores, não sendo necessário o consentimento destes, por a lei autorizar expressamente essa situação, como prevê o art. 192º, nº 2

[411] Neste sentido, quanto aos créditos do Estado, cfr Ac. RL 22/11/2007 (PEDRO LIMA GONÇALVES) na *CJ* 32 (2007), 5, pp. 98-100. Quanto aos créditos da Segurança Social, cfr. Ac. 9/7/2009 (MARIA ROSA TCHING), em *CJ* 34 (2009), 3, pp. 299-301.

Entre esses elementos, para além de uma descrição da situação patrimonial, financeira e reditícia do devedor (art. 195º, nº 2, *a*)), encontra-se a indicação sobre se os meios de satisfação dos credores serão obtidos através da liquidação da massa insolvente, da recuperação do titular da empresa ou da transmissão da empresa a outra entidade (art. 195º, nº 2, *b*)). O plano de insolvência deve assim centrar-se na opção por uma destas três possibilidades. No caso de se optar pela manutenção da actividade da empresa, na titularidade do devedor ou de terceiro, exige-se, no entanto, o fornecimento aos credores de elementos que permitam confirmar a sua viabilidade económico-financeira (cfr. art. 195º, nº 2, *c*)).

O plano deve ainda explicar o impacto expectável das alterações propostas, por comparação com o que ocorreria em caso de inexistência de plano de insolvência (art. 195º, nº 2 *d*)). O art. 195º, nº 2, *e*) refere ainda que o plano da insolvência contém a indicação dos preceitos legais derrogados, e do âmbito dessa derrogação[412]. A jurisprudência utilizou esta norma para permitir a afectação do regime dos créditos tributários[413], mas essa solução veio a ser posta em causa pela alteração efectuada pela Lei nº 55-A/2010, de 31 de Dezembro (Orçamento do Estado para 2011) ao art. 30º da LGT, ao qual foi aditado um nº 3, estabelecendo que o regime da indisponibilidade dos créditos tributários prevalece sobre qualquer legislação especial. Nas suas disposições transitórias o art. 125º daquela Lei determina mesmo a sua aplicação "designadamente aos processos de insolvência que se encontrem pendentes e ainda não tenham sido objecto de homologação,

[412] É controvertido o significado à expressão "preceitos legais derrogados". Para Carvalho Fernandes/João Labareda, *Código da Insolvência*, sub art. 195º, nº 7, p. 717, estará aqui em causa apenas a derrogação das normas supletivas aplicáveis.

[413] Assim, no Ac. RP 13/7/2006 (José Ferraz), em *CJ* 31 (2006), 3, pp. 200-205, admitiu-se com base nesta norma a possibilidade de o plano de insolvência derrogar as disposições legais que estabelecem sobre a regularização de créditos à segurança social, nomeadamente o D.L. 411/91, de 17 de Outubro, podendo assim o plano de insolvência determinar a redução dos créditos e perdão de juros sem consentimento do credor, não se tendo considerado essa solução inconstitucional. A mesma solução foi adoptada no Ac. RC 27/5/2008 (Hélder Roque) na *CJ* 33 (2008), 3, pp. 14-17, onde se considerou que o plano da insolvência pode, em derrogação a esse diploma, estabelecer modificações do prazo de pagamento e da taxa de juro dos créditos da Segurança Social. Igualmente no Ac. STJ 4/6/2009 (Álvaro Rodrigues), em *CJ-ASTJ* 17 (2009), 2, pp. 91-93 se considerou não ser obstáculo á homologação do plano de insolvência a previsão da redução ou perdão de dívidas fiscais. No mesmo sentido, cfr. Ac. RC 6/10/2009 (Freitas Neto), em *CJ* 34 (2009), 4, pp. 28-31 e Ac. RC 1/6/2010 (Carlos Moreira), em *CJ* 35 (2010), 3, pp. 17-20.

sem prejuízo da prevalência dos privilégios creditórios dos trabalhadores previstos no Código do Trabalho sobre quaisquer outros créditos".

Com excepção dos créditos tributários, o plano de insolvência pode conter providências com incidência no passivo do devedor, referindo a lei exemplificativamente o perdão ou redução do valor dos créditos, quer quanto a capital, quer quanto a juros (com ou sem cláusula "salvo regresso de melhor fortuna"), o condicionamento do reembolso de todos os créditos às possibilidades do devedor, a modificação dos prazos de vencimento ou das taxas de juro dos créditos, a constituição de garantias e a cessão de bens aos credores (art. 196º, nº 1). No entanto, o plano de insolvência não pode afectar as garantias reais e os privilégios creditórios acessórios de créditos detidos pelo Banco Central Europeu ou por bancos centrais de Estados-Membros da União Europeia, ou por participantes num sistema de pagamentos ou equiparado (art. 196º, nº 2). Face ao art. 30º, nº 3, da LGT aditado pela Lei nº 55-A/2010, de 31 de Dezembro, não poderão igualmente ser afectados os créditos tributários.

Na falta de estipulação expressa em contrário, o plano de insolvência não afecta as garantias reais e os privilégios creditórios, os créditos subordinados consideram-se objecto de perdão total e o cumprimento do plano de insolvência exonera o devedor e os responsáveis legais da totalidade das dívidas da insolvência remanescentes (art. 197º). No caso de a proposta de plano de insolvência oferecer aos credores, ou a alguns deles, várias opções em alternativa, deve indicar ainda qual a aplicável se, no prazo fixado para o efeito, não for exercido o direito de escolha (art. 200º).

As propostas do plano de insolvência em relação às sociedades comerciais obedecem a um condicionalismo especial, previsto no art. 198º[414]. Assim, em primeiro lugar, o plano de insolvência pode ser condicionado à adopção e execução pelos órgãos sociais competentes, de medidas que não consubstanciem meros actos de disposição do património societário (art. 198º, nº 1). O próprio plano de insolvência pode, no entanto, adoptar logo as seguintes medidas (art. 198º, nº 2)[415]:

[414] Cfr. sobre o mesmo PAULO OLAVO CUNHA, "Providências específicas do plano de recuperação de sociedades", em CATARINA SERRA (org.), *I Congresso de Direito da Insolvência*, Coimbra, Almedina, 2013, pp. 107-139 e "A recuperação das sociedades no contexto do PER e da insolvência", na *RDI* nº 1 (Abril 2016), pp. 99-119 (113 e ss.).

[415] Estas medidas correspondem parcialmente à figura da reestruturação financeira, prevista no anterior art. 88º, nº 2, CPEREF.

a) Uma redução do capital social para cobertura de prejuízos, incluindo para zero ou outro montante inferior ao estabelecido na lei para aquele tipo de sociedade, desde que acompanhada de aumento de capital para montante igual ou superior àquele mínimo;
b) Um aumento do capital social, em dinheiro ou em espécie, a subscrever por terceiros ou por credores, nomeadamente mediante a conversão de créditos em participações sociais, com ou sem respeito pelo direito de preferência dos sócios legal ou estatutariamente previsto;
c) A alteração dos estatutos da sociedade;
d) A transformação da sociedade noutra de tipo distinto;
e) A alteração dos órgãos sociais;
f) A exclusão de todos os sócios, tratando-se de sociedade em nome colectivo ou em comandita simples, acompanhada da admissão de novos sócios;
g) A exclusão de todos os sócios comanditados acompanhada da redução do capital a zero nos termos da alínea *a)*, tratando-se de sociedade em comandita por acções.

A lei estabelece, no entanto, vários requisitos relativamente à adopção de cada uma destas medidas. Assim, a redução do capital a zero só é admissível se for de presumir que, em liquidação integral do património da sociedade, não subsistiria qualquer remanescente, a distribuir pelos sócios (art. 198º, nº 3). A aprovação de aumento de capital sem concessão de preferência aos sócios, ainda que por entradas em espécie, pressupõe, em alternativa, que o capital da sociedade seja efectivamente reduzido a zero, ou que a medida não acarrete desvalorização das participações que os sócios conservem (art. 198º, nº 4). Já as medidas de alteração dos estatutos, transformação da sociedade ou alteração dos seus órgãos, a menos que se tenha verificado a redução do capital a zero ou a exclusão de todos os sócios, pressupõem que, podendo essas medidas ser adoptadas pela assembleia geral segundo a lei e o pacto social, o plano da insolvência inclua um aumento de capital destinado a não sócios e que desse aumento resulte para os credores e terceiros participantes a maioria do capital (art. 198º, nº 5). Finalmente, as medidas de exclusão de sócios pressupõem o pagamento aos sócios excluídos da contrapartida, caso as partes sociais não sejam destituídas de qualquer valor (art. 198º, nº 6).

No art. 199º prevê-se ainda a possibilidade de o plano incluir a medida do saneamento por transmissão[416], consistente na constituição de uma ou mais novas sociedades, destinadas à exploração de um ou vários estabelecimentos compreendidos na massa insolvente. Neste caso, o plano deverá estabelecer uma contrapartida adequada para essa transmissão, conter em anexo os estatutos dessas sociedades, e prover quanto à constituição dos seus órgãos sociais.

23.5. Condições de eficácia do plano de insolvência

O plano de insolvência obedece a certas condições de eficácia, a que se referem a que se referem os arts. 200º e ss.

Assim, em primeiro lugar, se o plano de insolvência deixar aos credores várias opções em alternativa, deverá indicar a aplicável, caso não venha a ser por estes efectuada a escolha em determinado prazo (art. 200º).

Para além disso, o plano de insolvência pode ser objecto de condições suspensivas designadamente quanto a prestações e medidas que devam ocorrer antes da homologação do juiz (art. 201º, nº 1). Entre estas, encontra-se a subscrição de participações sociais, em caso de aumento de capital ou saneamento por transmissão (art. 201º, nº 2). Já a aposição de condições resolutivas não é admissível (art. 201º, nº 3).

Em certos casos exige-se o consentimento dos interessados para se poder aprovar medidas constantes do plano, devendo o respectivo consentimento ser prestado antes da aprovação. É o que sucede com a continuação da exploração da empresa pelo devedor (art. 202º, nº 1) ou na dação em pagamento dos créditos sobre a insolvência, conversão destes em capital ou transmissão das correspondentes dívidas (art. 202º, nº 2). Há, no entanto, certas situações em que esse consentimento é dispensado (cfr. arts. 202, nº 3, e 203º).

23.6. Aprovação do plano de insolvência

Apresentada a proposta de plano de insolvência, compete ao juiz decidir pela sua admissão, ou não admissão, devendo rejeitar a proposta nas situações previstas no art. 207º, nº 1, ou seja:

[416] Esta medida corresponde à figura da reconstituição empresarial, prevista nos arts. 78º e 80º CPEREF. Cfr. sobre ela, Filipe Cassiano dos Santos, "Plano de insolvência e transmissão da empresa", em Catarina Serra (org.), *I Congresso de Direito da Insolvência*, Coimbra, Almedina, 2013, pp. 141-151.

a) Se houver violação dos preceitos sobre a legitimidade para apresentar a proposta ou sobre o conteúdo do plano e os vícios forem insupríveis ou não forem sanados no prazo fixado para o efeito;
b) Quando a aprovação do plano pela assembleia de credores ou posterior homologação pelo juiz forem manifestamente inverosímeis;
c) Quando o plano for manifestamente inexequível;
d) Quando, sendo o proponente o devedor, o administrador da insolvência se opuser à admissão, com o acordo da comissão de credores, se existir, contanto que anteriormente tenha já sido apresentada pelo devedor e admitida pelo juiz alguma proposta de plano.

Conforme salienta SANTOS JÚNIOR, estão em causa na decisão do juiz sobre a admissibilidade da proposta não apenas considerações de legalidade estrita, mas também de economia processual. Em relação às considerações da legalidade estrita, elas resultam do disposto na alínea *a)*, relativa à violação dos preceitos sobre a legitimidade da proposta ou sobre o conteúdo do plano, e na alínea *d)*, relativa à apresentação pelo devedor de nova proposta, quando ele já tivesse apresentado previamente uma anterior, sendo que a nova proposta recebe a oposição do administrador, com o acordo da comissão de credores, se existir. Já em relação às considerações de economia processual, as mesmas ocorrem na alínea *b)*, que se refere ao facto de a aprovação do plano pela assembleia de credores ou a sua homologação pelo juiz forem manifestamente inexequíveis, e na alínea *c)*, que abrange a circunstância de o próprio plano ser manifestamente inexequível. Efectivamente, estas alíneas destinam-se a permitir ao juiz rejeitar liminarmente propostas manifestamente inviáveis, independentemente da razão por que foram apresentadas, evitando assim os atrasos que a discussão dessas propostas necessariamente causaria no processo[417].

[417] Cfr. SANTOS JÚNIOR, *O Direito*, 138 (2006), III, pp. 582-583 = *Estudos Dias Marques*, pp. 133-134. Em sentido contrário, CARVALHO FERNANDES / JOÃO LABAREDA, *Código da Insolvência*, sub art. 207º, nº 2, p. 758, consideram que, em desvio à anunciada *desjudicialização* do processo de insolvência, as alíneas *b)* e *c)* cometem ao juiz "uma sindicação de mérito que vai muito para além do que consubstancia o normal exercício dos poderes jurisdicionais de dirimência de litígios e de controlo da legalidade da actividade desenvolvida no processo". Concordando com o primeiro autor, não nos parece que uma apreciação de mérito exista neste caso, uma vez que a intervenção do juiz é restrita a casos de inexequibilidade manifesta, o que releva antes da economia processual.

Da decisão de admissão da proposta de plano da insolvência não cabe recurso (art. 207º, nº 2). Mas já, pelo contrário, cabe manifestamente recurso da decisão que não a admita[418].

Uma vez admitida a proposta de plano de insolvência, são notificados para se pronunciarem sobre a mesma, num prazo de dez dias, a comissão de trabalhadores ou, na sua falta, os representantes dos trabalhadores, a comissão de credores, se existir, o devedor e o administrador da insolvência (art. 208º). A proposta é depois objecto de discussão e votação em assembleia de credores, convocada pelo juiz para o efeito (art. 209º, nº 1). Mediante requerimento fundamentado do proponente, o juiz pode conceder um prazo de até 15 dias úteis para adaptação da proposta ao contexto da pandemia da doença COVID-19 (art. 4º, nº 1, da Lei 75/2020). No entanto, a referida assembleia de credores não se pode reunir antes de transitada em julgado a sentença de declaração de insolvência, de esgotado o prazo para a impugnação da lista de credores reconhecidos e da realização da assembleia de apreciação do relatório (art. 209º, nº 2).

O plano pode ser alterado na própria assembleia, sendo submetido a votação com as alterações introduzidas, desde que as mesmas não contendam com o próprio cerne ou estrutura do plano ou com a finalidade prosseguida (art. 210º). Finda a discussão, tem lugar imediatamente a votação, podendo o juiz, no entanto, determinar que a mesma tenha lugar por escrito num prazo de 10 dias (art. 211º)

A proposta considera-se aprovada se, estando presentes ou representados um terço dos créditos com direito de voto, recolher simultaneamente mais de dois terços dos votos emitidos e mais de metade dos votos emitidos correspondendo a créditos não subordinados, não se considerando como tal as abstenções (art. 212º, nº 1). São, no entanto, excluídos do direito de voto, nos termos do art. 212º, nº 2, os créditos que não sejam modificados pela parte dispositiva do plano e os créditos subordinados de determinado grau, quando o plano decretar o perdão integral de todos os créditos de grau hierarquicamente inferior e não atribuir qualquer valor económico ao devedor ou aos respectivos sócios, associados ou membros, consoante o caso.

Em ordem a garantir a isenção do voto dos credores, o art. 194, nº 3, considera nulo "qualquer acordo em que o administrador da insolvência,

[418] Neste sentido, já Menezes Leitão, *Código da Insolvência*, sub art. 207º, nº 3, p. 203, e Carvalho Fernandes / João Labareda, *Código da Insolvência*, sub art. 207º, nº 9, p. 760.

o devedor ou outrem confira vantagens a um credor não incluídas no plano de insolvência em contrapartida de determinado comportamento no âmbito do processo de insolvência, designadamente quanto ao exercício do direito de voto".

A deliberação de aprovação do plano de insolvência é objecto de publicação, nos termos do art. 75º (art. 213º).

23.7. Homologação do plano de insolvência

Em seguida à aprovação da proposta, o plano de insolvência deve ser objecto de homologação pelo juiz através de sentença, a qual só deve ser proferida, passados dez dias, sobre a respectiva aprovação ou, se o plano tiver sido objecto de alterações na assembleia, sobre a data da publicação da deliberação (art. 214º).

Uma vez que o conteúdo do plano é livremente fixado pelos credores, o contrôlo jurisdicional do mesmo é limitado a questões de legalidade. A não homologação do plano de insolvência pode ocorrer oficiosamente ou a requerimento dos interessados.

Relativamente à não homologação oficiosa, estabelece o art. 215º que o juiz deve recusar oficiosamente a homologação, em caso de violação não negligenciável de regras procedimentais ou das normas aplicáveis ao seu conteúdo, qualquer que seja a sua natureza, e ainda quando, no prazo razoável que estabeleça, não se verifiquem as condições suspensivas do plano, ou não sejam praticados os actos ou executadas as medidas que devam preceder a homologação (cfr. art. 201º). O juiz rege-se aqui por considerações de legalidade, mas apenas pode recusar a homologação em caso de "violação grave, não negligenciável" das regras procedimentais ou do conteúdo do plano. Violações consideradas menores, que não ponham em causa o interesse do devedor e dos credores afectados não constituirão causa suficiente para que o juiz possa recusar a homologação do plano[419].

Relativamente à não homologação a requerimento dos interessados, prevê o art. 216º, nº 1, que o juiz deve recusar a homologação a requerimento de interessados nessa não homologação, contanto que o requerente demonstre em termos plausíveis, e em alternativa, que:

[419] Neste sentido, cfr. Carvalho Fernandes / João Labareda, *Código da Insolvência*, sub art. 215º, nº 5, pp. 781-782 e Santos Júnior, *O Direito*, 138 (2006), III, pp. 584 = *Estudos Dias Marques*, p. 135.

a) A sua situação ao abrigo do plano é previsivelmente menos favorável do que a que interviria na ausência de qualquer plano, designadamente face à situação resultante de acordo já celebrado em procedimento extrajudicial de regularização de dívidas[420];

b) O plano proporciona a algum credor um valor económico superior ao montante nominal dos seus créditos sobre a insolvência, acrescido do valor das eventuais contribuições que ele deva prestar.

A lei exige em relação a qualquer destes requisitos, não uma prova absoluta, mas um mero juízo de plausibilidade ou probabilidade, que funcione como justificação para a decisão do juiz. Em relação ao primeiro requisito, a apreciação do juiz torna-se mais complexa, uma vez que está em causa um juízo de prognose da futura situação do interessado, em comparação com a situação hipotética que lhe adviria na ausência de qualquer plano[421]. Já em relação ao segundo requisito, a tarefa do juiz encontra-se facilitada, já que, embora possam surgir factores de incerteza, o mesmo assenta primordialmente em elementos certos, bastando a comparação do valor económico proprocionado pelo plano a um credor com o valor nominal dos seus créditos, acrescido das prestações que tenha que suportar[422].

A legitimidade para a apresentação do requerimento de não homologação é limitada ao devedor, caso este não seja o proponente, e aos credores, sócios, associados ou membros do devedor, exigindo-se sempre como pressuposto prévio, que tenham manifestado nos autos a sua oposição ao

[420] Salienta Catarina Serra, *O novo regime*, p. 152, que esta cláusula é conhecida como *best interest of creditor's test*.

[421] Conforme referem Carvalho Fernandes/João Labareda, *Código da Insolvência*, sub art. 216º, nº 7, pp. 786-787, na maior parte dos casos será extremamente difícil provar esse requisito, pois é difícil avaliar *a priori* por comparação o que a massa pode valer em caso de venda universal. Em certos casos, porém, já não será tão difícil, como será o caso, se contra a vontade do credor afectado, se prevê a redução de um crédito que beneficie de garantia real ou de privilégio sobre bens que seriam só por si suficientes para assegurar a satisfação desse crédito. No Ac. RG 22/11/2007 (Manso Rainho), na *CJ* 32 (2007), 5, pp. 283-285, considerou-se como menos favorável para o credor um plano de insolvência que, embora lhe atribuísse um pagamento de valor superior ao que resultava da imediata execução de duas hipotecas, só lhe permitiria receber ao fim de 15 anos, quando a liquidação do património do insolvente lhe permitia receber imediatamente.

[422] Cfr., Carvalho Fernandes/João Labareda, *Código da Insolvência*, sub art. 216º, nº 9, p. 788 e Santos Júnior, *O Direito*, 138 (2006), III, p. 586 = *Estudos Dias Marques*, pp. 136-137.

plano (art. 216º, nº 1, proémio). No entanto, se o plano tiver sido objecto de alterações na própria assembleia, o requisito da manifestação da oposição é dispensado relativamente a quem lá não tenha estado presente ou representado (art. 216º, nº 2).

O prazo para requerer a não homologação é o prazo supletivo de 10 dias fixado no art. 149º, nº 1, CPC *ex vi* do art. 17º CIRE, que se articula com o prazo mínimo de 10 dias, antes do qual o juiz não pode proferir a sentença de homologação, nos termos do art. 214º[423].

23.8. Efeitos da homologação do plano de insolvência

A homologação do plano de insolvência desencadeia os seguintes efeitos:

1) Alteração dos créditos sobre a insolvência, nos termos determinados pelo plano, sem excepção daqueles que não tenham sido reclamados ou verificados (art. 217º, nº 1);
2) Concessão de eficácia a quaisquer actos ou negócios jurídicos previstos no plano de insolvência, independentemente da forma legalmente prevista, desde que constem do processo as declarações de vontade necessárias dos credores ou de terceiros, ou estas venham a ser posteriormente emitidas, prescindindo-se do consentimento do devedor, sempre que este não seja necessário (art. 217º, nº 2);
3) Atribuição de título bastante para a constituição de novas sociedades, bem como para a transmissão dos bens a estas e realização dos respectivos registos (art. 217º, nº 3 *a*)), e ainda para a redução ou aumento de capital, transformação, modificação dos estatutos, exclusão de sócios e alteração dos órgãos sociais da sociedade devedora, e realização dos respectivos registos (art. 217º, nº 3, *b*)).

Verificando-se a alteração dos créditos sobre a insolvência em virtude do plano, não são, no entanto, afectados os direitos dos credores da insolvência contra os condevedores ou os terceiros garantes da obrigação, mas estes sujeitos apenas poderão agir contra o devedor em via de regresso, nos termos em que os credores da insolvência pudessem exercer contra ele os seus direitos (art. 217º, nº 4).

Os efeitos da homologação produzem-se imediatamente, mesmo que seja interposto recurso da sentença (art. 217º, nº 5).

[423] Neste sentido, cfr. o Ac. RP 15/11/2007 (DEOLINDA VARÃO) na *CJ* 32 (2007), 5, pp. 175-178.

23.9. A execução do plano de insolvência

O plano de insolvência determinará o encerramento do processo, com o trânsito em julgado da decisão que o homologa, se a isso não se opuser o conteúdo dele (art. 230º, nº 1, *b)*). Em princípio, o encerramento do processo apenas ocorrerá no caso de o plano de insolvência se traduzir em medidas de recuperação da empresa insolvente, dado que, se este consistir antes num meio alternativo de liquidação, o processo não poderá ser encerrado[424]. Baseando-se o encerramento do processo na homologação de um plano de insolvência que preveja a continuidade de sociedade comercial, esta retoma a sua actividade, independentemente de deliberação dos sócios (art. 234º, nº 1).

Antes do encerrramento do processo, em consequência da aprovação do plano de insolvência, o administrador da insolvência deve proceder ao pagamento das dívidas da massa insolvente. No caso de estas serem litigiosas, esse pagamento deverá ser assegurado por caução, prestada nos termos do CPC (art. 219º).

Verificando-se o incumprimento do plano de insolvência pelo devedor, serão afectadas a moratória e o perdão de créditos previsto no plano. Assim as mesmas extinguir-se-ão relativamente a crédito em que o devedor se constitua em mora, se a prestação, acrescida dos respectivos juros moratórios, não for cumprida no prazo de 15 dias após interpelação escrita pelo credor (art. 218º, nº 1, *a)*), exigindo-se, no entanto, que esse crédito esteja reconhecido pela sentença de verificação de créditos ou por outra decisão judicial, ainda que não transitadas (art. 218º, nº 2). O art. 4º, nº 2, da Lei 75/2020 veio, no entanto, prever que, caso o incumprimento do plano de insolvência resulte de facto posterior à data de entrada em vigor da Lei nº 4-A/2020, de 6 de abril, ou seja 7 de Abril de 2020, o prazo previsto na alínea *a)* do nº 1 do artigo 218º do CIRE só começa a contar após o termo de vigência dessa lei, em princípio previsto para 31 de Dezembro de 2021.

A extinção da moratória e perdão verificar-se-á uniformemente em relação a todos os créditos se, antes de finda a execução do plano, o devedor for declarado em estado de insolvência noutro processo (art. 218º, nº 1, *b)*). O plano de insolvência poderá ainda contemplar outras situações em que esse fenómeno se verifique (art. 218º, nº 3).

[424] Neste sentido, Carvalho Fernandes/João Labareda, *Código da Insolvência*, sub art. 230º, nº 7, p. 829 e Santos Júnior, *O Direito*, 138 (2006), III, p. 589, nota (49) = *Estudos Dias Marques*, p. 140, nota (50).

O plano de insolvência que implique o encerramento do processo pode prever que a sua execução seja fiscalizada pelo administrador da insolvência e que a sua autorização seja necessária para a prática de determinados actos pelo devedor ou pelas novas sociedades, sob pena de ineficácia dos mesmos em relação à massa (art. 220º, nº 1). Pode igualmente ser determinada ao administrador da insolvência a representação do devedor nas acções de impugnação da resolução em benefício da massa insolvente, desde que o plano o faça de modo expresso (art. 220º, nº 3). Nesses casos, o administrador da insolvência e os membros da comissão de credores mantêm-se em funções para esses efeitos e subsiste a fiscalização do juiz, não obstante o encerramento do processo de insolvência (art. 220º, nº 4). Mantêm-se consequentemente certos deveres de informação do administrador de insolvência em relação à comissão de credores e ao juiz (art. 220º, nº 2), tendo aquele direito a remuneração pela sua actividade de fiscalização (art. 220º, nº 5). A fiscalização não se pode prolongar por mais de três anos, terminando ainda logo que estejam integralmente liquidados os créditos sobre a insolvência ou seja declarada a insolvência do devedor ou da nova sociedade ou sociedades noutro processo. O juiz proferirá decisão confirmando o fim do período de fiscalização, a requerimento do administrador da insolvência, do devedor, ou da nova sociedade ou sociedades (art. 220º, nº 6)[425].

Caso o plano de insolvência incumba o administrador da sua fiscalização, poderá determinar que, até certo limite global, os créditos que sejam constituídos durante esse período terão prioridade sobre os créditos sobre a insolvência referentes a outro processo de insolvência, aberto antes de findo o período de fiscalização, desde que essa prioridade lhes seja reconhecida expressamente e por escrito, com indicação do montante abrangido e confirmação pelo administrador da insolvência (art. 221º, nº 1). Essa prioridade é igualmente válida em relação a outros créditos de fonte contratual, constituídos durante o período de fiscalização (art. 221º, nº 2).

Se a execução do plano de insolvência for objecto de fiscalização, a publicação e registo da decisão de encerramento do processo deverão fazer referência a esse facto, divulgando, se for o caso, os actos para cuja prá-

[425] Conforme salienta SANTOS JÚNIOR, *O Direito*, 138 (2006), III, p. 589, e nota (51) = *Estudos Dias Marques*, p. 140, e nota (52), não deixa de ser, em termos práticos e lógicos, discutível a manutenção da fiscalização do juiz em relação a um processo que é encerrado, cabendo-lhe mesmo dar despacho a confimar o fim do período de fiscalização.

tica se exige o consentimento do administrador da insolvência e o limite dentro qual é concedida prioridade a novos créditos (art. 222º, nº 1). Nesse caso, a confirmação pelo juiz do fim do período de fiscalização é objecto de publicação e registo, nos mesmos termos da decisão de encerramento do processo de insolvência (art. 222º, nº 2; cfr. os arts. 1º, nº 1, *q)* CRC e 9º *o)* CRCom). No âmbito do registo civil, decorridos cinco anos após a confirmação do fim do período de fiscalização, são eliminados os averbamentos de factos relativos ao processo de insolvência mediante a elaboração de um novo assento de nascimento (art. 81º-A, nº 1, *b)* CRC).

24
A administração pelo devedor

Com aplicação restrita às situações em que na massa insolvente esteja compreendida uma empresa (art. 223º), prevê-se nos arts. 224º e ss., a possibilidade de a massa insolvente ser administrada pelo devedor[426]. Tal pode resultar de decisão do juiz na sentença que declara a insolvência (art. 36º, nº 1, *e)*), após requerimento do devedor, no caso de este ter apresentado ou se comprometer a apresentar em 30 dias plano de insolvência, que preveja a continuidade da exploração de empresa, não sejam de recear atrasos no processo e o requerente da insolvência não se oponha a tal (art. 224º, nº 2). Pode ainda a atribuição dessa administração ser decidida pela assembleia de credores, após requerimento do devedor (art. 224º, nº 3).

Nessa situação não são retirados ao devedor os poderes de administração do seu património, devendo, no entanto, considerar-se que este se mantém privado dos poderes de disposição do mesmo (cfr. art. 81º, nº 1, primeira parte). Mesmo em relação à administração, no entanto, o administrador de insolvência, tem que dar o seu consentimento à assunção de obrigações que resultem de actos de administração extraordinária (arts. 226º, nº 2, *b)*), podendo ainda opor-se à assunção de quaisquer obrigações, mesmo que resultantes de gestão corrente (art. 226º, nº 2, *a)*).

A referência a actos de gestão corrente no art. 226º, nº 2, *a)* deve ser interpretada como referente a actos de administração ordinária por con-

[426] Cfr. Carvalho Fernandes, *Themis*, edição especial (2005), pp. 82 e ss. = Carvalho Fernandes / João Labareda, *Colectânea*, pp. 248 e ss., e Rui Pinto Duarte, "A administração da empresa insolvente: rutura ou continuidade?", em Catarina Serra (org.), *I Congresso de Direito da Insolvência*, Coimbra, Almedina, 2013, pp. 175-186.

traposição aos actos de administração extraordinária, previstos no art. 226º, nº 2, *b)*)[427]. Assim, em relação a actos que visem promover a conservação e frutificação normal dos bens, o administrador apenas se pode opor no caso de deles resultar a assunção de obrigações. Mas já será exigido o consentimento do administrador da insolvência em relação aos actos de administração extraordinária, ou seja àqueles que visem promover uma frutificação anormal dos bens ou a realização de benfeitorias ou melhoramentos nos bens[428].

Parece resultar do proémio do art. 226º, nº 2, que a inexistência de consentimento do administrador não prejudica a eficácia dos actos de administração praticados pelo devedor[429]. Já em relação aos actos de disposição, deve-se considerar que se mantém operacional a norma do art. 81º, nº 6, sendo assim os mesmos ineficazes em relação à massa insolvente.

Sendo conferida a administração ao devedor, mantêm-se as remunerações dos membros da sua administração (art. 227º, nº 1), mas ao devedor pessoa singular só é permitido retirar da massa insolvente os valores necessários para uma vida modesta dele e do seu agregado familiar (art. 227º, nº 2).

Verificados algums dos pressupostos estabelecidos no art. 228º, nº 1, o juiz põe termo à administração da massa insolvente pelo devedor. Tal determina a apreensão dos bens, nos termos do art. 149º (art. 228º, nº 2), passando então a ter lugar a liquidação (art. 225º).

[427] Neste sentido CARVALHO FERNANDES / JOÃO LABAREDA, *Código*, sub art. 226º, nº 4, p. 818

[428] No Ac. RC 16/2/2016 (FERREIRA LOPES), processo 362/11.4TBCNT, na *CJ* 41 (2016), 1, pp. 21-23 considerou-se como acto de administração extraordinária, a exigir o consentimento do administrador da insolvência, o reconhecimento de uma dívida de honorários a advogado no montante de € 48,097,69.

[429] Neste sentido, CARVALHO FERNANDES / JOÃO LABAREDA, *Código*, sub art. 226º, nº 4, p. 819, que apesar disso propõem *de iure condendo* a consagração da ineficácia do acto, apenas excluída se o terceiro provasse estar de boa fé. Também ANA PRATA / JORGE MORAIS CARVALHO / RUI SIMÕES, *Código*, sub art. 226º, nº 3, p. 626, consideram "peculiar" a solução legal "pois, se os atos carecem de não oposição ou de consentimento, faltando-lhes estes, não se vê que não tenham de resultar afetados".

25
Encerramento do processo

25.1. Pressupostos do encerramento do processo

O encerramento do processo de insolvência constitui a fase final do mesmo, pelo que logicamente deverá ocorrer uma vez realizados os fins previstos nesse mesmo processo, a que se refere o art. 1º, nº 1, ou seja, a liquidação do património do devedor e a repartição do respectivo produto pelos seus credores (cfr. art. 230º, nº 1 *a)*), ou a satisfação destes pela forma prevista num plano de insolvência, cuja decisão de homologação tenha transitado em julgado, se a isso não se opuser o conteúdo deste (cfr. art. 230º, nº 1 *b)*). O processo de insolvência é também encerrado em caso de aprovação de um plano de pagamentos, com o trânsito em julgado da sentença que homologa o plano e da sentença de declaração de insolvência (art. 259º, nº 4). Pode, porém, o processo de insolvência ser ainda encerrado, a pedido do devedor, quando no seu decurso cessem os pressupostos que o desencadearam (ou seja, a própria situação de insolvência)[430] ou haja acordo dos credores para o seu encerramento, uma vez que, sendo os credores os principais interessados no processo, o princípio dispositivo impõe que ocorra o encerramento, caso a vontade de todas as partes seja nesse sentido (art. 230º, nº 1 *c)*). O processo pode ser ainda encerrado quando é manifesta a inutilidade da sua prossecução, por inexistência de património para satisfazer os próprios encargos do processo, como ocorre quando o adminis-

[430] A situação de insolvência pode, aliás, nunca se ter chegado a verificar no caso em que o devedor se apresente à insolvência, por a considerar iminente (cfr. art. 3º, nº 4), sendo depois afastado o receio da sua verificação.

trador da insolvência verifica a insuficiência da massa para a satisfação das custas do processo e restantes dívidas da massa insolvente (art. 230º, nº 1, nº 1 *d)*). Finalmente, o processo de insolvência é encerrado no despacho inicial de exoneração do passivo restante (art. 230º, nº 1, *e)*).

O primeiro fundamento para o encerramento do processo é a realização do rateio final (art. 230º, nº 1 *a)*), o qual ocorre após o encerramento da liquidação da massa insolvente e a remessa do processo à conta (art. 182º, nº 1). No caso, porém, de ter sido pedida a exoneração do passivo restante (cfr. arts. 235º e ss.) e ter sido interposto recurso do despacho inicial que determina a cessão do rendimento disponível, o rateio final só vai determinar o encerramento do processo, depois de transitada em julgado a decisão (art. 239º, nº 6).

O segundo fundamento para o encerramento do processo é o trânsito em julgado da decisão de homologação do plano de insolvência, se a isso não se opuser o conteúdo deste (art. 230º, nº 1, *b)*). Efectivamente, o plano de insolvência, regulado nos arts. 192º e ss., pode implicar o encerramento do processo (cfr. arts. 219º e ss.). Nesse caso, o encerramento ocorre a partir do momento em que a respectiva sentença de homologação transitar em julgado.

O terceiro fundamento do encerramento é a existência de um pedido do devedor nesse sentido, baseado na cessação da sua situação de insolvência ou no consentimento de todos os seus credores (art. 230º, nº 1, *c)*). No primeiro caso, esse pedido é notificado aos seus credores para, querendo, deduzirem oposição, no prazo de oito dias, devendo com a petição e oposição serem juntas todas as provas (art. 231º, nº 1, *in fine*, 41º, nº 3, e 25º, nº 2), ocorrendo a respectiva produção antecipada no prazo de 10 dias, e sendo realizada a audiência nos termos dos nºs 5 a 8 do art. 35º (art. 231º, nº 1 *in fine* e art. 41º, nº 4). No segundo caso, o devedor deve juntar os documentos que comprovem o consentimento de todos os seus credores conhecidos, ou de todos os credores que tenham reclamado os seus créditos, na hipótese de o pedido ser apresentado depois da fase da reclamação de créditos (art. 231º, nº 2). O juiz decide sobre o encerramento após audição do administrador da insolvência e da comissão de credores, se existir (art. 231º, nº 3).

O quarto fundamento do encerramento é a verificação pelo administrador da insolvência de que a massa insolvente é insuficiente para satisfazer as custas do processo e restantes dívidas da massa insolvente (art. 230º, nº 1 *d)*). Nessa hipótese, o administrador da insolvência dá conhecimento do facto ao juiz, que pode igualmente conhecer oficiosamente da situação (art. 232º, nº 1). O juiz declara então o encerramento do processo, após audição do devedor, da assembleia de credores e dos credores da massa insolvente, a menos que algum interessado deposite à ordem do tribunal o montante que o juiz considere razoavelmente necessário para garantir o pagamento das custas do processo e restantes dívidas da massa insolvente (art. 232º, nº 2). Antes mesmo do encerramento, o administrador pode interromper imediatamente a liquidação com fundamento na insuficiência da massa (art. 232º, nº 4), sendo efectuado pela secretaria, após o pagamento das custas, o rateio das importâncias sobrantes pelos credores da massa, na proporção dos seus créditos (art. 232º, nº 3). Verificado o encerramento por insuficiência da massa, admite-se, no entanto, o prosseguimento do incidente de qualificação da insolvência, caso este tenha sido aberto, mas apenas como incidente limitado (art. 232º, nº 5).

O quinto fundamento de encerramento do processo de insolvência é a emissão do despacho inicial de exoneração do passivo restante, nos termos da alínea *b)* do art. 237º. Efectivamente, durante o período de cinco anos em que o devedor cede o seu rendimento disponível a um fiduciário, o processo de insolvência fica encerrado.

Apesar de não previsto no art. 230º, existe ainda outro fundamento para o encerramento do processo de insolvência, que é o trânsito em julgado da sentença que homologa o plano de pagamentos e da sentença que decreta a insolvência (art. 259º, nº 4). Efectivamente, o incidente do plano de pagamentos, na insolvência de pessoas singulares, destina-se a permitir ao devedor obter uma solução para a sua insolvência, oferecendo aos credores um plano de pagamentos. Obtida a aprovação desse plano, o trânsito em julgado da sentença que o homologa e da sentença de declaração de insolvência determinam o encerramento do processo, uma vez que deixa de existir qualquer razão para que este continue.

25.2. Efeitos do encerramento do processo

No Direito Comparado, é tradicional distinguir entre dois sistemas de efeitos resultantes de encerramento do processo.

Num primeiro sistema, correspondente ao antigo instituto da *cessio bonorum*, e vigente nos países da *common law* e na Alemanha, o encerramento do processo determina a plena recuperação da capacidade do devedor após o processo, permitindo-lhe reiniciar a sua vida nos mesmos termos. Esse sistema resulta de se considerar a insolvência como um acidente de percurso, que não deve afectar a vida futura do devedor.

Num segundo sistema, entende-se que, mesmo que a insolvência resulte de um facto acidental, o devedor deve ser responsabilizado pela falta de diligência e imprevidência que a insolvência faz presumir, sendo por isso estendida a sua incapacidade para além do encerramento do processo.

O nosso legislador coloca-se hoje num plano intermédio entre as duas soluções. Assim, o art. 233º, nº 1, *a)*, estabelece que encerrado o processo cessam todos os efeitos que resultam da declaração de insolvência, recuperando designadamente o devedor o direito de disposição dos seus bens e a livre gestão dos seus negócios, o que corresponde ao primeiro sistema. Esta solução admite, no entanto, duas excepções, tributárias do segundo sistema. A primeira resulta da qualificação da insolvência como culposa, que gera a inibição para a administração de patrimónios alheios e para o exercício do comércio ou de cargos em sociedades por um período de 2 a 10 anos (art. 189º, nº 1, *b)* e *c)*). A segunda respeita aos efeitos sobre sociedades comerciais, dado que as mesmas só retomam a actividade com o encerramento do processo, se o mesmo se fundar na homologação de plano de insolvência que preveja a continuidade da exploração (art. 234º, nº 1), ou se houver deliberação dos sócios nesse sentido, no caso de o encerramento resultar de pedido do devedor (arts. 234º, nº 2, e 230º, nº 1, *c)*). No caso contrário, a sociedade considera-se extinta com o encerramento da liquidação (art. 234º, nº 3)[431].

Caso, no entanto, ocorra o encerramento do processo de insolvência sem que tenha sido aberto incidente de qualificação da insolvência, o juiz deve declarar expressamente na decisão prevista no art. 230º o carácter fortuito da insolvência (art. 233º, nº 6).

O encerramento do processo determina ainda a cessação das atribuições da comissão de credores e do administrador da insolvência, com excepção das referentes à apresentação das contas e das conferidas se for o caso, pelo plano de insolvência (art. 233º, nº 1, *b)*). Em consequência, nos 10 dias posteriores ao encerramento, o administrador da insolvência deve entregar

[431] Essa extinção implica a responsabilidade dos sócios pelo passivo superveniente, ainda que nos termos limitados do art. 163º CSC. Por esse motivo se decidiu no Ac. RC 7/2/2017 (JORGE LOUREIRO), processo 51/14.8T8CTB.C1, em *CJ* 42 (2017), 2, pp. 17-21, que a extinção da sociedade com o encerramento do processo não implica a extinção das hipotecas que esta constituiu.

no tribunal para arquivo toda a documentação relativa ao processo que se encontre em seu poder, bem como os elementos da contabilidade do devedor, que não hajam de ser restituídos ao próprio (art. 233º, nº 5).

Em consequência do encerramento do processo, verifica-se ainda a recuperação pelos credores das faculdades de exercício dos seus créditos. Assim, os credores da insolvência poderão exercer os seus direitos contra o devedor sem outras restrições que não as constantes de eventual plano de insolvência ou de pagamentos e do nº 1 do art. 242º, constituindo para o efeito título executivo a sentença homologatória do plano de pagamentos, bem como a sentença de verificação de créditos ou a decisão proferida em acção de verificação ulterior, em conjugação, se for o caso com a sentença homologatória do plano de insolvência (art. 233º, nº 1, *c)*). Também os credores da massa podem reclamar do devedor os seus direitos não satisfeitos (art. 233º, nº 1, *d)*). No entanto, as acções executivas suspensas extinguem-se quanto ao executado insolvente logo que o processo seja encerrado nos termos previstos nas alíneas *a)* e *d)* do nº 1 do art. 230º, salvo para efeitos do exercício do direito de reversão legalmete previsto (art. 88º, nº 3).

Caso o processo de insolvência seja encerrado antes do rateio final, consideram-se ineficazes as resoluções em benefício da massa, excepto se já tiver passado o prazo para a sua impugnação, a mesma tiver sido definitivamente julgada improcedente, ou o plano de insolvência atribuir ao administrador competência para a defesa nas acções de impugnação (art. 233º, nº 2, *a)*). Da mesma forma, extingue-se a instância nos processos de verificação de créditos e de restituição e separação de bens já liquidados que se encontrem pendentes, excepto se tiver sido proferida a sentença de verificação e graduação de créditos, ou se o encerramento decorrer da aprovação de plano de insolvência, caso em que prosseguem até final os recursos interpostos dessa sentença e as acções cujos autores assim o requeiram, no prazo de trinta dias (art. 233º, nº 2, *b)*)[432]. Extingue-se ainda

[432] Tem sido controvertida na doutrina e na jurisprudência quais os efeitos do encerramento do processo de insolvência em virtude da aprovação do plano de insolvência no apenso de verificação e graduação de créditos. Para CARVALHO FERNANDES / JOÃO LABAREDA, *Código*, sub art. 233º, nºs 10 e 11, pp. 887-888, da norma do art. 233º, nº 2, *b)* apenas resulta a continuição das acções de restituição e separação de bens, não havendo lugar ao prosseguimento da verificação e graduação de créditos que assim se deve considerar extinta. Nesse sentido, se pronunciaram na jurisprudência os Ac. RG 19/2/2013 (PAULO BARRETO), processo 1808/12.0TBBRG-D.G1 e Ac. RG 4/6/2013 (ANTÓNIO FIGUEIREDO DE ALMEIDA), processo

a instância nas acções pendentes contra os responsáveis legais pelas dívidas do insolvente propostas pelo administrador da insolvência, excepto se o plano de insolvência atribuir a este competência para o seu prosseguimento (art. 233º, nº 2, *c*)).

Salvo quanto aos processos de verificação de créditos, as acções que corram por dependência do processo de insolvência e cuja instância não se extinga, por força do art. 233º, nº 2, *b*), e que não devam ser prosseguidas pelo administrador da insolvência, nos termos do plano de insolvência, são desapensadas do processo e remetidas para o tribunal competente, passando o devedor a ter exclusiva legitimidade para a causa, independentemente de habilitação ou do acordo da contraparte (art. 233º, nº 4).

25.3. Publicidade do encerramento do processo

A decisão que decreta o encerramento do processo é objecto de notificação aos credores e da publicidade e registo previstos no art. 38º, com indicação da razão determinante (art. 230º, nº 2). O encerramento do processo de insolvência é obrigatoriamente inscrito no registo civil (art. 1º, nº 1, *l*) CRC), assim como no registo comercial, se respeitar a entidades sujeitas a esse registo (art. 9º *n*) CRCom). No entanto, no âmbito do registo civil, após cinco anos sobre o encerramento do processo de insolvência são eliminados os averbamentos relativos aos factos respeitantes a esse processo, mediante a elaboração de um novo assento de nascimento (art. 81º-A, nº 1, *b*) CRC).

1808/12.0TBBRG-F.G1. Em sentido diferente, Ana Prata/Jorge Morais de Carvalho/Rui Simões, *Código*, sub art. 233º, p. 645, sustentam que a aprovação do plano de insolvência não prejudica a continuação do apenso de verificação e graduação de créditos. Neste sentido parece ser a posição maioritária da jurisprudência. Cfr. Ac. RP 15/10/2013 (Maria João Areias), processo 1881/12.0TBPNF.P1, Ac. RL 31/10/2013 (Ana Lucinda Cabral), processo 1144/08.6TYLSB.L1-6, Ac. RP 6/2/2014 (Leonel Serôdio), processo 106/11.0TBAMM-B.P1, Ac. RP 28/4/2014 (Manuel Domingos Fernandes), processo 2609/11.8TBPDL-K.P1, Ac. RL 24/9/2015 (Anabela Calafate), processo 3293-12.7TBPDL-H.L1-6, Ac. STJ 22/11/2016 (José Rainho), processo 4843/10.9TBFUN-B.L1.S1, na *CJ-ASTJ* 24 (2016), 3, pp. 105-108, e Ac. RL 13/7/2017 (Jorge Leal), processo 4462/15.3.T8SNT-B.L1-2. Parece-nos igualmente ser esta última a melhor posição, atenta a obrigatoriedade, prevista no art. 209º, nº 3, de o plano de insolvência ter que acautelar os efeitos das decisões tomadas no apenso de verificação e graduação de créditos. Não faria consequentemente sentido que se verificasse a extinção da instância nesse apenso em virtude da aprovação do plano de insolvência.

26
O regime especial da insolvência de pessoas singulares

26.1. A exoneração do passivo restante
26.1.1. Generalidades

O Código institui medidas especiais de protecção do devedor pessoa singular, uma das quais é a exoneração do passivo restante[433]. Através deste instituto, após o património do devedor pessoa singular ter sido liquidado para pagamento aos credores, ou decorridos cinco anos após o encerramento do processo, as obrigações que, apesar dessa liquidação ou decurso desse prazo, não puderem ser satisfeitas, em lugar de subsistirem, são consideradas extintas (art. 235º).

Efectivamente, sendo o devedor pessoa singular, pretendeu conferir-se-lhe a possibilidade de obter a exoneração das obrigações que tem perante os credores da insolvência, e que não pudessem ser liquidadas no decurso do processo de insolvência ou nos cinco anos subsequentes, em ordem a evitar que ficasse vinculado a essas obrigações até ao limite do prazo de prescrição, que pode atingir 20 anos (art. 309º CC). As obrigações abran-

[433] Cfr. Menezes Leitão, *A recuperação*, pp. 69 e ss., Assunção Cristas, "Exoneração do devedor pelo passivo restante", em *Themis*, edição especial (2005), pp. 165-182, LUÍS A. Carvalho Fernandes, "A exoneração do passivo restante na insolvência de pessoas singulares no Direito Português", em Luís A. Carvalho Fernandes / João Labareda, *Colectânea de Estudos sobre a insolvência*, Coimbra, Almedina, 2009, pp. 275-309, Ana Filipa Conceição, "Disposições específicas da insolvência de pessoas singulares no Código da Insolvência e da Recuperação de Empresas", em Catarina Serra (org.), *I Congresso de Direito da Insolvência*, Coimbra, Almedina, 2013, pp. 29-62 (47 e ss.) e Paulo Mota Pinto, "Exoneração do passivo restante: fundamento e constitucionalidade", em Catarina Serra (org.), *III Congresso de Direito da Insolvência*, Coimbra, Almedina, 2015, pp. 175-195.

gidas correspondem naturalmente aos créditos sobre a insolvência, uma vez que as dívidas da massa estão sujeitas a um regime preferencial de pagamento (arts. 51º e 172º)[434].

Esta situação não representa, por outro lado, grande prejuízo para os credores já que, apesar de a exoneração do passivo restante implicar a extinção dos seus créditos, a verdade é que os mesmos já representavam um valor insignificante, dada a situação económica do devedor. Na verdade, o processo de exoneração do passivo restante implica já uma dupla oportunidade de os credores obterem a satisfação dos créditos, uma vez que, após o encerramento do processo de insolvência, e portanto esgotada a função do administrador de insolvência com a repartição do saldo do património actual (*Ist-Vermögen*) pelos credores, ainda se efectua a cessão do rendimento disponível do devedor a um fiduciário durante cinco anos, com a função de o repartir pelos credores (art. 239º), colocando-se assim também o património a adquirir futuramente pelo devedor (*Soll-Vermögen*) durante um longo período igualmente afecto à satisfação dos seus credores[435].

Assim, após a liquidação ou o decurso do prazo de cinco anos sobre o encerramento do processo, o devedor tem a possibilidade de obter um *fresh start* e recomeçar uma actividade económica, sem o peso da insolvência anterior. Efectivamente, a concessão de uma nova oportunidade às pessoas singulares justifica-se, até porque a insolvência pode ter causas que escapam ao seu controlo, como as perdas de rendimento resultantes de desemprego, doença, ou divórcio, nos trabalhadores subordinados, ou o lançamento de um novo negócio, que se revelou não rentável, nos trabalhadores independentes, desempenhando muitas vezes os hábitos de consumo desenfreados também um papel[436], podendo o devedor muitas vezes recompor a sua situação económica se lhe derem a oportunidade de começar de novo.

26.1.2. Pressupostos da concessão da exoneração do passivo restante

A exoneração do pedido restante só é possível em relação a pessoas singulares, podendo qualquer delas solicitar esse benefício. Os requerentes pode-

[434] Cfr. Luís Carvalho Fernandes, Em Carvalho Fernandes / João Labareda, *Colectânea*, p. 276.

[435] Cfr. Heyer, *Einführung*, p. 5.

[436] Cfr. Heyer, *Einführung*, pp. 3-4.

rão assim ser consumidores, mas também comerciantes ou profissionais independentes, como médicos, advogados, arquitectos, etc[437]. A qualquer destas pessoas, dado que a sua responsabilidade se mantém até à prescrição das suas obrigações, a ordem jurídica visa conceder a possibilidade de um novo começo (*fresh start*), sem o peso da insolvência anterior. Já as pessoas colectivas não podem beneficiar da exoneração do passivo restante, nem sequer dela efectivamente necessitam, na medida em que se dissolvem com a declaração de insolvência e vêem a sua personalidade jurídica definitivamente extinta com o registo do encerramento da liquidação[438].

A solicitação da exoneração do passivo restante tem que ser efectuada pelo devedor no requerimento de apresentação à insolvência ou no prazo de 10 dias posterior à citação (arts. 236º, nº 1, primeira parte, e 23º, nº 2, *a)*), devendo, no acto de citação, ser o devedor advertido de que tem essa possibilidade (art. 236º, nº 2). Apesar de o art. 238º, nº 1 *a)* estabelecer que o pedido de exoneração é liminarmente indeferido se for apresentado fora de prazo, a verdade é que resulta do art. 236º, nº 1, parte final, que a rejeição do pedido apenas pode ocorrer se este for apresentado após a assembleia de apreciação do relatório, ou no caso de esta ser dispensada, decorridos 60 dias após a ssentença de insolvência, decidindo o juiz livremente sobre a admissão ou rejeição do pedido apresentado no período intermédio.

Sendo apresentado o pedido de exoneração do passivo restante, têm os credores e o administrador de insolvência a possibilidade de se pronunciarem sobre o mesmo na assembleia de apreciação do relatório ou, sendo dispensada a mesma, no prazo de 10 dias subsequente ao prazo concedido ao devedor para o apresentar (art. 236º, nº 4), ainda que a decisão sobre a sua concessão ou não concessão caiba ao Tribunal. A exoneração do passivo restante resulta necessariamente de dois despachos, sendo que o primeiro, denominado despacho inicial, determina a obrigação de cessão do rendimento disponível pelo período de cinco anos após o encerramento do processo (art. 237º, *b)*), e o segundo, denominado despacho de exoneração, determina a concessão definitiva da exoneração, decorrido o mencionado prazo de cinco anos e verificando-se o cumprimento das obrigações constantes do despacho inicial (art. 237º *c)*).

[437] A exoneração do passivo restante não é por isso um meio de protecção dos consumidores contra a sua insolvência, na medida em que está aberta a todas as pessoas singulares.
[438] Cfr. HEYER, *Einführung*, p. 57.

Do art. 237º, resulta que constituem pressupostos necessários para o Tribunal conceder a exoneração do passivo restante os seguintes:

a) inexistência de motivo para o indeferimento liminar desse pedido, nos termos do art. 238º;
b) seja efectuada a cessão do rendimento disponível do devedor, nos termos do art. 239º, durante os cinco anos posteriores ao encerramento do processo de insolvência, o que deve constar do despacho inicial;
c) não aprovação e homologação de um plano de insolvência;
d) tenha decorrido o prazo de cinco anos posterior ao encerramento do processo e tenham sido cumpridas efectivamente as condições previstas no despacho inicial, o que é verificado pelo juiz no despacho de exoneração.

26.1.3. Indeferimento liminar do pedido

Constitui um obstáculo à concessão da exoneração do passivo restante a existência de fundamento para o indeferimento liminar do pedido[439]. Efectivamente, o art. 238º, nº 1, determina que o Tribunal deve indeferir liminarmente o pedido de exoneração do passivo restante se:

a) For apresentado fora de prazo;
b) O devedor, com dolo ou culpa grave, tiver fornecido por escrito, nos três anos anteriores à data do início do processo de insolvência, informações falsas ou incompletas sobre as suas circunstâncias económicas com vista à obtenção de crédito ou subsídios de instituições públicas ou a fim de evitar pagamentos a instituições dessa natureza;
c) O devedor tiver já beneficiado da exoneração do passivo restante nos 10 anos anteriores à data do início do processo de insolvência;
d) O devedor tiver incumprido o dever de apresentação à insolvência ou, não estando obrigado a se apresentar, se tiver abstido dessa apresentação nos seis meses seguintes à verificação da situação de insolvência, com prejuízo em qualquer dos casos para os credores, e

[439] Conforme escrevemos em MENEZES LEITÃO, *Código da Insolvência*, sub art. 238º, nº 2, p. 221, não julgamos correcto falar-se neste caso em indeferimento liminar, dado que normalmente há que produzir prova dos fundamentos de indeferimento. Neste sentido, cfr., na jurisprudência Ac. RC 27/9/2011 (TELES PEREIRA), na *CJ* 36 (2011), 4, pp. 21-24.

sabendo, ou não podendo ignorar sem culpa grave, não existir qualquer perspectiva séria de melhoria da sua situação económica[440];

e) Constarem já no processo, ou forem fornecidos até ao momento da decisão, pelos credores ou pelo administrador da insolvência, elementos que indiciem com toda a probabilidade a existência de culpa do devedor na criação ou agravamento da situação de insolvência, nos termos do art. 186º[441].

f) O devedor tiver sido condenado por sentença transitada em julgado por algum dos crimes previstos e punidos nos artigos 227º a 229º do Código Penal nos 10 anos anteriores à data da entrada em juízo do pedido de declaração da insolvência ou posteriormente a esta data;

g) O devedor, com dolo ou culpa grave, tiver violado os deveres de informação, apresentação e colaboração que para ele resultam do Código, no decurso do processo de insolvência[442].

440 Sustentou-se no Ac. RP 6/10/2009 (Sílvia Pires), em *CJ* 34 (2009), 4, pp. 184-186, que, para fundamentar o indeferimento liminar do pedido de exoneração do passivo restante, o incumprimento deste prazo tem que resultar claro dos autos e ser cumulativo com a evidência de que o atraso na apresentação prejudicou os interesses dos credores, sabendo o insolvente ou não podendo ignorar, sem culpa grave, que inexistia qualquer perspectiva de melhoria da sua situação económica. No Ac. RG 12/7/2010 (Maria Luísa Ramos), em *CJ* 35 (2010), 3, pp. 294-297. considerou-se ser de presumir que o atraso, só por si, envolve prejuízo para os credores, atento o avolumar de juros de mora e a desvalorização do capital. Pelo contrário no Ac. STJ 24/1/2012 (Fonseca Ramos) na *CJ-ASTJ* 20 (2012), I, pp. 55-59, considerou-se que a apresentação tardia do requerente da exoneração não constitui presunção de prejuízo para os credores pelo facto de se terem acumulado juros de mora, competindo aos credores do insolvente e ao administrador a prova efectiva do prejuízo, que não se presume.

441 No Ac. RP 9/1/2006 (Pinto Ferreira) na *CJ* 31 (2006), 1, pp. 160-162 considerou-se não poder beneficiar da exoneração do passivo restante, por não merecer nova oportunidade o devedor que incorreu em insolvência em consequência de especulação bolsista. Da mesma forma, considerou-se no Ac. RE 26/1/2011 (Ribeiro Cardoso), em *CJ* 36 (2011), 1, pp. 257-260, que tendo a insolvência resultado do despedimento com justa causa do trabalhador por se ter apropriado do dinheiro da entidade patronal, deve a mesma considerar-se como culposa para efeitos do art. 186º, nº 2, *a)* e nº 4, o que constitui fundamento para o indeferimento liminar do pedido de exoneração do passivo restante

442 No Ac. RP 31/5/2007 (Gonçalo Silvano) na *CJ* 32 (2007), 3, pp. 188-190, considerou-se não infringir estes deveres o devedor que omite a pendência de uma execução no seu requerimento de apresentação à insolvência. Já no Ac. RP 28/9/2010 (João Ramos Lopes), em *CDP* nº 35 (Julho/Setembro 2011), pp. 57-68, com anotação favorável de Adelaide Menezes Leitão, "Pré-condições para a exoneração do passivo restante – Ac. do TRP de 28.9.2010, Proc. 995/09", *ibid*, pp. 65-68, considerou-se infringir esses deveres o devedor que na petição inicial alega a inexistência de bens susceptíveis de integrar a massa insolvente, o que não corresponde à verdade.

A decisão de indeferimento liminar pelo Tribunal deve ser tomada após audição dos credores e do administrador da insolvência nos termos do art. 236º, nº 4, a menos que o pedido seja apresentado fora de prazo ou constar já dos autos documento autêntico comprovativo de algum dos factos que constituem fundamento de indeferimento (art. 238º, nº 2).

26.1.4. O despacho inicial

Não sendo caso de indeferimento liminar, é proferido despacho inicial, na assembleia de apreciação do relatório ou nos 10 dias subsequentes a esta ou ao decurso dos prazos previstos no art. 236º, nº 1 (art. 239º, nº 1). O despacho inicial deve ser proferido após audição dos credores e do administrador da insolvência nessa mesma assembleia (art. 239º, nº 2), sendo este o lugar próprio para manifestarem oposição à pretensão do devedor. Sendo proferido o despacho inicial, este é objecto de publicação e registo nos termos previstos para a decisão de encerramento do processo de insolvência (art. 247º). Efectivamente, o art. 1º, nº 1, *o)* do CRC sujeita a registo civil o início deste procedimento, prevendo igualmente o art. 9º *m)* CRCom a sujeição a registo do despacho inicial deste procedimento, quando relativo a comerciantes individuais.

O despacho inicial não representa qualquer decisão relativamente à concessão da exoneração do passivo restante, representando apenas a passagem a uma nova fase processual, denominada período de cessão, onde o devedor é sujeito a determinadas exigências durante cinco anos, findos os quais o juiz tomará decisão final sobre a concessão ou não da exoneração (art. 244º).

O despacho inicial consolida, no entanto, o direito do devedor a ser sujeito ao período de cessão, precludindo a possibilidade de o administrador da insolvência ou os credores manifestarem oposição a essa pretensão, se até esse momento não o tiverem feito, salvo a oposição for baseada em circunstâncias de conhecimento posterior ao despacho inicial ou de verificação superveniente (art. 243º, nº 1, *b)*). O despacho inicial é igualmente afectado se a decisão do incidente de qualificação da insolvência concluir pela existência de culpa do devedor na criação ou agravamento da situação de insolvência (art. 243º, nº 1, *c)*).

26.1.5. A cessão do rendimento disponível do devedor

O despacho inicial determina a cessão do rendimento disponível do devedor a um fiduciário durante o prazo de cinco anos (art. 239º, nº 2). Apesar de ser controversa a natureza desta cessão do rendimento disponível, tendemos hoje a considerar que existe aqui uma efectiva cessão de bens ou de créditos futuros[443], determinada por decisão judicial, o que implica que sejam aplicados neste caso os arts. 577º e ss. CC (cfr. art. 588º CC).

A cessão do rendimento disponível é estabelecida no despacho inicial, o qual é proferido na assembleia de apreciação do relatório, ou nos dez dias subsequentes a esta ou ao decurso dos prazos previstos no art. 236º, nº 1 (art. 239º, nº 1). Esse despacho determina que "durante os cinco anos subsequentes ao encerramento do processo de insolvência, neste capítulo designado período da cessão, o rendimento disponível que o devedor venha a auferir se considera cedido a entidade, neste capítulo designada fiduciário, escolhida pelo tribunal de entre as inscritas na lista oficial de administradores de insolvência" (art. 239º, nº 2). Assim, os rendimentos que o insolvente venha a adquirir transferem-se, no momento da sua aquisição, para o fiduciário, independentemente do consentimento dos devedores desses rendimentos (art. 577º, nº 1, CC), transmitindo-se igualmente as garantias e outros acessórios dos créditos que não sejam inseparáveis da pessoa do cedente (art. 582º, nº 1, CC).

A cessão do rendimento disponível abrange todos os rendimentos que advenham a qualquer título ao devedor, não se estando, portanto, apenas perante rendimentos em sentido técnico, sendo antes abrangidos quaisquer acréscimos patrimoniais. Assim, se o insolvente receber uma herança durante o período de cessão, o património hereditário que lhe compete deve igualmente considerar-se cedido ao fiduciário. A tal não obsta o art. 2028º, nº 2, dado que a cessão do rendimento disponível constitui uma hipótese legalmente prevista[444].

Há, porém, alguns rendimentos que se encontram excluídos da cessão do rendimento disponível e que portanto não se transmitirão para o fiduciário.

[443] Neste sentido, veja-se ASSUNÇÃO CRISTAS, *Themis*, edição especial (2005), pp. 174 e ss. (176) e CARVALHO FERNANDES/JOÃO LABAREDA, *Código da Insolvência*, sub art. 239º, nº 6, p. 860.

[444] É, no entanto, de salientar, que na Alemanha o § 291, Abs. 1, Nr. 2, *InsO*, estabelece um regime especial para os incrementos patrimoniais que o devedor adquira por sucessão, estabelecendo que apenas metade dos mesmos deve ser entregue ao fiduciário.

Efectivamente, o art. 239º, nº 3, *a)* exclui em primeiro lugar da cessão do rendimento disponível os créditos a que se refere o artigo 115º cedidos a terceiro, pelo período em que a cessão se mantenha eficaz. Efectivamente, se os rendimentos já tiverem sido objecto de cessão a terceiro nos termos do art. 115º, essa cessão não é afectada, só podendo, no entanto, abranger o período em que a cessão se considera eficaz nos termos desse artigo.

Em segundo lugar, são excluídos da cessão do rendimento disponível, nos termos do art. 239º, nº 3, *b)*, todos os montantes que sejam razoavelmente necessários, quer para "o sustento minimamente digno do devedor e do seu agregado familiar, não devendo exceder, salvo decisão fundamentada do juiz em contrário, três vezes o salário mínimo nacional", quer para "o exercício pelo devedor da sua actividade profissional", quer ainda para "outras despesas ressalvadas pelo juiz no despacho inicial ou em momento posterior, a requerimento do credor".

26.1.6. Situação jurídica do fiduciário

O fiduciário embora adquira a propriedade do rendimento disponível objecto de cessão, constitui um proprietário a título fiduciário, tendo o dever de manter em separado do seu património pessoal todas as quantias provenientes de rendimentos cedidos pelo devedor, respondendo com todos os seus haveres pelos fundos que indevidamente deixe de afectar às finalidades a que os mesmos estão sujeitos, bem como pelos prejuízos causados pro essa falta de distribuição (art. 241º, nº 2). O fiduciário tem direito a uma remuneração pela sua função, a qual é fixada num montante correspondente a 10% das quantias objecto da cessão, com o limite máximo de € 5 000 por ano (art. 28º da Lei 22/2013), bem como ao reembolso das suas despesas, nos termos gerais. A remuneração do fiduciário e o reembolso das suas despesas constitui encargo do devedor (art. 240º, nº 1).

O fiduciário tem o dever de notificar a cessão dos rendimentos do devedor àqueles de quem ele tenha direito a havê-los, afectando os montantes recebidos, no final de cada ano em que dure a cessão, sucessivamente: *a)* ao pagamento das custas do processo de insolvência ainda em dívida; *b)* ao reembolso ao organismo responsável pela gestão financeira e patrimonial do Ministério da Justiça das remunerações e despesas do administrador da insolvência e do próprio fiduciário que por aquele tenham sido suportadas; *c)* ao pagamento da sua própria remuneração já vencida e despesas efectuadas; *d)* à distribuição do remanescente pelos credores da insolvência, nos termos prescritos para o pagamento aos credores no processo de insolvência (art. 241º, nº 1). A assembleia de credores pode ainda conferir ao fiduciário o dever de fiscalizar o cumprimento pelo devedor das obrigações que sobre este impendem, com o dever de a informar em caso de violação (art. 241º, nº 3).

26.1.7. Situação jurídica do devedor

Durante o período de cessão do rendimento disponível o devedor é sujeito pelo art. 239º, nº 4, às seguintes obrigações:

a) Não ocultar ou dissimular quaisquer rendimentos que aufira, por qualquer título, e informar o tribunal e o fiduciário sobre os seus rendimentos e património, na forma e no prazo em que isso lhe seja requisitado;
b) Exercer uma profissão remunerada, não a abandonando sem motivo legítimo, e procurar diligentemente tal profissão quando desempregado, não recusando desrazoavelmente qualquer emprego para que seja apto;
c) Entregar imediatamente ao fiduciário, quando por si recebida, a parte dos seus rendimentos objecto de cessão;
d) Informar o tribunal e o fiduciário de qualquer mudança de domicílio ou de condições de emprego, no prazo de 10 dias após a respectiva ocorrência, bem como, quando solicitado e dentro de igual prazo sobre as diligências realizadas para a obtenção de emprego;
e) Não fazer quaisquer pagamentos aos credores da insolvência a não ser através do fiduciário e a não criar qualquer vantagem especial para algum desses credores.

A obrigação mais importante que resulta para o devedor é a obrigação constante da alínea *b)* que se reconduz a uma *obrigação de aquisição de rendimentos* através do exercício de uma profissão remunerada ou da procura activa dessa profissão. Efectivamente, essa obrigação condiciona as restantes, uma vez que só após a aquisição de rendimentos susceptíveis de penhora é que o devedor os pode entregar ao fiduciário (alínea *c)*). Já as obrigações das alíneas *a)* e *d)* reconduzem-se a deveres acessórios de informação, enquanto que a obrigação da alínea *e)* corresponde à manutenção do dever de respeitar a *par conditio creditorum* durante o período de cessão.

A extensão e o conteúdo da obrigação de aquisição de rendimentos variam em função das circunstâncias pessoais do devedor. Assim, o devedor que tenha crianças menores a cargo pode não ter condições para exercer uma profissão a tempo completo, ficando nesse caso satisfeita a exigência do art. 239º, nº 4, *b)*, com a realização do trabalho a tempo parcial. Um trabalhador com deficiência não estará em condições de aceitar qualquer trabalho, apenas podendo exercer os que forem compatíveis com as suas limitações. Pelo contrário, um devedor que não tenha limitações deverá exercer a profissão a tempo completo.

A lei estabelece que o devedor não pode abandonar a sua profissão sem motivo legítimo, o que implica uma proibição de este pôr fim à sua relação de trabalho, seja unilateralmente, seja por acordo com o empregador, a menos que tenha uma razão justificada para o fazer. Serão naturalmente razões justificadas os motivos de saúde ou a oferta de melhores condições de trabalho noutra empresa. Apesar de a lei não o referir expressamente, parece que esta obrigação será igualmente violada no caso de o devedor praticar infracções à relação de trabalho que permitam ao empregador o seu despedimento por justa causa. Caso seja controversa a existência de justa causa, o devedor terá, por força desta obrigação, o dever de se opor ao despedimento promovido pelo empregador[445].

Em caso de desemprego, o devedor deverá procurar activamente exercer uma profissão, não recusando desrazoavelmente qualquer emprego para que seja apto. Exige-se neste caso ao devedor a utilização dos meios necessários para a recuperação do emprego, devendo ele empregar todos os seus esforços na busca de emprego, inclusivamente apresentando-se no centro de desemprego ou recorrendo a agências de colocação. O devedor terá ainda que aceitar quaisquer ofertas de emprego para que tenha aptidão, só as podendo rejeitar se a recusa for justificada em termos de razoabilidade.

Uma vez gerados os rendimentos, a parte dos mesmos que seja objecto de cessão deve ser imediatamente entregue pelo devedor ao fiduciário (art. 239º, nº 4, *c)*), quando não seja por este directamente recebida das entidades pagadoras (art. 241º, nº 1).

O devedor deverá ainda, durante o período de cessão do rendimento disponível, prestar ao tribunal e ao fiduciário todas as informações sobre

[445] Cfr. HEYER, *Einführung*, pp. 73-74.

os rendimentos que obtenha a qualquer título e sobre o seu património (art. 239º, nº 4, *a)*). A redacção da lei parece permitir uma atitude passiva do devedor em relação a estas informações, parecendo que para que este dever se considerasse cumprido bastaria que ele nada fizesse para ocultar a sua situação patrimonial, apenas tendo que prestar as informações que lhe fossem requisitadas. Entendemos, no entanto, que, até por força do princípio da boa fé, o devedor deverá informar imediatamente o tribunal e o fiduciário se lhe advierem novas rendimentos, designadamente se lhe for atribuída uma herança.

Nos termos do art. 239º, nº 4, *e)*, o devedor está impedido de fazer quaisquer pagamentos aos credores da insolvência, a não ser por intermédio do fiduciário, bem como de criar qualquer vantagem especial para esses credores. Salienta-se que os credores da insolvência são apenas aqueles cujo fundamento seja anterior à data da declaração de insolvência (art. 47º, nº 1), cabendo ao devedor satisfazer as dívidas que futuramente tenham surgido, designadamente os encargos fiscais e da segurança social resultantes dos rendimentos que aufere, os quais devem ser exceptuados pelo juiz da cessão, ao abrigo do art. 239º, nº 3, *b) ii)* e *iii)*. Por outro lado, durante o período de cessão, o devedor não se encontra impedido de constituir novas obrigações, podendo, com base no seu rendimento que não foi objecto de cessão, contrair obrigações relacionadas com a sua habitação (empréstimo hipotecário ou arrendamento), comprar bens ou celebrar contratos de seguro. Estas obrigações não se encontram sujeitas ao regime dos créditos sobre a insolvência, podendo ser satisfeitas directamente pelo devedor sem intervenção do fiduciário[446].

Caso o devedor viole, com dolo ou negligência grave, alguma das obrigações acima referidas, prejudicando por esse facto a satisfação dos credores da insolvência, poderá ser requerida por qualquer credor da insolvência, pelo administrador da insolvência, se ainda estiver em funções, ou pelo fiduciário a cessação antecipada do procedimento de exoneração (art. 243º, nº 1, *a)*). O requerimento, no entanto, só pode ser apresentado dentro do ano seguinte à data em que o requerente ou poderia ter tido conhecimento dos factos invocados (art. 243º, nº 2)

[446] Cfr. Heyer, *Einführung*, p. 27.

26.1.8. Situação jurídica dos credores

Conforme acima se salientou, o fiduciário tem o dever de ir distribuindo aos credores da insolvência o remanescente dos rendimentos do devedor que vai recebendo (art. 241º, nº 1, *d*)). É esta a única forma pela qual os credores da insolvência podem obter a satisfação dos seus créditos, uma vez que a lei proíbe qualquer execução sobre os bens do devedor enquanto durar a cessão (art. 242º, nº 1), considerando ainda nula a concessão de vantagens especiais a qualquer credor da insolvência, quer pelo devedor, quer por terceiro (art. 242º, nº 2). Para além disso, a compensação entre dívidas da insolvência e obrigações de um credor sobre a insolvência apenas é lícita nas condições em que seria admissível durante a pendência do processo (art. 242º, nº 3). Finalmente, é de salientar que a decisão final de exoneração determina a extinção dos créditos que ainda subsistam na data em que é concedida (art. 245º, nº 1), havendo, porém, algumas categorias de créditos que não são abrangidos por essa extinção (art. 245º, nº 2).

É de notar, no entanto, que estas restrições apenas abrangem os credores da insolvência, ou seja, os titulares de créditos de natureza patrimonial sobre o insolvente, ou garantidos por bens integrantes da massa insolvente, cujo fundamento seja anterior à data da declaração de insolvência (art. 47º, nº 1). É irrelevante para este efeito que estes credores tenham ou não procedido à reclamação dos seus créditos no âmbito do processo de insolvência (arts. 128º e ss.). Já os novos credores, cujos créditos se tenham constituído após a declaração da insolvência, não são abrangidos pelo art. 242º, podendo em consequência executar livremente os bens do devedor. Essa faculdade de execução apresenta-se, no entanto, como destituída de efeito prático, uma vez que o devedor não terá em princípio bens penhoráveis, dado que todo o seu activo patrimonial é cedido ao fiduciário, que o afecta à satisfação dos credores da insolvência[447].

Os credores da insolvência têm ainda a possibilidade de controlar os pressupostos da concessão da exoneração do passivo restante, manifestando oposição a essa pretensão do devedor (art. 238º, nº 2), solicitando a cessação antecipada do procedimento de exoneração (art. 243º) ou a revogação da exoneração que tenha sido concedida (art. 246º). O exercício dessa fiscalização pelos credores é obviamente do seu interesse, uma vez que a concessão da exoneração do passivo restante afectará necessaria-

[447] Cfr. HEYER, *Einführung*, pp. 72-73.

mente uma grande parte ou mesmo a totalidade dos seus créditos, o que só poderá ser evitado com a sua acção de controlo sobre a verificação dos pressupostos legais da mesma[448].

26.1.9. Cessação antecipada do procedimento de exoneração

A cessação antecipada do procedimento de exoneração verifica-se sempre que o procedimento venha a ser extinto antes de ser concedida ao devedor a exoneração do passivo restante.

Ocorre em primeiro lugar a cessação antecipada do procedimento de exoneração do passivo restante logo que se verifique *a satisfação integral dos créditos sobre a insolvência*. Nesse caso, não se justifica naturalmente a continuação do procedimento, pelo que o juiz deve declarar a sua cessação antecipada, oficiosamente ou a requerimento do devedor (art. 243º, nº 4).

Para além disso, pode ser determinada a cessação antecipada do procedimento de exoneração *sempre que se verifique supervenientemente que o devedor não se mostra digno de obter a exoneração*. Essa situação ocorre nos seguintes casos: *a)* se o devedor tiver dolosamente ou com grave negligência incumprido alguma das obrigações que lhe incumbem em relação à cessão do rendimento disponível (art. 243º, nº 1, *a)* e 239º); *b)* vier a ser apurado supervenientemente algum dos fundamentos de indeferimento liminar previstos nas alíneas *b) e)* e *f)* do art. 238º (art. 243º, nº 1, *b)*); *c)* a decisão do incidente de qualificação de insolvência tiver concluído pela culpa do devedor na criação ou agravamento da situação de insolvência (art. 243º, nº 1, *c)*).

A decisão de cessação antecipada do procedimento de exoneração incumbe ao juiz, a requerimento fundamentado de algum credor da insolvência, do administrador da insolvência, se ainda estiver em funções ou do fiduciário, caso este tenha sido incumbido de fiscalizar o cumprimento das obrigações do devedor (art. 243º, nº 1, *in principio*). O requerimento deve ser apresentado no prazo de um ano a contar da data em que o requerente teve ou poderia ter conhecimento dos fundamentos invocados, devendo ser logo apresentada a respectiva prova (art. 243º, nº 2).

No caso de ter por base o fundamento previsto no art. 243º, nº 1, *c)*, a cessação antecipada surge como consequência natural da decisão do incidente de qualificação da insolvência, pelo que deve ser determinada

[448] Cfr. HEYER, *Einführung*, p. 76.

sem necessidade de mais diligências. Já no caso de ter por base os fundamentos referidos no art. 243º, nº 1, *a)* e *b)*, o juiz deve ouvir o devedor, os credores da insolvência e o fiduciário antes de decidir a questão, sendo a exoneração recusada se o devedor, sem motivo razoável, não fornecer, no prazo que lhe seja fixado informações que comprovem o cumprimento das suas obrigações ou se, devidamente convocado, faltar injustificadamente à audiência em que deveria prestá-las (art. 243º, nº 3).

O despacho de cessação antecipada do procedimento de exoneração deve ser objecto de publicação e registo, nos termos previstos para a decisão de encerramento do processo de insolvência (art. 247º). Efectivamente, o art. 1º, nº 1, *o)* CRC sujeita a registo civil a cessação antecipada do procedimento de exoneração, e o mesmo faz o art. 9º *m)* CRCom em relação ao registo comercial, quando estejam em causa comerciantes individuais. No entanto, se existir registo do despacho inicial relativo ao procedimento de exoneração, o art. 81º-A, nº 2, CRC estabelece que a cessação antecipada desse procedimento pode levar à elaboração oficiosa de um novo assento de nascimento, com a eliminação de todas as referências ao processo de insolvência. Essa elaboração oficiosa do novo assento de nascimento ocorre em princípio passados cinco anos sobre o registo da cessação antecipada do procedimento de exoneração (art. 81º-A, nº 2 *c)* CRC), podendo, no entanto, verificar-se imediatamente, caso essa cessação antecipada seja devida à satisfação de todos os créditos sobre a insolvência (art. 81º-A, nº 2, *d)* CRC).

26.1.10. Concessão da exoneração do passivo restante

No caso de não ter havido lugar a cessação antecipada, compete ao juiz decidir, no prazo de 10 dias após termo do período de cessão do rendimento disponível se a exoneração do passivo restante é ou não concedida, após audição do devedor, do fiduciário e dos credores da insolvência (art. 244º, nº 1).

Os fundamentos de recusa da exoneração são os mesmos que podem determinar a cessação antecipada do procedimento (art. 244º, nº 2), sendo consequentemente também aqui aplicáveis os pressupostos previstos no art. 243º, nº 1, *a)*, *b)*, e *c)*.

A concessão da exoneração do passivo restante implica a extinção de todos os créditos sobre a insolvência que ainda subsistam à data em que é concedida, sem excepção dos créditos que não tenham sido reclamados e verificados (art. 245º, nº 1)[449]. Não são, porém, afectados os direitos dos credores da insolvência contra os condevedores ou os terceiros garantes da obrigação, perdendo estes, no entanto, em consequência da exoneração a possibilidade de exercer o direito de regresso sobre o devedor (art. 245º, nº 1, *in fine*, e 217º, nº 4). Com esta extinção dos créditos sobre a insolvência permite-se ao devedor um novo começo (*fresh start*), recuperando assim da sua situação de insolvência.

Há, porém, alguns créditos que não são abrangidos pela exoneração do passivo restante, pelo que se mantêm após a mesma ser concedida. São estes, nos termos do art. 245º, nº 2:

a) os créditos por alimentos;
b) as indemnizações devidas por factos ilícitos dolosos praticados pelo devedor, que hajam sido reclamados nessa qualidade;
c) os créditos por multas, coimas e outras sanções pecuniárias por crimes ou contra-ordenações;
d) os créditos tributários e da segurança social.

São exclusões muito amplas, especialmente a que abrange os créditos tributários, o que poderá diminuir consideravelmente o interesse da exoneração do passivo restante.

O despacho de concessão da exoneração é objecto de publicação e registo, nos termos previstos para a decisão de encerramento do processo de insolvência (art. 247º). Efectivamente, o art. 1º, nº 1, *o)* CRC sujeita a registo civil a exoneração do passivo restante, e o mesmo faz o art. 9º *m)* CRCom em relação ao registo comercial, quando estejam em causa comerciantes individuais. No entanto, perante o registo civil, se existir registo do despacho inicial relativo ao procedimento de exoneração, o art. 81º-A, nº 2 *a)*, CRC determina que a concessão da exoneração implica a elaboração oficiosa de um novo assento de nascimento, com a eliminação de todas as referências ao processo de insolvência, a realizar imediatamente após o registo da decisão.

[449] Numa posição que não podemos acompanhar, PAULO MOTA PINTO, em CATARINA SERRA (org.), *III Congresso de Direito da Insolvência*, Coimbra, Almedina, 2015, pp. 194-195 sustenta que as obrigações do devedor se manterão como obrigações naturais, uma vez que correspondem a um dever de justiça (art. 402º CC).

26.1.11. Revogação da exoneração

Mesmo após a concessão da exoneração do passivo restante, a lei admite a sua revogação, caso se prove que o devedor incorreu em alguma das situações previstas nas alíneas *b)* e seguintes do nº 1 do art. 238º, ou violou dolosamente as suas obrigações durante o período da cessão e por algum desses motivos tenha prejudicado de forma relevante a satisfação dos credores da insolvência (art. 246º, nº 1).

A revogação apenas pode ser decretada até ao termo do ano subsequente ao trânsito em julgado do despacho de exoneração (art. 246º, nº 2, *in principio*). Se a mesma for requerida por um credor da insolvência, tem este ainda de provar não ter tido conhecimento dos fundamentos da revogação até ao momento do trânsito (art. 246º, nº 2, *in fine*), devendo o juiz ouvir o devedor e o fiduciário antes da decisão (art. 246º, nº 3).

Sendo decretada a revogação, opera-se a reconstituição integral de todos os créditos sobre a insolvência que tinham sido extintos (art. 246º, nº 4).

O despacho de revogação da exoneração deve ser objecto de publicação e registo, nos termos previstos para a decisão de encerramento do processo de insolvência (art. 247º). Efectivamente, o art. 1º, nº 1, *o)* CRC sujeita a registo civil a revogação da exoneração, e o mesmo faz o art. 9º *m)* CRCom em relação ao registo comercial, quando estejam em causa comerciantes individuais. No entanto, se, no âmbito do registo civil, existir registo do despacho inicial relativo ao procedimento de exoneração, o art. 81º-A, nº 2, *e)* CRC determina a elaboração oficiosa de um novo assento de nascimento, com a eliminação de todas as referências ao processo de insolvência, uma vez passados cinco anos sobre o registo do despacho de revogação da exoneração.

26.2. O plano de pagamentos aos credores

26.2.1. Generalidades

Outro regime específico da insolvência de pessoas singulares, no caso de não serem empresários ou serem titulares de empresas de pequena dimensão, nos termos do art. 249º, é a exclusão dos regimes da administração do devedor e do plano de insolvência (art. 250º), os quais são substituídos pela faculdade de apresentação de um plano de pagamentos aos credores (arts. 251º e ss.), o qual constitui um incidente do processo de insolvência[450].

[450] Sobre o plano de pagamentos, cfr. MENEZES LEITÃO, *A recuperação*, pp. 107 e ss., JOSÉ ALBERTO VIEIRA, "Insolvência de não empresários e titulares de pequenas empresas", em

Conforme se escreve no preâmbulo do Código (nº 46), "o incidente do plano abre caminho para que as pessoas que podem dele beneficiar sejam poupadas a toda a tramitação do processo de insolvência (com apreensão de bens, liquidação, etc.), evitem quaisquer prejuízos para o seu bom nome ou reputação e se subtraiam às consequências associadas à qualificação da insolvência como culposa". No entanto, deve referir-se que a aprovação do plano de pagamentos não obsta à declaração de insolvência do devedor pessoa singular (art. 259º, nº 1), até porque a apresentação do plano de pagamentos envolve confissão da sua situação de insolvência (art. 252º, nº 4). No entanto, o plano de pagamentos permite evitar a verificação de grande parte dos efeitos associados à declaração de insolvência, como os efeitos na pessoa do devedor, os efeitos sobre os créditos, a administração da massa insolvente, etc[451].

Neste caso, o processo de insolvência adquire uma dupla finalidade, na medida em que deixa de ter como único fim a satisfação do interesse dos credores, visando ainda conferir ao devedor uma possibilidade de obter a exoneração das suas obrigações. O plano de pagamentos deve assim conduzir a um acordo entre o devedor e os seus credores, que passe a regular em termos novos aquelas obrigações. O devedor só terá que cumprir as obrigações resultantes do plano de pagamentos, ficando liberado das anteriores, se o fizer. O plano de pagamentos tem consequentemente a natureza de uma transacção já que, através dele, as partes previnem ou terminam um litígio mediante recíprocas concessões[452]

26.2.2. Pressupostos do plano de pagamentos

A apresentação do plano de pagamentos depende de o devedor ser uma pessoa singular e, em alternativa, ser um não empresário ou um pequeno

Ruy de Albuquerque / António Menezes Cordeiro (org.), *Estudos em Memória do Professor Doutor José Dias Marques*, Coimbra, Almedina, 2007, pp. 251-276, e Ana Filipa Conceição, *I Congresso de Direito da Insolvência*, pp. 32 e ss. Mais uma vez, o legislador se inspira na solução da *Insolvenzordnung* alemã, cujo § 304, Abs. 1, estabelece um regime particular para a insolvência dos consumidores (*Verbraucherinsolvenzverfahren*), considerando como tais aqueles que não exerçam nem tenham exercido actividade económica independente. Esse regime é estendido a outros pequenos processos de insolvência (*sonstige Kleinverfahren*), definidos pelo facto de os credores serem imediatamente identificáveis e não existirem dívidas laborais. O § 304, Abs. 2, *InsO* considera facilmente identificáveis os credores em número inferior a vinte.

451 Cfr. José Alberto Vieira, *Estudos Dias Marques*, p. 253.

452 Cfr. Heyer, *Einführung*, pp. 59 e ss.

empresário. Será considerado como não empresário, se não tiver sido titular da exploração de qualquer empresa nos três anos anteriores ao início do processo de insolvência (art. 249º, nº 1 *a)*). Será considerado pequeno empresário se, à data do início do processo, não tiver dívidas laborais, possuir um número de credores inferior a 20, e o seu passivo global não exceder € 300 000 (art. 249º, nº 1, *b)*). No caso de apresentação conjunta de ambos os cônjuges à insolvência, ou instauração do processo contra ambos, estes requisitos têm que se verificar individualmente em relação a ambos os cônjuges (art. 249º, nº 2).

26.2.3. Apresentação do plano de pagamentos

Verificados os pressupostos do art. 249º, o devedor pode apresentar conjuntamente com o seu pedido de declaração de insolvência um plano de pagamentos aos credores (art. 251º), devendo igualmente ser notificado para esse efeito, no caso de o pedido de insolvência provier de terceiro e esses pressupostos se encontrarem preenchidos (art. 253º). A apresentação do plano de pagamentos pelo devedor não depende consequentemente de quem toma a iniciativa do processo de insolvência. No caso de a insolvência ser requerida pelo devedor, pode ele apresentar o plano de pagamentos juntamente com a petição inicial da insolvência. No caso de a insolvência ser requerida por terceiro, cabe ao devedor decidir se contesta a acção ou apresenta antes um plano de pagamentos, desencadeando a suspensão do processo, com a abertura do incidente respectivo[453].

Nos termos do art. 252º, nº 5, o plano de pagamentos deve ser acompanhado dos seguintes anexos:

a) Declaração de que o devedor preenche os requisitos exigidos pelo art. 249º;

b) Relação dos bens disponíveis do devedor, bem como dos seus rendimentos;

c) Sumário com o conteúdo essencial dessa relação, designado por resumo do activo;

d) Relação por ordem alfabética e dos seus endereços, com indicação dos montantes, natureza e eventuais garantias dos seus créditos;

e) Declaração de que as informações prestadas são verdadeiras e completas.

[453] Cfr. José Alberto Vieira, *Estudos Dias Marques*, p. 254.

Salvo manifesta inadequação ao caso concreto, estes elementos deverão constar de modelo aprovado por portaria do Ministro da Justiça (art. 252º, nº 6), constando os mesmos efectivamente da Portaria 1039/2004, de 13 de Agosto.

O plano de pagamentos e os seus anexos são apresentados em duas cópias, uma das quais se destina ao arquivo do tribunal, ficando a outra na secretaria judicial para consulta dos interessados; tratando-se de documentos digitalizados, são extraídas pela secretaria duas cópias para os mesmos efeitos (art. 252º, nº 7).

Considera-se que desiste da apresentação do plano de pagamentos o devedor que, uma vez notificado pelo tribunal, não forneça no prazo fixado os elementos indicados no art. 252º, nº 5 que haja omitido inicialmente (art. 252º, nº 8).

26.2.4. Conteúdo do plano de pagamentos

Nos termos do art. 252º, nº 1, o plano de pagamentos reveste a natureza de uma proposta contratual escrita, devendo ser formulada pelo devedor em termos que permitam obter o consenso com os seus credores, tomando em consideração o grau de satisfação dos seus direitos perante a efectiva situação patrimonial do devedor.

Em termos de conteúdo, o plano de pagamentos inclui os seguintes elementos:

a) reconhecimento dos créditos existentes;
b) indicação do património e rendimentos do devedor;
c) proposta de satisfação dos direitos dos credores.

O primeiro elemento do plano de pagamentos é o *reconhecimento dos créditos existentes*. Para esse efeito, o devedor deve apresentar uma relação de credores, contendo o montante, natureza e eventuais garantias do crédito (art. 252º, nº 2, 5 *a)*). Essa relação vale como confissão judicial das dívidas (art. 356º CC), independentemente de o plano vir ou não a ser aprovado. O devedor não está, no entanto, impedido de incluir no plano de pagamentos créditos cuja existência ou montante não reconheça, com a previsão de que os montantes destinados à sua liquidação serão objecto de depósito junto do intermediário financeiro, para serem entregues aos respectivos titulares ou repartidos pelos demais credores, depois de dirimida a controvérsia, na sede própria (art. 252º, nº 3). Esses últimos créditos já não se considerarão reconhecidos pelo devedor.

O segundo elemento do plano de pagamentos é a *indicação do património e rendimentos do devedor*. Efectivamente, o devedor deve indicar no plano qual o seu património disponível e quais os seus rendimentos (art. 252º, nº 5, *b)* e *c)*), indicação essa que se desdobra em duas declarações, contendo uma a relação completa do seu património e rendimentos (art. 252º, nº 5, *b)*) e outra, designada resumo do activo, a síntese desses elementos (art. 252º, nº , 5 *c)*).

Finalmente, o terceiro elemento do plano de pagamentos é a *proposta de satisfação dos direitos dos credores*, que acautele devidamente os interesses destes (art. 252º, nº 1). Para esse efeito, "o plano de pagamentos pode designadamente prever moratórias, perdões, constituições de garantias, extinções, totais ou parciais, de garantias reais ou privilégios creditórios existentes, um programa calendarizado de pagamentos ou o pagamento numa só prestação, e a adopção pelo legislador de medidas concretas de qualquer natureza, susceptíveis de melhorar a sua situação patrimonial" (art. 252º, nº 2)[454].

26.2.5. Efeitos da apresentação do plano de pagamentos

O plano de pagamentos envolve como efeito necessário a confissão de insolvência, ao menos iminente, por parte do devedor (art. 252º, nº 4). Em consequência, independentemente de o plano de pagamentos ser ou não aprovado, a declaração de insolvência irá sempre ser proferida pelo juiz, sem que ocorra a produção de qualquer prova sobre a situação patrimonial do devedor (art. 259º, nº 1 e art. 262º)

O plano de pagamentos importa ainda para o devedor a preclusão da possibilidade de obter a exoneração do passivo restante, a menos que este, aquando da apresentação do plano de pagamentos, declare pretender essa exoneração para a hipótese de o plano não ser aprovado (art. 254º)[455].

[454] Cfr. José Alberto Vieira, *Estudos Dias Marques*, pp. 256-257. Na doutrina alemã admite-se mesmo que, quando o devedor não disponha de qualquer património para oferecer aos credores, se limite a propor-lhes o perdão integral das suas dívidas. Essa figura é habitualmente denominada por "plano zero" (*Null-Plan*), o qual, se for aceite, tem a natureza de um contrato de remissão de dívidas (art. 863º, nº 1, CC). Cfr. Heyer, *Einführung*, p. 61.

[455] A lei não indica o lugar onde o devedor deve fazer essa declaração, cuja exigência dificilmente se compreende, dado que o art. 23º, nº 2, *a)* determina que na própria petição

26.2.6. Processamento do plano de pagamentos

O plano de pagamentos deve obedecer aos parâmetros do art. 252º e é processado como incidente do processo de insolvência, em apenso ao mesmo processo (art. 263º). Em consequência, terá sempre que ser instaurado um processo de insolvência, para que o devedor possa apresentar aos seus credores uma proposta de plano de pagamentos.

Esse incidente é sujeito a uma apreciação liminar por parte do juiz, nos termos do art. 255º. Assim, se ao juiz se afigurar que é altamente improvável que o plano venha a obter aprovação, dá por encerrado o incidente, sem que da decisão caiba recurso (art. 255º, nº 1, *in principio*) e profere logo sentença declaratória da insolvência, com as legais consequências (art. 255º, nº 2). Já no caso de achar que o plano de pagamentos é susceptível de vir a obter aprovação, determina a suspensão do processo de insolvência até à decisão tomada sobre o plano de pagamentos (art. 255º, nº 1, *in fine*), não impedindo, porém, essa suspensão a adopção das medidas cautelares previstas no art. 31º (art. 255º, nº 3).

Havendo lugar à suspensão do processo de insolvência, são juntas ou extraídas cópias do plano e do resumo do activo para entrega aos credores mencionados no plano (art. 256º, nº 1). Nos termos do art. 256º, nº 2, os credores são notificados por carta registada, acompanhada desses elementos, devendo constar do acto a indicação de que:

a) Dispõem de 10 dias para se pronunciarem, sob pena de se ter por conferida a sua adesão ao plano;
b) Devem, no mesmo prazo, corrigir as informações relativas aos seus créditos constantes da relação aprovada pelo devedor, sob pena de, em caso de aprovação do plano, se terem por aceites tais informações e perdoadas quaisquer outras dívidas cuja omissão não seja por esse credor devidamente reportada;
c) Os demais anexos ao plano estão disponíveis para consulta na secretaria do tribunal.

inicial de insolvência deve sempre o devedor pessoa singular tomar posição sobre se pretende ou não a exoneração do passivo restante, e o plano de pagamentos é apresentado conjuntamente com a petição inicial (art. 251º). Para Carvalho Fernandes/João Labareda, *Código da Insolvência*, sub art. 254º, nº 3, p. 887, a declaração deve ser feita no próprio requerimento do plano, atento o facto de os anexos referidos no art. 252º, nº 6, e constantes da Portaria 1039/2004, de 13 de Agosto, não preverem essa declaração.

Resulta assim que, caso exista qualquer incorrecção relativamente aos créditos (natureza, montante, prazo de vencimento ou garantias), os credores deverão apresentar contestação no prazo de 10 dias, sob pena de os créditos ficarem com as características referidas na proposta, e de se considerarem perdoadas quaisquer outras dívidas não denunciadas pelo credor[456].

No caso de algum credor contestar a natureza, montante ou outros elementos do seu crédito, tal como configurados pelo devedor, ou invocar a existência de outros créditos de que seja titular, é o devedor notificado para, no prazo máximo de 10 dias, declarar se modifica ou não a relação de créditos (art. 256º, nº 3, *in principio*).

O devedor pode, perante a contestação do credor, tomar várias posições. A primeira é aceitar modificar a relação de créditos nos termos por ele referidos, corrigindo as informações prestadas ou reconhecendo os créditos omissos. A segunda é recusar qualquer modificação ou efectuar uma correcção meramente parcial, caso em que só ficam abrangidos pelo plano de pagamentos os créditos cuja existência seja reconhecida pelo devedor, e apenas na parte por ele aceite, caso subsista divergência quanto ao montante, ou se for exacta a indicação feita pelo devedor, caso subsista divergência quanto a outros elementos (art. 256º, nº 3, *in fine*). A lei não esclarece, no entanto, o que sucede caso o devedor omita qualquer resposta à oposição do credor, no prazo para que foi notificado. Com algumas dúvidas, parece-nos que neste caso a sua omissão deve funcionar como reconhecimento do crédito, nos termos da contestação que o credor apresentou[457].

As eventuais modificações ou acrescentos a que o devedor proceda na relação de créditos serão notificadas, quando necessário, aos credores para novo pronunciamento quanto à adesão ao plano, entendendo-se que mantêm a sua posição os credores que nada disserem, no prazo de 10 dias (art. 256º, nº 5).

O credor que contestou a indicação do devedor quanto ao seu crédito e não o viu modificado nos termos pretendidos, não está inibido de dis-

[456] Assim, se por exemplo o credor tivesse dois créditos, um de € 10 000 e outro de € 8 000, beneficiando o primeiro de um penhor e o devedor se limitasse a indicar um crédito não garantido de € 10 000, a omissão de contestação pelo credor teria como efeito, quer a extinção do segundo crédito, quer a extinção da garantia no primeiro.

[457] Nessa hipótese, os restantes deverão ser notificados da modificação do plano de pagamentos resultante do silêncio do devedor, para os efeitos do art. 256º, nº 5.

cutir a questão em acção judicial própria, podendo igualmente requerer a insolvência do devedor noutro processo, com fundamento nesse crédito (cfr. art. 261º, nº 1, *b)* e *c)*)[458].

Pode, porém, acontecer que o devedor não inclua na relação de créditos a menção a alguns dos seus credores. Neste caso, os referidos credores não serão notificados para o plano de pagamentos, pelo que ficarão fora do processo, não se verificando em relação a eles a extinção dos créditos em virtude da sua falta de oposição ao plano. Esses credores poderão, por isso, instaurar contra o devedor outro processo de insolvência, sem que a declaração de insolvência proferida no primeiro processo suspenda ou extinga a instância do segundo (art. 261º, nº 2)[459].

Pode ainda ser dada oportunidade ao devedor para modificar o plano de pagamentos, no prazo de cinco dias, quando tal for tido por conveniente em face das observações dos credores ou com vista à obtenção de acordo para pagamento das dívidas (art. 256º, nº 4). A lei não refere a quem compete atribuir essa oportunidade, devendo entender-se que essa competência é do juiz, face aos poderes que lhe são atribuídos pelo art. 258º. O juiz concederá essa oportunidade ao devedor, notificando-o para o efeito, caso considere que por essa via se poderão ultrapassar as divergências entre o devedor e os credores relativamente à existência e montante dos créditos[460].

26.2.7. Aprovação do plano de pagamentos

O plano de pagamentos será considerado aprovado se nenhum dos credores o tiver recusado, ou se a aprovação de todos os que se oponham vier a ser objecto de suprimento (art. 257º, nº 1) Daqui resulta que a aprovação pelos credores do plano de pagamentos pode resultar, para além do caso óbvio da sua declaração de concordância, quer do seu silêncio em rela-

[458] Cfr. José Alberto Vieira, *Estudos Dias Marques*, p. 259.

[459] Josè Alberto Vieira, *Estudos Dias Marques*, pp. 261-262, admite, porém, que em alternativa possam os credores não incluídos no plano de pagamentos solicitar a sua intervenção nesse processo através do incidente de intervenção principal espontânea (arts. 320º e ss. CPC). Parece-nos, no entanto, esse incidente como absolutamente inútil, já que, se o devedor não reconhecer o crédito, ele nunca será abrangido pelo plano de pagamentos. Por outro lado, o plano de pagamentos constitui uma proposta do devedor aos credores por ele reconhecidos, não podendo outros credores pretender a modificação dessa proposta, restando-lhes solicitar autonomamente a insolvência.

[460] Neste sentido, Carvalho Fernandes/João Labareda, *Código da Insolvência*, sub art. 256º, nº 7, p. 893.

ção à proposta (art. 218º CC), quer do facto de a declaração de rejeição do plano vier a ser substituída pela aprovação, através de suprimento judicial. Exige-se, no entanto, por qualquer das vias unanimidade dos credores em relação à aprovação do plano de pagamentos.

O art. 257º, nº 2 considera que existe oposição ao plano sempre que: *a)* os credores o tenham recusado expressamente; *b)* quando, por forma não aceite pelo devedor, tenham contestado a natureza, montante ou outros elementos dos seus créditos relacionados pelo devedor, ou invocado a existência de outros créditos. *A contrario*, considerar-se-á que aceitam o plano os credores que não tenham emitido qualquer dessas declarações[461]. Não são, no entanto, abrangidos pelo plano de pagamentos os créditos que não hajam sido relacionados pelo devedor, ou em relação aos quais não tenha sido possível ouvir os respectivos titulares, por acto que não lhes seja imputável (art. 257º, nº 3).

A oposição de alguns dos credores ao plano de pagamentos pode ser objecto de suprimento judicial. Efectivamente, dispõe o art. 258º, nº 1, que se o plano de pagamentos tiver sido aceite por credores cujos créditos representem mais de dois terços do valor total dos créditos relacionados pelo devedor, pode o tribunal, a requerimento de algum desses credores ou do devedor, substituir a rejeição dos demais credores pela aprovação[462]. Para isso, é, no entanto, necessário que se verifiquem os seguintes pressupostos:

a) Que para nenhum dos oponentes decorra do plano uma desvantagem económica superior à que, mantendo-se idênticas as circunstâncias do devedor, resultaria do prosseguimento do processo de insolvência, com liquidação da massa insolvente e exoneração do passivo restante, caso esta tenha sido solictada pelo devedor em condições de ser concedida;

[461] José Alberto Vieira, *Estudos Dias Marques*, p. 265, entende, porém, que os credores poderão aceitar o plano de pagamentos sob reserva, sem prejuízo de contestarem algum elemento de um crédito relacionado pelo devedor, ou indicarem outros créditos, caso em que os mesmos não ficarão abrangidos pelo plano de pagamentos. Mais uma vez, não nos parece que lhe assista razão. O plano de pagamentos é uma proposta contratual do devedor aos credoes, que tem que ser objecto de aceitação pura e simples por estes. Qualquer modificação, limitação ou aditamento equivale à rejeição do plano de pagamentos (cfr. art. 233º CC).

[462] Deve entender-se que o prazo para apresentação desse requerimento é de dez dias, nos termos dos arts. 17º CIRE e 149º, nº 1, CPC.

b) Que os oponentes não sejam objecto de um tratamento discriminatório injustificado;

c) Que os oponentes não suscitem dúvidas legítimas quanto à veracidade ou completude da relação de créditos apresentada pelo devedor, com reflexos na adequação do tratamento que lhes é dispensado[463].

Pode, em qualquer caso, ser suprida pelo tribunal a aprovação do credor que se tenha limitado a impugnar a identificação do crédito, sem adiantar quaisquer elementos em relação à sua configuração (art. 258º, nº 3).

Não cabe recurso da decisão do tribunal que indefira o pedido de suprimento da aprovação de qualquer credor (art. 258º, nº 4).

26.2.8. Termos subsequentes à aprovação

Após a aprovação do plano de pagamentos, ou obtido o suprimento judicial da mesma, o juiz procede à homologação do plano por sentença. Após o seu trânsito em julgado, declara igualmente a insolvência do devedor no processo principal, mas desta sentença constarão unicamente as menções referidas nas alíneas *a)* e *b)* do nº 1 do art. 36º, sendo aplicável o disposto na alínea *a)* do nº 7 do art. 39º (art. 259º, nº 1). Ambas as sentenças são, neste caso, notificadas apenas aos credores constantes da relação fornecida pelo devedor (art. 259º, nº 2).

O recurso de qualquer das referidas sentenças e a oposição por embargos à sentença que declare a insolvência são limitados aos credores que tenham visto judicialmente suprida a sua oposição ao plano de pagamentos, sendo que a revogação da sentença que decreta a insolvência determina igualmente a ineficácia do plano (art. 259º, nº 3). Estes credores apenas poderão impugnar a sentença de homologação do plano de pagamentos por via de recurso. Já em relação à sentença que decreta a insolvência, podem reagir, não apenas por via de recurso, mas também por meio de embargos, nos termos dos arts. 40º e ss. Nos termos gerais, os embargos estarão reservados para os casos em que o embargante alegue factos ou requeira meios de prova que não tenham sido atendidos em tribunal (art. 40º, nº 2). Já o recurso baseia-se na circunstância de, face aos elementos apurados, a insolvência não dever ter sido proferida (art. 42º, nº 1).

[463] Neste caso, dispõe o art. 258º, nº 2, que a apreciação da oposição não envolve decisão sobre a efectiva existência, natureza, montante e demais características dos créditos controvertidos.

O trânsito em julgado das sentenças de homologação do plano de pagamentos e de decretamento da insolvência determina o encerramento do processo de insolvência (art. 259º, nº 4). Nem as referidas sentenças nem a decisão de encerramento do processo são objecto de qualquer publicidade ou registo (art. 259º, nº 5), não sendo aplicável, portanto, neste caso, a publicidade estabelecida no art. 38º.

26.2.9. Consequências da não aprovação ou da revogação do plano de pagamentos

Se o plano de pagamentos não obtiver aprovação, ou a sentença de homologação for revogada em via de recurso, são logo retomados os termos do processo de insolvência através da prolação de sentença de declaração de insolvência nos termos dos arts. 36º ou 39º, consoante o caso (art. 262º).

26.2.10. Consequências do decretamento da insolvência com aprovação do plano de pagamentos

Sendo decretada a insolvência com aprovação do plano de pagamentos, o devedor fica apenas vinculado a cumprir as obrigações constantes do plano, nos termos que este estabelecer. Normalmente essas obrigações passam em virtude desse acordo a ser reduzidas ou reguladas em termos novos. As obrigações anteriores vêm assim a ser extintas e substituídas pelas novas[464].

Para além disso, a declaração da insolvência com aprovação do plano de pagamentos reduz consideravelmente o impacto que a insolvência tem na situação pessoal e patrimonial do devedor. Efectivamente, não só é omitida qualquer publicidade à situação de insolvência (art. 259º, nº 5), como também o devedor mantém intactas as faculdades de administração e disposição dos seus bens, não se produzindo qualquer dos efeitos normalmente associados à declaração de insolvência (arts. 259º, nº 1, e 39º, nº 7, *a)*). Assim, por exemplo, deixa de ser fixada residência ao insolvente, não se verifica a apreensão dos seus bens, não é entregue a sua administração ao administrador da insolvência, nem ocorre o vencimento antecipado de dívidas do insolvente.

Parece, no entanto, que, por aplicação analógica do art. 88º, nº 1, enquanto vigorar o plano de pagamentos, serão suspensas todas as execuções por dívidas que hajam sido relacionadas e que integrem o mesmo

[464] Cfr. HEYER, *Einführung*, p. 62.

plano. Tal afecta consequentemente os arrestos, penhoras, arrolamentos ou outras providências decretadas a favor de credores relacionados. Por outro lado, os credores incluídos na relação de créditos ficam impedidos de instaurar novos processos de execução, relativamente a esses créditos, sem prejuízo do disposto no art. 261º, nº 3. Assim, o decretamento da insolvência com aprovação do plano de pagamentos leva a que os credores só possam exercer os seus direitos em conformidade com o plano de pagamentos[465].

26.2.11. Incumprimento do plano de pagamentos

As consequências do incumprimento do plano de pagamentos podem ser reguladas no próprio plano (art. 260º, *in principio*). Só na ausência dessa estipulação das partes é que se aplicarão as regras seguintes.

Nos termos do art. 260º, salvo disposição expressa do plano de pagamentos em sentido contrário, é aplicável ao incumprimento do mesmo o regime estabelecido no art. 218º, nº 1, para o incumprimento do plano de insolvência. Assim, a moratória ou o perdão previstos no plano ficam sem efeito:

a) Quanto a crédito relativamente ao qual o devedor se constitua em mora, se a prestação, acrescida dos juros moratórios, não for cumprida no prazo de 15 dias após interpelação escrita pelo credor;
b) Quanto a todos os créditos se, antes de finda a execução do plano, o devedor for declarado em situação de insolvência noutro processo.

Daqui resulta a extinção das moratórias e perdões concedidos, relativamente a qualquer crédito isoladamente considerado, sempre que o devedor não houver cumprido a respectiva obrigação no vencimento, se a mesma, acrescida dos competentes juros moratórios, não vier a ser cumprida no prazo de 15 dias, após interpelação escrita do credor. Pode equacionar-se a aplicação ao plano de pagamentos o regime especial do art. 4º, nº 2, da Lei 75/2020, mas tendemos a responder negativamente uma vez que o texto legal só fala em plano de insolvência e a remissão do art. 260º para o art. 218º, nº 1, não nos parece suficiente para defender a sua aplicação.

Essa extinção das moratórias e perdões verificar-se-á, no entanto, em relação a todos os créditos simultaneamente se o devedor vier a ser declarado em situação de insolvência noutro processo.

[465] Cfr. José Alberto Vieira, *Estudos Dias Marques*, p. 268.

Não é, no entanto, aplicável ao plano de pagamentos o disposto no art. 218º, nº 2, pelo que os efeitos da mora do devedor não ficam dependentes do facto de os créditos terem sido reconhecidos pela sentença de verificação de créditos ou por qualquer outra decisão judicial, ainda que não transitadas em julgado (art. 260º, *in fine*).

Em consequência do incumprimento do plano de pagamentos, os credores em relação aos quais se verificou o incumprimento, adquirem o direito de requerer a insolvência do devedor noutro processo (art. 261º, nº 1, *a*)).

26.2.12. Possibilidade de instauração de novos processos de insolvência

Enquanto estiver a decorrer o incidente do plano de pagamentos, a possibilidade de os credores requererem a insolvência do devedor noutro processo obedece a um regime distinto, consoante se trate de créditos constantes da relação anexa ao plano de pagamentos ou não constantes dessa relação.

Tratando-se de *titulares de créditos constantes da relação anexa ao plano de pagamentos* homologado judicialmente, dispõe o art. 261º, que eles não podem pedir a declaração de insolvência em outro processo, excepto:

a) No caso de incumprimento do plano de pagamentos, nas condições definidas no art. 260º;
b) Provando que os créditos têm um montante mais elevado ou características mais favoráveis do que as constantes daquela relação;
c) Por virtude da titularidade de créditos não incluídos na relação, total ou parcialmente, e que não se devam ter por perdoados, nos termos do nº 3 do art. 256º.

Já os *titulares de créditos que não constem da relação anexa ao plano de pagamentos*, podem livremente instaurar e fazer seguir outro processo de insolvência contra o mesmo devedor. Neste caso, em derrogação ao art. 8º, a existência do processo anterior não implica a suspensão da instância, nem resulta qualquer suspensão ou extinção da instância da declaração de insolvência proferida no mesmo processo ao abrigo do art. 259º, nº 1.

São ainda sujeitos ao regime dos titulares de créditos não relacionados os titulares de créditos constantes da relação anexa quando, após o prazo de 10 dias após a notificação ao devedor da contestação pelo credor dos termos em que o crédito foi relacionado, subsista divergência quanto ao montante ou a outros elementos do respectivo crédito (arts. 261º, nº 3, *in principio* e 256º, nº 3). Nesse caso, porém, a insolvência não será decretada nesse processo sem que o requerente faça prova da incorrecção da identificação efectuada pelo devedor (art. 261º, nº 3, *in fine*).

26.3. A insolvência de ambos os cônjuges

26.3.1. Generalidades

A Secção III do Capítulo II (Insolvência de não empresários e titulares de pequenas empresas) do Título XII, relativo à insolvência de pessoas singulares, ocupa-se da insolvência de ambos os cônjuges, admitindo uma coligação de ambos os cônjuges no processo de insolvência. Dado que esse regime se encontra situado dentro do capítulo relativo à insolvência de não empresários e titulares de pequenas empresas, parece que só nesse âmbito é que será admitida a coligação de cônjuges.

26.3.2. Pressupostos da coligação de cônjuges

O primeiro pressuposto da coligação dos cônjuges é que ambos estejam em situação de insolvência, ou seja, que se verifique em relação a ambos a impossibilidade de cumprimento de obrigações vencidas (cfr. art. 3º, nº 1). Se essa impossibilidade de cumprimento se verificar apenas em relação a um dos cônjuges, naturalmente que só esse poderá ser declarado insolvente. Para que tal possa ocorrer, é naturalmente necessário que a impossibilidade de cumprimento se verifique em relação às obrigações vencidas pelos quais apenas esse cônjuge seja responsável (cfr. art. 1692º CC). Efectivamente, se a impossibilidade de cumprimento ocorrer em relação a dívidas da responsabilidade de ambos os cônjuges (art. 1691º CC), naturalmente que ambos estarão em situação de insolvência[466].

Em segundo lugar, para que seja permitida a coligação de cônjuges em processo de insolvência é necessário, conforme resulta do art. 249º, nº 2, que se verifiquem em relação a cada um dos cônjuges os requisitos previstos no art. 249º, nº 1, ou seja, que nenhum deles tenha sido titular de uma empresa nos três anos anteriores ao início do processo, ou que, tendo-o sido, não existam dívidas laborais, o número de credores seja inferior a 20 e o passivo global não exceda € 300 000. Naturalmente que, sendo estes requisitos alternativos, não tem que se verificar o mesmo em relação

[466] Inversamente, se um dos cônjuges tiver isoladamente meios para satisfazer essas dívidas, não se verificará a insolvência em relação a nenhum deles, mesmo que o outro careça desses meios, atento o diferimento das compensações devidas pelo pagamento de dívidas do casal para o momento da partilha, nos termos do art. 1697º CC.

a ambos os cônjuges, podendo, por exemplo, um deles não ser empresário, e o outro ser titular de uma pequena empresa com estas características. Se, porém, um dos cônjuges for ou tiver sido titular de uma empresa que ultrapasse estes limites, a coligação de ambos os cônjuges deixará de ser admitida.

Em terceiro lugar, para que seja permitida a coligação de cônjuges, exige-se que o regime de bens a que estão sujeitos não seja o da separação de bens (art. 264º, nº 1). Efectivamente, no regime da separação de bens não se verifica comunicação entre as esferas patrimoniais de cada um dos cônjuges, pelo que já não se justifica permitir a sua coligação no âmbito do processo de insolvência.

Caso falte qualquer destes requisitos, a coligação de cônjuges não é admitida, seguindo a sua insolvência o regime geral.

26.3.3. Formas de verificação da coligação de conjûges

A coligação de cônjuges pode ser originária ou superveniente, consoante os cônjuges apareçam coligados desde o início ou essa coligação apenas venha a surgir em momento posterior.

A *coligação originária* tanto pode ocorrer pela apresentação de ambos os cônjuges à insolvência (*coligação activa*), bem como pela instauração do respectivo processo contra ambos (*coligação passiva*). Neste último caso, é necessário, porém, que ambos sejam responsáveis perante o requerente, já que, no caso contrário, este só poderá instaurar a insolvência contra o cônjuge que perante ele responda (art. 264º, nº 1)[467].

A *coligação superveniente* resulta da posterior apresentação do outro cônjuge à insolvência em processo de insolvência que tenha sido instaurado contra o seu consorte. Essa apresentação dispensa o acordo do requerente, mas só é permitida existindo consentimento do outro cônjuge[468]. No caso, porém, de já se ter iniciado o incidente de apresentação do plano de pagamentos, a intervenção apenas é admitida no caso de o plano não ser aprovado ou homologado (art. 264º, nº 2).

[467] Assim, o credor de um dívida pela qual responda exclusivamente um dos cônjuges (cfr. art. 1692º CC), não poderá requerer a insolvência de ambos, mesmo que tenha perfeito conhecimento de que ambos estão impossibilitados de solverem as suas obrigações vencidas (art. 3º).

[468] Neste caso, conforme sustenta José Alberto Vieira, *Estudos Dias Marques*, p. 274, não se torna necessário que o cônjuge que se apresenta à insolvência seja igualmente responsável por alguma das dívidas do requerente.

26.3.4. Efeitos da coligação de cônjuges

Resultando o processo de insolvência da apresentação conjunta de ambos os cônjuges ou correndo contra ambos o processo instaurado por terceiro a apreciação da insolvência de ambos os cônjuges consta sempre da mesma sentença (art. 264º, nº 4, *a)*), devendo ser formulada por ambos os cônjuges uma eventual proposta de plano de pagamentos (art. 264º, nº 4, *b)*), sempre que estes tenham posição comum em relação à sua insolvência. Caso os cônjuges apresentem plano de pagamentos, abre-se o respectivo incidente, nos termos dos arts. 251º e ss., retomando, no entanto, o processo os termos gerais, caso o plano não venha a ser aprovado ou a respectiva sentença de homologação seja revogada (art. 262º). Caso os cônjuges decidam não apresentar plano de pagamentos, o processo segue desde o início os trâmites gerais, não sendo, porém, em qualquer caso, aplicáveis os regimes do plano de insolvência e da administração pelo devedor (art. 250º).

A posição comum dos cônjuges sobre a insolvência ocorre necessariamente em caso de apresentação conjunta de ambos os cônjuges à insolvência, uma vez que a mesma envolve confissão da sua situação de insolvência (art. 28º). Tal posição pode, porém, já não ocorrer no caso de a insolvência de ambos os cônjuges ser requerida por um terceiro, uma vez que neste caso um deles pode manifestar oposição à insolvência, enquanto que o outro a reconhece. Já no caso de um dos cônjuges se apresentar à insolvência em processo instaurado por terceiro contra o outro cônjuge, a confissão da insolvência do apresentante só se verifica se a insolvência do outro cônjuge vier a ser declarada (art. 264º, nº 3, *a)*). Se a apresentação for acompanhada de confissão da situação de insolvência do apresentante, ou ambos os cônjuges apresentarem um plano de pagamentos, verifica-se a suspensão de qualquer processo de insolvência anterior instaurado contra o apresentante em que a sua insolvência ainda não tenha sido decretada (art. 264º, nº 3, *b)*).

Verificando-se a oposição de apenas um dos cônjuges à insolvência, deixa de se exigir que o plano de pagamentos seja apresentado conjuntamente por ambos. Nesse caso, passa a correr em paralelo o incidente do plano de pagamentos apresentado por um dos cônjuges e o processo de insolvência contra o outro, mas o incidente não pode prosseguir, após a notificação do plano de pagamentos aos credores, sem que, após o julgamento da oposição, seja proferida a sentença declaratória da insolvência (art. 264º, nº 5, *a)*). Se a oposição vier a ser julgada improcedente, a sentença declara a insolvência de ambos os cônjuges e extingue-se o incidente do plano de pagamentos (art. 264º, nº 5, *b)*), em virtude de estar demonstrada a necessidade de apresentação conjunta do mesmo por ambos os cônjuges. Sendo a oposição à insolvência julgada procedente, o incidente do plano de pagamentos passa a seguir os seus termos até final (art. 264º, nº 5, *c)*), produzindo os seus efeitos apenas em relação ao cônjuge insolvente.

Apesar do estabelecimento da coligação de cônjuges, não é afectado o regime legal relativo à responsabilidade de cada um ou de ambos pelas dívidas (arts. 1691 e ss. CC). Consequentemente, o legislador preocupa-se que seja esclarecido em relação a cada dívida se a responsabilidade é de apenas um ou ambos os cônjuges. Para esse efeito, quer a proposta de plano de pagamentos, quer a reclamação de créditos devem identificar, em relação a cada dívida os termos dessa responsabilidade, passando essa indicação a contar também da lista de credores reconhecidos e da sentença de verificação e graduação dos créditos (art. 265º, nº 1). O regime da responsabilidade conjugal não tem, porém, influência na distribuição dos votos na assembleia de credores, os quais são conferidos apenas em função do valor nominal dos créditos (art. 265º, nº 2). No entanto, se as deliberações da assembleia ou da comissão de credores incidirem apenas sobre bens próprios de um dos cônjuges, não são admitidos a votar os titulares de créditos da responsabilidade exclusiva do outro cônjuge (art. 265º, nº 3).

Em ordem a evitar a confusão de esferas patrimoniais dos cônjuges, determina ainda o art. 266º que os bens comuns e os bens próprios de cada um dos cônjuges são inventariados, mantidos e liquidados em separado.

27
Benefícios tributários no âmbito do processo de insolvência

27.1. Generalidades

A lei vem estabelecer diversos benefícios tributários no âmbito do processo de insolvência, quer relativamente aos emolumentos devidos por actos de registo (art. 267º), quer no âmbito dos impostos sobre o rendimento das pessoas singulares e colectivas (art. 268º), quer relativamente ao imposto de selo (art. 269º), quer ainda relativamente ao imposto municipal sobre as transmissões onerosas de imóveis (art. 270º).

Examinemos sucessivamente esses benefícios.

27.2. Benefício relativo aos emolumentos de registo

Em relação aos emolumentos de registo, dispõe o art. 267º que "não podem ser exigidos quaisquer preparos pelos actos de registo de despachos ou sentenças proferidos no processo de insolvência, bem como pelos de registo de apreensão de bens para a massa insolvente, constituindo os respectivos emolumentos uma dívida da massa equiparada às custas do processo de insolvência". Assim sendo, os registos destes actos são obrigatoriamente realizados independentemente de qualquer preparo, ainda que haja a obrigação de liquidar os mesmos, nos mesmos termos do que se prevê em relação às custas do processo de insolvência, já que são equiparados a estas como dívidas da massa (cfr. art. 51º, nº 1, *a*)).

27.3. Benefício relativo aos impostos sobre o rendimento das pessoas singulares e colectivas

Em relação aos impostos sobre o rendimento das pessoas singulares (IRS) e colectivas (IRC), determina o art. 268º, nº 1, que "os rendimentos e ganhos apurados e as variações patrimoniais positivas não refletidas no resultado líquido, verificadas por efeito da dação em cumprimento de bens e direitos do devedor, da cessão de bens e direitos dos credores e da venda de bens e direitos, em processo de insolvência que prossiga para liquidação, estão isentos de impostos sobre o rendimento das pessoas singulares e coletivas, não concorrendo para a determinação da matéria coletável do devedor". Efectivamente, a dação em cumprimento de bens do devedor, a cessão de bens e direitos aos credores, ou a venda de bens ou direitos em processo de insolvência podem gerar mais-valias tributáveis em IRS (cfr. art. 10º do CIRS) ou em IRC (art. 20º, nº 1, *f*) CIRC), estabelecendo assim a lei uma isenção dessa tributação.

O art. 268º, nº 2, acrescenta que "não entram igualmente para a formação da matéria colectável do devedor as variações patrimoniais positivas resultantes das alterações das suas dívidas previstas em plano de insolvência, plano de pagamentos ou plano de recuperação". A alteração do valor das dívidas resultante desses planos poderia constituir uma variação patrimonial positiva, a qual é igualmente objecto de tributação em IRC (art. 21º CIRC). Por esta via evita-se que estas variações influenciem o resultado tributável, o que constitui um benefício fiscal do devedor insolvente.

Inversamente, o art. 268º, nº 3, determina que "o valor dos créditos que for objeto de redução, ao abrigo de plano de insolvência, plano de pagamentos ou plano de recuperação, é considerado como custo ou perda do respetivo exercício, para efeitos de apuramento do lucro tributável dos sujeitos passivos do imposto sobre o rendimento das pessoas singulares e do imposto sobre o rendimento das pessoas coletivas". Neste caso, a redução de créditos dos credores da insolvência que procedam à sua redução é considerada como custo.

27.4. Benefício relativo ao imposto de selo

Determina o art. 269º a isenção de imposto de selo, quando a ele sujeitos, dos seguintes actos, desde que previstos em planos de insolvência, de pagamentos ou de recuperação ou praticados no âmbito da liquidação da massa insolvente: *a)* modificações dos prazos de vencimento ou das taxas de juro dos créditos sobre a insolvência; *b)* constituição de nova sociedade ou sociedades; *c)* dação em cumprimento de bens da empresa e a cessão de bens aos credores; *d)* realização de operações de financiamento, trespasse ou cessão da exploração de estabelecimentos da empresa, constituição de sociedades e transferência de estabelecimentos comerciais, venda, permuta ou cessão de elementos do activo da empresa, bem como a locação de bens; *e)* emissão de letras ou livranças; *g)* constituição ou prorrogação de garantias.

27.5. Benefício relativo ao imposto municipal sobre as transmissões onerosas de imóveis

Finalmente em relação ao imposto municipal sobre as transmissões onerosas de imóveis (IMT), estabelece o art. 270º, nº 1, uma isenção de IMT em relação às transmissões de bens imóveis, integradas em qualquer plano de insolvência, de pagamentos ou de recuperação: *a)* que se destinem à constituição de nova sociedade ou sociedades e à realização do seu capital; *b)* que se destinem à realização do aumento do capital da sociedade devedora; *c)* que decorram da dação em cumprimento de bens da empresa e da cessão de bens aos credores.

O art. 270º, nº 2, prevê ainda a isenção de IMT em relação aos actos de venda, permuta ou cessão da empresa ou de estabelecimentos desta integrados no âmbito de planos de insolvência, de pagamentos ou de recuperação ou praticados no âmbito da liquidação da massa insolvente. O AUJ 3/2017 uniformizou a jurisprudência no sentido de que "a isenção de IMT prevista pelo nº 2 do art. 270º do CIRE aplica-se, não apenas às vendas ou permutas de empresas ou estabelecimentos enquanto universalidade de bens, mas também às vendas e permutas de imóveis, enquanto elementos do ativo de sociedade insolvente, desde que enquadradas no âmbito de um plano de insolvência ou de pagamento, ou praticados no âmbito da liquidação da massa insolvente"[469].

[469] Cfr. AUJ 3/2017 do STA de 29/3/2017 (Dulce Neto), Processo nº 1521/15 – Pleno da 2ª Secção, publicado no Diário da República n.º 103/2017, I Série, de 29/5/2017.

28
O Regime Extrajudicial de Recuperação de Empresas (RERE)

28.1. Generalidades

O art. 16º, nº 1, do CIRE determina que a sua aplicação não prejudica a possibilidade de recurso ao Regime Extrajudicial de Recuperação de Empresas (RERE), regime esse que consta da Lei 8/2018, de 2 de Março[470], e que substituiu o anterior Sistema de Recuperação de Empresas por Via Extrajudicial (SIREVE), lançado pelo D.L. 178/2012, de 3 de Agosto, alterado e republicado pelo Decreto-Lei 26/2015, de 6 de Fevereiro[471]. O RERE visa estimular a recuperação extrajudicial de empresas em dificuldades através da celebração de um acordo de reestruturação entre a empresa e um ou mais dos seus credores (art. 2º, nº 1, Lei 8/2018). O art. 2º, nº 2, da Lei 8/2018 define o acordo de reestrturação como "o acordo com vista à alteração da composição, das condições ou da estrutura do ativo ou do passivo de um devedor, ou de qualquer outra parte da estrutura de capital do devedor, incluindo o capital social, ou uma combinação destes elementos, incluindo a venda de ativos ou de partes de atividade, com o objetivo de permitir que a empresa sobreviva na totalidade ou em parte". Está assim em causa uma alteração da estrutura patrimonial ou financeira da empresa, realizada com o objectivo de permitir a sua sobrevivência, total ou parcial.

470 Sobre o RERE, cfr. MENEZES LEITÃO, *A recuperação*, pp. 319 e ss.

471 Sobre o SIREVE, cfr. JOÃO LABAREDA, "Sobre o sistema de recuperação de empresas por via extrajudicial (SIREVE) – Apontamentos –", em CATARINA SERRA (org.), *I Congresso de Direito da Insolvência*, Coimbra, Almedina, 2013, pp. 63-84.

28.2. Pressupostos legais

Actualmente, e de acordo com o art. 3º, nº 1, da Lei 8/2018, podem recorrer ao RERE as entidades devedoras abrangidas nas alíneas *a)* a *h)* do nº 1, do art. 2º CIRE, abrangendo assim praticamente todas as entidades que podem ser objecto de processo de insolvência. Exceptuam-se apenas as pessoas singulares que não sejam titulares de empresa, na acepção do art. 5º CIRE[472]. Da mesma forma, ficam foram do âmbito do RERE as entidade referidas no art. 2º, nº 2, CIRE, as quais não podem igualmente ser objecto do processo de insolvência (art. 3º, nº 2, da Lei 8/2018).

Ao contrário do que ocorria com o anterior procedimento de conciliação que apenas poderia ser usado por empresas em condições de requerer judicialmente a sua insolvência (art. 1º, nº 1, D.L. 316/98, 16 de Outubro, revisto pelo D.L. 201/2004, de 18 de Agosto), o RERE, à semelhança do que sucedia com o SIREVE (art. 2º, nº 1, do D.L. 178/2012, na redacção do D.L. 26/2015), pode ser usado logo que a empresa se encontre em situação económica difícil ou numa situação de insolvência iminente (art. 3º, nº 1, *b)* da Lei 8/2018), o que institui um paralelismo com o processo de revitalização (art. 17º-A, CIRE)[473]. No entanto, ao contrário do que sucede no processo de revitalização, e sucedia com o SIREVE após a sua reforma efectuada pelo Decreto-Lei 26/2015, a actual lei não impede a utilização do RERE por empresas em situação de insolvência actual, nem sequer exigindo, entre os pressupostos do recurso ao RERE, que a empresa ainda seja susceptível de recuperação[474]. Apenas aquando da celebração do acordo de reestruturação, o art. 19º, nº 2, da Lei 8/2018 exige uma declaração de

[472] Foi assim consideravelmente dilatado o universo dos sujeitos que podem utilizar o RERE, em comparação com o que sucedia com o SIREVE, ao qual apenas podiam recorrer as sociedades comerciais e os empresários individuais que possuíssem contabilidade organizada (art. 2º, nº 5, D.L. 178/2012, na redacção do D.L. 26/2015).

[473] Cfr. João Labareda, *I Congresso de Direito da Insolvência*, p. 70.

[474] Desapareceram assim os pressupostos extremamente exigentes que a lei colocava para o recurso ao SIREVE pelas empresas que, a partir do Decreto-Lei 26/2015, passou ainda a depender de uma avaliação global positiva de três indicadores relativos aos três últimos exercícios completos à data de apresentação do requerimento. Escrevia Reinaldo Mâncio da Costa, "Os requisitos do plano de recuperação", em Catarina Serra (org.), *III Congresso de Direito da Insolvência*, Coimbra, Almedina, 2015, pp. 229-278 (248) no SIREVE se verificava a "colocação de fortes barreiras ao acesso das [empresas] mais degradadas económica e financeiramente", o que levava a que ele se aplicasse apenas "às melhores (das empresas em insolvência iminente ou em situação económica difícil)".

revisor oficial de contas a atestar que a sociedade não se encontra em situação de insolvência, declaração que é, aliás, dispensada a título transitório por 18 meses, nos termos do art. 35º, nº 1, do RERE.

A Lei 75/2020 facilitou, até 31 de Dezembro de 2021, ainda mais a utilização do RERE por empresas em situação de insolvência, ao estabelecer, que a empresa devedora que, comprovadamente, se encontre em situação de insolvência atual em virtude da pandemia da doença COVID-19 mas que ainda seja suscetível de viabilização e que, de acordo com as normas contabilísticas aplicáveis conjugadas com o previsto no nº 3 do artigo 3º do CIRE, demonstre ter, em 31 de Dezembro de 2019, um activo superior ao passivo pode submeter ao RERE as negociações e os acordos de reestruturação que alcance com um ou mais dos seus credores (art. 5º, nº 1, Lei 75/2020). Para além disso, podem ainda submeter-se ao RERE as empresas que, não tendo a 31 de dezembro de 2019 o activo superior ao passivo, tenham logrado regularizar a sua situação com recurso à disposição transitória prevista no nº 1 do artigo 35º daquele Regime e desde que tenham procedido ao depósito tempestivo do acordo de reestruturação (art. 5º, nº 2, Lei 75/2020).

Resulta do art. 3º da Lei 8/2018 que o RERE pode envolver, além do devedor, os sócios do devedor, os seus credores, os titulares de grantias sobre os bens do devedor, e as entidades de representação colectiva.

Os credores são naturalmente chamados a participar nas negociações na medida em que as mesmas visam que aqueles possam celebrar com o devedor um acordo destinado à reestruturação do passivo deste. Face ao art. 3º, nº 4, da Lei 8/2018, e ao art. 47º, nº 4 do CIRE, poderão participar nas negociações e no acordo de reestruturação credores garantidos, privilegiados, comuns ou subordinados, independentemente de os seus créditos estarem ou não vencidos, sendo igualmente admitidos os credores cujos créditos estejam sujeitos a condição suspensiva e resolutiva, nos termos do art. 50º, nº 1, CIRE. Da mesma forma, os titulares de garantias sobre bens do devedor podem ser chamados a intervir nas negociações e no acordo de reestruturação, mesmo não sendo credores do devedor (art. 3º, nº 5, da Lei 8/2018).

Os sócios do devedor podem ser também admitidos a intervir nas negociações e no acordo de reestruturação, na medida em que, em virtude da lei ou dos estatutos do devedor seja necessária a sua intervenção (art. 3º, nº 6, da Lei 8/2018).

O art. 3º, nº 7, da Lei 8/2018 admite que para efeitos do acordo de representação grupos de credores possam ser representados colectivamente por entidade que esteja mandatada por estes. No caso dos trabalhadores essa situação verificar-se-á em relação às suas organizações representativas, que podem actuar como agente de financiamento. No caso dos beneficiários das garantias sobre bens do devedor, estes podem agrupar-se por forma a serem representados colectivamente por entidade que esteja mandatada por estes para actuar como agente de garantias.

Nos termos do art. 14º, nº 3, da Lei 8/2018, sempre que forem credoras do devedor ou que com este mantenham acordo prestacional, a segurança social e a AT, os trabalhadores e as organizações representativas dos trabalhadores, participam obrigatoriamente nas negociações a realizar ao abrigo do RERE, mesmo que não subscrevam o protocolo de negociação. Esta participação obrigatória não afecta, no entanto, o regime da indisponibilidade dos créditos tributários, nos termos do art. 30º da LGT.

Nos termos do art. 4º da Lei 8/2018, a aplicação do RERE é de natureza voluntária podendo as partes optar pela sujeição ao mesmo, quer das negociações, quer dos efeitos do acordo de reestruturação que venham a alcançar. Para poderem sujeitar as negociações ao RERE é, porém, necessário que o devedor e credores não subordinados que representem pelo menos 15% do passivo da empresa assinem um protocolo de negociação e promovam o seu depósito na conservatória do registo comercial (art. 6º, nº 1, Lei 8/2018). O requisito relativo ao número de credores é verificado pelo conservador com base em declaração de um contabilista certificado ou revisor oficial de contas com a antiguidade máxima de 30 dias (art. 6º, nº 4, Lei 8/2018).

A decisão sobre o depósito do protocolo de negociação pode ocorrer a qualquer momento durante as negociações, segundo o Processo Especial de Depósito de RERE (art. 6º, nº 2, Lei 8/2018). No entanto a partir do momento em que é requerido o depósito, o prazo para as negociações, incluindo a prorrogação em que as partes acordem, não pode exceder três meses (art. 6º, nº 5, Lei 8/2018).

Realizado o depósito, podem eventuais interessados, nomeadamente os credores, aderir ao protocolo de negociação através do mesmo processo durante o período em que decorrerem as negociações, bastando para isso a subscrição de uma declaração de adesão (art. 6º, nº 3, e 7º, nº 5, Lei 8/2018). A adesão ao protocolo de negociação tem, no entanto, que ser integral considerando a lei como "não escritas as adesões parciais ou sujeitas a condição, bem como as adesões que incidam apenas sobre parte dos créditos que o credor detém sobre o devedor" (art. 7º, nº 6 Lei 8/2018). Esta fórmula suscita a dúvida sobre se o legislador pretendeu considerar como não escritas as limitações ou condições estipuladas em relação à adesão ou se entendeu considerar ineficaz a própria adesão. Parece-nos ser esta última a solução legal.

Uma vez depositado o protocolo de negociação, a sua alteração apenas pode ocorrer mediante a celebração de um protocolo de alteração, o qual, no entanto, requer o consentimento expresso de todas as partes que o subscreveram inicialmente, assim como o das que ulteriormente a ele tenham aderido (art. 7º, nº 7, Lei 8/2018). Esse protocolo de alteração é igualmente sujeito a depósito, nos termos do mesmo Processo Especial de Depósito de RERE (art. 6º, nº 2, Lei 8/2018).

Não tendo sido efectuado o depósito do protocolo de negociação, o acordo de reestruturação pode, ainda assim, ser submetido ao RERE, desde que o mesmo, uma vez assinado por todas as partes nele intervenientes, seja objecto de depósito electrónico na conservatória do registo comercial, a requerimento do devedor ou de qualquer credor nos termos do processo especial de depósito do RERE (art. 22º, nº 1, da Lei 8/2008).

28.3. Tramitação das negociações

Nos termos do art. 5º, da Lei 8/2008, as negociações entre o devedor os seus credores devem pautar-se pelo princípio da boa fé e pelos princípios orientadores da Recuperação Extrajudicial de Devedores publicados em anexo à Resolução do Conselho de Ministros nº 43/2011, de 25 de Outubro. No decurso das negociações, o devedor deve fornecer às demais partes envolvidas informação actual, verdadeira e completa, que permita aferir com rigor a sua situação económico-financeira e os credores devem partilhar entre si, de forma transparente, a informação que possuam sobre o devedor, sem prejuízo das limitações legais decorrentes de deveres de sigilo a que estejam vinculados. O incumprimento destas deveres no âmbito das negociações poderá ser constitutivo de responsabilidade pré-contratual, nos termos gerais (art. 227º CC).

A lei prevê a possibilidade de o devedor solicitar, no decurso das negociações, a nomeação de um mediador de recuperação de empresas, nos termos do respectivo regime jurídico, o qual consta da Lei 6/2018, de 22 de

Fevereiro (art. 14º, nº 1, da Lei 8/2018). Para esse efeito, o devedor apresenta requerimento nesse sentido ao IAPMEI, segundo formulário constante do respectivo sítio electrónico, acompanhado da informação empresarial simplificada dos últimos três anos (art. 14º, nº 2, da Lei 6/2018), devendo o IAPMEI proceder a essa nomeação no prazo de cinco dias a contar da recepção do pedido (art. 14º, nº 3, da Lei 6/2018). A intervenção do mediador é facultativa (art. 16º, nº 1, da Lei 6/2018), podendo o devedor até ao início das negociações fazer cessar a mesma, mediante comunicação ao mediador, com cópia para o IAPMEI, preferencialmente por meios electrónicos (art. 16º, nº 2, da Lei 6/2018). No entanto, após a assinatura do protocolo de negociação, a cessação da intervenção do mediador depende do consentimento de credores que sejam parte no protocolo de negociação e que representem a maioria dos créditos aí representados (art. 16º, nº 3, Lei 6/2018). Uma vez nomeado, compete ao mediador analisar a situação económica e financeira do devedor, aferir conjuntamente com este as suas perspectivas de recuperação, e auxiliá-lo na elaboração de uma proposta de acordo de reestruturação e nas negociações a estabelecer com os seus credores relativas à mesma (art. 18º da Lei 6/2018).

Nos termos do art. 14º, nº 2, da Lei 8/2018, podem os credores a qualquer altura, no decurso das negociações designar um credor líder, que será o interlocutor preferencial dos credores no contacto com o devedor, ou mais do que um credor líder, na medida em que os credores considerem que a tutela dos seus interesses justifica essa pluralidade.Da mesma forma, podem os credores acordar na nomeação de um comité de credores, para acompanhar a atividade do devedor no decurso das negociações e assessorar o credor líder na interligação com o devedor, devendo as funções específicas deste comité de credores ser acordadas entre as partes.

28.4. Celebração e depósito do protocolo de negociação

A condução das negociações pode ser regulada através da celebração de um protocolo de negociação. Nos termos do art. 7º, nº 1, da Lei 8/2008, o protocolo de negociações é livremente estabelecido entre as partes, mas tem que conter obrigatoriamente os seguintes elementos:

a) identificação completa do devedor, dos credores participantes, dos representantes do devedor e dos representantes dos credores para efeitos do RERE;

b) prazo máximo acordado para as negociações, com o limite máximo de três meses a partir do requerimento do depósito;
c) passivo total do devedor, apurado através de declaração de contabilista certificado ou de revisor oficial de contas, emitida há não menos de 30 dias.
d) responsabilidade pelos custos inerentes ao processo negocial, incluindo o custo com a assessoria técnica, financeira e legal, e modo de repartição dos mesmos;
e) acordo relativo à não instauração pelas partes, contra o devedor no decurso do prazo acordado para as negociações, de processos judiciais de natureza executiva, de processos judiciais que visem privar o devedor da livre disposição dos seus bens ou direitos, bem como de processo relativo à declaração da insolvência do devedor;
f) data e assinaturas reconhecidas.

Apesar de o protocolo poder incluir naturalmente quaisquer outros elementos, em virtude da liberdade do seu conteúdo, o art. 7º, nº 2, da Lei 8/2008 faz referência específica à possibilidade de nele ser incluída igualmente uma lista dos fornecedores dos serviços essenciais e a identificação dos respetivos contratos de prestação de serviços, bem como a autorização para o devedor divulgar o protocolo de negociação junto dos restantes credores em ordem a obter a adesão destes. Para além disso, o nº 3 do art. 7º da mesma lei acrescenta ainda a possibilidade de nele serem incluídos uma opção pela publicidade da existência de negociações e a identificação de credor líder e dos credores que integram o comité de credores e das competências que lhe são atribuídas. Podem igualmente ser identificados o mediador de empresas que possa ter sido nomeado, assim como o assessor jurídico ou financeiro escolhidos para assistir às partes. Finalmente podem ainda ser indicados os termos e condições aplicáveis ao novo financiamento a conceder no decurso das negociações e respectivas garantias.

Nos termos do art. 7º, nº 4 da Lei 8/2008, o protocolo de negociação é acompanhado, pelo menos, dos seguintes documentos: *a)* certidão do registo comercial do devedor ou código de acesso à respetiva certidão electrónica e estatutos, se aplicável; *b)* documentos de prestação de contas do devedor relativos aos três últimos exercícios; *c)* declaração do devedor a indicar o detalhe do seu passivo, apurado de acordo com a referida declaração de contabilista certificado e revisor oficial de contas, incluindo designadamente o nome de todos os credores, proveniência, montante e natureza dos créditos, e garantias associadas; *d)* lista de todos os processos judiciais e arbitrais nos quais o devedor seja parte; *e)* Justificação para a não apresentação de algum destes documentos, se não forem apresentados com o protocolo de negociação.

28.5. Efeitos do depósito do protocolo de negociação

28.5.1. Efeitos sobre o devedor

O depósito do protocolo de negociação implica a produção de uma série de efeitos sobre o devedor. Assim, em primeiro lugar, logo após o depósito do protocolo de negociação, o devedor está obrigado a comunicar esse facto e o conteúdo do protocolo à segurança social, à AT e aos trabalhadores, sempre que estes sejam seus credores, sob pena de nulidade do mesmo e de todos os actos a ele inerentes (arts. 9º, nº 3, e 8º, nº 6 e 7, Lei 8/2018). O devedor será naturalmente responsabilizado caso falhe esse comunicação, não apenas perante os destinatários da mesma, mas também perante os outros credores, em virtude da nulidade do protocolo de negociação.

O devedor deve ainda comunicar o depósito do protocolo aos fornecedores de serviços essenciais, em ordem a impedir a suspensão do fornecimento desses serviços (art. 12º, nº 6, Lei 8/2018).

Para além disso, após o depósito do protocolo de negociação, o devedor fica obrigado a manter o curso normal do seu negócio e a não praticar actos de especial relevo, tal como definidos nos nºs 2 e 3 do artigo 161º do CIRE, excepto se previstos no referido protocolo ou se previamente autorizados por todos os credores, directamente ou através do comité de credores (art. 9º, nº 1, Lei 8/2018).

Caso o devedor venha a entrar em situação de insolvência superveniente, aferida nos termos dos nºs 1 e 3 do art. 3º CIRE, após o depósito do protocolo de negociação, a lei determina que a contagem do prazo de apresentação do devedor à insolvência só se inicie após o encerramento das negociações, não sendo nesse caso admissível prorrogação do prazo das negociações (art. 13º da Lei 8/2008). Esta norma é, no entanto, restrita às situações de insolvência superveniente, não podendo ser usada para elidir o dever de apresentação à insolvência que já existisse, nos termos do art. 18º, nº 1, CIRE, antes de o devedor entrar em negociação com os seus credores.

Por último, quando o devedor considerar que não existem condições para prosseguir com as negociações e decidir fazer cessar as mesmas, fica obrigado a comunicar essa sua decisão a todos os credores que subscreveram o protocolo de negociação e aos que a ele aderiram ulteriormente, bem como a requerer o depósito de tal comunicação na conservatória do registo comercial (art. 9º, nº 2, Lei 8/2008).

28.5.2. Efeitos sobre os credores

Nos termos do art. 10º, nº 1, da Lei 8/2008, o depósito do protocolo de negociação vincula os credores que o subscreveram à observação dos compromissos nele assumidos, não podendo estes desvincular-se do mesmo enquanto não decorrer o prazo máximo previsto para as negociações, ainda que possam cessar a participação activa nas mesmas.

A principal obrigação resultante da subscrição do protocolo de negociação encontra-se prevista no art. 7º, nº1, *e)* correspondente à não instauração pelos credores contra o devedor, no decurso do prazo acordado para as negociações, de processos judiciais de natureza executiva, de processos judiciais que visem privar o devedor da livre disposição dos seus bens ou direitos, bem como de processo relativo à declaração da insolvência do devedor.

Os credores conservam, porém, o direito à resolução do protocolo de negociação, mas apenas em caso de violação grosseira pelo devedor das obrigações dele decorrentes. A vinculação dos credores cessa, no entanto, em caso de comunicação pelo devedor do fim das negociações, nos termos acima referidos (art. 9º, nº 2, da Lei 8/2008). Refere, no entanto, o art. 10º, nº 4, da Lei 8/2008, que se exceptua da aplicação do disposto nos números anteriores o acordo previsto no art. 7º, nº 1, *e)*. Parece assim que a obrigação de não instauração das referidas acções ou de processos de insolvência não se pode extinguir antecipadamente, mantendo-se durante todo o prazo estipulado para as negociações, independentemente da resolução ou revogação do protocolo de negociação.

28.5.3. Efeitos sobre outros processos

Conforme acima se salientou, em virtude do depósito do protocolo de negociação, os credores que o subscreveram ficam impedidos de instaurar contra o devedor, no decurso do prazo acordado para as negociações, processos judiciais de natureza executiva, de processos judiciais que visem privar o devedor da livre disposição dos seus bens ou direitos, bem como processos de insolvência (art. 7º, nº 1, *e)* e 10º, nº 1, Lei 8/2018). A lei não prevê expressamente que esses processos se suspendam durante a fase das negociações, mas parece claro que essa suspensão se encontra implícita no art. 11º, nº 2, da Lei 8/2018, quando se refere à "manutenção" da respectiva suspensão, quando tal seja previsto no acordo de reestruturação.

Já relativamente aos processos de insolvência determina o art. 11º, nº 2, da Lei 8/2018, que "a participação no protocolo de negociação ou a adesão a este por credor que tenha requerido a insolvência do devedor determina a imediata suspensão do processo de insolvência, caso esta não tenha ainda sido declarada".

As partes são ainda livres de estipular outros efeitos processuais do protocolo de negociação (art. 11º, nº 1, *in principio*, da Lei 8/2018). Não lhes é, porém, possível suspender as acções instauradas por credores que não não tenham subscrito o protocolo (art. 11º, nº 3, da Lei 8/2018).

Compete ao conservador do registo comercial informar do respectivo depósito os tribunais onde se encontrem pendentes os processos judiciais identificados no protocolo de negociação, por meios electrónicos, para efeitos de suspensão desses processos (art. 11º, nº 4, da Lei 8/2008).

28.5.4. Efeitos sobre os fornecedores de serviços essenciais

Determina o art. 12º, nº 1, da Lei 8/2018 que, com o depósito do protocolo de negociação, não pode ser suspensa a prestação dos serviços essenciais de fornecimento de água, energia eléctrica, gás natural e gases de petróleo liquefeitos canalizados, comunicações electrónicas, serviços postais, serviços de recolha e tratamento de águas residuais e serviços de gestão de resíduos sólidos urbanos por dívidas relativas a serviços prestados em data anterior a esse depósito. Essa proibição vigora por um prazo máximo de três meses, excepto se os prestadores desses serviços foram parte do protocolo de negociação e acordarem prazo mais longo (art. 12º, nº 3, Lei 8/2018). A proibição cessa, no entanto, caso o devedor não efectue o pagamento pontual dos serviços que não sejam prestados após o depósito do protocolo de negociação (art. 12º, nº 4, Lei 8/2018). Não são, no entanto, afectados os créditos do fornecedores dos referidos serviços que sejam anteriores ao protocolo de negociação (art. 12º, nº 4, Lei 8/2018).

Como contrapartida pela retirada desses direitos, estabelece, entanto, o art. 12º, nº 5 da Lei 8/2018, que o preço dos serviços públicos prestados nesse período que não seja pago pelo devedor será considerado dívida da massa insolvente, no caso de a sua insolvência vier a ser decretada nos dois anos posteriores ao depósito do protocolo das negociações. Para além disso, nos demais casos, essas dívidas passam a beneficiar de um privilégio creditório mobiliário geral, graduado antes do privilégio creditório mobiliário geral dos trabalhadores.

28.6. Regime das negociações

O art. 8º, nº 1, Lei 8/2018 estabelece que as negociações e o conteúdo do protocolo de negociação são confidenciais, a menos que as partes acordem por unanimidade em dar-lhes publicidade, no todo ou em parte, devendo nesse caso essa menção constar do próprio protocolo (art. 7º, nº 4 *a)* Lei 8/2018)[475]. Essa confidencialidade não é prejudicada pelo depósito do protocolo de negociação (art. 8º, nº 3, Lei 8/2018), uma vez que a conservatória não pode divulgar o seu conteúdo. A conservatória apenas poderá publicar anúncio relativo ao início das negociações, identificando o devedor e as partes envolvidas na negociações desde que o protocolo o autorize expressamente (art. 8º, nº 4, Lei 8/2018).

A confidencialidade das negociações e do próprio protocolo é, no entanto, objecto de algumas restrições. Em primeiro lugar, e nos termos do art. 8º, nº 2, Lei 8/2018, essa confidencialidade cessa na medida necessária à produção dos efeitos do protocolo, como a suspensão dos processos judiciais (art. 11º, Lei 8/2018) e à execução judicial da obrigação em caso de incumprimento do acordo de reestruturação (art. 30º Lei 8/2018). Depois, e nos termos do art. 8º, nº 5, Lei 8/2018, essa confidencialidade não prejudica o direito de qualquer das partes no acordo de reestruturação a obter cópia dos documentos arquivados na conservatória, nem o direito da Autoridade Tributária e Aduaneira (AT) de aceder aos mesmos, para efeitos de verificação dos pressupostos necessários à atribuição dos benefícios fiscais previstos no artigo 27º da Lei 8/2018. Finalmente, a lei impõe que a segurança social, a AT e os trabalhadores sejam obrigatoriamente, informados do depósito do protocolo de negociação e do seu conteúdo, quando forem titulares de créditos sobre o devedor, sendo que o incumprimento dessa obrigação importa a nulidade do protocolo de negociação, bem como de todos os actos a ele inerentes (art. 8º, nºs 6 e 7, Lei 8/2018).

[475] A publicidade das negociações, prevista no art. 8º, nº 1, Lei 8/2008, não se confunde com a autorização ao devedor para que divulgue o protocolo junto dos seus credores, a que se refere o art. 7º, nº 2, *b)*, a qual constitui uma forma bastante mais restrita de publicidade.

Determina o art. 15º da Lei 8/2018 que, no decurso das negociações, o devedor, em articulação com o credor líder, os assessores financeiros e legais, se existirem, e o mediador de recuperação de empresas, se houver sido nomeado, elabore e apresente de forma transparente aos credores participantes nas negociações um diagnóstico económico-financeiro que lhes permita conhecer os pressupostos nos quais pode basear-se o acordo de reestruturação. Para esse efeito, pode o devedor recorrer à ferramenta de autodiagnóstico financeiro disponibilizada no sítio na Internet do IAPMEI.

O prazo de conclusão das negociações é, no máximo, de três meses, a contar da data em que for requerido o depósito do protocolo de negociação na conservatória do registo comercial. Apesar de a lei admitir a prorrogação desse prazo, nunca poderá ser ultrapassado o prazo de três meses (art. 6º, nº 5, Lei 8/2018), pelo que a prorrogação só será admissível se as partes tiverem estipulado um prazo inferior para as negociações e sempre até ao prazo máximo estabelecido na lei (cfr. art. 16º, nº 1, *c)* da Lei 8/2018). A prorrogação depende de o devedor se continuar a encontrar em situação económica difícil ou em situação de insolvência meramente iminente (art. 16º, nº 3, da Lei 8/2018) e deixa de ser possível se o devedor entretanto cair em situação de insolvência actual (art. 16º, nº 4, Lei 8/2018).

28.7. Encerramento das negociações

Nos termos do art. 16º, nº 1, da Lei 8/2018, as negociações podem encerrar-se em virtude das seguintes quatro causas:

- *a)* Depósito do acordo de reestruturação;
- *b)* Depósito da declaração de desistência do devedor;
- *c)* Decurso do prazo previsto no protocolo de negociação, sem que haja prorrogação do mesmo, nos casos em que esta é admissível, ou ultrapassagem do prazo máximo legal de três meses;
- *d)* Apresentação do devedor à insolvência ou declaração da mesma em processo instaurado por algum credor.

Com o encerramento das negociações cessam todos os efeitos do protocolo de negociação, nomeadamente as obrigações do devedor, dos credores, a suspensão de processsos judiciais, e a proibição de os prestadores de serviços essenciais interromperem esses serviços (art. 16º, nº 2, Lei 8/2018).

O encerramento das negociações, com a menção da respectiva causa, está sujeito a registo na conservatória do registo comercial, nos termos do processo especial de registo do RERE (art. 17º, nº 1, Lei 8/2018). Caso as partes tenham atribuído carácter público às negociações, a conservatória do registo comercial publica anúncio relativo ao termo das negociações e respetiva causa, com a indicação sobre se foi ou não alcançado acordo de reestruturação entre as partes (art. 17º, nº 2, Lei 8/2018). A conservatória é ainda obrigada a comunicar o encerramento das negociações aos processos judiciais por via electrónica, em ordem a permitir o levantamento da sua suspensão e aos fornecedores de serviços essenciais, o que lhes possibilita passar a interromper esses serviços (art. 17º, nº 3, Lei 8/2018).

Enquanto não se encerrarem as negociações, o devedor não pode iniciar outras, já que não lhe é permitido sujeitar ao RERE mais do que um processo de negociações em simultâneo (art. 18º, nº 1, Lei 8/2018). Já após a conclusão das negociações, tenha ou não sido alcançado acordo de reestruturação, o devedor é livre de sujeitar novas negociações, iniciadas com os mesmos ou com diferentes credores ao RERE, desde que não viole os termos específicos de acordo anteriormente alcançado ao abrigo deste mesmo regime (art. 18º, nº 2, Lei 8/2018).

28.8. Celebração e depósito de acordo de reestruturação

O acordo de reestruturação é celebrado apenas entre o devedor e os credores que o decidem subscrever, apenas vinculando aqueles que o aceitaram. Não se exige presentemente uma maioria específica de credores para considerar aprovado o acordo de reestruturação. No entanto, se o acordo de reestruturação for subscrito por credores que representem as maiorias previstas no nº 1 do artigo 17º-I do CIRE, ou a ele posteriormente aderirem os credores suficientes para perfazer aquela maioria, pode o devedor iniciar um PER com vista à homologação judicial do acordo de reestruturação, devendo nesse caso acautelar que este cumpre o previsto no nº 4 do artigo 17º-I do CIRE (art. 29º da Lei 8/2018).

O acordo de reestruturação deve indicar as alterações dele decorrentes para a posição jurídica dos credores (art. 19º, nº 6, Lei 8/2018), sendo que, no silêncio do acordo, a redução da obrigação do devedor determina a redução da obrigação dos condevedores ou dos terceiros garantes em termos equivalentes aos que resultem para o devedor (art. 19º, nº 7, Lei 8/2018). A lei considera nulos quaisquer negócios jurídicos celebrados após o início das negociações e na pendência da execução do acordo de reestruturação entre o devedor e qualquer credor participante neste, que tenha como objeto responsabilidades, garantias ou direitos, que tenham sido incluídos no acordo de reestruturação e que disponha em termos diversos do que aí ficou estabelecido (art. 19º, nº 4, Lei 8/2018).

O acordo de reestruturação tem que ser celebrado por escrito e o respetivo conteúdo constar de um único documento, a ser integralmente aceite, ainda que através de termo de adesão, por todos os credores que nele decidam participar, sendo que quer o acordo de reestruturação, quer o termo de adesão devem conter o reconhecimento da assinatura dos subscritores (art. 20º da Lei 8/2018). Para além disso, o acordo de reestruturação deve ser acompanhado de declaração emitida por um revisor oficial de contas a atestar que, na data da celebração do acordo, a sociedade não se encontra em situação de insolvência e a certificar o passivo total do devedor, bem como de uma lista de todas as ações judiciais em curso contra o devedor movidas por entidades que sejam parte no acordo (art. 19º, nº 2, Lei 8/2018). Em caso de afectação das garantias existentes deve ser anexado ao acordo o consentimento dos respectivos beneficiários (art. 24º, nº 1, Lei 8/2018). Também os documentos que formalizam a constituição de novas garantias ou a modificação das garantias prestadas pelo devedor devem ser anexados ao acordo (art. 24º, nº 2, da Lei 8/2018).

A lei determina a confidencialidade do acordo de reestruturação, salvo se as partes acordarem expressamente no mesmo em conferir-lhe publicidade, no todo ou em parte. Essa confidencialidade é, no entanto, expressamente limitada pelos direitos legais dos sócios à informação, pela obrigação de comunicação aos tribunais para extinção de processos judiciais, e à AT para obtenção dos efeitos fiscais dele resultantes (art. 21º Lei 8/2018).

O acordo de reestruturação, uma vez assinado por todas as partes nele intervenientes, fica sujeito a depósito electrónico na Conservatória do Registo Comercial, a requerimento do devedor ou de qualquer credor, segundo o processo especial de depósito do RERE (art. 22º, nº 1, Lei 8/2018) sendo que esse depósito não prejudica a confidencialidade do acordo (art. 22º, nº 4, Lei 8/2018). É do interesse das partes proceder a esse depósito, uma vez que, não só o mesmo é em princípio condição geral de eficácia do acordo (art. 23º, nº 1, da Lei 8/2018), como também a lei faz depender os efeitos de extinção dos processos judiciais (art. 25º da Lei 8/2018) e a atribuição de benefícios fiscais (art. 27º da Lei 8/2018) da verificação do mesmo (art. 22º, nº 2, da Lei 8/2018). Para esse efeito a lei prevê que o acordo de reestruturação depositado seja automaticamente comunicado à AT, por via electrónica, nos termos do processo especial de registo do RERE (art. 22º, nº 3, da Lei 8/2018).

28.9. Efeitos do acordo de reestruturação

Os efeitos do acordo de reestruturação encontram-se regulados nos arts. 23º e ss. da Lei 8/2018. A menos que o acordo disponha em sentido contrário, o mesmo apenas produz efeitos entre as partes que o subscreveram, e que a produção dos seus efeitos fica dependente do seu depósito na conservatória do registo comercial (art. 23º, nº 1, da Lei 8/2018). Uma vez verificado esse depósito, os seus efeitos verificam-se apenas em relação ao futuro, uma vez que as partes estão impedidas de lhe atribuir eficácia retroactiva (art. 23º, nº 2, da Lei 8/2008).

O conteúdo do acordo de reestruturação é fixado livremente pelas partes, podendo compreender, designadamente, os termos da reestruturação da atividade económica do devedor, do seu passivo, da sua estrutura legal, dos novos financiamentos a conceder ao devedor e das novas garantias a prestar por este (art. 19º, nº 1, da Lei 8/2018). Uma das medidas a adoptar no acordo de reestruturação pode ser a conversão dos créditos sobre a empresa em capital, havendo neste caso que obedecer ao disposto no procedimento previsto na Lei 7/2018, de 2 de Março. Outra medida pode passar por alterar a administração do devedor pessoa colectiva ou ente fiscalmente equiparado, nomeando outras pessoas para o efeito, designadamente administradores judiciais. Nesse caso, as pessoas que venham a ser nomeadas são subsidiariamente responsáveis em relação àquelas e solidariamente entre si pelas dívidas tributárias cujo facto constitutivo se tenha verificado no período de exercício do seu cargo ou cujo prazo legal de pagamento ou entrega tenha terminado no período do exercício do seu cargo ou depois deste, desde que tenha sido por culpa sua que o património do devedor se tornou insuficiente para a sua satisfação (art. 33º da Lei 8/2018).

O acordo de reestruturação pode incidir sobre a totalidade ou sobre parte dos créditos que sejam detidos pelos credores nele participantes (art. 19º, nº 3, da Lei 8/2018), mas apenas afecta os seus direitos e garantias nos termos nele especificamente previstos, e desde que os credores sejam parte do mesmo (art. 19º, nº 4, da Lei 8/2018). No entanto, os termos do acordo de reestruturação não podem prejudicar o cumprimento das obrigações do devedor enquanto empregador perante os trabalhadores (art. 19º, nº 8, da Lei 8/2018), o que parece exclui a possibilidade de o acordo de reestruturação determinar a redução dos encargos laborais da empresa.

Relativamente às garantias, o acordo de reestruturação pode afectar garantias preexistentes, mas apenas com o consentimento dos respetivos beneficiários, que deve consta como anexo ao próprio acordo (art. 24º, nº 1, da Lei 8/2018). O acordo de reestruturação pode igualmente prever a constituição de novas garantias, bem como as modificações às garantias prestadas pelo devedor, pessoalmente ou através de bens de sua propriedade. Netse caso a eficácia das garantias ocorre com a respectiva formalização segundo as regras que lhe sejam especificamente aplicáveis, não estando assim dependentes do depósito do acordo de reestruturação. Os documentos comprovativos das mesmas são posteriormente anexados ao acordo de reestruturação aquando do seu depósito (art. 24º, nº 2, a Lei 8/2018).

No caso de o acordo de reestruturação contemplar medidas de modificação societária, dispõe o art. 26º da Lei 8/2018 que as mesma ocorrem com a respetiva formalização, nos termos das regras legais e estatutárias que lhes sejam aplicáveis. A celebração e depósito do acordo de reestruturação não permite assim dispensar a formalização das referidas medidas, ainda que se deva considerar que dele resulta uma obrigação de o devedor proceder às mesmas.

A menos que o acordo de reestruturação disponha de forma diversa, o seu depósito implica a imediata extinção dos processos judiciais declarativos, executivos ou de natureza cautelar, respeitantes a créditos nele incluídos, assim como dos processos de insolvência, desde que a mesma não tenha ainda sido declarada, que tenham sido instaurados contra o devedor por entidade que seja parte no acordo de reestruturação, neste último caso independentemente de o crédito que funda o pedido ter sido incluído no acordo de reestruturação (art. 25º, nº 1, da Lei 8/2018). A lei esclarece inclusivamente que nos casos em que os referidos processos hajam sido instaurados por mais do que uma entidade, os efeitos processuais previstos no presente artigo verificam-se apenas relativamente às entidades que sejam parte no acordo de reestruturação (art. 25º, nº 2, da Lei 8/2018), prosseguindo consequentemente os processos em relação aos não participantes. Não são, porém, extintos os processos judiciais de natureza laboral, sejam eles declarativos, executivos ou cautelares (art. 25º, nº 3, da Lei 8/2018), ainda que os trabalhadores sejam participantes no acordo.

Para efeitos de concretização da extinção, o conservador do registo comercial comunica por meios electrónicos, o depósito do acordo de reestruturação, no prazo de três dias úteis após o mesmos, aos processos judiciais identificados na lista anexa ao acordo de reestruturação (art. 25º, nº 4, da Lei 8/2018).

Nos termos do art. 27º, nº 1, da Lei 8/2018, o acordo de reestruturação confere às partes os benefícios emolumentares e fiscais previstos nos arts. 268º, 269º, e 270º do CIRE, desde que determine uma reestruturação de créditos não inferior a 30% do passivo não subordinado do devedor. Nesse caso, presume-se que o acordo de reestruturação reveste reconhecido interesse económico para efeitos de o Ministro das Finanças poder dispensar por portaria a não aplicação da limitação à dedução de benefícios fiscais, em caso de alteração da titularidade ou dos direitos de voto em mais de 50%, nos termos do art. 52º, nºs 8 e 12 CIRC (art. 27º, nº 5, Lei 8/2018). Para efeitos de atribuição dos benefícios, o acordo de reestruturação é acompanhado de declaração de revisor oficial de contas, a certificar o cumprimento dessa percentagem de reestruturação do passivo, e ainda que, em virtude do acordo de reestruturação, a situação financeira da empresa fica mais equilibrada, por aumento da proporção do ativo sobre o passivo, e que os capitais próprios do devedor são superiores ao capital social (art. 27º, nº 3, da Lei 8/2018). A AT pode, porém, conceder os mesmos benefícios, no caso de uma reestruturação de passivo inferior, havendo requerimento fundamentado nesse sentido apresentado por alguma das partes subscritoras do acordo (art. 27º, nº 2, da Lei 8/2018). Da mesma forma, esses benefícios só podem ser atribuídos em relação a créditos subordinados após autorização específica da AT, a pedido do credor ou do devedor (art. 27º, nº 4, da Lei 8/2018).

Um importante efeito do acordo de reestruturação resulta do art. 28º da Lei 8/2018, onde se estabelece que os negócios jurídicos que hajam sido expressamente previstos no acordo de reestruturação, ou no protocolo de negociação que o preceder, e que compreendam a efectiva disponibilização ao devedor de novos créditos pecuniários, incluindo sob a forma de deferimento de pagamento, e a constituição, por este, de garantias respeitantes a esses créditos pecuniários são insusceptíveis de resolução em benefício da massa insolvente, caso a insolvência do devedor venha a ser declarada, desde que o acordo de reestruturação contenha a declaração prevista no nº 3 do art. 27º da Lei 8/2018. Cessa, no entanto, a insusceptibilidade de resolução em benefício da massa insolvente, se o novo financiamento tiver sido utilizado pelo devedor em benefício da respetiva entidade financiadora ou de entidade que com esta esteja especialmente relacionada, nos termos referidos no artigo 49º do CIRE.

28.10. Incumprimento do acordo

Apesar de o acordo de reestruturação ser um acordo plurilateral, abrangendo o devedor e todos ou alguns dos seus credores, o mesmo é tratado para efeitos de incumprimento como estabelecendo uma relação separada entre o devedor e cada um dos seus credores. Em consequência, a lei estabelece que o incumprimento de alguma das obrigações previstas no acordo de reestruturação não determina a invalidade das demais obrigações dele decorrentes perante o mesmo ou diferentes credores, nem afecta a validade dos actos, designadamente societários, praticados em sua execução (art. 30º, nº 1, Lei 8/2018). Da mesma forma, determina o art. 30º, nº 2, *c)* da Lei 8/2018 que, a menos que se estabeleça em sentido diferente, o incumprimento perante um credor não determina o automático incumprimento das demais obrigações constantes do acordo de reestruturação.

Assim, cada credor deve reagir individualmente perante incumprimentos do acordo de reestruturação por parte do devedor e apenas em relação às obrigações que o devedor tem para com ele, consituindo o acordo constitui título executivo em relação às obrigações pecuniárias nele assumidas pelo devedor (art. 30º, nº 4, Lei 8/2018). Em caso de incumprimento de uma prestação, o credor pode declarar imediatamente vencidas todas as demais prestações de que seja credor constantes do acordo de reestruturação (arr. 30º, nº 2, *b)* da Lei 8/2018). Em caso de incumprimento por uma das partes, a parte afectada pode resolver o contrato (art. 30º, nº 2 *a)* da Lei 8/2018) mas a resolução não tem efeitos retroactivos ou afecta a obrigação alterada no acordo de reestruturação (art. 30º, nº 3, Lei 8/2018). Não há assim qualquer possibilidade de recuperação dos créditos alterados ou de renovação dos processos extintos em consequência do acordo.

28.11. Articulação com outros processos

A pendência de processo judicial de insolvência não obsta à utilização do RERE, mas o referido processo apenas é suspenso se o credor que requereu a insolvência aderir ao protocolo de negociação (art. 11º, nº 1, Lei 8/2018). Se, no decurso das negociações, o devedor vier a apresentar-se à insolvência ou esta for declarada em processo instaurado por algum credor, verifica-se o imediato encerramento das negociações (art. 16º, nº 5, da Lei 8/2018), deixando, por isso, as partes de poder celebrar o acordo de reestruturação.

Pelo contrário, deve considerar-se que a pendência do processo especial de revitalização obsta à utilização do RERE, uma vez que do mesmo resulta um processo de negociações e a lei não admite que o devedor sujeite ao RERE mais do que um processo de negociação em simultâneo (art. 18º, nº 1, Lei 8/2018). O recurso do RERE pode preceder o recurso ao processo especial de revitalização, permitindo a homologação neste do acordo extrajudicial nele alcançado, desde que o acordo de reestruturação seja subscrito por credores que representem as maiorias previstas no nº 1 do artigo 17º-I do CIRE, ou a ele venham posteriormente a aderir os credores suficientes para perfazer aquela maioria. Neste caso, pode o devedor iniciar um PER com vista à homologação judicial do acordo de reestruturação, devendo nesse caso acautelar que este cumpre o previsto no nº 4 do artigo 17º-I do CIRE, ou seja, que o acordo de reestruturação respeita a maioria prevista no nº 3 do art. 17º-F CIRE e que não se verifica nenhuma das situações previstas nos arts. 215º e 216º do mesmo Código.

29
O processo especial de revitalização

29.1. Generalidades

Em contraste com a filosofia geral do CIRE, a Lei 16/2012, de 20 de Abril, veio introduzir um novo processo especial denominado de revitalização (arts. 17º-A e ss. do CIRE)[476], destinado a permitir à empresa que, comprovadamente, se encontre em situação económica difícil ou em situação de insolvência meramente iminente, mas que ainda seja susceptível de recuperação, estabelecer negociações com os respectivos credores de modo a concluir com estes acordo conducente à sua revitalização (art. 17º-A, nº 1). O processo de revitalização tem carácter urgente (art. 17º-A, nº 3), sendo que, no quadro uadro da pandemia COVID-19, o art. 17º da Lei 75/2020, de 27 de Novembro veio dispor que os requerimentos de liberação de cauções ou garantias prestadas no âmbito do processo de revitalização, seja em processos novos ou nos que estejam pendentes à data da entrada em vigor dessa lei, assumem prioridade sobre os demais requerimentos apresentados.

[476] Cfr. Catarina Serra, "Processo especial de revitalização – contributos para uma «rectificação»" na *ROA* 72 (2012), II-III, pp. 715-741, e "Revitalização – A designação e o misterioso objecto designado. O processo homónimo (PER) e as suas ligações com a insolvência (situação e processo) e com o SIREVE", em ID (org.), *I Congresso de Direito da Insolvência*, Coimbra, Almedina, 2013, pp. 85-106, João Aveiro Pereira, "A revitalização económica dos devedores", em *O Direito* 145 (2013), I-II, pp. 9-50, Nuno Salazar Casanova / David Sequeira Dinis, *PER – O Processo Especial de Revitalização (Comentários aos artigos 17º-A a 17º-I do Código de Insolvência e de Recuperação de Empresas)*, Coimbra, Coimbra Editora, 2014, Fátima Reis Silva, *Processo Especial de Revitalização. Notas práticas e jurisprudência recente*, Porto, Porto Editora, 2014, Maria do Rosário Epifânio, *O Processo Especial de Revitalização*, Coimbra, Almedina, 2015, Alexandre Soveral Martins, *Um curso*, pp. 509 e ss., e Menezes Leitão, *A recuperação económica*, pp. 37 e ss.

29.2. Pressupostos legais

Ao processo de revitalização apenas podem recorrer as empresas, independentemente de serem pessoas singulares ou colectivas, não tendo assim acesso ao PER o devedor que não seja empresário (arts. 1º, nº 2, e 17º-A, nº 2, CIRE)[477]. Os devedores não empresários têm, no entanto, à sua disposição o processo especial para acordo de pagamentos, previsto nos arts. 222º-A a 222º-J CIRE (art. 1º, nº 3, CIRE).

É hoje claro, até pela necessidade de atestação de que a empresa não se encontra em situação de insolvência actual (art. 17º-A, nº 2, CIRE), que esta não poderá recorrer a este processo se já se encontrar em situação de insolvência efectiva, definida como a impossibilidade de cumprimento de obrigações vencidas (art. 3º, nº 1, CIRE), e também, no caso das pessoas colectivas ou patrimónios autónomos sem responsabilidade limitada da manifesta superioridade do activo em relação ao passivo (art. 3º, nº 2, CIRE), não podendo assim o processo de revitalização ser utilizado para elidir o dever de apresentação à insolvência (art. 18º CIRE)[478]. Uma vez que a lei equipara a insolvência actual à iminente em caso de apresentação à insolvência (art. 3º, nº 4, CIRE), parece nada impedir o devedor, que esteja nessa situação, de se apresentar imediatamente à insolvência, em lugar de requerer a sua revitalização.

[477] Anteriormente ao Decreto-Lei 79/2017, de 30 de Junho, esta questão era objecto de discussão intensa na doutrina, considerando a maioria dos autores que qualquer pessoa, singular ou colectiva, poderia recorrer ao PER, independentemente de ser ou não empresário. Neste sentido, JOÃO AVEIRO PEREIRA, *O Direito* 145 (2013), I-II, p. 48, ROSÁRIO EPIFÂNEO, *O Processo*, pp. 15-16, e ALEXANDRE SOVERAL MARTINS, *Um curso*, p. 461, nota (5). Em sentido contrário, CARVALHO FERNANDES / JOÃO LABAREDA, *Código*, sub art. 17º-A, nº 8, p. 143, por considerarem que "a ideia de recuperabilidade do devedor tem constantemente sido ligada pela lei à existência de uma empresa no seu património e, neste sentido, à sua qualidade de empresário". Para além disso, "embora já num enquadramento insolvencial, a lei contempla um procedimento especialmente vocacionado para devedores que não sejam titulares de empresas, previsto e regulado nos arts. 251º e ss. por força do qual não se vê particular utilidade em cumular a possibilidade de recurso, por eles ao processo de revitalização (...)". Estes autores sustentam consequentemente que "o processo de revitalização se dirige somente a devedores empresários". Já NUNO CASANOVA / DAVID DINIS, *PER*, p. 13, entendem que "uma vez que o PER se destina a revitalizar o devedor, e não a liquidar o seu património, apenas podem ser objecto de um PER as pessoas colectivas e patrimónios autónomos que, mesmo não tendo uma finalidade lucrativa, exerçam uma actividade económica".

[478] Neste sentido também CATARINA SERRA, *I Congresso de Direito da Insolvência*, p. 94, que salienta ser intenção do legislador restringir o processo especial de revitalização a situações de pré-insolvência.

Não é, no entanto, suficiente que a empresa esteja em situação económica difícil ou em situação de insolvência meramente iminente, exigindo também a lei que ainda seja susceptível de recuperação. No entanto, esta exigência basta-se com a simples declaração do devedor de preenche as condições necessárias para esse efeito (art. 17º-A, nº 2), não estando consagrada qualquer sanção processual para o caso de se verificar ser a declaração incorrecta.

Pelo contrário, já tem hoje que ser efectivamente demonstrado no processo que a empresa não se encontra em situação de insolvência efectiva, para o que se exige a apresentação de declaração subscrita há não mais de 30 dias, por contabilista certificado ou por revisor oficial de contas, sempre que a revisão de contas seja legalmente exigida, atestando que a empresa não se encontra em situação de insolvência actual, à luz dos critérios previstos no art. 3º (art. 17º-A, nº 2).

29.3. Tramitação processual

O processo de revitalização inicia-se desde que a empresa obtenha o acordo com credores que, não estando especialmente relacionados com esta, sejam titulares de 10% de créditos não subordinados, para encetarem negociações conducentes à revitalização daquela, por meio da aprovação de plano de recuperação (art. 17º-C, nº 1)[479]. Este limite mínimo de 10% pode, no entanto, ser reduzido pelo juiz a requerimento da empresa e de credores nas mesmas condições que detenham pelo menos 5% do valor dos créditos relacionados, ou mediante requerimento fundamentado da empresa, levando o juiz em consideração na apreciação do pedido o montante absoluto dos créditos relacionados e a composição do universo de credores (art. 17º-C, nº 5).

Para efeitos de início do processo, o devedor e o credor ou credores deverão assinar uma declaração datada (art. 17º-C, nº 2), com base na qual o devedor comunicará ao tribunal competente para declarar a sua insolvência que pretende dar início ao processo, juntando ao mesmo tempo cópia dos documentos referidos art. 24º, bem como de uma proposta de

[479] Face a esta regra, apenas os credores comuns, garantidos ou privilegiados podem dar o seu acordo ao início das negociações, tendo que corresponder a 10% dos credores nessas condições. Já em relação aos credores subordinados, referidos no art. 48º, o seu acordo é considerado irrelevante para efeitos do processo de revitalização, não sendo assim contabilizados para efeitos do limiar mínimo de 10% dos credores.

plano de revitalização acompanhada, pelo menos, da descrição da situação patrimonial, financeira e reditícia da empresa (art. 17º-C, nº 3). No caso previsto no art. 17º-C, nº 5, a empresa deverá ainda juntar o requerimento subscrito por si e por 5% dos credores ou apenas por si subscrito.

Perante essa comunicação do devedor, o juiz nomeia de imediato por despacho administrador judicial provisório (art. 17º-C, nº 4), sendo o referido despacho objecto da notificação ao devedor e da publicidade referidas no arts. 37º e 38º (art. 17º-C, nº 5)[480]. No mesmo despacho deve o juiz proceder à fixação da remuneração do administrador judicial provisório (art. 17º-C, nº 3, *a)*, e art. 32º, nº 3). Essa remuneração deve ser fixada nos termos da Portaria nº 51/2005, de 20 de Janeiro[481].

Nos termos do 1º, nº 2, *b)* do Novo Regime do Fundo de Garantia Salarial, anexo ao D.L. 59/2015, de 21 de Abril, logo após a sua nomeação, o administrador judicial provisório deve notificar o Fundo da apresentação do requerimento previsto no art. 17º-C do CIRE, com cópia dos documentos que o acompanham, bem como despacho que o nomeou.

Tem sido controvertido se o juiz tem a possibilidade nesta fase de indeferir liminarmente o processo especial de revitalização, designadamente por falta dos seus pressupostos legais, como na hipótese de o devedor já se encontrar em situação de insolvência actual. A jurisprudência tem se pronunciado contraditoriamente sobre esta questão[482], o mesmo sucedendo

[480] Resulta da remissão do art. 17º-C, nº 5, para o art. 38º, nº 2, que a nomeação do administrador judicial provisório é registada oficiosamente, com base na respectiva certidão, para o efeito remetida pela secretaria, nos diversos registos a que a empresa esteja sujeita. Chama, no entanto, a atenção EMANUEL JOSÉ DE OLIVEIRA RAMOS, "Questões registais em contexto de insolvência", na *RDI*, nº 1 (Abril 2016), pp. 91-98 (98), não estar legalmente prevista a inscrição oficiosa da cessação de funções do administrador judicial provisório em processo de revitalização, uma vez que o art. 67º, nº 3, CRCom só a prevê para o processo de insolvência.

[481] Neste sentido, cfr. Ac. RC 15/7/2015 (HENRIQUE ANTUNES), processo 4725/14, na *CJ* 40 (2015), 3, pp. 40-45. Em sentido contrário, sustentando a inaplicabilidade da referida portaria, por não estar em causa no PER a liquidação da massa insolvente, cfr. Ac. RC 16/2/2016 (MARIA JOÃO AREIAS), processo 543/14.6T8CBR.C1, na *CJ* 41 (2016), 1, pp. 23-25.

[482] Assim, no Ac. RP 15/11/2012 (CARDOSO AMARAL), processo 1457/12.2TJPRT-A.P1 sustenta-se que "o Juiz, ao proferir o despacho – recorrível – a que se alude na segunda parte da alínea *a)*, do nº 3 do art. 17º-C, não tem que verificar a existência dos requisitos materiais de que depende o recurso a tal procedimento, nem o seu eventual abuso". Da mesma forma, no Ac. RG 16/5/2013 (CONCEIÇÃO BUCHO), processo 284/13.4TBEPS-A.G1, sustenta-se que não compete ao juiz "averiguar se materialmente se verificam os requisitos de que depende o procedimento". Mas já no Ac. RC 7/10/2013 (CARLOS MOREIRA), processo 754.13.4TBLRA.

com a doutrina[483]. Temos defendido que o juiz deverá fazer uma apreciação liminar, ainda que restrita, nesta fase, apenas nomeando o administrador judicial provisório se o pedido cumprir os requisitos legais. A apresentação indevida de um processo de revitalização pode inclusivamente justificar a responsabilização do devedor que recorreu abusivamente a esse processo[484]. Não nos parece que, após a alteração efectuada pelo Decreto-Lei 79/2017, de 30 de Junho, ao art. 17º-A, nº 2, com a exigência de que o devedor forneça um atestado de que não se encontra em situação de insolvência, se altere esse entendimento. Efectivamente, o referido atestado não dispensa o juiz de efectuar essa apreciação liminar, averiguando se estão preenchido os pressupostos de que depende o seguimento do processo.

Uma vez recebida a notificação, a empresa comunica por carta registada aos seus credores que não tenham subscrito a declaração de que deu início ao processo de revitalização, convidando-os a participar nas negociações (art. 17º-D, nº 1). Os credores têm um prazo de 20 dias, contados desde

Cl, se considerou que "se o juiz concluir que não está preenchido nenhum destes requisitos – v.g., por anterior actuação processual do requerente que três mesmes antes tinha requerido a sua insolvência alegando que esta era *actual e real* –, pode e deve, à míngua de justificação para a alteração da posição/pretensão, rejeitar liminarmente o pedido".

[483] NUNO CASANOVA e DAVID DINIS, *PER*, p. 1,7 entendem que não compete ao juiz, aquando da recepção do pedido, fazer uma análise preliminar sobre a verificação dos seus pressupostos legais, admitindo, porém, a possibilidade de este rejeitar o pedido em caso de manifesta inviabilidade. Já ALEXANDRE SOVERAL MARTINS, *Um curso*, pp. 512-513, referindo ter "sido dito que não estará a ser efetuado um controlo dessa situação de inexistência de insolvência actual [...] porque o art. 17º, nº 3, *a)*, estabelece que o juiz, depois de receber a comunicação do devedor de que pretende dar início às negociações, nomeia de imediato o administrador judicial provisório". Pronunciando-se contra esse entendimento, o autor sustenta a aplicação analógica do art. 27º, que prevê uma apreciação liminar. No mesmo sentido, CARVALHO FERNANDES e JOÃO LABAREDA, *Código*, sub art. 17º-C, nº 4, p. 145, sustentam a aplicação analógica do art. 27º, nº 1, *b)*, no caso em que o devedor não junta os documentos que deveria juntar, admitindo o indeferimento do pedido se ele no prazo máximo de 5 dias não suprir a falta. Da mesma forma, JOÃO AVEIRO PEREIRA, *O Direito* 145 (2013), I-II, p. 36, considera que o tribunal "pode recusar o pedido de acesso ao processo de revitalização e não nomear administrador (...) com base numa apreciação perfunctória da própria declaração e dos documentos que a acompanham, pois desses elementos poderá resultar, sem quaisquer dúvidas, por exemplo, que o devedor está em situação de insolvência actual, ou até, ainda que insólito pareça, já foi como tal declarado".

[484] Cfr. MENEZES LEITÃO, "A responsabilidade pela abertura indevida do processo especial de revitalização", em CATARINA SERRA (org.), *II Congresso de Direito da Insolvência*, Coimbra, Almedina, 2014, pp. 143-151.

a publicação no Citius do despacho que nomeia o administrador judicial provisório para reclamarem perante este os seus créditos, após o que este elabora, no prazo de cinco dias, uma lista provisória dos créditos (art. 17º-D, nº 2). Essa lista, uma vez publicada no Citius, torna-se definitiva se não for impugnada no prazo de cinco dias úteis[485], tendo o juiz idêntico prazo para decidir as impugnações apresentadas (art. 17º-D, nºs 3 e 4). Ao contrário do que se prevê no âmbito do processo de insolvência (art. 146º) não parece admissível no âmbito do processo especial de revitalização a verificação ulterior de créditos[486].

Os declarantes dispõem então de um prazo de dois meses para concluir as negociações, podendo esse prazo ser prorrogado uma única vez, por um mês, mediante acordo escrito entre o administrador judicial provisório e o devedor, devendo tal acordo ser junto aos autos e publicado no Citius (art. 17º-D, nº 5). Este prazo conta-se a partir do final do prazo para apresentação das impugnações da lista provisória de créditos, não se suspendendo até à decisão das mesmas impugnações[487]. O prazo é considerado peremptório, determinando o encerramento do processo se for ultrapassado (art. 17º-G, nº 1). Em consequência caduca o direito de prosseguir as negociações ao fim do mesmo, pelo que o plano de recuperação deixa de poder ser homologado se o acordo com os credores só for obtido depois de decorrido este prazo[488]. No entanto, em virtude da pandemia da doença COVID-19, o art. 2º da Lei 75/2020, de 27 de Novembro, veio estabelecer que a requerimento fundamentado da empresa ou do devedor, consoante os casos, e do administrador judicial provisório, o juiz pode conceder nova prorrogação do prazo para conclusão das negociações encetadas com vista à aprovação de plano de recuperação adaptado ao contexto dessa pandemia, por uma só vez e por um mês, além da prevista no nº 5 do artigo 17º-D.

[485] Na jurisprudência tem-se entendido não ser aplicável à impugnação da lista provisória de créditos no processo especial de revitalização a norma constante do art. 139º, nº 5, do CPC, pelo que se for ultrapassado o prazo de 5 dias úteis previsto no art. 17º-D, nº 3, a lista converte-se em definitiva, nos termos do nº 4 da mesma disposição. Neste sentido, cfr. Ac. RC 2/2/2016 (Maria João Areias), processo 2935/15.7T8CBR.C1, na *CJ* 41 (2016), 1, pp. 7-11.

[486] Neste sentido, Fátima Reis Silva, *Processo*, p. 49, e Alexandre Soveral Martins, *Um curso*, pp. 523-524, nota (40).

[487] Neste sentido cfr. Ac. RL 13/3/2014 (Jorge Leal), processo 1904/12.3TYLSB.L1-2, e Ac. RL 20/11/2014 (Teresa Pais), processo 14286/14.0T2SNT-A.L1-8

[488] Neste sentido, Ac. STJ 18/10/2016 (Pinto de Almeida), processo 2903/15.9T8BRR.L1.S1, na *CJ-ASTJ* 24 (2016), 3, pp. 77-79.

Os credores que o desejem poderão a todo o tempo participar nas negociações, mediante o envio de cartas registadas, que são juntas ao processo (art. 17º-D, nº 7). As negociações são dirigidas pelo administrador judicial provisório (art. 17º-D, nº 9), a quem cabe fixar as regras das mesmas, caso não se obtenha um acordo entre todos os intervenientes (art. 17º-D, nº 8).

Durante as negociações, os intervenientes devem actuar em conformidade com os princípios constantes da Resolução 43/2011, de 25 de Outubro (art. 17º-D, nº 10). O devedor fica vinculado por deveres especiais de informação, quer perante o administrador judicial provisório, quer perante os seus credores (art. 17º-D, nº 6), podendo incorrer, quer o devedor, quer os seus administradores de direito e de facto em responsabilidade, em caso de falta ou incorrecção das informações (art. 17-D, nº 11). Quer o devedor quer os credores devem empenhar-se activamente na procura do acordo que permita a revitalização do devedor[489].

29.4. Efeitos da nomeação do administrador judicial provisório

29.4.1. Efeitos sobre a empresa

A nomeação do administrador judicial provisório implica a inibição da empresa para a prática de actos de especial relevo, tal como são definidos no art. 161º, a menos que obtenha autorização prévia do administrador judicial provisório (art. 17º-E, nº 2). A autorização tem que ser requerida por escrito, e concedida pela mesma forma (art. 17º-E, nº 3), não podendo decorrer mais de cinco dias entre o pedido e a resposta, devendo sempre que possível recorrer-se a comunicações electrónicas (art. 17º-E, nº 4). A falta de resposta do administrador judicial provisório ao pedido formulado pelo devedor corresponde à recusa de autorização para a realização do negócio pretendido (art. 17º-E, nº 5).

29.4.2. Efeitos sobre outros processos

A nomeação do administrador judicial provisório no processo de revitalização tem como efeito obstar à instauração de quaisquer acções para

[489] Nuno Pinto Oliveira, "Entre Código de Insolvência e princípios orientadores: um dever de (re)negociação?", na *ROA* 72 (2012), nºs 2/3, pp. 677-689, chega mesmo a defender que os que os credores têm um dever de renegociação por força do princípio da boa fé, pelo que não devem obstar a um acordo razoável que venha a ser proposto pelo devedor, podendo ser responsabilizados se o fizerem.

cobrança de dívidas contra a empresa[490] e, durante todo o tempo em que perdurarem as negociações, suspende, quanto ao devedor as acções em curso com idêntica finalidade. Estas extinguir-se-ão logo que seja aprovado e homologado plano de recuperação, salvo quando este preveja a sua continuação (art. 17º-E, nº 1)[491].

[490] Assim, se forem instauradas acções de cobrança de dívidas contra o devedor após a nomeação do administrador judicial provisória, as mesmas devem ser extintas por impossibilidade originária da lide (cfr. art. 277º *e)* CPC). Neste sentido, cfr. Artur Dionísio Oliveira, "Os efeitos processuais do PER e os créditos litigiosos", em Catarina Serra (org.), *III Congresso de Direito da Insolvência*, Coimbra, Almedina, 2015, pp. 199-228 (201).

[491] Tem sido objecto de discussão na doutrina se a expressão "quaisquer acções contra a empresa" abrange apenas as acções executivas ou também as acções declarativas condenatórias. A melhor posição é a de que são abrangidas todas as acções destinadas à cobrança de dívidas, sejam elas declarativas ou executivas, e independentemente da natureza da dívida. Neste sentido, cfr. Carvalho Fernandes/João Labareda, *Código*, sub art. 17º-E, nº 3, p. 160, Ana Prata/Jorge Morais Carvalho/Rui Simões, *Código*, sub art. 17º-E, nº 2, pp. 64-65, Fátima Reis Silva, *Processo*, p. 53, Alexandre Soveral Martins, *Um curso*, pp. 521-522, e nota (35) e Artur Dionísio Oliveira em Catarina Serra (org.), *III Congresso de Direito da Insolvência*, pp. 208 e ss. Em sentido próximo, considerando que a suspensão abrange tanto acções declarativas e executivas, mas apenas se forem relativas a obrigações pecuniárias, cfr. João Aveiro Pereira, *O Direito* 145 (2013), I-II, p. 24, Em sentido contrário, defendendo estarem aqui apenas em causa as acções executivas, cfr. Rosário Epifânio, *O processo*, p. 32, nota (43). Mais longe vão ainda Nuno Casanova/David Dinis, *PER*, pp. 97-98, defendendo que esta disposição exclui as acções declarativas, as execuções para prestação de coisa e de facto, e a generalidade dos procedimentos cautelares, abrangendo apenas as acções executivas para pagamento de quantia certa e os procedimentos cautelares antecipatórios de acções que deveriam ser suspensas ao abrigo da mesma.
Também a jurisprudência se tem pronunciado maioritariamente no sentido de que todas as acções são suspensas, incluindo as declarativas. Neste sentido, cfr. Ac. RC 16/10/2012 (Carlos Moreira), emitido no processo 421/12.6TBTND.C1, Ac. RC 27/2/2014 (Ramalho Pinto), emitido no processo 1112/13.6TTCBRC.1, Ac. RL 6/5/2014 (Ondina Carmo Alves), emitido no processo 171085/12.0YPRT.L1-2, Ac. RL 18/6/2014 (Maria João Romba), emitido no processo 899/12.8TTVFX.L1-4, Ac. RP 30/6/2014 (Caimoto Jácome), emitido no processo 1251/12.0TYVNG.P1, Ac. RP 4/7/2014 (João Nunes), emitido no processo 344/13.1TTMAI.P1. Defendendo a suspensão apenas das acções declarativas e executivas relativas a obrigações pecuniárias, cfr. Ac. RC 3/3/2015 (Manuel Capelo), emitido no processo 1075/13.8TVBIS.C1. Excluindo da suspensão as acções declarativas, veja-se, porém, Ac. RL 7/11/2013 (Leopoldo Soares), emitido no processo 1190/12.5TTLSB.L1-4. Da mesma forma, no Ac. RP 4/7/2014 (Paula Maria Roberto), emitido no processo 918/12.8TTPRT.P1, considerou-se que a suspensão não abrange a acção emergente de acidente de trabalho em curso. Já no Ac. RP 21/1/2016 (Carlos Portela), processo 288/15.2T8PVZ.P1, na *CJ* 41 (2016), 1, pp. 156-158, considerou-se que a suspensão não abrange uma providência cautelar de restituição de imóveis na sequência da resolução de um contrato de locação financeira.

Da mesma forma, os processos de insolvência em que anteriormente haja sido requerida a insolvência do devedor suspendem-se na data da publicação no portal Citius do despacho de nomeação do administrador judicial provisório, desde que não tenha sido proferida sentença declaratória da insolvência[492], extinguindo-se logo que seja aprovado e homologado plano de recuperação (art. 17º-E, nº 6)[493]. Naturalmente, no entanto, que essa extinção não se verifica em relação a créditos que tenham sido constituídos após a nomeação do administrador judicial provisório[494] e também não parece que se possa aplicar se a dívida em questão tiver sido omitida na relação de créditos que deu origem ao plano de recuperação, não tendo por isso sido contemplada nesse plano[495].

Oficiosamente ou a requerimento do administrador judicial provisório, são apensados aos autos os processos especiais de revitalização intentados por sociedades comerciais com as quais a empresa se encontre em relação de domínio ou de grupo, nos termos do Código das Sociedades Comerciais, podendo o mesmo requerimento ser formulado por todas as empresas naquelas circunstâncias que tenham intentado processo especial de revi-

[492] Conforme refere ALEXANDRE DE SOVERAL MARTINS, *Um curso*, p. 523, a não suspensão dos processos de insolvência, nos termos do nº 6, no caso de já ter sido proferida a respectiva sentença declaratória, justifica-se pelo facto de não poder recorrer ao PER o devedor que já se encontre em situação de insolvência actual (art. 17º-A, nº 1). CARVALHO FERNANDES / JOÃO LABAREDA, *Código*, sub art. 17º-E, nº 6, pp. 161-162, entendem que, por esse motivo, também não se deverão suspender os processos de insolvência desencadeados por apresentação do devedor, uma vez que esta importa reconhecimento da sua situação de insolvência (art. 28º), nem os processos em que o devedor não tenha deduzido oposição à insolvência, com os efeitos previstos no art. 30º, nº 5, dado que o processo de revitalização não pode ser usado para paralisar nesses casos o processo de insolvência. Os autores limitam-se a aplicação da suspensão dos processos de insolvência "aos casos de processos de insolvência iniciados ao abrigo do art. 20º, cujo pedido foi contestado e ainda não está decidido à data em que é feita a publicação do despacho de prosseguimento do processo de revitalização".

[493] Salientam, no entanto, com razão NUNO CASANOVA / DAVID DINIS, *PER*, p. 117, que o efeito da extinção dos processos de insolvência depende do trânsito em julgado da sentença homologatória do plano, uma vez que não faria sentido que os requerentes da insolvência fossem obrigados a instaurar novos processos, caso a sentença homologatória viesse a ser revogada em recurso.

[494] Cfr. Ac. RP 17/11/2014 (PAULA LEAL DE CARVALHO), processo 295/14.2TTPNF.P1, Ac. RP 5/1/2015 (FERNANDA SOARES), processo 290/14.1TTPNF.P1 e Ac. RC 28/1/2016 (FELIZARDO PAIVA), processo 791/15.4TBGRD.C1.

[495] Cfr. Ac. RL 11/1/2017 (SÉRGIO ALMEIDA), processo 2063/13.0TTLSB.L1, na *CJ* 42 (2017), 1, pp. 137-139.

talização (art. 17º-C, nº 7). Essa apensação apenas pode, porém, ser requerida até ao início do prazo de negociações previsto no nº 5 do artigo 17º-D no processo ao qual os demais devam ser apensados, aplicando-se, com as necessárias adaptações o disposto no nº 4 do artigo 86º (art. 17º-C, nº 8).

29.4.3. Suspensão dos prazos de prescrição e de caducidade

Um outro efeito resultante da nomeação do administrador judicial provisório é a suspensão dos prazos de prescrição e caducidade. Efectivamente, dispõe o art. 17º-E, nº 7 que "a decisão a que se refere a alínea *a)* do nº 3 do artigo 17º-C determina a suspensão de todos os prazos de prescrição e de caducidade oponíveis pela empresa, durante todo o tempo em que perdurarem as negociações". Trata-se, neste caso, de uma situação de suspensão e não de interrupção dos prazos de prescrição e de caducidade, pelo que o tempo anteriormente decorrido antes da suspensão é contabilizado na altura em que o prazo volta a correr.

29.4.4. Efeitos sobre os fornecedores de serviços públicos essenciais

Determina o art. 17º-E, nº 8 que a partir da decisão de nomeação do administrador judicial provisório não pode ser suspensa a prestação dos seguintes serviços públicos essenciais:

a) Serviço de fornecimento de água;
b) Serviço de fornecimento de energia eléctrica;
c) Serviço de fornecimento de gás natural e gases de petróleo liquefeitos canalizados;
d) Serviço de comunicações electrónicas;
e) Serviços postais;
f) Serviço de recolha e tratamento de águas residuais;
g) Serviços de gestão de resíduos sólidos urbanos.

Como contrapartida pela retirada desses direitos, estabelece, entanto, o art. 17º-E, nº 9, que o preço dos serviços públicos prestados nesse período que não sejam objecto de pagamento pela empresa será considerado dívida da massa insolvente em insolvência da mesma que venha a ser decretada nos dois anos posteriores ao termo do prazo das negociações.

29.5. Conclusão do processo de revitalização

29.5.1. Conclusão do processo com aprovação do plano de recuperação

As negociações para a revitalização da empresa devem terminar com a aprovação de um plano de recuperação. A empresa deve por isso aproveitar as negociações com os credores para elaborar a versão definitiva do plano de recuperação, deixando-o nas condições necessárias para obter o assentimento da maioria dos credores. Nesse caso, e nos termos do nº 1 do art. 17º-F, a empresa deposita no tribunal até ao último dia do prazo das negociações, a versão final do plano de revitalização, acompanhada de todos os elementos previstos no artigo 195º, sendo de imediato publicada no portal citius a indicação do depósito.

No prazo de cinco dias subsequente a essa publicação, qualquer credor pode alegar nos autos o que tiver por conveniente quanto ao plano depositado pela empresa, designadamente circunstâncias susceptíveis de levar à sua não homologação, dispondo a empresa igualmente de cinco dias após o termo desse prazo para, querendo, alterar o plano em conformidade, e, nesse caso, depositar a nova versão (art. 17º-F, nº 2).

Findo esse prazo, é publicado no portal citius anúncio advertindo da junção ou não junção de nova versão do plano, correndo desde essa publicação oprazo de votação de 10 dias, no decurso do qual qualquer interessado pode solicitar a não homologação do plano, nos termos e para os efeitos previstos nos artigos 215º e 216º, com as devidas adaptações (art. 17º-F, nº 3).

Os credores votam esse plano por escrito no prazo de dez dias, apenas podendo o voto consistir na sua aprovação ou rejeição, equivalendo a rejeição qualquer proposta de modificação do plano. Os votos são remetidos ao administrador judicial provisório, que os abre em conjunto com o devedor e elabora um documento com o resultado da votação (art, 17º-F, nº 6 e 211º).

O plano considera-se aprovado desde que reúna uma das seguintes votações (art. 17º-E, nº 5):

a) Sendo votado por credores cujos créditos representem, pelo menos, um terço do total dos créditos relacionados com direito de voto, contidos na lista de créditos a que se referem os nºs 3 e 4 do artigo 17º-D, recolha o voto favorável de mais de dois terços da totalidade dos votos emitidos e mais de metade dos votos emitidos corresponda a créditos não subordinados, não se considerando como tal as abstenções; ou *b)* Recolha o voto favorável de credores cujos créditos representem mais de metade da totalidade dos créditos relacionados com direito de voto, calculados de harmonia com o disposto na alínea anterior, e mais de metade destes votos corresponda a créditos não subordinados, não se considerando como tal as abstenções.

O juiz pode, no entanto, computar os créditos que tenham sido impugnados se considerar que existe probabilidade séria de os mesmos serem reconhecidos, caso a questão ainda não tenha sido decidida (art. 17º-F, nº 5, proémio). O juiz não tem consequentemente a possibilidade de considerar para a formação da maioria créditos, em relação aos quais tenha havido decisão transitada em julgado no sentido de que não poderiam ser reconhecidos[496].

Verificando-se a aprovação unânime de um plano de recuperação em que intervenham todos os credores, este é de imediato remetido ao juiz, para homologação ou recusa da mesma, acompanhado da documentação que comprova a sua aprovação, atestada pelo administrador judicial provisório nomeado. Uma vez homologado o acordo, o mesmo produz de imediato os seus efeitos (art. 17º-F, nº 4).

Já no caso de não ser obtido o acordo de todos os credores, mas o acordo tiver sido aprovado, o administrador judicial provisório deve remeter o plano de recuperação aprovado para o tribunal (art. 17º-F, nº 6). Nesse caso, o juiz decide se deve ou não homologar o referido plano, podendo recusar a sua homologação oficiosamente (art. 215º) ou a requerimento de qualquer interessado (art. 216º), e devendo a decisão ser tomada nos 10 dias subsequentes à recepção da documentação (art. 17º-F, nº 7).

A não homologação oficiosa deve ocorrer no caso de violação não negligenciável de regras procedimentais ou das normas aplicáveis ao seu conteúdo, qualquer que seja a sua natureza, e ainda quando, no prazo razoável que estabeleça, não se verifiquem as condições suspensivas do plano ou não sejam praticados os actos ou executadas as medidas que devam preceder a homologação (art. 215º).

Já a não homologação a pedido dos interessados ocorre se tal for solicitado, quer pelo devedor, caso este não seja o proponente e tiver manifestado nos autos a sua oposição, anteriormente à aprovação do plano de

[496] Neste sentido, cfr. Ac. RC. 11/2/2014 (Emídio Santos), em *CJ* 39 (2014), 1, pp. 33-35.

recuperação, quer por algum credor ou sócio, associado ou membro do devedor cuja oposição haja sido comunicada nos mesmos termos. Exige-se, no entanto, que o requerente demonstre em termos plausíveis, em alternativa, que: *a)* a sua situação ao abrigo do plano é previsivelmente menos favorável do que a que interviria na ausência de qualquer plano, designadamente face à situação resultante de acordo já celebrado em procedimento extrajudicial de regularização de dívidas; *b)* O plano proporciona a algum credor um valor económico superior ao montante nominal dos seus créditos sobre a insolvência, acrescido do valor das eventuais contribuições que ele deva prestar (art. 216º, nº 1). A jurisprudência tem, no entanto, considerado igualmente aplicável ao processo de revitalização, por força do art. 17º-F, o regime do art. 194º CIRE, podendo assim o plano estabelecer diferenciações entre os credores, fundadas em razões objectivas, designadamente no objectivo de obter a revitalização do devedor[497]. Uma das razões objectivas que pode justificar essa diferenciação é o facto de a empresa não aparecer como devedor principal, mas antes como fiadora ou avalista de outros devedores[498].

A decisão do juiz vincula os credores, mesmo que não hajam participado nas negociações, e é notificada, publicitada e registada pela secretaria do tribunal (art. 17º-F, nº 10), competindo à empresa suportar as custas do processo de homologação (art. 17º-F, nº 11).

Salvo disposição expressa do plano de recuperação em sentido diverso, a moratória ou o perdão previstos no plano ficam sem efeito: *a)* quanto a crédito relativamente ao qual o devedor se constitua em mora, se a prestação, acrescida dos juros moratórios, não for cumprida no prazo de 15 dias após interpelação escrita pelo credor; *b)* quanto a todos os créditos se, antes de finda a execução do plano, o devedor for declarado em situação de insolvência em novo processo (arts. 17º-F, nº 12 e 218º, nº 1). Questiona-se se é aplicável ao plano de recuperação o regime especial do art. 4º, nº 2, da Lei 75/2020, mas tendemos a responder negativamente uma vez que o texto legal só fala em plano de insolvência e a remissão para o art. 218º, nº 1 do CIRE não nos parece suficiente para defender essa aplicação.

[497] Neste sentido, cfr. Ac. RE. 23/2/2016 (Mário Braz), processo 5652/15.4, em *CJ* 41 (2016), 1, pp. 231-233.

[498] Neste sentido, cfr. Ac. RG 13/10/2016 (Alexandra Rolim Mendes), processo 4547/15.6T8VNF.G1, e Ac. RE. 26/1/2017 (Mata Ribeiro), processo 630/15.6T8OLH.E1, em *CJ* 42 (2017), 1, pp. 223-226

Terminando o processo especial de revitalização com a homologação ou a recusa de homologação do plano de recuperação, a empresa fica impedida de recorrer ao mesmo pelo prazo de dois anos, a menos que demonstre, no respetivo requerimento inicial, que executou integralmente o plano ou que o requerimento de novo processo especial de revitalização é motivado por fatores alheios ao próprio plano e a alteração superveniente é alheia à empresa (arts. 17º-F, nº 13, e 17º-G, nº 6).

29.5.2. Conclusão do processo sem aprovação do plano de recuperação

Caso a empresa ou a maioria dos credores acima referida concluam antecipadamente não ser possível alcançar acordo, ou caso tenha sido ultrapassado o prazo previsto no nº 5 do art. 17º-D, com a eventual prorrogação prevista no art. 2º da Lei 75/2020, o processo é encerrado, comunicando o administrador judicial provisório tal facto ao processo e procedendo à sua publicação no Citius (art. 17º-G, nº 1). A empresa pode ainda pôr termo ao processo a todo o tempo, independentemente de qualquer causa, por carta registada enviada ao administrador judicial provisório, a todos os seus credores, e ao tribunal (art. 17º-G, nº 5).

Os efeitos do encerramento sem aprovação do plano variam consoante o devedor se encontre ou não em situação de insolvência, sendo a questão objecto de parecer do administrador judicial provisório, mediante a informação de que disponha, após audição do devedor e dos seus credores (art. 17º-G, nº 4).

Se a empresa não se encontrar em situação de insolvência, o fim do processo especial de revitalização acarreta a extinção de todos os seus efeitos (art. 17º-G, nº 2), voltando o devedor a poder praticar actos de especial relevo e cessando a suspensão de acções judiciais contra ele. O devedor perde, porém, a possibilidade de voltar a recorrer ao processo especial de revitalização por um período de dois anos (art. 17º-G, nº 6).

Se a empresa se encontrar em situação de insolvência, a mesma deve ser requerida pelo administrador judicial provisório, com base no parecer por ele elaborado, sendo a mesma decretada pelo tribunal (art. 17º-G, nº 3), e sendo o processo de revitalização apenso ao processo de insolvência (arts. 17º-G, nº 4). A lei não estabeleceu aqui a existência de qualquer audição das partes[499],

[499] Conforme refere João Aveiro Pereira, *O Direito* 145 (2013), I-II, p. 46, nota (53) que "o juiz só tem de decretar ou não a insolvência, sem audição das partes, pois estas já foram

o que levou alguma doutrina a suscitar dúvida sobre se essa situação não seria inconstitucional em virtude de se prever que uma consequência tão grave para o devedor seja declarada sem audiência do mesmo[500]. Colocada a questão ao Tribunal Constitucional ele veio sucessivamente a considerar ser inconstitucional o disposto no art. 17º-G, nº 4, do CIRE, quando interpretado no sentido de o parecer do administrador judicial provisório equivaler à apresentação do devedor à insolvência[501]. Em consequência no seu Acórdão 675/2018, o Tribunal Constitucional acabou por declarar a inconstitucionalidade, com força obrigatória geral, dessa norma, "quando interpretada no sentido de o parecer do administrador judicial provisório que conclua pela situação de insolvência equivaler, por força do disposto no artigo 28º – ainda que com as necessárias adaptações –, à apresentação à insolvência por parte do devedor, quando este discorde da sua situação de insolvência, por violação do artigo 20º, nºs 1 e 4, conjugado com o artigo 18º, nº 2, da Constituição da República Portuguesa"[502]. Nesse caso, havendo lista definitiva de créditos reclamados, o prazo de reclamação de créditos previsto na alínea *j)* do nº 1 do art. 36º destina-se apenas à reclamação dos créditos ainda não reclamados nos termos do nº 2 do art. 17º-D (art. 17º-G, nº 7).

29.6. O caso especial de homologação de acordos extrajudiciais de recuperação da empresa

O processo de revitalização pode ser consideravelmente simplificado, caso o devedor consiga que a maioria dos credores prevista no nº 5 do art. 17º-F assine um acordo extrajudicial de recuperação. Neste caso, o processo de revitalização inicia-se pela apresentação pelo devedor do acordo assinado juntamente com a documentação a que se refere o nº 2 do art. 17º-A e o nº 1 do art. 24º (art. 17º-I, nº 1). Com essa apresentação, a empresa pode

ouvidas pelo administrador judicial provisório, não lhes sendo dado aqui oporem-se à decisão, sem prejuízo de poderem impugnar a sentença, nos termos do artigo 40º e seguintes".

500 Alexandre Soveral Martins, *Um curso*, p. 494, considerou efectivamente inconstitucional por violação do art. 20º da Constituição o facto de não se admitir a possibilidade de o devedor se opor ao parecer do administrador judicial provisório.

501 Cfr., por todos, o Acórdão do Tribunal Constitucional 771/2017, de 16/11/2017 (Maria de Fátima Mata Mouros), processo 225/2017.

502 Cfr. Ac. do Tribunal Constitucional 675/2018 (Maria José Rangel de Mesquita), publicado no Diário da República n.º 16/2019, Série I de 23-1-2019.

igualmente requerer a apensação de processo especial de revitalização, nos termos do nº 6 do art. 17º-C, quando este, encontrando-se igualmente na fase liminar, tenha sido instaurado ao abrigo deste artigo (art. 17º-I, nº 7).

Nestes casos, logo que receba os documentos o juiz procede à nomeação do administrador judicial provisório, cabendo à secretaria publicar no Citius a lista provisória dos créditos e notificar os credores constantes dessa lista, que não tiveram intervenção no acordo (art. 17º-I, nº 2). Os credores não intervenientes dispõem então do prazo de 20 dias para reclamar os seus créditos, convertendo-se a lista de créditos em definitiva se não houver reclamações (arts. 17º-I, nº 3, e 17º-D, nºs 2 e 4). Conforme resulta do art. 17º-I, nº 4, o juiz procede então, no prazo de 10 dias, à análise do acordo extrajudicial devendo homologá-lo se respeitar a maioria prevista no nº 3 do art. 17º-F, a menos que se verifiquem casos de não homologação oficiosa (art. 215º) ou a requerimento dos interessados (art. 216º).

Caso o juiz homologue o acordo aplica-se os regime resultante da conclusão do processo pela obtenção de acordo previsto no art. 17º-F, nº 7 (art. 17º-I, nº 6). Caso o juiz não homologue o acordo, cessam os efeitos do processo, podendo o devedor ser declarado em situação de insolvência se for o caso (arts. 17º-I, nº 6, 17º-F, nº 8, e 17º-G, nºs 2 a 4 e 7).

29.7. Subsistência dos negócios e garantias acordados, mesmo que se verifique a insolvência da empresa

Conforme acima se salientou, os negócios celebrados no âmbito do processo de revitalização são insusceptíveis de resolução em benefício da massa insolvente (art. 120º, nº 6), pelo que subsistirão, mesmo que a insolvência venha a ser decretada no prazo de dois anos.

Para além disso, as garantias convencionadas entre o devedor e os seus credores durante o processo especial de revitalização, com a finalidade de proporcionar àquele os necessários meios financeiros para o desenvolvimento da sua actividade, mantêm-se mesmo que, findo o processo, venha a ser declarada, no prazo de dois anos, a insolvência do devedor (art. 17º-H, nº 1). Essas garantias ficam, portanto, imunes à resolução em benefício da massa insolvente, como já resultava do art. 120º, nº 6, mas também deixam de ser objecto de extinção, caso se enquadrassem no art. 97º, nº 1, *d)* e *e)*[503].

[503] Tem sido, porém, questionado se as garantias se extinguem, por força do art. 17º-G, nº 2, se vier a ser revogado em recurso o plano de recuperação. Neste sentido, ALEXANDRE DE

Aliás, independentemente da estipulação de quaisquer garantias, a lei atribui aos credores que, no decurso do processo, financiem a actividade da empresa, disponibilizando-lhe capital para a sua revitalização, um privilégio creditório geral, graduado antes do privilégio creditório dos trabalhadores (art. 17º-H, nº 2). Esse privilégio foi estendido temporiariamente pelo art. 3º da Lei 75/2020 aos sócios, accionistas ou quaisquer outras pessoas especialmente relacionadas com a empresa que, no âmbito de PER tramitado durante a vigência dessa lei, financiem a sua atividade, disponibilizando-lhe capital para a sua recuperação.

29.8. Encerramento do processo e cessação de funções do administrador judicial provisório

Estabelece o art. 17º-J, nº 1, que o processo especial de revitalização se considera encerrado com o trânsito em julgado da decisão de homologação do plano de recuperação ou após o cumprimento do disposto nos nºs 1 a 5 do artigo 17º-G, nos casos em que não tenha sido aprovado ou homologado plano de recuperação.

Nos termos do art. 17º-J, nº 2, sem prejuízo da sua substituição ou remoção, no caso de homologação do plano de recuperação, as funções do administrador judicial provisório cessam logo com a decisão de homologação, independentemente do seu trânsito em julgado. Já no caso de não ser aprovado ou homologado esse plano, a cessação de funções do administrador judicial provisório depende de o processo ser encerrado nos termos do art. 17º-J, nº 1, *b)*.

Soveral Martins, *Um curso*, p. 531. Em sentido contrário, veja-se, porém, Ana Maria Peralta, "Os «novos créditos» no PER e no SIREVE: conceito e regime", em Catarina Serra (org.), *III Congresso de Direito da Insolvência*, Coimbra, Almedina, 2015, pp. 279-312 (297).

30
O processo especial para acordo de pagamento

30.1. Generalidades

Tendo decidido restringir a aplicação do processo especial de revitalização para os casos de empresas, o legislador decidiu criar outro processo destinado a abranger as pessoas singulares não titulares de empresas, o processo especial para acordo de pagamentos (PEAP)[504]. É difícil entender a justificação para esta autonomização, atendendo ao facto de o PEAP pouco se distinguir do PER. Efectivamente, o art. 222º-A, nº1, CIRE, estabelece que a função do PEAP é "permitir ao devedor que, não sendo uma empresa e comprovadamente se encontre em situação económica difícil ou em situação de insolvência meramente iminente, estabelecer negociações com os respectivos credores de modo a concluir com estes acordo de pagamento", o que é semelhante ao que o art. 17º-A, nº 1, estabelece para o PER. O PEAP também tem carácter urgente, nos termos do art. 222º-A, nº 3, à semelhança do que o art. 17º-A, nº 3, estabelece para o PER. No quadro da pandemia COVID-19, o art. 17º da Lei 75/2020, de 27 de Novembro veio dispor que os requerimentos de liberação de cauções ou garantias prestadas no âmbito do PEAP, quer em processos novos, quer em processos pendentes à data da entrada em vigor da referida lei, assumem prioridade sobre os demais requerimentos apresentados.

30.2. Pressupostos legais

Ao contrário do que sucede com o PER, ao qual apenas podem recorrer as empresas, independentemente de serem pessoas singulares ou colecti-

[504] Sobre o PEAP, cfr. Menezes Leitão, *A recuperação*, pp. 123 e ss.

vas (art. 17º-A, nº 2, CIRE, o PEAP é restrito aos devedores não empresários, pelo que apenas estes têm acesso a este processo (art. 222º-A, nº 1).

A lei refere que o PEAP pode ser usado pelo devedor que se encontre em situação económica difícil (art. 222º-B) ou em situação de insolvência meramente iminente (art. 3º, nº 4), não se exigindo no PEAP, ao contrário do que o art. 17º-A, nº 1, refere para o PER que o devedor ainda seja susceptível de recuperação. Tirando essa referência, os pressupostos do PEAP da situação económica difícil e de insolvência meramente iminente são absolutamente idênticos aos do PER, sendo estranhamente repetida no art. 222º-B a definição prevista no art. 17º-B, apenas se substituindo "empresa" por "devedor".

Também à semelhança do que sucede no PER (art. 17º-A, nº 2), prevê-se igualmente no PEAP a entrega pelo devedor de uma declaração escrita e assinada que ateste que preenche os requisitos legais para esse acesso, ou seja de que se encontra em situação económica difícil ou insolvência meramente iminente (art. 222º-A, nº 2). Neste caso, no entanto, já não se estabelece a necessidade de que seja atestado que o devedor não se encontra em situação de insolvência efectiva, o que pode ser igualmente explicado por a susceptibilidade de recuperação ser uma exigência estranha ao PEAP.

30.3. Tramitação processual

O processo especial para acordo de pagamentos inicia-se desde que o devedor obtenha, por meio de declaração escrita, o acordo com pelo menos um dos seus credores para encetaram negociações conducentes à elaboração de um acordo de pagamentos (art. 222º-C, nº 1). Ao contrário do que sucede no PER (art. 17º-C, nº 1), não se exige no PEAP a obtenção de um limite mínimo de credores correspondente a 10% de créditos não subordinados, bastando um único credor, que tanto pode ser garantido ou privilegiado, como comum e até subordinado.

Para efeitos de início do processo, o devedor e o credor ou credores deverão assinar uma declaração datada (art. 222º-C, nº 2), com base na qual o devedor comunicará ao tribunal competente para declarar a sua insolvência que pretende dar início às negociações conducentes à sua recuperação, juntando ao mesmo tempo uma lista de todas as ações de cobrança de dívida que tenha pendentes, comprovativo da declaração de rendimentos, comprovativo da sua situação profissional ou, se aplicável, situação de desemprego, bem como cópias dos documentos elencados nas alíneas *a), d)* e *e)* do nº 1 do artigo 24º, ficando esta documentação disponível na secretaria para consulta dos credores durante todo o processo (art. 222º-C, nº 3).

Perante a apresentação do requerimento, e não havendo razões para o seu indeferimento liminar, o juiz nomeia de imediato por despacho administrador judicial provisório (art. 222º-C, 4)), sendo o referido despacho imediatamente notificado ao devedor e objecto da publicidade referida no arts. 37º e 38º (art. 222º-C, nº 5).

Uma vez recebida a notificação, o devedor comunica por carta registada aos seus credores que não tenham subscrito a declaração de que deu início ao processo de revitalização, convidando-os a participar nas negociações (art. 222º-D, nº 1). Os credores têm um prazo de 20 dias, contados desde a publicação no Citius do despacho que nomeia o administrador judicial provisório para reclamarem perante este os seus créditos, após o que este elabora, no prazo de cinco dias, uma lista provisória dos créditos (art. 222º-D, nº 2). Essa lista, uma vez publicada no Citius, torna-se definitiva se não for impugnada no prazo de cinco dias úteis, tendo o juiz idêntico prazo para decidir as impugnações apresentadas (art. 222º-D, nºs 3 e 4).

Os declarantes dispõem então de um prazo de dois meses para concluir as negociações, podendo esse prazo ser prorrogado uma única vez, por um mês, mediante acordo escrito entre o administrador judicial provisório nomeado e o devedor, devendo tal acordo ser junto aos autos e publicado no Citius (art. 222º-D, n º5). No entanto, em virtude da pandemia da doença COVID-19, o art. 2º da Lei 75/2020, de 27 de Novembro, veio estabelecer que a requerimento fundamentado da empresa ou do devedor, consoante os casos, e do administrador judicial provisório, o juiz pode conceder nova prorrogação do prazo para conclusão das negociações encetadas com vista à aprovação de acordo de pagamento adaptado ao contexto dessa pandemia, por uma só vez e por um mês, além da prevista no nº 5 do artigo 222.º-D.

Os credores que o desejem poderão a todo o tempo participar nas negociações, mediante o envio de cartas registadas, que são juntas ao processo (art. 222º-D, nº 7). As negociações regem-se pelos princípios orientadores aprovados pela Resolução do Conselho de Ministros nº 43/2011, de 25 de Outubro (art. 222º-D, nº 10), bem como pelos pelos termos convencionados entre todos os intervenientes ou, na falta de acordo, pelas regras definidas pelo administrador judicial provisório nomeado (art. 222º-D, nº 8). Este participa nas negociações, orientando e fiscalizando o decurso dos trabalhos e a sua regularidade, devendo assegurar que as partes não adotam expedientes dilatórios, inúteis ou, em geral, prejudiciais à boa marcha daquelas (art. 222º-D, nº 9). Nas negociações podem participar os peritos que cada um dos intervenientes considerar oportuno, cabendo a cada qual suportar os custos dos peritos que haja contratado, salvo se o plano de recuperação que venha a ser aprovado dispuser de forma diferente (art. 222º-D, nº 8).

Durante as negociações, o devedor fica vinculado por deveres especiais de informação, quer perante o administrador judicial provisório, quer perante os seus credores, devendo a informação ser actualizada e completa, por forma a assegurar que as negociações decorram de forma transparente e equitativa (art. 222º-D, nº 6). Em consequência, tanto o devedor, como os seus administradores de direito e de facto no caso de este ser uma pessoa colectiva, podem incorrer solidariamente em responsabilidade civil, em caso de falta ou incorrecção das comunicações e informações a estes prestadas, mas a acção respectiva corre autonomamente ao processo (art. 222º-D, nº 11).

30.4. Efeitos da nomeação do administrador judicial provisório

30.4.1. Efeitos sobre o devedor

À semelhança do que sucede no PER, a nomeação do administrador judicial provisório no PEAP implica a inibição do devedor para a prática de actos de especial relevo, tal como são definidos no nº 2, e nas alíneas *d)* *e)*, *f)* e *g)* do art. 161º, a menos que obtenha autorização prévia do administrador judicial provisório (art. 222º-E, nº 2).

O devedor deixa, assim, de poder praticar qualquer destes actos sem autorização do administrador judicial provisório. A autorização tem que ser requerida por escrito, e concedida pela mesma forma (art. 222º-E, nº 3), não podendo decorrer mais de cinco dias entre o pedido e a resposta, devendo sempre que possível recorrer-se a comunicações electrónicas (art. 222º-E, nº 4). A falta de resposta do administrador judicial provisório ao pedido formulado pelo devedor corresponde à recusa de autorização para a realização do negócio pretendido (art. 222º-E, nº 5).

30.4.2. Suspensão dos prazos de prescrição e de caducidade

Um outro efeito resultante da nomeação do administrador judicial provisório é a suspensão dos prazos de prescrição e caducidade. Efectivamente, dispõe o art. 222º-E, nº 7 que "a decisão a que se refere a alínea *a)* do nº 3 do artigo 222º-C determina a suspensão de todos os prazos de prescrição e de caducidade oponíveis pela empresa, durante todo o tempo em que perdurarem as negociações".

30.4.3. Efeitos sobre outros processos

A nomeação do administrador judicial provisório no processo especial para acordo de pagamentos tem como efeito obstar à instauração de quaisquer acções para cobrança de dívidas contra o devedor e, durante todo o tempo em que perdurarem as negociações, suspende, quanto ao devedor as acções em curso com idêntica finalidade. Estas acções extinguir-se-ão logo que seja aprovado e homologado acordo de pagamentos, salvo quando este preveja a sua continuação (art. 222º-E, nº 1).

Da mesma forma, os processos de insolvência em que anteriormente haja sido requerida a insolvência do devedor suspendem-se na data da publicação no portal Citius do despacho de nomeação do administrador judicial provisório, desde que não tenha sido proferida sentença declaratória da insolvência, extinguindo-se logo que seja aprovado e homologado acordo de pagamento (art. 222º-E, nº 6).

30.4.4. Efeitos sobre os fornecedores de serviços públicos essenciais

À semelhança do que se prevê para o PER, determina o art. 222º-E, nº 8 que a partir da decisão de nomeação do administrador judicial provisório no PEAP não pode ser suspensa a prestação dos seguintes serviços públicos essenciais:

- *a)* Serviço de fornecimento de água;
- *b)* Serviço de fornecimento de energia eléctrica;
- *c)* Serviço de fornecimento de gás natural e gases de petróleo liquefeitos canalizados;
- *d)* Serviço de comunicações electrónicas;
- *e)* Serviços postais;
- *f)* Serviço de recolha e tratamento de águas residuais;
- *g)* Serviços de gestão de resíduos sólidos urbanos.

Como contrapartida pela retirada desses direitos, estabelece, entanto, o art. 222º-E, nº 9, que o preço dos serviços públicos prestados nesse período que não sejam objecto de pagamento pela empresa será considerado dívida da massa insolvente em insolvência da mesma que venha a ser decretada nos dois anos posteriores ao termo do prazo das negociações. Ressalva-se, no entanto, o disposto no art. 10º da Lei 23/96, de 26 de Julho, e sucessivas alterações, que estabelece um prazo de prescrição de seis meses para estas obrigações, a partir da prestação do serviço, assim como um prazo de caducidade do direito ao recebimento da diferença de preço, em caso de pagamento inferior por erro do prestador de serviços, a contar do pagamento inicial. Essa prescrição ou caducidade apenas pode ocorrer, no entanto, após o termo das negociações, uma vez que, conforme acima se referiu, durante o prazo em que decorrerem as mesmas, esses prazos ficam suspensos.

30.5. Conclusão do processo especial para acordo de pagamento

30.5.1. Conclusão das negociações com aprovação do acordo de pagamento

A lei distingue consoante o acordo de pagamentos seja aprovado por unanimidade dos credores ou por simples maioria dos mesmos.

Em caso de aprovação unânime de acordo de pagamento em negociação em que intervenham todos os credores, o acordo é assinado por todos e de imediato remetido o processo ao tribunal, para homologação ou recusa da mesma pelo juiz, acompanhado da documentação que comprova a sua aprovação, atestada pelo administrador judicial provisório. Nesse caso, o acordo de pagamento produz, em caso de homologação, imediatamente os seus efeitos (art. 222º-F, nº 1).

Sendo as negociações concluídas com a aprovação do acordo de pagamento, mas não se verificando essa aprovação unânime dos credores, o devedor remete-o ao tribunal, o qual procede à publicação de anúncio no portal citius advertindo dessa junção, após o que corre o prazo de votação de 10 dias, no decurso do qual qualquer interessado pode solicitar a não homologação do acordo (art. 222º-F, nº 2). Os credores votam esse plano por escrito no prazo de dez dias, apenas podendo o voto consistir na sua aprovação ou rejeição, equivalendo a rejeição qualquer proposta de modificação do plano. Os votos são remetidos ao administrador judicial provisório, que os abre em conjunto com o devedor e elabora um documento com o resultado da votação, que remete de imediato para o tribunal (art, 222º-F, nº 4 e 211º).

O plano considera-se aprovado desde que reúna uma das seguintes votações (art. 222º-F, nº 3):

a) Sendo votado por credores cujos créditos representem, pelo menos, um terço do total dos créditos relacionados com direito de voto, contidos na lista de créditos a que se referem os n.ºs 3 e 4 do artigo 222º-D, recolha o voto favorável de mais de dois terços da totalidade dos votos emitidos e mais de metade dos votos emitidos corresponda a créditos não subordinados, não se considerando como tal as abstenções; ou

b) Recolha o voto favorável de credores cujos créditos representem mais de metade da totalidade dos créditos relacionados com direito de voto, calculados de harmonia com o disposto na alínea anterior, e mais de metade destes votos corresponda a créditos não subordinados, não se considerando como tal as abstenções.

O juiz pode, no entanto, computar os créditos que tenham sido impugnados se considerar que existe probabilidade séria de os mesmos serem reconhecidos, caso a questão ainda não tenha sido decidida (art. 222º-F, nº 3, proémio).

Verificando-se a aprovação unânime de um plano de pagamentos em que intervenham todos os credores, este deve ser assinado por todos, sendo de imediato remetido ao juiz, para homologação ou recusa da mesma, acompanhado da documentação que comprova a sua aprovação, atestada pelo administrador judicial provisório nomeado. Uma vez homologado o acordo, o mesmo produz de imediato os seus efeitos (art. 222º-F, nº 1).

Já no caso de não ser obtida a concordância de todos os credores, mas o acordo tiver sido aprovado, o administrador judicial provisório deve remeter o plano de recuperação aprovado para o tribunal, sendo publicado anúncio no Citius, advertindo dessa junção, correndo desde essa data o prazo de votação de 10 dias no decurso do qual qualquer interessado pode solicitar a não homologação, nos termos e para os efeitos dos arts. 215º e 216º, aplicáveis com as necessárias adaptações (art. 222º-F, nº 2).

À decisão do juiz aplica-se neste caso o regime estabelecido para o plano de insolvência, constante do título IX do CIRE e, em especial, o disposto nos arts. 215º e 216º (art. 222º-F, nº 5). Nesse caso, o juiz decide se deve ou não homologar o referido plano, podendo recusar a sua homologação oficiosamente (art. 215º) ou a requerimento de qualquer interessado (art. 216º), e devendo a decisão ser tomada nos 10 dias subsequentes à recepção da documentação.

Caso o juiz não homologue o acordo, aplica-se o disposto nos nºs 2 a 5, 7 e 8do art. 222º-G (art. 222º-F, nº 6), sendo assim a não homologação do plano de recuperação pelo juiz equiparada, quanto aos seus efeitos, à não aprovação pelos credores desse mesmo plano. Da decisão do juiz de não homologação pode, porém, ser interposto recurso. No caso de o parecer do administrador ser no sentido de que o devedor se encontra em situação de insolvência, esse recurso suspende a liquidação e partilha do activo, sem prejuízo da eventual necessidade de venda imediata dos bens susceptíveis de deterioração ou deterioração (arts. 222º-F, nº 7, 40º, nº 3, e 158º, nº 2).

Nos termos do art. 222º-F, nº 8, a decisão do juiz vincula o devedor e os credores, mesmo que não hajam reclamado os seus créditos ou participado nas negociações. A decisão do juiz é depois notificada, publicitada e registada pela secretaria do tribunal (art. 222º-F, nº 8), sendo as custas do processo suportadas pelo devedor (art. 222º-F, nº 9).

Salvo disposição expressa do acordo de pagamento em sentido diverso, a moratória ou o perdão previstos no plano ficam sem efeito: *a)* quanto a crédito relativamente ao qual o devedor se constitua em mora, se a prestação, acrescida dos juros moratórios, não for cumprida no prazo de 15 dias após interpelação escrita pelo credor; *b)* quanto a todos os créditos se, antes de finda a execução do plano, o devedor for declarado em situação de insolvência em novo processo (arts. 222º-F, nº 10 e 218º, nº 1). Questiona-se se é aplicável ao acordo de pagamento o regime especial do art. 4º, nº 2, da Lei 75/2020, mas tendemos a responder negativamente uma vez que o texto legal só fala em plano de insolvência e a remissão para o art. 218º, nº 1 do CIRE não nos parece suficiente para defender essa aplicação.

A homologação do acordo de pagamento impede o devedor de recorrer ao mesmo processo pelo prazo de dois anos, salvo se este demonstrar, no respetivo requerimento inicial, que executou integralmente o acordo de pagamento ou que o requerimento de novo processo especial para acordo de pagamento é motivado por fatores alheios ao próprio plano e a alteração superveniente é alheia ao devedor (art. 222º-F, nº 1, e 222º-G, nº 7).

30.5.2. Conclusão das negociações sem aprovação do acordo de pagamento

Caso o devedor ou a maioria dos credores prevista no nº 3 do art. 222º-F concluam antecipadamente não ser possível alcançar acordo, ou caso tenha sido ultrapassado o prazo previsto no nº 5 do art. 222º-D, com a eventual prorrogação resultante do art. 2º da Lei 75/2020, o processo é encerrado, comunicando o administrador judicial provisório tal facto ao processo e procedendo à sua publicação no Citius (art. 222º-G, nº 1). O devedor pode ainda pôr termo ao processo a todo o tempo, independentemente de qualquer causa, por carta registada enviada ao administrador judicial provisório, a todos os seus credores, e ao tribunal (art. 222º-G, nº 6).

Os efeitos do encerramento sem aprovação do plano variam consoante o devedor se encontre ou não em situação de insolvência, sendo a questão objecto de parecer do administrador judicial provisório, mediante a informação de que disponha, após audição do devedor e dos seus credores (art. 222º-G, nº 4).

Se o devedor não se encontrar em situação de insolvência, o encerramento do processo especial para acordo de pagamento acarreta a extinção de todos os seus efeitos (art. 222º-G, nº 2), voltando o devedor a poder praticar actos de especial relevo e cessando a suspensão de acções judiciais contra ele. O devedor perde, porém, a possibilidade de voltar a recorrer ao processo especial de revitalização por um período de dois anos (art. 222º-G, nº 7).

Se o devedor se encontrar em situação de insolvência, esta deve ser requerida pelo administrador judicial provisório, com base no parecer por ele elaborado, sendo a mesma decretada pelo tribunal, e sendo o processo especial para acordo de pagamento apenso ao processo de insolvência (arts. 222º-G, nºs 3 e 4 e 28º). O Acórdão do Tribunal Constitucional nº 258/2020, declarou, porém, "a inconstitucionalidade, com força obrigatória geral, da norma contida no nº 4 do artigo 222º-G do Código da Insolvência e Recuperação de Empresas, aprovado pelo Decreto-Lei nº 53/2004, de 18 de março, quando interpretada no sentido de o parecer do administrador judicial provisório que conclua pela situação de insolvência equivaler, por força do disposto no artigo 28.º do mesmo Diploma – ainda que com as necessárias adaptações –, à apresentação à insolvência por parte do devedor, quando este discorde da sua situação de insolvência, por violação do artigo 20º, nºs 1 e 4, conjugado com o artigo 18º, nº 2, da Constituição da República Portuguesa"[505].

O tribunal notifica aquele para, querendo e caso se mostrem preenchidos os respetivos pressupostos, em cinco dias, apresentar plano de paga-

[505] Cfr. Acórdão do Tribunal Constitucional nº 258/2020, de 5/5/2020 (José Teles Pereira), processo 1139/2019.

mentos nos termos do disposto nos artigos 249º e seguintes ou requerer a exoneração do passivo restante nos termos do disposto nos artigos 235º e seguintes (art. 222º-G, nº 5). Havendo lista definitiva de créditos reclamados, o prazo de reclamação de créditos previsto na alínea *j)* do nº 1 do art. 36º destina-se apenas à reclamação dos créditos ainda não reclamados nos termos do nº 2 do art. 222º-D (art. 222º-G, nº 8).

30.6. O caso especial de homologação de acordo extrajudicial de pagamento

O processo especial para acordo de pagamento pode ser também simplificado, caso o devedor consiga que a maioria dos credores prevista no nº 3 do art. 222º-F assine um acordo extrajudicial de recuperação. Neste caso, o processo especial para acordo de pagamento inicia-se pela apresentação pelo devedor do acordo extrajudicial de pagamento assinado juntamente com a documentação a que se refere o nº 2 do art. 222º-A (art. 222º-I, nº 1).

Nestes casos, logo que receba os documentos o juiz procede à nomeação do administrador judicial provisório, cabendo à secretaria publicar no Citius a lista provisória dos créditos e notificar os credores constantes dessa lista, que não tiveram intervenção no acordo (art. 222º-I, nº 2). Os credores não intervenientes dispõem então do prazo de 20 dias para reclamar os seus créditos, convertendo-se a lista de créditos em definitiva se não houver reclamações (arts. 222º-I, nº 3, e 222º-D, nºs 2 e 4). Conforme resulta do art. 222º-I, nº 4, o juiz procede então, no prazo de 10 dias, à análise do acordo extrajudicial devendo homologá-lo se respeitar a maioria prevista no nº 3 do art. 222º-F, a menos que se verifiquem casos de não homologação oficiosa (art. 215º) ou a requerimento dos interessados (art. 216º).

Caso o juiz homologue o acordo aplica-se os regime resultante da conclusão do processo pela obtenção de acordo previsto no art. 222º-F, nº 8 (art. 222º-I, nº 6). Caso o juiz não homologue o acordo, cessam os efeitos do processo, podendo o devedor ser declarado em situação de insolvência se for o caso (arts. 222º-I, nº 6, 222º-F, nº 6, e 222º-G, nºs 2 a 5, 7 e 8).

30.7. Subsistência dos negócios e garantias acordados, mesmo que se verifique a insolvência do devedor

Da mesma forma que ocorre com o PER, os negócios celebrados no âmbito do PEAP são insusceptíveis de resolução em benefício da massa insolvente (art. 120º, nº 6), pelo que subsistirão, mesmo que a insolvência venha a ser decretada no prazo de dois anos.

Para além disso, as garantias convencionadas entre o devedor e os seus credores durante o processo especial para acordo de pagamento, com a finalidade de proprocionar àquele os necessários meios financeiros para o desenvolvimento da sua actividade, mantêm-se mesmo que, findo o processo, venha a ser declarada, no prazo de dois anos, a insolvência do devedor (art. 222º-H, nº 1). Essas garantias ficam, portanto, imunes à resolução em benefício da massa insolvente, como já resultava do art. 120º, nº 6, mas também deixam de ser objecto de extinção, caso se enquadrassem no art. 97º, nº 1, *d)* e *e)*.

Para além disso, independentemente da estipulação de quaisquer garantias, a lei atribui aos credores que, no decurso do processo, financiem a actividade da empresa, disponibilizando-lhe capital para a sua revitalização, um privilégio creditório geral, graduado antes do privilégio creditório dos trabalhadores (art. 222º-H, nº 2).

30.8. Encerramento do processo e cessação de funções do administrador judicial provisório

Resulta do art. 222º-J, nº 1, que o processo especial para acordo de pagamento é encerrado com o trânsito em julgado da decisão de homologação do plano de pagamento ou após o cumprimento do disposto nos nºs 1 a 6 do artigo 222º-G nos casos em que não tenha sido aprovado ou homologado plano de pagamento.

Nos termos do art. 222º-J, nº 2, sem prejuízo da sua substituição ou remoção, no caso de homologação do plano de pagamentos, as funções do administrador judicial provisório cessam logo com a decisão de homologação, independemente do seu trânsito em julgado. Já no caso de não homologação, a cessação de funções do administrador judicial provisório depende de o processo ser encerrado nos termos do art. 222º-J, nº 1, *b)*.

31
O processo extraordinário de viabilização de empresas

31.1. Generalidades

A pandemia COVID-19 e profunda crise que se abateu sobre as empresas portuguesas levou o legislador a criar transitoriamente mais um processo de recuperação, denominado processo extraordinário de viabilização de empresas (PEVE). Esse processo consta dos arts. 6º e ss. da Lei 75/2020, que em princípio se destinam a vigorar apenas até 31 de Dezembro de 2021 (art. 18º, nº 1, Lei 75/2020), ainda que o legislador preveja a possibilidade de a sua vigência ser prorrogada por decreto-lei (art. 18º, nº 2, Lei 75/2020).

Nos termos do art. 3º, nº 1, da Lei 75/2020, o PEVE destina-se à empresa que, comprovadamente, se encontre em situação económica difícil ou em situação de insolvência iminente ou actual em virtude da pandemia da doença COVID-19 mas que ainda seja susceptível de viabilização. O PEVE tem assim uma finalidade semelhante ao PER, ainda que, ao contrário deste, abranja as empresas que se encontrem em situação de insolvência actual em virtude da pandemia. O PEVE tem caráter urgente, inclusive nas fases de recurso, caso existam, assumindo prioridade sobre a tramitação e julgamento de processo de insolvência, de processo especial de revitalização e de processo especial para acordo de pagamento (art. 6º, nº 6, da Lei 75/2020). Ao PEVE aplica-se o disposto no CIRE, nas disposições que não sejam incompatíveis com a sua natureza, e, subsidiariamente, as disposições gerais do Código de Processo Civil, em tudo o que não contrarie as disposições da lei que o rege (art. 6º, nº 7, da Lei 75/2020).

31.2. Pressupostos legais

À semelhança do que sucede com o PER, ao PEVE apenas podem recorrer as empresas, definidas nos termos habituais, como as organizações de capital e trabalho destinadas ao exercício de qualquer atividade económica, independentemente da natureza jurídica do seu titular (cfr. art. 6º, nº 2, da Lei 75/2020, semelhante ao art. 5º CIRE). Ao PEVE não podem, no entanto, submeter-se as entidades referidas no nº 2 do artigo 2º do CIRE (art. 6º, nº 8, da Lei 75/2020).

Estranhamente, no entanto, o art. 6º, nº 3, da Lei 75/2020 faz referência ao facto de a empresa não ter pendente processo especial para acordo de pagamento, o que só pode ser entendido como um lapso do legislador, uma vez que nos termos do art. 222º-A, o processo especial para acordo de pagamento apenas se pode aplicar a devedores que não sejam empresas, pelo que, o facto de estar pendente esse processo significaria não estarmos perante uma empresa.

Assim sendo, haverá que interpretar restritivamente o art. 6º, nº 3, da Lei 75/2020, considerando-se que o mesmo pode ser utilizado por qualquer empresa que, não tendo pendente PER à data da apresentação do requerimento, reúna as condições necessárias para a sua viabilização e que, de acordo com as normas contabilísticas aplicáveis conjugadas com o previsto no nº 3 do artigo 3º do CIRE, demonstre ter, em 31 de dezembro de 2019, um activo superior ao passivo.

A exigência do art. 6º, nº 3, da Lei 75/2020 é, no entanto, derrogada no seu nº 4, que possibilita a utilização do PEVE por qualquer micro ou pequena empresa, na acepção do anexo ao D. L. 372/2007, de 6 de Novembro, que não tivesse, em 31 de dezembro de 2019, um activo superior ao passivo, desde que: *a)* não tenha pendente processo de insolvência, processo especial de revitalização ou processo especial para acordo de pagamento à data da apresentação do requerimento referido no nº 1 do artigo seguinte; *b)* tenha recebido um auxílio de emergência no âmbito do quadro temporário relativo a medidas de auxílio estatal em apoio da economia no atual contexto da pandemia da doença COVID-19 e o mesmo não tenha sido reembolsado nos termos legais; ou *c)* esteja abrangida por um plano de reestruturação no quadro das medidas de auxílio estatal.

Nesta situação, a definição de empresa é bastante mais abrangente, uma vez que o art. 1º do Anexo ao D.L. 372/2007 define empresa como qualquer entidade que, independentemente da sua forma jurídica, exerce uma actividade económica, sendo nomeadamente, consideradas como tal as entidades que exercem uma actividade artesanal ou outras actividades a título individual ou familiar, as sociedades de pessoas ou as associações que exercem regularmente uma actividade económica. Tal já permite que nesta situação as referidas empresas estejam sujeitas ao PEAP e não ao PER. Nos termos dos nºs 2 e 3 do art. 2º do referido Anexo, são consideradas pequenas empresas as que empregam menos de 50 pessoas e cujo volume de negócios anual ou balanço total anual não excede 10 milhões de euros e micro empresas as que empregam menos de 10 pessoas e cujo volume de negócios anual ou balanço total anual não excede 2 milhões de euros.

O art. 6º, nº 5 da Lei 75/2020 acrescenta que o PEVE pode ainda ser utilizado por empresas que, não tendo a 31 de dezembro de 2019 o activo superior ao passivo, tenham logrado regularizar a sua situação com recurso à disposição transitória prevista no nº 1 do artigo 35º do RERE e desde que tenham procedido ao depósito tempestivo do acordo de reestruturação. Efectivamente esta última disposição permitiu transitoriamente a utilização do RERE por devedores em situação de insolvência actual por um prazo de 18 meses a contar da data da entrada em vigor da Lei 8/2018, de 2 de Março, pelo que o PEVE pode ainda ser utilizado pelos devedores nessa situação.

31.3. Tramitação inicial

O PEVE pode iniciar-se se a empresa conseguir assinar um acordo de viabilização com credores que representem pelo menos as maiorias de votos previstas no nº 5 do artigo 17º-F do CIRE (art. 7º, nº 1, *d)* da Lei 75/2020). Nesse caso, a empresa apresenta um requerimento ao tribunal competente para decretar a sua insolvência em que, além do referido acordo, deve juntar a documentação exigida nos arts. 7º, nº 1, *a)*, *b)*, e *c)* da Lei 75/2020. A empresa pode, se o entender, propor ao juiz nesse requerimento a nomeação de um determinado administrador judicial provisório.

Recebido o requerimento, acompanhado dos documentos exigidos, o juiz nomeia de imediato, por despacho, o administrador judicial provisório, aplicando-se o disposto nos artigos 32º a 34º do CIRE com as necessárias adaptações, devendo a secretaria publicar na Área de Serviços Digitais dos Tribunais, acessível no endereço eletrónico https://tribunais.org.pt, a relação de credores e o acordo de viabilização (art. 7º, nº 3, da Lei 75/2020). A nomeação do administrador judicial provisório é efectuada aleatoriamente, por sorteio, através dos meios electrónicos, podendo o juiz nomear o administrador indicado pela empresa quando a avaliação da situação de viabilidade desta carecer de especiais conhecimentos (art. 7º, nº 5 da Lei 75/2020).

O despacho de nomeação do administrador judicial provisório é de imediato notificado à empresa, sendo-lhe aplicável o disposto nos artigos 37º e 38º do CIRE com as devidas adaptações[506] (art. 7º, nº 4, da Lei 75/2020).

Logo que tome conhecimento da sua nomeação, o administrador judicial provisório é obrigado a informar a Autoridade Tributária e Aduaneira (AT), o Instituto da Segurança Social, I. P., e o Instituto de Gestão Financeira da Segurança Social, I. P., da pendência do processo extraordinário de viabilização, identificando a empresa requerente, comprovando tal acto no processo (art. 7º, nº 6, da Lei 75/2020).

31.4. Efeitos da nomeação do administrador judicial provisório

31.4.1. Efeitos sobre a empresa

A nomeação do administrador judicial provisório implica a inibição da empresa para a prática de actos de especial relevo, tal como são definidos no art. 161º do CIRE, a menos que obtenha autorização prévia do administrador judicial provisório (art. 8º, nº 1, *b)* da Lei 75/2020). A autorização tem que ser requerida por escrito, e concedida pela mesma forma (art. 8º, nº 2, da Lei 75/2020), não podendo decorrer mais de cinco dias entre o pedido e a resposta, devendo sempre que possível recorrer-se a comunicações electrónicas (art. 8º, nº 3, da Lei 75/2020). A falta de resposta do administrador judicial provisório ao pedido formulado pela empresa corresponde a declaração de recusa de autorização para a realização do negócio pretendido (art. 8º, nº 4, da Lei 75/2020).

31.4.2. Efeitos sobre outros processos

A nomeação do administrador judicial provisório no processo extraordinário de viablização de empresas obsta à instauração de quaisquer acções para cobrança de dívidas contra a empresa e, até ao trânsito em julgado da sentença de homologação ou de não homologação, suspende, quanto à

[506] Assim, e nos termos do art. 38º, nº 2, a nomeação do administrador judicial provisório é registada oficiosamente, com base na certidão remetida pela secretaria, nos diversos registos a que o devedor esteja sujeito.

empresa, as acções em curso com idêntica finalidade, extinguindo-se as mesmas logo que seja homologado o acordo de viabilização, salvo quando este preveja a sua continuação ou quando os créditos em causa naquelas acções não estejam abrangidos pelo acordo (8º, nº 1, *b)* da Lei 75/2020).

Da mesma forma os processos de insolvência em que anteriormente haja sido requerida a insolvência da empresa suspendem-se na data de publicação na Área de Serviços Digitais dos Tribunais, acessível no endereço eletrónico https://tribunais.org.pt, do despacho de nomeação do administrador judicial provisório, desde que não tenha sido proferida sentença declaratória da insolvência, extinguindo-se logo que seja homologado o acordo de viabilização (art. 8º, nº 5, da Lei 75/2020). Suspendem-se ainda nos mesmos termos os processos em que seja requerida a insolvência da empresa, entrados depois da referida publicação desse despacho (art. 8º, nº 6, da Lei 75/2020).

No requerimento inicial pode a empresa requerer a apensação de outro PEVE, intentado por sociedades comerciais com as quais a empresa se encontre em relação de domínio ou de grupo, desde que se encontrem igualmente na fase liminar (art. 7º, nº 2, da Lei 75/2020), caso em que o juiz nesse despacho determinará igualmente essa apensação.

31.4.3. Suspensão dos prazos de prescrição e de caducidade

Um outro efeito resultante da nomeação do administrador judicial provisório é a suspensão dos prazos de prescrição e caducidade. Efectivamente, dispõe o art. 8, nº 7, da Lei 75/2020 que "a decisão a que se refere o nº 3 do artigo anterior determina a suspensão de todos os prazos de prescrição e de caducidade oponíveis pela empresa até à prolação da sentença de homologação ou de não homologação". Ficam assim suspensos todos os prazos de prescrição e de caducidade que a empresa pudesse invocar durante o PEVE, que só voltam a correr no momento da prolação da sentença que homologue ou recuse a homologação do acordo de viabilização.

31.4.4. Efeitos sobre os fornecedores de serviços públicos essenciais

Determina o art. 8, nº 8, da Lei 75/2020 que, a partir da decisão de nomeação do administrador judicial provisório e até à prolação da sentença de homologação ou não homologação não pode ser suspensa a prestação dos seguintes serviços públicos essenciais:

a) Serviço de fornecimento de água;
b) Serviço de fornecimento de energia eléctrica;
c) Serviço de fornecimento de gás natural e gases de petróleo liquefeitos canalizados;
d) Serviço de comunicações electrónicas;
e) Serviços postais;
f) Serviço de recolha e tratamento de águas residuais;
g) Serviços de gestão de resíduos sólidos urbanos.

Diferentemente do que se encontra previsto para o PER (art. 17º-E, nº 9, CIRE), em relação ao PEVE, a Lei 75/2020 não veio estabelecer que, em caso de não pagamento, o preço dos serviços públicos prestados nesse período seja considerado dívida da massa insolvente em futura insolvência da empresa. Os fornecedores de serviços públicos essenciais ficam assim desprotegidos perante esta suspensão.

31.5. Tramitação subsequente

No prazo de 15 dias, contados da publicação da relação de credores na Área de Serviços Digitais dos Tribunais, acessível no endereço eletrónico https://tribunais.org.pt, qualquer credor pode proceder à impugnação da mesma junto do tribunal competente, com fundamento na indevida inclusão ou exclusão de créditos ou na incorreção do montante ou da qualificação dos créditos reconhecidos, e solicitar a não homologação do acordo de viabilização, nos termos e para os efeitos previstos nos artigos 215º e 216º do CIRE, com as devidas adaptações (art. 9º, nº 1, da Lei 75/2020). O art. 9º, nº 2, da Lei 75/2020 exclui a aplicação neste caso do art. 139º, nº 5, do CPC, pelo que a impugnação não poderá ser apresentada com multa nos três dias superiores ao fim do prazo.

No mesmo prazo deve o administrador judicial provisório emitir parecer sobre se o acordo de viabilização apresentado oferece perspetivas razoáveis de garantir a viabilidade da empresa (art. 9º, nº 3, da Lei 75/2020).

O juiz tem então o prazo de 10 dias para decidir as impugnações formuladas em relação à lista de credores, bem como sobre a homologação do acordo de viabilização (art. 9º, nº 3, da Lei 75/2020).

Se não for apresentada qualquer impugnação, a relação de credores converte-se de imediato em definitiva (art. 9º, nº 6, da Lei 75/2020). No caso de serem apresentadas impugnações, o juiz deve decidi-las com base na prova documental carreada para os autos, devendo em caso de procedência das mesmas ordenar a alteração da relação de credores em conformidade (art. 9º, nº 4, *a)* da Lei 75/2020). Uma vez que a decisão sobre as impugnações não é autonomamente recorrível (art. 9º, nº 5, da Lei 75/2020), deve considerar-se que o juiz deve proceder à análise do acordo de viabilização no prazo de 10 dias após a sua decisão sobre as impugnações, uma vez que a mesma converte igualmente a relação de credores em definitiva (art. 9º, nº 7, *in principio*, da Lei 75/2020).

31.6. Conclusão do processo

Convertendo-se a relação de credores em definitiva, o juiz analisa no prazo de 10 dias o acordo de viabilização, considerando as pronúncias dos credores e o parecer do administrador judicial provisório, devendo homologá-lo por sentença se cumulativamente; *a)* forem respeitadas as maiorias previstas no nº 5 do artigo 17º-F do CIRE[507]; *b)* o acordo apresentar perspectivas razoáveis de garantir a viabilidade da empresa; *c)* não subsistir alguma das circunstâncias previstas nos artigos 215º e 216º do CIRE (art. 9º, nº 4, da Lei 75/2020).

A homologação deve considerar o regime especial dos créditos tributários e da segurança social previsto no art. 13º da Lei 75/2020. Efectivamente, em relação a estes a lei apenas admite a possibilidade de pagamento em prestações com as necessárias garantias (art. 13º, nº 1, da Lei 75/2020). Uma vez que estes créditos são indisponíveis, a lei admite apenas a possibilidade de redução da taxa de juros de mora (art. 13º, nº 2, da Lei 75/2020), a qual se fixa nos seguintes termos: *a)* 25% em planos prestacionais de 73 até 150 prestações mensais; *b)* 50% em planos prestacionais de 37 até 72 prestações mensais; *c)* 75% em planos prestacionais até 36 prestações mensais; *d)* totalidade de juros de mora vencidos, desde que a dívida se mostre paga nos 30 dias seguintes à homologação do acordo (art. 13º, nº 3, da Lei 75/2020). A lei prevê ainda um regime especial de imputação dos pagamentos, mais favorável do que o constante do art. 785º CC, uma vez que os pagamentos das prestações são imputados, em primeiro lugar, ao capital em dívida, seguindo-se os juros compensatórios, os juros de mora e os encargos, sucessivamente (art. 13º, nº 4, da Lei 75/2020).

[507] O art. 9º nº 8, da Lei 75/2020, esclarece que no cômputo das maiorias previstas no nº 5 do artigo 17º-F do CIRE é conferida aos créditos sob condição a percentagem de 50% de direitos de voto correspondentes aos créditos relacionados.

A sentença deve fixar ainda remuneração do administrador judicial provisório entre € 300 e € 3000, considerando a natureza e âmbito do acordo, a dimensão da empresa, designadamente o seu volume de negócios, número de trabalhadores e especificidades da área de atividade em que se encontra inserida (art. 7º, nº 7, da Lei 75/2020). Compete à empresa suportar o pagamento dessa remuneração (art. 9º, nº 12, da Lei 75/2020).

A decisão de homologação vincula a empresa, os credores subscritores do acordo e os credores constantes da relação de credores, mesmo que não hajam participado na negociação extrajudicial, relativamente aos créditos constituídos à data em que foi proferida a decisão de nomeação do administrador judicial provisório, sendo notificada, publicitada na Área de Serviços Digitais dos Tribunais, acessível no endereço eletrónico https://tribunais.org.pt, e registada pela secretaria do tribunal (art. 9º, nº 9, da Lei 75/2020).

Já a não homologação do acordo acarreta o encerramento do processo de viabilização e a extinção de todos os seus efeitos (art. 9º, nº 11, da Lei 75/2020). Ao contrário do que se prevê no PER (art. 17º-G do CIRE) e no PEAP (art. 222º-G do CIRE), não existe no PEVE qualquer apreciação relativamente à insolvência da empresa, não tendo assim o administrador que emitir parecer e requerer a mesma, nem o juiz que tomar qualquer decisão sobre esta.

A decisão de homologação ou não homologação admite recurso, o qual sobe imediatamente nos próprios autos com efeito meramente devolutivo (art. 9º, nº 11, da Lei 75/2020).

Uma vez que, nos termos do art. 9º, nº 14, da Lei 75/2020, é aplicável ao acordo de viabilização o disposto no art. 218º, nº 1, do CIRE, salvo disposição expressa do mesmo em sentido diverso, a moratória ou o perdão nele previstos no plano ficam sem efeito: *a)* quanto a crédito relativamente ao qual o devedor se constitua em mora, se a prestação, acrescida dos juros moratórios, não for cumprida no prazo de 15 dias após interpelação escrita pelo credor; *b)* Quanto a todos os créditos se, antes de finda a execução do acordo o devedor for declarado em situação de insolvência em novo processo. Uma vez que a lei não remete neste caso para os nºs 2 e 3 do art. 218º CIRE não parece que os mesmos se devam aplicar ao PEVE. Da mesma forma, o art. 13º, nº 5, da Lei 75/2020, estabelece que, em caso de incumprimento do acordo relativo ao pagamento em prestações dos créditos tributários e da segurança social, fica sem efeito a redução da taxa de juros de mora prevista no art. 13º, nº 3 da Lei 75/2020 para estes créditos, sendo aplicável aplicável o regime previsto no nº 1 do artigo 200º do CPPT.

O termo do processo extraordinário de viabilização impede a empresa de recorrer novamente ao mesmo (art. 9º, nº 15, da Lei 75/2020). Uma vez que este processo tem vigência meramente transitória este impedimento é definitivo, não vigorando apenas pelo prazo de dois anos, ao contrário do que se prevê para o PER (arts. 17º-F, nº 13, e 17º-G, nº 6 CIRE) ou para o PEAP (arts. 222º-F, nº 11, e 222º-G, nº 7, CIRE).

31.7. Adesão ao acordo

O PEVE prevê ainda, após a homologação judicial do acordo de viabilização, uma fase de adesão posterior a esse acordo por parte dos credores que não o subscreveram. Efectivamente, determina o 10º, nº 1, da Lei 75/2020 que qualquer credor que não conste da relação de credores definitiva pode, no prazo de 30 dias a contar da publicitação na Área de Serviços Digitais dos Tribunais, acessível em https://tribunais.org.pt, da decisão de homologação do acordo de viabilização, através de uma mera declaração, manifestar no processo a sua intenção de aderir ao acordo homologado.

Após o decurso desse prazo, a empresa é notificada das declarações dos credores, devendo, no prazo de cinco dias, informar se aceita a adesão destes ao acordo (art. 10º, nº 2, da Lei 75/2020), equivalendo o silêncio da empresa à recusa da adesão dos credores (art. 10º, nº 4, da Lei 75/2020). A lei não esclarece se a aceitação da empresa pode ocorrer apenas em relação a alguns credores, nos pareça que a resposta deva ser positiva, dado que não parece ser de impor à empresa uma recusa da adesão de todos os credores, se esta pretender aceitar alguns.

A adesão ao acordo de viabilização por parte dos credores, que mereça a concordância da empresa, vincula-os nos mesmos termos dos credores que subscreveram inicialmente o acordo ou constavam da relação, sem necessidade da intervenção do juiz (art. 10º, nº 3, da Lei 75/2020).

31.8. Subsistência dos negócios e garantias acordados, mesmo que se verifique a insolvência da empresa

Os negócios celebrados no âmbito do PEVE são igualmente insusceptíveis de resolução em benefício da massa insolvente, ainda que em termos mais exigentes do que se encontra previsto para o PER e para o PEAP (art. 120º, nº 6). Efectivamente, determina o art. 12º, nº 1, da Lei 75/2020 que, no caso de a empresa ser declarada insolvente, essa exclusão apenas se verificará em relação aos negócios jurídicos que hajam compreendido a efetiva disponibilização à empresa de novos créditos pecuniários, incluindo sob a forma de diferimento de pagamento, e à constituição, por esta, de garantias respeitantes a tais créditos pecuniários, desde que os negócios jurídicos hajam sido expressamente previstos no acordo de viabilização. Por outro lado, esta exclusão deixa de ser aplicável se o novo financiamento tiver sido utilizado pela empresa em benefício da respetiva entidade financiadora ou de entidade que com esta esteja especialmente relacionada, nos termos referidos no artigo 49º do CIRE (art. 12º, nº 2, da Lei 75/2020).

Para além disso, as garantias convencionadas entre a empresa e os seus credores no âmbito do processo extraordinário de viabilização, com a finalidade de proprocionar àquela os necessários meios financeiros para o desenvolvimento da sua actividade, mantêm-se mesmo que, findo o processo, venha a ser declarada, no prazo de dois anos, a sua insolvência (art. 11º, nº 1, da Lei 75/2020). Essas garantias ficam, portanto, não apenas imunes à resolução em benefício da massa insolvente, como já resultava do art. 11º, nº 1, da Lei 75/2020, mas também deixam de ser objecto de extinção, caso se enquadrassem no art. 97º, nº 1, *d)* e *e)*[508].

Aliás, independentemente da estipulação de quaisquer garantias, a lei atribui um privilégio creditório geral, graduado antes do privilégio creditório dos trabalhadores, aos credores, sócios, acionistas ou quaisquer outras pessoas especialmente relacionadas com o devedor que, no âmbito do PEVE, financiem a actividade da empresa, disponibilizando-lhe capital para a sua viabilização (arts. 11º, nº 2, da Lei 75/2020, e art. 17º-H, nº 2, CIRE).

31.9. Benefícios tributários

Nos termos do art. 14º, nº 1, da Lei 75/2020, o acordo de viabilização confere às partes subscritoras os benefícios emolumentares e fiscais previstos nos arts. 268º, 269º, e 270º do CIRE, desde que determine uma reestruturação de créditos não inferior a 30% do passivo não subordinado da

[508] Tem sido, porém, questionado se as garantias se extinguem, por força do art. 17º-G, nº 2, se vier a ser revogado em recurso o plano de recuperação. Neste sentido, ALEXANDRE DE SOVERAL MARTINS, *Um curso*, p. 531. Em sentido contrário, veja-se, porém, ANA MARIA PERALTA, "Os «novos créditos» no PER e no SIREVE: conceito e regime", em CATARINA SERRA (org.), *III Congresso de Direito da Insolvência*, Coimbra, Almedina, 2015, pp. 279-312 (297).

empresa. Para efeitos de atribuição dos benefícios, o acordo de viabilização é acompanhado de declaração em língua portuguesa de revisor oficial de contas, a certificar o cumprimento dessa percentagem de reestruturação do passivo, e ainda que, em virtude do acordo de reestruturação, a situação financeira da empresa fica mais equilibrada, por aumento da proporção do activo sobre o passivo, e que os capitais próprios do devedor são superiores ao capital social (art. 14º, nº 3, da Lei 75/2020).

A AT pode, porém, conceder os mesmos benefícios, no caso de uma reestruturação de passivo inferior, havendo requerimento fundamentado nesse sentido apresentado por alguma das partes subscritoras do acordo (art. 14º, nº 2, da Lei 75/2020).

Em qualquer desses casos, presume-se que o acordo de reestruturação reveste reconhecido interesse económico para efeitos de o Ministro das Finanças poder dispensar por portaria a não aplicação da limitação à dedução de benefícios fiscais, em caso de alteração da titularidade ou dos direitos de voto em mais de 50%, nos termos do art. 52º, nºs 8 e 12 CIRC (art. 14º, nº 4, da Lei 75/2020).

Da mesma forma, determina o art. 14º, nº 5, da Lei 75/2020 que os créditos incobráveis podem ser diretamente considerados gastos ou perdas do período de tributação, ainda que o respectivo reconhecimento contabilístico já tenha ocorrido em períodos de tributação anteriores, desde que não tenha sido admitida perda por imparidade ou esta se mostre insuficiente em processo extraordinário de viabilização, quando for homologado acordo de viabilização que cumpra com o disposto no art. 14º, nº 3 da Lei 75/2020 e do qual resulte o não pagamento definitivo do crédito.

O PEVE é ainda isento de custas processuais, salvo quanto à remuneração do administrador judicial provisório, que é suportada pela empresa (art. 15º da Lei 75/2020).

32
As insolvências internacionais

32.1. Generalidades

Cabe agora examinar a regulação das insolvências internacionais[509]. Efectivamente, a actual globalização da economia permitiu o surgimento de processos de insolvência transfronteiriços, em que o património do devedor se encontra disperso por vários países, ou em relação aos quais se verificam elementos de conexão com países distintos daqueles em que o processo de insolvência é aberto. Nestes casos, a conexão da insolvência com diversas ordens jurídicas pode levar a que seja desrespeitado o princípio *par conditio creditorum*, se aos credores em determinado país fosse permitido obter a satisfação dos seus créditos em detrimento dos credores de outro país. Em ordem a evitar essa situação, procura-se assegurar a unicidade e a universalidade dos processos de insolvência internacionais. A *unicidade* pressupõe que seja instaurado um só processo de insolvência, independentemente de os bens ou os credores estarem dispersos por vários países, ou pelo menos, que os diversos processos de insolvência se coordenem entre si. A *universalidade* pressupõe que os efeitos do processo de insolvência aberto em determinado país sejam regidos por uma única

[509] Cfr. Helena Brito, "Falências internacionais. Algumas considerações a propósito do Código da Insolvência e da Recuperação de Empresas" na *Themis*, edição especial, 2005, pp. 183-220 = Ruy de Albuquerque / António Menezes Cordeiro (org.), *Estudos em Memória do Professor Doutor José Dias Marques*, Coimbra, Almedina, 2007, pp. 625-686, e Dário Moura Vicente, "Insolvência internacional: Direito aplicável", em Ruy de Albuquerque / António Menezes Cordeiro (org.), *Estudos em Memória do Professor Doutor José Dias Marques*, Coimbra, Almedina, 2007, pp. 81-104.

lei, e abranger a totalidade dos bens do devedor, onde quer que se encontrem, sendo esses bens objecto de rateio pelos diversos credores, independentemente da localização destes[510].

A insolvência internacional é por isso actualmente objecto de regulação a nível europeu, através do Regulamento (UE) 2015/848, do Parlamento Europeu e do Conselho sobre processos de insolvência (o qual revogou e substitui o anterior Regulamento (CE) 1346/2000[511]), que procura assegurar a instituição a nível comunitário de um regime comum para a insolvência internacional. Apesar disso, e por influência manifesta dos arts. 199 a 230 da *Ley Concursal* espanhola de 2003[512], o legislador resolveu regular no CIRE as insolvências internacionais, instituindo normas de Direito Internacional Privado, nos arts. 275º e ss.

Numa disposição que, face ao art. 8º da Constituição, se pode considerar inútil, o art. 275º vem estabelecer que as normas de conflitos apenas são aplicáveis na medida em que não contrariem o estabelecido no Regulamento Regulamento (UE) 2015/848 sobre processos de insolvência e em outras normas comunitárias ou constantes de tratados internacionais. As regras que o CIRE institui são, no entanto, quase sempre coincidentes com as do Regulamento, sendo que, como se referiu, em caso de conflito, é este que prevalece.

32.2. Âmbito de aplicação do Regulamento (UE) 2015/848

O âmbito de aplicação do Regulamento (UE) 2015/848 encontra-se estabelecido no seu art. 1º, nº 1, onde se determina que o mesmo "é aplicável aos processos coletivos públicos de insolvência, incluindo os processos provisórios, com fundamento na lei no domínio da insolvência e nos quais, para efeitos de recuperação, ajustamento da dívida, reorganização ou liquidação:

a) o devedor é total ou parcialmente privado dos seus bens e é nomeado um administrador da insolvência;

510 Cfr. Dário Moura Vicente, em *Estudos Dias Marques*, p. 83.

511 Sobre os antecedentes e o processo que conduziu à aprovação do Regulamento (CE) 1346/2000, cfr. Ian F. Fletcher, "Historical Overview: The Drafting of the Regulation and its Precursors", em Gabriel Moss / Ian F. Fletcher / Stuart Isaacs (org.), *The EC Regulation on Insolvency Proceedings: A Commentary and Annotated Guide*, Oxford, University Press, 2002, pp. 1-14.

512 Cfr., sobre estes Montón Redondo/Montón Garcia, *op. cit.*, pp. 53 e ss.

b) os bens e negócios do devedor ficam submetidos ao controlo ou à fiscalização por um órgão jurisdicional; ou
c) uma suspensão temporária de acções executivas singulares é ordenada por um órgão jurisdicional ou por forçaa da lei, a fim de permitir a realização de negociações entre o devedor e os seus credores, desde que o processo no qual é ordenada a suspensão preveja medidas adequadas para proteger o interesse coletivo dos credores e, caso não seja obtido acordo, seja preliminar relativamente a um dos processos a que se referem as alíneas *a)* ou *b)*".

O considerando 9 do Regulamento esclarece que essa aplicação se faz independentemente de o devedor se o devedor ser uma pessoa singular ou colectiva, um comerciante ou um particular. Os processos de insolvência dos diversos Estados-Membros abrangidos pelo Regulamento encontram-se referidos no Anexo A ao mesmo.

O Regulamento é expressamente declarado inaplicável aos processos de insolvência referentes a empresas de seguros e instituições de crédito, a empresas de investimento e outras empresas e instituições abrangidas pela Directiva 2001/24/CE, e a organismos de investimento colectivo (art. 1º, nº 2, do Regulamento (UE) 2015/848). A exclusão da aplicação do Regulamento a estas instituições financeiras é justificada pelo facto de estas empresas estarem sujeitas "a um regime específico e que as autoridades nacionais de fiscalização dispõem de extensos poderes de intervenção" (considerando 19).

Naturalmente que o Regulamento só pode ser aplicado aos processos de insolvência internacionais, ou seja, aqueles que produzam efeitos transfronteiriços (considerando 8), ficando os processos meramente internos excluídos do seu âmbito de aplicação. Para além disso, só podem ser abrangidos os processos de insolvência internacional, em que o centro principal de interesses do devedor esteja situado na União Europeia (considerando 25)[513]. No entanto, o Regulamento não é aplicável à Dinamarca

[513] Salienta IAN F. FLETCHER, "Scope and Jurisdiction", em GABRIEL MOSS / IAN F. FLETCHER / STUART ISAACS (org.), *The EC Regulation on Insolvency Proceedings: A Commentary and Annotated Guide*, Oxford, University Press, 2002, pp. 35-45 (39), o significado especial desta regra, uma vez que ela pode levar a que processos de insolvência envolvendo devedores com conexões substanciais com um ou vários Estados-Membros da União Europeia fiquem fora do âmbito de aplicação do Regulamento, se o seu centro principal de interesses se situar fora

que, nos termos dos arts. 1º e 2º do Protocolo nº 22, relativo à posição da Dinamarca, anexo ao Tratado de da União Europeia e ao Tratado sobre o Funcionamento da União Europeia, não participa na adopção pelo Conselho de medidas de cooperação judiciária (considerando 88).

32.3. Regime geral de determinação da lei aplicável

O princípio geral relativo à lei aplicável ao processo de insolvência é o constante do art. 7º, nº 1, do Regulamento (UE) 2015/848 e do art. 276º do CIRE, salvo disposição especial em contrário, o processo de insolvência e os respectivos efeitos regem-se pelo direito do Estado-Membro em que o processo foi instaurado. Adopta-se assim como lei aplicável ao processo de insolvência a *lex fori concursus*. Uma vez que, nos termos do art. 3º, nº 1, do Regulamento, a competência internacional para o processo de insolvência é atribuída ao Estado-Membro em cujo território se encontra situado o centro de interesses principal do devedor, será assim, em princípio, pela lei desse Estado que será regulado o processo de insolvência. Essa disposição presume que o centro de interesses principal é, no caso das sociedades, o da sua sede estatutária e, no caso das pessoas singulares, o da sua residência habitual[514], salvo se exercerem uma actividade comercial ou profissional independente, em que passa a ser o lugar da sua actividade principal.

A regulação do processo de insolvência pela *lex fori concursus* justifica-se em virtude de ser o Estado da abertura do processo que tem maior interesse na regulação da insolvência, em ordem a assegurar a tutela dos interesses públicos prosseguidos com a liquidação da massa insolvente. Por outro lado, será habitualmente nesse Estado que serão encontrados a maior parte dos bens do devedor e a maioria dos seus credores, assegu-

da UE. Nesses casos, serão aplicadas separadamente as leis nacionais dos Estados-membros, quer em relação à competência judiciária, quer em relação ao processo de insolvência e seu reconhecimento e execução no estrangeiro.

514 No Ac. TJUE, de 16/7/2020, processo C-253/19, *MH, NH contra OJ, Novo Banco, S.A.*, considerou-se em processo de reenvio prejudicial que o artigo 3º, nº 1, primeiro e quarto parágrafos, do Regulamento (UE) 2015/848 do Parlamento Europeu e do Conselho, de 20 de maio de 2015, relativo aos processos de insolvência, deve ser interpretado no sentido de que a presunção nele prevista para determinar a competência internacional para efeitos da abertura de um processo de insolvência, segundo a qual o centro dos interesses principais de uma pessoa singular que não exerça uma atividade comercial ou profissional independente é o lugar da sua residência habitual, não é ilidida pelo simples facto de o único bem imóvel dessa pessoa estar situado fora do Estado-Membro onde esta tem a sua residência habitual.

rando assim a aplicação da sua lei a realização da igualdade dos credores. Finalmente, a aplicação da *lex fori concursus* permite que a lei aplicável ao processo de insolvência seja a do tribunal competente para o julgar, o que melhora a administração da justiça, evitando as dificuldades que resultam da aplicação de uma lei estrangeira.

É a *lex fori concursus* que determina as condições de abertura, tramitação e encerramento do processo de insolvência (art. 7º, nº 2 do Regulamento (UE) 2015/848). Na dúvida, deverá mesmo concluir-se que essa lei será competetente para regular todas as questões que não sejam objecto de tratamento autónomo, por ser essa a solução que mais se harmoniza com os objectivos gerais do processo de insolvência[515].

32.4. Regras específicas

Há regras específicas de conflitos aplicáveis no âmbito da insolvência, de que podemos apresentar as seguintes:

Em primeiro lugar, quanto aos efeitos da insolvência sobre as relações laborais, estes regem-se pela lei aplicável ao contrato de trabalho (art. 13º, nº 1 do Regulamento (UE) 2015/848, e art. 276º CIRE).

Os efeitos da insolvência sobre os direitos do devedor relativos a bens imóveis ou a navios e aeronaves, cuja inscrição no registo seja obrigatória, regem-se pela lei do Estado sob cuja autoridade é mantido esse registo (art. 17º do Regulamento (UE) 2015/848 e art. 278º CIRE), a qual regula igualmente os efeitos e a validade dos contratos de alienação ou constituição de direitos de gozo sobre esses bens (art. 17º do Regulamento (UE) 2015/848 e arts. 279º e 281º CIRE). Já relativamente aos contratos de alienação ou constituição de direitos de gozo sobre bens imóveis, quer os seus efeitos, quer a sua validade regem-se pela lei do Estado da localização do imóvel (arts. 11º, nº 1 e 17º do Regulamento (UE) 2015/848, e arts. 279º, nº 1, e 281º CIRE).

Uma regra importante é a de que o processo de insolvência não pode afectar os direitos reais constituídos a favor de terceiros ou credores sobre bens ou direitos do devedor, que se encontrem noutro Estado-Membro, nem o direito do vendedor que alienou o bem sob reserva de propriedade, os quais se regerão pela lei do Estado onde se encontra situado o bem (arts. 8º e 10º, nº 1, do Regulamento (UE) 2015/848 e art. 280º, nº 1, CIRE).

[515] Cfr. DÁRIO MOURA VICENTE, em *Estudos Dias Marques*, p. 94.

A posição do comprador não é da mesma forma afectada pela insolvência do vendedor após a entrega do bem vendido, desde que no momento da abertura do processo, ele se encontre no território de um outro Estado (art. 10º, nº 2, do Regulamento (UE) 2015/848, e art. 280º, nº 2 CIRE), admitindo-se, no entanto, a declaração de nulidade, anulação ou a impugnação dos actos prejudiciais aos credores, caso estejam preenchidos os respectivos pressupostos (art. 10º, nº 3, do Regulamento (UE) 2015/848 e art. 280º, nº 3 CIRE).

A declaração de insolvência não afecta o direito do credor da insolvência à compensação, se esta for permitida pela lei aplicável ao contra-crédito do devedor (art. 6º do Regulamento (UE) 2015/848 e art. 286º CIRE).

Os efeitos da declaração de insolvência sobre direitos relativos a valores mobiliários registados ou depositados regem-se pela lei aplicável à respectiva transmissão (arts. 17º do Regulamento (UE) 2015/848, 282º CIRE e 41º CVM). Já os direitos e obrigações dos participantes num mercado financeiro ou num sistema de pagamentos regem-se pela lei aplicável a esse mercado ou sistema (arts. 12º do Regulamento (UE) 2015/848, 282º, nº 2 CIRE e 285º CVM).

Os efeitos da declaração de insolvência sobre operações de venda com base em acordos de recompra regem-se pela lei aplicável a tais contratos (art. 283º CVM)[516].

Os efeitos da declaração de insolvência sobre as acções pendentes relativas a bens ou direitos integrantes da massa insolvente regem-se exclusivamente pela lei do Estado em que a referida acção corra os seus termos (art. 18º do Regulamento (UE) 2015/848 e art. 285º CIRE). No entanto, a resolução em benefício da massa insolvente é inadmissível se o terceiro demonstrar que o acto se encontra sujeito a lei diferente da do Estado da abertura do processo e que essa lei não permite a sua impugnação por nenhum meio (art. 16º do Regulamento (UE) 2015/848 e art. 287º CIRE)[517].

[516] Nos termos do art. 12º da Directiva 86/635/CEE do Conselho, de 8 de Dezembro de 1986 são operações de venda com base em acordos de recompra as operações pelas quais uma instituição de crédito ou um cliente (o cedente) cede a outra instituição ou cliente (o cessionário) elementos do activo que lhe pertençam como por exemplo efeitos, créditos ou valores mobiliários sob reserva de um acordo que preveja que os mesmos elementos do activo serão posteriormente retrocedidos para o cedente a um preço estabelecido.

[517] Salienta DÁRIO MOURA VICENTE, em *Estudos Dias Marques*, p. 97 que "esta lei tem, assim, uma espécie de *direito de veto* sobre a impugnação do acto. Consagra-se nesse preceito, por

32.5. A competência internacional para o processo de insolvência

A competência internacional para o processo de insolvência obedece aos já referidos princípios da *unicidade* e da *universalidade*, havendo, no entanto, alguma concessão ao princípio da *territorialidade*[518].

Nos termos do art. 3º, nº 1, do Regulamento (UE) 2015/848, a competência para abrir o processo de insolvência é atribuída aos órgãos jurisdicionais do Estado-Membro em cujo território esteja situado o centro dos interesses principais do devedor (cfr. considerando (23)), presumindo-se, até prova em contrário, que estando em causa sociedades e pessoas colectivas, esse centro coincide com a respectiva sede estatutária[519]. A competência do tribunal não é alterada, mesmo que o centro dos interesses pessoais do devedor seja entretanto alterado[520]. Este é *o processo de insolvência universal*, que deverá regular todas as consequências da insolvência a nível comuntário, independentemente de o devedor ter bens dispersos por vários Estados-Membros.

A concessão ao princípio da territorialidade resulta do facto de, mesmo depois da instauração do processo de insolvência universal, se admitir a abertura posterior noutro Estado-Membro de *processos de insolvência secundários*. Estes processos têm carácter territorial, na medida em que os seus

conseguinte, uma *conexão cumulativa condicionante* ou *limitativa*: uma lei (a *lex fori concursus*) é primordialmente competente (por força do art. 4º, nº 2, alínea *m*); outra (a *lex causae*), tem uma função condicionante ou limitativa da produção dos efeitos previstos na primeira (em virtude do disposto no art. 13º). Dificulta-se deste modo a impugnação de tais actos, em ordem a tutelar a confiança dos terceiros que houverem beneficiado dos mesmos".

518 Cfr. DÁRIO MOURA VICENTE, em *Estudos Dias Marques*, pp. 89 e ss.

519 No Acórdão do Tribunal de Justiça de 2 de Maio de 2006, emitido no processo C-341/04 (caso *Eurofood IFSC, Ltd*), acessível em http://curia.eu.int/jurisp/cgi-bin/form.pl?lang=PT&Submit/rechercher&numaff=C-341/04, o tribunal considerou que a presunção de que o centro de interesses principal do devedor coincide com a sua sede social não poderia ser elidida apenas com a demonstração de que a sociedade constitui uma filial de outra situada noutro Estado-Membro, sendo dominada a partir desta. Sobre este importante acórdão, veja-se GEORGES KHAIRALLAH, "The 'Centre of Debtor's Main Interests': Comments on the Eurofood Judgement of the ECJ", em WOLF-GEORG RINGE / LOUISE GULLIFER / PHILIPPE THERY (org), *Current Issues in European Financial and Insolvency Law. Perspectives from France and the UK*, Oxford /Portland, Oregon, Hart Publishing, 2009, pp. 111-122.

520 Efectivamente, no Ac. TJCE de 17/1/2006, publicado na *CJ-ASTJ* 14 (2006), I, pp. 10-12, considerou-se que, requerendo o devedor a abertura do processo de insolvência num Estado-Membro onde à data se situava o seu principal centro de interesses, o facto de ter posteriormente alterado o seu centro principal de interesses para outro Estado-Membro não afecta a competência do Tribunal, mesmo que essa transferência ocorra antes da abertura do processo.

efeitos ficam limitados aos bens do devedor situados no território desse Estado-Membro (arts. 3º, nº 2 e 24º do Regulamento (UE) 2015/848). Estes processos não têm que ter obrigatoriamente por fim a liquidação de bens,, uma vez que o administrador da insolvência pode propor medidas de recuperação do insolvente (art. 47º do Regulamento (UE) 2015/848). Em qualquer caso, estes processos não afectam o carácter universal do processo principal, em virtude da existência de regras de coordenação com o mesmo. Assim, o administrador da insolvência do processo principal tem poderes para intervir nos processos secundários, devendo coordenarem-se entre si não apenas os administradores de insolvência mas também as autoridades judiciárias (cfr. arts. 37º, nº 1, e 41º a 44º do Regulamento (UE) 2015/848). Uma vez encerrado o processo de insolvência secundário, deve o seu activo remanescente ser remetido para o síndico do processo principal (art. 49º do Regulamento (UE) 2015/848).

O art. 3º, nº 4, do Regulamento (UE) 2015/848, consente ainda, a título excepcional, a abertura de *processos particulares de insolvência*, com carácter territorial, antes de ser aberto o processo principal, desde que estejam preenchidas as seguintes condições:

a) Não seja possível abrir o processo de insolvência principal em virtude das condições estabelecidas na lei do Estado-Membro em cujo território se situa o centro de interesses principais do devedor;

b) A abertura do processo territorial de insolvência seja requerida por um credor cujo crédito decorra ou esteja relacionado com a exploração de um estabelecimento situado no território do Estado-Membro em que é requerida a abertura do processo territoria, ou por uma autoridade pública que, nos termos da lei do Estado-Membro em cujo território o estabelecimento está situado, tenha o direito de requerer a abertura de um processo de insolvência.

32.6. A repercussão no estrangeiro dos processos de insolvência que correm nos tribunais portugueses

Nos termos do art. 19º do Regulamento (UE) 2015/848, a decisão de abertura de um processo de insolvência proferida por um órgão jurisdicional de um Estado-Membro é reconhecida em todos os outros Estados-Membros, logo que produz efeitos no Estado de abertura do processo. Do nº 1 do art. 3º do Regulamento (UE) 2015/848 resulta que a competência dos tribunais portugueses depende do facto de se situar em Portugal o centro dos interesses principais do devedor, presumindo-se, até prova em contrário, que o centro dos interesses principais das sociedades e pessoas colectivas é o local da respectiva sede estatutária.

Assim, as decisões de abertura do processo de insolvência principal proferidas em Portugal têm eficácia nos outros Estados-Membros da União Europeia, podendo o administrador da insolvência português exercer no território desses outros Estados os poderes que a lei portuguesa lhe atribui, enquanto não houver decisão de abertura de outro processo ou providência cautelar tomada nesse outro Estado (art. 21º do Regulamento (UE) 2015/848). Por esse motivo, admite-se que o administrador da insolvência possa solicitar que o conteúdo essencial da decisão de abertura do processo de insolvência, bem como da decisão que o nomeia, seja publicado em todos os demais Estados-Membros, de acordo com as normas de publicação previstas nesse Estado (art. 28º do Regulamento (UE) 2015/848) e providenciar a inscrição da decisão de abertura do processo no registro predial, no registo comercial ou em qualquer outro registo público dos outros Estados-Membros (art. 29º do Regulamento (UE) 2015/848).

Se alguém situado noutro Estado-Membro cumprir uma obrigação a favor do devedor objecto do processo de insolvência português, quando o deveria ter feito a favor do administrador de insolvência fica liberado, caso não tenha tido conhecimento da abertura do processo (art. 31º, nº 1, do Regulamento (UE) 2015/848). Esse não conhecimento é presumido se o pagamento teve lugar antes de terem sido realizadas as medidas de publicidade exigidas nesse Estado ocorrido a publicação, passando a presumir-se o conhecimento após a realização dessa publicidade (art. 31º, nº 2, do Regulamento (UE) 2015/848).

O art. 47º, nº 1, do CIRE faz incluir entre os credores da insolvência aqueles cuja nacionalidade ou domicílio sejam estrangeiros, procedendo assim a uma equiparação integral do seu estatuto ao dos credores nacionais. Caso existam credores situados noutros Estados-Membros da União Europeia, a lei impõe que eles sejam citados da sentença declaratória da insolvência, em conformidade com o art. 54º do Regulamento (UE) 2015/848 (art. 37º, nº 4). No caso de não se ter verificado essa citação, e os respectivos créditos não sejam reconhecidos, ou sejam reconhecidos sem terem sido reclamados, ou em termos diversos da reclamação, o administrador deve avisá-los nos termos das mesmas disposições do Regulamento.

Assim, quer a citação da sentença, quer o aviso relativo ao reconhecimento ou não reconhecimento dos créditos, implica uma comunicação a cada credor conhecido, informando os prazos a observar, às sanções previstas relativamente a esses prazos, ao órgão ou autoridade habilitado a receber a reclamação dos créditos e a outras medidas impostas (art. 54º, nº 2, primeira parte, do Regulamento (UE) 2015/848). Essa informação é prestada na língua oficial ou numa das línguas oficiais do Estado de abertura do processo, ou noutra língua aceitável, com a utilização de um formulário publicado no Portal Europeu da Justiça em que figura, em todas as línguas oficiais das Instituições da União Europeia, o título "Aviso sobre processos de insolvência" (art. 54º, nº 3, do Regulamento (UE) 2015/848).

Os credores estrangeiros podem reclamar os respectivos créditos utilizando o formulário típico intitulado "Reclamação de créditos" em qualquer das lúnguas oficiais das instituições da União, podendo ser exigida pelo órgão jurisdicional, pelo administrador da insolvência ou pelo devedor não desapossado uma tradução na língua oficial ou numa das línguas oficiais do Estado de abertura do processo (art. 55º, do Regulamento (UE) 2015/848).

32.7. Repercussão em Portugal dos processos de insolvência que correm no estrangeiro

Relativamente à repercussão em Portugal dos processos de insolvência estrangeiros, a solução que resulta do art. 19º do Regulamento (UE) 2015/848 e do art. 288º CIRE é o reconhecimento em Portugal da declaração de insolvência proferida em processo de insolvência estrangeiro, bem como das providências de conservação adoptadas posteriormente à declaração de insolvência. Esse reconhecimento só poderá ser recusado se a competência do tribunal ou autoridade estrangeira não se fundar em algum dos critérios referidos no art. 7º CIRE ou em conexão equivalente, ou se esse reconhecimento conduzir a resultado manifestamente contrário aos princípios fundamentais da ordem jurídica portuguesa (art. 33º do Regulamento (UE) 2015/848 e art. 288º, nº 1, CIRE)[521].

[521] No caso *Eurofood IFSC, Ltd*, o Tribunal de Justiça das Comunidades Europeias interpretou o anterior art. 26º (hoje art. 33º) do Regulamento no sentido de que um Estado-Membro pode recusar-se a reconhecer um processo de insolvência aberto noutro Estado-Membro quando a decisão de abertura tenha sido tomada em manifesta violação do direito fundamental de audi-

Se, porém, ocorrer a prévia abertura de um processo de insolvência principal noutro Estado-Membro da União Europeia, tal impede os tribunais portugueses de abrir outro processo de insolvência principal, podendo apenas abrir um processo de insolvência secundário (art. 3º, nº 3, do Regulamento (UE) 2015/848), de onde resulta que a decisão de um tribunal de outro Estado-Membro que se considera competente para o processo de insolvência principal tem de ser obrigatoriamente seguida pelos tribunais portugueses[522]. Inversamente, se a abertura de um processo de insolvência principal for recusada noutro Estado-Membro por considerar que a competência pertence aos tribunais portugueses, estes não podem julgar-se internacionalmente incompetentes com fundamento no facto de a competência pertencer aos tribunais desse outro Estado (art. 7º, nº 4 CIRE). Parece, porém, que terão a possibilidade para se declararem internacionalmente incompetentes se considerarem que essa competência pertence antes um terceiro Estado.

Verificando-se os pressupostos para o reconhecimento, o tribunal português ordena, a requerimento do administrador de insolvência estrangeiro, que seja publicitado o conteúdo essencial da decisão de declaração de insolvência, da decisão de designação do administrador da insolvência e da decisão de encerramento do processo, nos termos do art. 38º, sendo essas publicações determinadas oficiosamente se o devedor tiver estabelecimento em Portugal (art. 28º do Regulamento (UE) 2015/848 e art. 290º CIRE).

O art. 293º CIRE determina que "as decisões tomadas em processo de insolvência estrangeiro só se podem executar em Portugal depois de revistas e confirmadas, não sendo, porém, requisito da confirmação o respectivo trânsito em julgado". Esta solução é diametralmente oposta à constante do art. 32º do Regulamento (UE) 2015/848, que determina o carácter executório das decisões relativas ao processo de insolvência, que sejam reconhecidas ao abrigo do art. 19º do mesmo Regulamento. Daqui resulta que

ção de que dispõe uma pessoa afectada por esse processo. Sobre a aplicação desta norma, cfr. entre nós o Ac. RL 29/5/2008 (Fernanda Isabel Pereira), na *CJ* 33 (2008), 3, pp. 95-98.

522 Efectivamente, no já referido caso *Eurofood IFSC, Ltd*, o Tribunal de Justiça das Comunidades Europeias considerou que, face à confiança recíproca que devem inspirar as decisões jurisdicionais dos Estados-Membros da Comunidade, os órgãos jurisdicionais competentes dos outros Estado-Membro não podem fiscalizar a competência do Estado de abertura do processo

o regime do art. 293º CIRE só se poderá aplicar a decisões proferidas por países estrangeiros que não sejam Estados-Membros da União Europeia. Essa decisões terão assim que ser revistas e confirmadas, nos termos do arts. 978º e ss. CPC, não se aplicando, no entanto, o disposto no art. 980º *b)*, CPC, dado que não se exige o respectivo trânsito em julgado. O tribunal competente será determinado nos termos do art. 979º CPC, dado que não estamos perante um caso de aplicação do art. 291º CIRE[523].

Já em relação aos Estados-Membros da União Europeia vigora antes o regime do reconhecimento automático previsto no art. 32º do Regulamento.

Caso anteriormente à declaração de insolvência proferida no processo que corre no estrangeiro, tenha sido designado um administrador provisório, tem este a faculdade de requerer previamente a adopção das medidas cautelares referidas no art. 31º CIRE, para efeitos da conservação de bens do devedor situados em Portugal (art. 21º do Regulamento (UE) 2015/848 e art. 289º CIRE).

Se em Portugal forem realizados pagamentos ao devedor na ignorância da declaração de insolvência, esses pagamentos são considerados liberatórios. Presume-se, no entanto, o conhecimento se tiver sido dada publicidade à declaração de insolvência, nos termos acima referidos (art. 31º do Regulamento (UE) 2015/848 e art. 292º CIRE).

Em qualquer caso, o art. 38º, nº 9, CIRE, prevê a publicidade e a inscrição em registo público da decisão de abertura do processo de insolvência estrangeiro e, se for caso disso, da decisão que nomeia o administrador da insolvência, previstas nos artigos 28º e 29º do Regulamento (UE) 2015/848 do Parlamento Europeu e do Conselho, de 20 de maio de 2015, devendo estas ser solicitadas no tribunal português da área do estabelecimento do devedor, ou, não sendo esse o caso, no Juízo de Comércio de Lisboa, podendo o tribunal exigir tradução certificada por pessoa que para o efeito seja competente segundo o direito de um Estado-membro da União Europeia. Sem prejuízo dsta solução, se o direito do Estado do processo de insolvência previr a efetivação de registo desconhecido do direito português, é determinado o registo que com aquele apresente maiores semelhanças (art.

[523] Cfr. Raposo Subtil/Matos Esteves/Maria José Esteves/Luís M. Martins, *op. cit.*, sub art. 293º, pp. 352-353 e Carvalho Fernandes/João Labareda, *Código da Insolvência*, sub art. 293º, nºs 3 e 6, pp. 962-963.

38º, nº 10, CIRE). Já a publicação regulada no nº 1 do artigo 29º do Regulamento (UE) 2015/848 é determinada oficiosamente pelos competentes serviços de registo se o devedor for titular de estabelecimento situado em Portugal (art. 38º, nº 10, CIRE).

33
Os crimes insolvenciais

33.1. Generalidades

O Código Penal prevê nos seus arts. 227º e ss. diversos crimes insolvenciais, como o crime de insolvência dolosa (art. 227º CP), a frustração de créditos (art. 227º-A CP), o crime de insolvência negligente (art. 228º CP) e o crime de favorecimento de credores (art. 229º CP).

Estas incriminações não têm, no entanto, como fim a protecção dos direitos patrimoniais dos credores, atenta a proibição da aplicação das sanções penais por dívidas, mas apenas as actuações lesivas da economia do crédito ou até da economia em geral[524], resultantes de determinados comportamentos do devedor. Deve, no entanto, entender-se que os credores terão legitimidade para se constituir como assistentes no respectivo processo, uma vez que são titulares de interesses que constituem objecto imediato do crime[525].

No âmbito da redacção anterior, exigia-se que a falência viesse a ser declarada em consequência da prática dos referidos factos, o que implicava a exigência de uma relação de causalidade entre os referidos comportamentos e a declaração de falência. Actualmente, no entanto, deixou de se exigir essa relação, exigindo-se apenas que ocorra a situação de insolvência

[524] Neste sentido, cfr. MARIA FERNANDA PALMA, "Aspectos penais da insolvência e da falência", em *RFDUL* 36 (1995), nº 2, pp. 401-415 (402). Em sentido contrário, sustentando estar antes em causa a tutela do património do credor, cfr. SUSANA AIRES DE SOUSA, "Os crimes insolvenciais", na *RDI*, nº 1 (Abril 2016), pp. 45-55 (48).

[525] Neste sentido, cfr. Ac. RE 25/10/2007 (MARIA ISABEL DUARTE), na *CJ* 32 (2007), 4, pp. 269-271.

e esta venha a ser judicialmente reconhecida (art. 227º, nº 1, 228º, nº 1, e 229º, nº 1, *in fine* CP). Estamos assim perante meras condições objectivas de punibilidade do agente, o que implica que hoje estes crimes insolvenciais tenham que ser qualificados como crimes de perigo abstracto, cuja ilicitude corresponderia aos comportamentos previstos no tipo respectivo e cuja punibilidade seria limitada de duas condições objectivas: a ocorrência da insolvência e o respectivo reconhecimento judicial. Estas condições de punibilidade teriam como função a confirmação da perigosidade típica dos comportamentos incriminados nas várias alíneas, e daí a sua exigência para que o agente possa ser sancionado[526].

33.2. O crime de insolvência dolosa

Em relação ao crime de insolvência dolosa, o mesmo exige, de acordo com o art. 227º que o devedor, tendo intenção de prejudicar os seus credores, pratique alguma das seguintes condutas:

a) Destruir, danificar, inutilizar ou fizer desaparecer parte do seu património;
b) Diminuir ficticiamente o seu activo, dissimulando coisas, invocando dívidas supostas, reconhecendo créditos fictícios, incitando terceiros a apresentá-los, ou simulando, por qualquer outra forma, uma situação patrimonial inferior à realidade, nomeadamente por meio de contabilidade inexacta, falso balanço, destruição ou ocultação de documentos contabilísticos ou não organizando a contabilidade apesar de devida;
c) Criar ou agravar artificialmente prejuízos ou reduzir lucros; ou
d) Para retardar falência, comprar mercadorias a crédito, com o fim de as vender ou utilizar em pagamento por preço sensivelmente inferior ao corrente.

A prática de qualquer dessas condutas não é, porém, suficente para preencher o tipo criminal, exigindo-se, conforme se referiu, que ocorra a

[526] Questionando esta interpretação em face da redacção anterior do art. 227º, veja-se, porém, Fernanda Palma, *RFDUL* 36 (1995), nº 2, p. 408, que considerava que esta norma instituía um "crime de perigo concreto relativamente à própria situação de insolvência que constitui substrato de lesão do bem jurídico (direitos dos credores e economia de crédito). Deste modo, as diversas alternativas de conduta típica exigirão sempre uma casuística aptidão para criar a situação de insolvência, cuja prova se terá de produzir no processo penal".

situação de insolvência e a mesma venha a ser judicialmente reconhecida. A pena aplicável será a de prisão até cinco anos ou multa até 600 dias (art. 227º, nº 1, *in fine*, CP). No caso de não ser um devedor, mas antes um terceiro a praticar os mesmos factos, com conhecimento do devedor ou em benefício daquele, é punido com a mesma pena, excepcionalmente atenuada (art. 227º, nº 2, CP). Estando em causa uma pessoa colectiva, sociedade ou associação de facto, sem prejuízo da responsabilidade penal das próprias (art. 12º CP) são puníveis os que tiverem exercido de facto a respectiva gestão efectiva e tiverem praticado algum desses comportamentos (art. 227º, nº 3, CP).

33.3. A frustração de créditos

O art. 227º-A, nº 1, CP estabelece que "o devedor que, após prolação de sentença condenatória exequível, destruir, danificar, fizer desaparecer, ocultar ou sonegar parte do seu património, para dessa forma intencionalmente frustar, total ou parcialmente, a satisfação de um crédito de outrem, é punido, se, instaurada a acção executiva, nela não se conseguir satisfazer inteiramente os direitos do credor, com pena de prisão até 3 anos ou com pena de multa". Nos mesmos termos da insolvência dolosa são puníveis o terceiro que actua com o conhecimento ou em benefício do devedor e aqueles que exercem de facto a gestão de entidade colectiva (art. 227º-A, nº 2, CP).

É de salientar que, neste caso, a incriminação não aparece ligada à situação de insolvência, mas apenas à frustração da satisfação do crédito em acção executiva. Verifica-se, por outro lado, que o legislador restringe a incriminação à frustração de créditos reconhecidos por sentença condenatória exequível, não sendo assim abrangidos os outros títulos executivos.

33.4. A insolvência negligente

O art. 228º prevê o crime de insolvência negligente, punindo com pena de prisão até um dano ou com pena de multa até 120 dias o facto de o devedor:

a) por grave incúria ou imprudência, prodigalidade ou despesas manifestamente exageradas, especulações ruinosas, ou grave negligência no exercício da sua actividade, criar um estado de insolvência; ou

b) tendo conhecimento das dificuldades económicas e financeiras da sua empresa, não requerer em tempo nenhuma providência de recuperação.

A punição depende, no entanto, de se verificar a situação de insolvência e esta vir a ser judicialmente reconhecida (art. 228º, nº 1, *in fine*). São punidos, nos termos acima referidos, aqueles que exerçam de facto a gestão de entidade colectiva.

Sustenta FERNANDA PALMA, que "o facto de o art. 228º parecer referir-se apenas às condutas negligentes não obstará a que se incluam, no seu âmbito, as condutas dolosas não subsumíveis no art. 227º, pois, de outro modo, conceber-se-ia uma lacuna de tipicidade que acarretaria a punição da negligência e impunibilidade do dolo (por não caberem no art. 227º certos casos de dolo). Assim, a negligência grave constitui apenas o título mínimo de imputação subjectiva requerido pela norma"[527]. Não podemos, no entanto, concordar com essa posição. Na verdade, é manifesto não existe qualquer relação de subsidiariedade entre o art. 228º e o art. 227º, tratando o primeiro exclusivamente de condutas negligentes.

33.5. O favorecimento de credores

O art. 229º, nº 1, estabelece que "o devedor que, conhecendo a sua situação de insolvência ou prevendo a sua iminência e com intenção de favorecer certos credores em prejuízo de outros, solver dívidas ainda não vencidas ou as solver de maneira diferente do pagamento em dinheiro ou valores usuais, ou der garantias para suas dívidas a que não era obrigado, é punido com pena de prisão até 2 anos ou com pena de multa até 240 dias, se vier a ser reconhecida judicialmente a insolvência". O mesmo regime é aplicável àqueles que exerçam de facto a gestão de entidade colectiva (art. 229º, nº 2).

Para além de exigir como condição de punibilidade o reconhecimento judicial da situação de insolvência, esta disposição integra, por seu turno, no elemento intelectual do dolo o conhecimento pelo devedor dessa situação de insolvência ou a previsão da sua iminência, exigindo ainda uma intenção específica de favorecimento de certos credores. Daqui resulta que o crime se torna objectivamente um crime de perigo, sendo antecipada a tutela penal em relação a comportamentos que possam conduzir ao benefício de uns credores em prejuízo de outros, correspondendo, por outro lado, o dolo a um mero dolo de perigo no caso de a insolvência ainda não se ter verificado[528].

[527] Cfr. FERNANDA PALMA, *RFDUL* 36 (1995), nº 2, p. 409.
[528] Cfr. FERNANDA PALMA, *RFDUL* 36 (1995), nº 2, p. 410.

33.6. Agravação das penas

Em ordem a assegurar a tutela dos créditos laborais, estabelece o art. 229º-A que "as penas previstas no nº 1 do artigo 227º, no nº 1 do artigo 227º-A, no nº 1 do artigo 228º e no nº 1 do artigo 229º são agravadas de um terço, nos seus limites mínimo e máximo, se, em consequência da prática de qualquer dos factos ali descritos, resultarem frustrados créditos de natureza laboral, em sede de processo executivo ou processo especial de insolvência.".

33.7. A indiciação de infracção penal em processo de insolvência

A instrução e o julgamento dos crimes insolvenciais processa-se nos termos das leis de processo penal (art. 299º), sendo obviamente competentes para o efeito os tribunais criminais.

Estando indiciada no processo de insolvência a verificação de factos que importem a prática de qualquer dos crimes insolvenciais acima referidos, deve o juiz dar conhecimento ao Ministério Público para efeitos de exercício da acção penal (art. 297º, nº 1). Se a denúncia for feita no requerimento inicial de insolvência as testemunhas são ouvidas sobre esses factos na audiência de julgamento para a declaração de insolvência, extractando-se na acta os seus depoimentos sobre a matéria (art. 297º, nº 2). A sentença que declara a insolvência ordena a remessa ao Ministério Público da certidão desses depoimentos, bem como de quaisquer outros elementos existentes (art. 297º, nº 3) e 36º, nº 1, *h)*).

Deve ser, por outro lado, remetida ao tribunal de insolvência certidão do despacho de pronúncia ou de não pronúncia, de acusação ou de não acusação, da sentença e dos acórdãos proferidos no processo penal (art. 300º, nº 1). A remessa da certidão deve ser ordenada na própria decisão proferida em processo penal (art. 300º, nº 2).

Finalmente, salienta-se que a declaração de insolvência interrompe o prazo de prescrição do procedimento criminal (art. 298º).

BIBLIOGRAFIA

ALBUQUERQUE, MARTIM DE, "Novos créditos", em *RFDUL* 27 (1986), pp. 35-55 = FACULDADE DE DIREITO DA UNIVERSIDADE DE LISBOA (org.), *Estudos de Direito Comercial*, I – *Das falências*, Coimbra, Almedina, 1989, pp. 87-103

ALBUQUERQUE, PEDRO DE, "Falência por cessação de pagamentos", em FACULDADE DE DIREITO DA UNIVERSIDADE DE LISBOA (org.), *Estudos de Direito Comercial*, I- *Das Falências*, Coimbra, Almedina, 1989, pp. 181-217

— "Declaração da situação de insolvência", em *O Direito* 137º (2005), III, pp. 507-525 (511) = RUY DE ALBUQUERQUE / ANTÓNIO MENEZES CORDEIRO, *Estudos em Memória do Professor Doutor José Dias Marques*, Coimbra, Almedina, 2007, pp. 773-793

— *Responsabilidade processual por litigância de má fé, abuso de direito e responsabilidade civil em virtude de actos praticados no processo (A responsabilidade por pedido infundado de declaração da situação de insolvência ou indevida apresentação por parte do devedor)*, Coimbra, Almedina, 2006

ALEXANDRE, ISABEL, "O processo de insolvência: Pressupostos processuais, tramitação, medidas cautelares e impugnação da sentença", em *Themis*, edição especial (2005), pp. 43-80

ALMEIDA, ADRIANA FERREIRA DE, "Os créditos subordinados no processo de insolvência. A ilusão da igualdade", em MARIA DO ROSÁRIO EPIFÂNIO (org.), *Estudos de Direito da Insolvência*, II, Coimbra, Almedina, 2019, pp. 11-66

ALMEIDA, CARLOS FERREIRA DE, "O âmbito de aplicação dos processos de recuperação de empresa e de falência", na *RFDUL* 36 (1995), nº 2, pp. 353-369

ASCENSÃO, JOSÉ DE OLIVEIRA, "Efeitos da falência sobre a pessoa e negócios do falido", na *ROA* 55 (1995), pp. 641-688 = *RFDUL* 36 (1995), nº 2, pp. 319-352

— "Insolvência: Efeitos sobre os negócios em curso", na *ROA* 65 (2005), pp. 281-312 = *Themis*, edição especial, 2005, pp. 105-130 = *DJ* 19 (2005), 2, pp. 233-261 = AAVV, *Estudos Jurídicos e Económicos em Homenagem ao Professor Doutor António Sousa Franco*, II, Coimbra, Coimbra Editora, 2006, pp. 255-280

BORK, REINHARD, *Einführung in das Insolvenzrecht*, 4ª ed., Tübingen, Mohr Siebeck, 2005

BRANCO, JOSÉ MANUEL, "Qualificação da insolvência (evolução da figura), na *RDI*, nº 1 (Abril 2016), pp. 13-43

Braun, Eberhard, *Insolvenzordnung Kommentar*, 2ª ed., München, Beck, 2004

Brito, Helena, "Falências internacionais. Algumas considerações a propósito do Código da Insolvência e da Recuperação de Empresas" na *Themis*, edição especial, 2005, pp. 183-220 = Ruy de Albuquerque / António Menezes Cordeiro (org.), *Estudos em Memória do Professor Doutor José Dias Marques*, Coimbra, Almedina, 2007, pp. 625-686

Bromeier, Rudolf, "Die Aufrechnung durch den Insolvenzverwalter", em *ZinsO* 2007, pp. 1208-1210

Brunetti, Antonio, *Lezione sul Fallimento*, Padova, Cedam, 1937

Canotilho, José Joaquim Gomes / Paulo Canelas de Castro, "Constitucionalidade do sistema de liquidação coactiva administrativa de estabelecimentos bancários, previsto e regulado no decreto-lei nº 30689, de 27 de Agosto de 1940", na *RB* nº 23 (Julho-Setembro 1992), pp. 57-87

Capelo, Maria José, "A fase prévia à declaração de insolvência: algumas questões processuais", em Catarina Serra (org.), *I Congresso de Direito da Insolvência*, Coimbra, Almedina, 2013, pp. 187-200

Carvalho, António Nunes de, "Reflexos laborais do Código dos Processos Especiais de Recuperação de Empresa e de Falência", na *RDES* 37 (1995), nºs, 1/2/3, pp. 55-88, e nº 4, pp. 319-350

Casanova, Salazar, "Abordagem judiciária dos aspectos mais relevantes da marcha processual do novo Código da Insolvência e da Recuperação de Empresas", anteriormente disponível em http://www.asjp.pt/estudos/salazarcasanova_insolvência2004.pdf

Casanova, Nuno Salazar / Dinis, David Sequeira, *PER – O Processo Especial de Revitalização (Comentários aos artigos 17º-A a 17º-I do Código de Insolvência e de Recuperação de Empresas)*, Coimbra, Coimbra Editora, 2014

Castro, Gonçalo Andrade e, "Efeitos da declaração de insolvência sobre os créditos", em *DJ* 19 (2005), 2, pp. 263-290

Coelho, José Gabriel Pinto, "Efeitos da falência sobre a capacidade do falido, segundo o novo Código de Processo Civil", na *ROA* 3 (1943), pp. 176-210 = FACULDADE DE DIREITO DA UNIVERSIDADE DE LISBOA (org.), *Estudos de Direito Comercial*, I- *Das Falências*, Coimbra, Almedina, 1989, pp. 11-41

Conceição, Ana Filipa, "Disposições específicas da insolvência de pessoas singulares no Código da Insolvência e da Recuperação de Empresas", em Catarina Serra (org.), *I Congresso de Direito da Insolvência*, Coimbra, Almedina, 2013, pp. 29-62

Cordeiro, António Menezes, "Saneamento financeiro: os deveres de viabilização de empresas e a autonomia privada", em FACULDADE DE DIREITO DA UNIVERSIDADE CLÁSSICA DE LISBOA / CENTRO DE ESTUDOS JUDICIÁRIOS, *Novas perspectivas do Direito Comercial*, Coimbra, Almedina, 1988, pp. 57-100

— "Da falência e das incorporações e benfeitorias feitas por terceiros" em *O Direito* 120 (1988), I-II, pp. 85-108 = FACULDADE DE DIREITO DA UNIVERSIDADE DE LISBOA (org.), *Estudos de Direito Comercial*, I- *Das Falências*, Coimbra, Almedina, 1989, pp. 117-140

— "Introdução ao Direito da Insolvência", em *O Direito* 137º (2005), III, 465-506

— *Tratado de Direito Civil Português*, I – *Parte Geral*, t. 1, 3ª ed., Coimbra, Almedina, 2005

— *Litigância de má fé, abuso do direito de acção e culpa in agendo*, Coimbra, Almedina, 2006

— *Manual de Direito Comercial*, 2ª ed., Coimbra, Almedina, 2007

— *Litigância de má fé, abuso do direito de acção e culpa in agendo*, 2ª ed., Coimbra, Almedina, 2011

— "Perspetivas evolutivas do Direito da Insolvência", na *Themis*, ano XII, nºs 22/23 (2012), pp. 7-50

COSTA, ARY DE ALMEIDA ELIAS DA, *Das Falências. Seu Estado e Processo*, Porto, Separata da *Portugal Judiciário*, 1981

COSTA, REINALDO MÂNCIO DA, "Os requisitos do plano de recuperação", em CATARINA SERRA (org.), *III Congresso de Direito da Insolvência*, Coimbra, Almedina, 2015, pp. 229-278

COSTA, SALVADOR DA, "O concurso de credores no processo de insolvência", em *Revista do CEJ*, IV (1º Semestre 2006), pp. 91-111

COSTEIRA, MARIA JOSÉ, "Novo Direito da Insolvência", em *Themis*, edição especial (2005), pp. 25-42

— "Classificação, verificação e graduação de créditos no Código da Insolvência e Recuperação de Empresas", em CATARINA SERRA (org.), *I Congresso de Direito da Insolvência*, Coimbra, Almedina, 2013, pp. 241-253

COSTEIRA, MARIA JOSÉ / SILVA, FÁTIMA REIS, "Classificação, verificação e graduação de créditos no CIRE – Em especial os créditos laborais", em *PDT* 76-77-78, pp. 359-371

CRISTAS, ASSUNÇÃO, "Exoneração do devedor pelo passivo restante", em *Themis*, edição especial (2005), pp. 165-182

CRUZ, SEBASTIÃO, *Da «Solutio». Terminologia, conceito e características e análise de institutos afins*, I – *Épocas arcaica e clássica*, Coimbra, 1962

— *Direito Romano (Ius Romanum)*, I – *Introdução. Fontes*, 4ª ed., Coimbra, s.e., 1984

CUNHA, PAULO OLAVO, "Providências específicas do plano de recuperação de sociedades", em CATARINA SERRA (org.), *I Congresso de Direito da Insolvência*, Coimbra, Almedina, 2013, pp. 107-139

— "A recuperação das sociedades no contexto do PER e da insolvência", na *RDI* nº 1 (Abril 2016), pp. 99-119

— "Os empréstimos intragrupo no contexto da insolvência; em especial, o *cash pooling*", em CATARINA SERRA (org.), *III Congresso de Direito da Insolvência*, Coimbra, Almedina, 2015, pp. 345-360

DUARTE, RUI PINTO, "Efeitos da declaração de insolvência quanto à pessoa do devedor", em *Themis*, edição especial (2005), pp. 131-150

— "A administração da empresa insolvente: rutura ou continuidade?", em CATARINA SERRA (org.), *I Congresso de Direito da Insolvência*, Coimbra, Almedina, 2013, pp. 175-186

— "Responsabilidade dos administradores: coordenação dos regimes do CSC e do CIRE", em CATARINA SERRA (org.), *III Congresso de Direito da Insolvência*, Coimbra, Almedina, 2015, pp. 151-173

EPIFÂNIO, MARIA DO ROSÁRIO, *Os efeitos substantivos da falência*, Porto, Universidade Católica, 2000

— "Efeitos da declaração de insolvência sobre o insolvente no novo Código da Insolvência e da Recuperação de Empresas", em *DJ* 19 (2005), 2, pp. 191-203

— "Efeitos da declaração de insolvência sobre o insolvente e outras pessoas", em DIOGO LEITE DE CAMPOS (org.), *Estudos em Homenagem ao Prof. Doutor Manuel Henrique Mesquita*, I, Coimbra, Universidade de Coimbra/Coimbra Editora, 2009, pp. 797-826

— *Manual de Direito da Insolvência*, 6ª ed., Coimbra, Almedina, 2014

— *O Processo Especial de Revitalização*, Coimbra, Almedina, 2015

FERNANDES, ANTÓNIO MONTEIRO, *Direito do Trabalho*, 14ª ed., Coimbra, Almedina, 2009

FERNANDES, LUÍS CARVALHO, "Repercussões da Falência na Cessação do Contrato de Trabalho", em PEDRO ROMANO MARTINEZ (org.) *Estudos do Instituto de Direito do Trabalho*, I, Coimbra, Almedina, 2001, pp. 411-440

— "Efeitos da Declaração de Insolvência no Contrato de Trabalho segundo o Código da Insolvência e da Recuperação de Empresas", na *RDES* 45 (2004), nºs 1, 2, e 3, pp. 5-39 = LUÍS A. CARVALHO FERNANDES / JOÃO LABAREDA, *Colectânea de Estudos sobre a Insolvência*, Coimbra, Almedina, 2009, pp. 215-246

— "O Código da Insolvência e da Recuperação de Empresas na Evolução do Regime da Falência no Direito Português", em JORGE MIRANDA / LUÍS DE LIMA PINHEIRO / DÁRIO MOURA VICENTE, *Estudos em Memória do Professor Doutor António Marques dos Santos*, I, Coimbra, Almedina, 2005, pp. 1183-1221 = LUÍS A. CARVALHO FERNANDES / JOÃO LABAREDA, *Colectânea de Estudos sobre a Insolvência*, Coimbra, Almedina, 2009, pp. 41-82

— "A qualificação da insolvência e a administração da massa insolvente pelo devedor", na *Themis*, edição especial (2005), pp. 81-104 = LUÍS A. CARVALHO FERNANDES / JOÃO LABAREDA, *Colectânea de Estudos sobre a Insolvência*, Coimbra, Almedina, 2009, pp. 247-273

— "Sentido geral do novo regime da insolvência no Direito Português", em LUÍS A. CARVALHO FERNANDES / JOÃO LABAREDA, *Colectânea de Estudos sobre a Insolvência*, Coimbra, Almedina, 2009, pp. 83-101

— "Órgãos da insolvência", em LUÍS A. CARVALHO FERNANDES / JOÃO LABAREDA, *Colectânea de Estudos sobre a Insolvência*, Coimbra, Almedina, 2009, pp. 143-177

— "Efeitos substantivos privados da declaração de insolvência", em LUÍS A. CARVALHO FERNANDES / JOÃO LABAREDA, *Colectânea de Estudos sobre a Insolvência*, Coimbra, Almedina, 2009, pp. 179-213

— "A exoneração do passivo restante na insolvência de pessoas singulares no Direito Português", em LUÍS A. CARVALHO FERNANDES / JOÃO LABAREDA, *Colectânea de Estudos sobre a insolvência*, Coimbra, Almedina, 2009, pp. 275-309

FERNANDES, LUÍS A. CARVALHO / LABAREDA, JOÃO, *Código da Insolvência e da Recuperação de Empresas Anotado*, 2ª ed., Lisboa, Quid Juris, 2008

FERREIRA, HUGO ROSA, "Compensação e Insolvência (em particular, na cessão de créditos para titularização), em RUI PINTO (org.), *Direito da Insolvência. Estudos*, Coimbra, Coimbra Editora, 2011, pp. 9-64

FERREIRA, MANUEL REQUICHA, "Estado de insolvência", em RUI PINTO (org.), *Direito da Insolvência. Estudos*, Coimbra, Coimbra Editora, 2011, pp. 131-386

FLETCHER, IAN F., "Historical Overview: The Drafting of the Regulation and its Precursors", em GABRIEL MOSS / IAN F. FLETCHER / STUART ISAACS (org.), *The EC Regulation on Insolvency Proceedings: A Commentary and Annotated Guide*, Oxford, University Press, 2002, pp. 1-14

— "Scope and Jurisdiction", em GABRIEL MOSS / IAN F. FLETCHER / STUART ISAACS (org.), *The EC Regulation on Insolvency Proceedings: A Commentary and Annotated Guide*, Oxford, University Press, 2002, pp. 35-45

FONSECA, GISELA TEIXEIRA JORGE, "A natureza jurídica do plano de insolvência", em RUI PINTO (org.), *Direito da Insolvência. Estudos*, Coimbra, Coimbra Editora, 2011, pp. 65-129

FOSCHINI, MARCELLO, "Estinzione del mandato in rem propriam per soppravenuto fallimento del mandante", em *RDComm* 59 (1961), II, pp. 81-96

FREITAS, JOSÉ LEBRE DE, "Apreensão, restituição, separação e venda de bens no processo de falência", na *RFDUL* 36 (1995), nº 2, pp. 371-382

— "Pressupostos objectivos e subjectivos da insolvência, em *Themis*, edição especial (2005), pp. 11-25

— "Apreensão, separação, restituição e venda", em CATARINA SERRA (org.), *I Congresso de Direito da Insolvência*, Coimbra, Almedina, 2013, pp. 229-239

FRISBY, SANDRA, "The Effect of the Enterprise Act 2002: Empirical Research into Corporate Insolvency", em WOLF-GEORG RINGE / LOUISE GULLIFER / PHILIPPE THERY (org), *Current Issues in European Financial and Insolvency Law. Perspectives from France and the UK*, Oxford /Portland, Oregon, Hart Publishing, 2009, pp. 45-65

FUCHS, CARL, *Der deutsche Concursproceß*, Leipzig, Breitkopf und Härtel, 1877

GOMES, JÚLIO, "Nótula sobre os efeitos da insolvência do empregador nas relações de trabalho", em CATARINA SERRA (org.), *I Congresso de Direito da Insolvência*, Coimbra, Almedina, 2013, pp. 285-297

GOODE, ROYSTON MILES, *Principles of corporate insolvency law*, London, Sweet & Maxwell, 1990

GOUVEIA, MARIANA FRANÇA, "Verificação do passivo", em *Themis*, edição especial (2005), pp. 151-163

GULLIFER, LOUISE, "The Reforms of the Enterprise Act 2002 and the Floating Charge as a Security Device", em WOLF-GEORG RINGE / LOUISE GULLIFER / PHILIPPE THERY (org), *Current Issues in European Financial and Insolvency Law. Perspectives from France and the UK*, Oxford /Portland, Oregon, Hart Publishing, 2009, pp. 17-44

HEYER, HANS-ULRICH, *Einführung in das Insolvenzrecht*, Oldenburg, Carl von Ossietzky Universität, 2005

ITHURBIDE, RENÉ, *Histoire critique de la faillite*, Paris, LGDJ, 1973

JÚNIOR, EDUARDO SANTOS, "O plano de insolvência. Algumas notas", em *O Direito*, 138 (2006), III, pp. 571-591 = RUY DE ALBUQUERQUE / ANTÓNIO MENEZES CORDEIRO (org.), *Estudos em Memória do Professor Doutor José Dias Marques*, Coimbra, 2007, pp. 121-141

JUSTO, A. SANTOS, "A execução: pessoal e patrimonial (direito romano)", em *Dir* 125 (1993), pp. 277-300

KHAIRALLAH, GEORGES, "The 'Centre of Debtor's Main Interests': Comments on the Eurofood Judgement of the ECJ", em WOLF-GEORG RINGE / LOUISE GULLIFER / PHILIPPE THERY (org), *Current Issues in European Financial and Insolvency Law. Perspectives from France and the UK*, Oxford /Portland, Oregon, Hart Publishing, 2009, pp. 111-122

LABAREDA, JOÃO, "O novo Código da Insolvência e da Recuperação de Empresas – Alguns aspectos mais controversos", em IDET – INSTITUTO DE DIREITO DAS EMPRESAS E DO TRABALHO (org.), *Conhecer o Código da Insolvência e da Recuperação de Empresas. Miscelâneas*, nº 2, Coimbra, Almedina, 2004, pp. 9-49 = LUÍS A. CARVALHO FERNANDES / JOÃO LABAREDA, *Colectânea de Estudos sobre a Insolvência*, Coimbra, Almedina, 2009, pp. 7-39

— "Pressupostos subjectivos da insolvência: Regime particular das instituições de crédito e sociedades financeiras".

em Luís A. Carvalho Fernandes / João Labareda, *Colectânea de Estudos sobre a Insolvência*, Coimbra, Almedina, 2009, pp. 103-141

— "Sobre o sistema de recuperação de empresas por via extrajudicial (SIREVE) - Apontamentos -", em Catarina Serra (org.), *I Congresso de Direito da Insolvência*, Coimbra, Almedina, 2013, pp. 63-84

Leitão, Adelaide Menezes, "Pré-condições para a exoneração do passivo restante – Ac. do TRP de 28.9.2010, Proc. 995/09", em *CDP* nº 35 (Julho/Setembro 2011), pp. 65-68

— "Insolvência culposa e responsabilidade dos administradores na Lei nº 16/2012, de20 de Abril", em Catarina Serra (org.), *I Congresso de Direito da Insolvência*, Coimbra, Almedina, 2013, pp. 269-283

Leitão, Luís Menezes, *O enriquecimento sem causa no Direito Civil*, Lisboa, C.E.F., 1996, reed., Coimbra, Almedina, 2005

— "Os efeitos da declaração de insolvência sobre os negócios em curso", em MINISTÉRIO DA JUSTIÇA (org.), *Código da Insolvência e da Recuperação de Empresas*, Coimbra, Coimbra Editora, 2004, pp. 61-68

— *Cessão de créditos*, Coimbra, Almedina, 2005

— "As repercussões da insolvência no contrato de trabalho", na *RDES* 47 (2006), nºs 3/4, pp. 273-289 = Ruy de Albuquerque / António Menezes Cordeiro, *Estudos em Memória do Professor Doutor José Dias Marques*, Coimbra, Almedina, 2007, pp. 871-884

— *Direito das Obrigações*, I- *Introdução. Da constituição das obrigações*, 11ª ed., Coimbra, Almedina, 2014, e III – *Contratos em especial*, 9ª ed., Coimbra, Almedina, 2014

— *Garantias das Obrigações*, 2ª ed., Coimbra, Almedina, 2008

— *Código da Insolvência e da Recuperação de Empresas Anotado*, 6ª ed., Coimbra, Almedina, 2012

— "A natureza dos créditos laborais resultantes de decisão do administrador de insolvência – Ac. do TRC de 14.7.2010, Proc. 562/09", em *CDP* nº 34 (Abril-Junho 2011), pp. 63-66

— "Pressupostos da declaração de insolvência", em Catarina Serra (org.), *I Congresso de Direito da Insolvência*, Coimbra, Almedina, 2013, pp. 175-186.

— "A responsabilidade pela abertura indevida do processo especial de revitalização", em Catarina Serra (org.), *II Congresso de Direito da Insolvência*, Coimbra, Almedina, 2014, pp. 143-151

— "A (in)admissibilidade da insolvência como causa de resolução dos contratos", em Catarina Serra (org.), *III Congresso de Direito da Insolvência*, Coimbra, Almedina, 2015, pp. 89-101

— *A recuperação económica dos devedores*, Coimbra, Almedina, 2019

Leveneur, Laurent, "Guarantees and Collective Procedures", em Wolf-Georg Ringe / Louise Gullifer / Philippe Thery (org), *Current Issues in European Financial and Insolvency Law. Perspectives from France and the UK*, Oxford /Portland, Oregon, Hart Publishing, 2009, pp. 137-153

Macedo, Pedro de Sousa, *Manual de Direito das Falências*, I e II, Coimbra, Almedina, 1964

Magni, Francesco A., "Il mandato irrevocabile all'incasso", em Vincenzo Cuffaro (org.), *Le garanzie rafforzate del credito*, Torino, Utet, 2000, pp. 339-365

Martinez, Pedro Romano, "Repercussões da Falência nas Relações Laborais", na *RFDUL* 36 (1995), nº 2, pp. 417-424

— *Da cessação do contrato*, 2ª ed., Coimbra, Almedina, 2006

— *Direito do Trabalho*, 4ª ed., Coimbra, Almedina, 2007

Martins, Alexandre de Soveral, *Um curso de Direito da Insolvência*, 2ª ed., Coimbra, Almedina, 2016

Matias, Armindo Saraiva, "A insolvência no Direito Bancário", em *DJ* 19 (2005), 2, pp. 291-30

Mendes, Armindo Ribeiro, "O processo de recuperação de empresas em situação de falência", na *RB* nº 1 (Janeiro-Março 1987), pp. 67-90

— "A resolução e os outros mecanismos de intervenção em instituições de crédito à luz da Constituição", em Catarina Serra (org.), *III Congresso de Direito da Insolvência*, Coimbra, Almedina, 2015, pp. 23-60

Mendes, João de Castro/Santos, Joaquim de Jesus dos Santos, *Direito Processual Civil (Processo de Falência)*, Lisboa, polic., 1982

MINISTÉRIO DA JUSTIÇA (org.), *Código da Insolvência e da Recuperação de Empresas*, Coimbra, Coimbra Editora, 2004

Monteiro, Nuno Líbano, "O regime jurídico da liquidação judicial das instituições de crédito à luz das alterações introduzidas pela Lei nº 23-A/2015, de 26 de março", em Catarina Serra (org.), *III Congresso de Direito da Insolvência*, Coimbra, Almedina, 2015, pp. 61-86

Montón Redondo, Alberto / Montón Garcia, MAR, *El nuevo proceso concursal*, Valencia, Tirant lo Blanch, 2005

Morais, Fernando de Gravato, *Resolução em benefício da massa insolvente*, Coimbra, Almedina, 2008

— "Promessa obrigacional de compra e venda com tradição da coisa e insolvência do promitente-vendedor", em *CP* nº 29 (Janeiro/Março 2010), pp. 3-12.

— "Da tutela do retentor-consumidor em face da insolvência do promitente-vendedor – Ac. de Uniformização de Jurisprudência nº 4/2014, de 20.3.2014, Proc. 92/05", em *CDP* nº 46 (Abril/Junho 2014), pp. 52-56.

Morais, Rui Duarte, "Os credores tributários no processo de insolvência", em *DJ* 19 (2005), 2, pp. 205-229

Morgado, Abílio, "Processos especiais de recuperação de empresa e da falência – Uma apreciação do novo regime", em *CTF* 370 (Abril-Junho 1993), pp. 51-113

Navarrini, Umberto, *Trattato di Diritto Fallimentare secondo la nuova legislazione*, I, Bologna, Nicola Zanichelli, 1934

Oliveira, Artur Dionísio de, "Os efeitos processuais do PER e os créditos litigiosos", em Catarina Serra (org.), *III Congresso de Direito da Insolvência*, Coimbra, Almedina, 2015, pp. 199-228

— "Os efeitos da declaração de insolvência sobre as acções declarativas", na *RDI*, nº 1 (Abril 2016), pp. 75-89

Oliveira, Rui Estrela de, "Uma brevíssima incursão pelos incidentes de qualificação da insolvência", em *O Direito* 142º (2010), V, pp. 931-987

Oliveira, Nuno Manuel Pinto, "'Com mais irreflexão que culpa'? o debate sobre o regfme da recusa de cumprimento do contrato-promessa", em *CDP* nº 36 (Outubro/Dezembro 2011), pp. 3-21

— "Entre Código de Insolvência e princípios orientadores: um dever de (re) negociação?", na *ROA* 72 (2012), nºs 2/3, pp. 677-689.

— "Efeitos da declaração de insolvência sobre os negócios em curso: em busca dos princípios perdidos?", em Catarina Serra (org.), *I Congresso de Direito da Insolvência*, Coimbra, Almedina, 2013, pp. 201-227

— "A qualificação do crédito resultante da não execução do contrato-promessa", em CATARINA SERRA (org.), *III Congresso de Direito da Insolvência*, Coimbra, Almedina, 2015, pp. 115-135

OLIVEIRA, NUNO MANUEL PINTO / SERRA, CATARINA, "Insolvência e contrato-promessa: os efeitos da insolvência sobre o contrato-promessa com eficácia obrigacional", na *ROA* 70 (2010), pp. 395-440

Ordenações Afonsinas, edição da Real Imprensa da Universidade de Coimbra, de 1792, reproduzida pela Função Calouste Gulbenkian, 1984,

Ordenações Manuelinas, edição da Real Imprensa da Universidade de Coimbra, de 1797, reproduzida pela Função Calouste Gulbenkian, 1984

Ordenações Filipinas, edição de Cândido Mendes de Almeida, 1870, reproduzida pela Fundação Calouste Gulbenkian, 1985

PALMA, MARIA FERNANDA, "Aspectos penais da insolvência e da falência", em *RFDUL* 36 (1995), nº 2, pp. 401-415

PAZZAGLIA, LUDOVICO, "La sorte del mandato (e di contratti simili) in caso di fallimento d'una delle parti", em *RDComm* 62 (1964), I, pp. 24-38

PECORELLA, C. / GUALAZZINI, U., "Fallimento (premessa storica)", em *ED* XVI, pp. 220-232

PERALTA, ANA MARIA, "Os «novos créditos» no PER e no SIREVE: conceito e regime", em CATARINA SERRA (org.), *III Congresso de Direito da Insolvência*, Coimbra, Almedina, 2015, pp. 279-312

PEREIRA, JOÃO AVEIRO, "A revitalização económica dos devedores", em *O Direito* 145 (2013), I-II, pp. 9-50

PINHEIRO, JORGE DUARTE, "Efeitos pessoais da declaração de insolvência", em RUY DE ALBUQUERQUE / ANTÓNIO MENEZES CORDEIRO (org.), *Estudos em Memória do Professor Doutor José Dias Marques*, Coimbra, Almedina, 2007, pp. 207-223

PINHEIRO, LUÍS LIMA, *A cláusula de reserva de propriedade*, Coimbra, Almedina, 1988

PINTO, EDUARDO VERA-CRUZ, *O Direito das Obrigações em Roma*, I, Lisboa, AAFDL, 1997

PINTO, PAULO MOTA, "Exoneração do passivo restante: fundamento e constitucionalidade", em CATARINA SERRA (org.), *III Congresso de Direito da Insolvência*, Coimbra, Almedina, 2015, pp. 175-195

PIRES, MIGUEL LUCAS, *Dos privilégios creditórios. Regime jurídico e sua influência no concurso de credores*, Coimbra, Almedina, 2004, pp. 132-134

PRATA, ANA / CARVALHO, JORGE MORAIS / SIMÕES, RUI, *Código da Insolvência Anotado*, Coimbra, Almedina, 2013

RAMALHO, MARIA DO ROSÁRIO PALMA, "Aspectos laborais da insolvência (Notas breves sobre as implicações laborais do regime do Código da Insolvência e da Recuperação de Empresas)", em RUY DE ALBUQUERQUE / ANTÓNIO MENEZES CORDEIRO, *Estudos em Memória do Professor Doutor José Dias Marques*, Coimbra, Almedina, 2007, pp. 687-705

RAMOS, EMANUEL JOSÉ DE OLIVEIRA, "Questões registais em contexto de insolvência", na *RDI*, nº 1 (Abril 2016), pp. 91-98

REIS, ALBERTO DOS, *Processos especiais*, II, reimp., Coimbra, Almedina, 1982

RIES, STEPHAN, "Der Insolvenzverwalter – 'Arbeitgeber' oder nur 'Organ der (Insolvenz-)Rechtspflege", em *ZinsO* 2008, pp. 414-420

ROBSON, GEORGE YOUNG, *A Treatise on the Law of Bankruptcy*, 7ª ed., London, William Clowes and Sons, 1894, pp. 1-2, e ROBERT T. DEMARCO, "History of Bankruptcy", disponível em http://

www.bankruptcytx.com/bankruptcy-history.htm

SANTARELLI, UMBERTO, "Fallimento (storia del)", em AAVV, *Digesto delle Discipline Privatistiche. Sezione Commerciale*, V, Torino, Utet, 1990, pp. 366-372

SANTELLA, PAOLO, "Le Droit des Faillites d'un Point de Vue Historique (2002), disponível em http://www.oecd.org/dataoecd/8/9/12771090.pdf

SANTOS, FILIPE CASSIANO DOS, "Plano de insolvência e transmissão da empresa", em CATARINA SERRA (org.), *I Congresso de Direito da Insolvência*, Coimbra, Almedina, 2013, pp. 141-151

SANTOS, FILIPE CASSIANO DOS / FONSECA, HUGO DUARTE, "Pressupostos para a declaração de insolvência no Código da Insolvência e da Recuperação de Empresas", em *CDP* nº 29 (Janeiro/Março 2010), pp. 13-24

SANTOS, LUÍS MÁXIMO DOS, "Palavras introdutórias", em CATARINA SERRA (org.), *III Congresso de Direito da Insolvência*, Coimbra, Almedina, 2015, pp. 19-22

SANTOS, MÁRIO JOÃO COUTINHO DOS, "Algumas notas sobre os aspectos económicos da insolvência da empresa", em *DJ* 19 (2005), 2, pp. 181-189

SERRA, CATARINA, "As novas tendências do Direito Português da Insolvência – Comentário ao regime dos efeitos da insolvência sobre o devedor no projecto de Código da Insolvência", em ANTÓNIO CÂNDIDO DE OLIVEIRA (org.), *Estudos em comemoração do 10º aniversário da licenciatura em direito da Universidade do Minho*, Coimbra, Almedina, 2004, pp. 203-228 (204) = MINISTÉRIO DA JUSTIÇA, *Código da Insolvência e da Recuperação de Empresas*, Coimbra, Coimbra Editora, 2004, pp. 21-49

— "Insolvência e registo predial (a propósito das alterações do DL nº 116/2008, de 4/7)", em *SI* tomo 58, nº 317 (Janeiro-Março 2009), pp. 81-103

— "El concurso sin concurso? El proceso de insolvencia con un único acreedor", em *ADCo* 17 /2009), 2, pp. 329-341

— *A falência no quadro da tutela jurisdicional dos direitos de crédito. O problema da natureza do processo de liquidação aplicável à insolvência no Direito Português*, Coimbra, Coimbra Editora, 2009

— "Processo especial de revitalização – contributos para uma «rectificação»" na *ROA* 72 (2012), II-III, pp. 715-741

— *O Regime Português da Insolvência*, 5ª ed., Coimbra, Almedina, 2012

— "Revitalização – A designação e o misterioso objecto designado. O processo homónimo (PER) e as suas ligações com a insolvência (situação e processo) e com o SIREVE", em ID (org.), *I Congresso de Direito da Insolvência*, Coimbra, Almedina, 2013, pp. 85-106

— "Direito da Insolvência e tutela efectiva do crédito – O imperativo regresso às origens (aos fins) do Direito da Insolvência", em ID (org), III Congresso de Direito da Insolvência, Coimbra, Almedina, 2015, pp. 11-15

SILVA, FÁTIMA REIS, "Efeitos processuais da declaração de insolvência", em CATARINA SERRA (org.), *I Congresso de Direito da Insolvência*, Coimbra, Almedina, 2013, pp. 255-268

— *Processo Especial de Revitalização. Notas práticas e jurisprudência recente*, Porto, Porto Editora, 2014

SILVA, PAULA COSTA E, "A liquidação da massa insolvente", na *ROA* 65 (2005), 3, pp. 713-744

SOARES, RITA FABIANA DA MOTA, "Sobre o pedido infundado de declaração de insolvência – Ac. do TRP de 22.4.2008", em *CDP* nº 32 (Outubro-Dezembro 2010), pp. 79-89

SOUSA, MIGUEL TEXEIRA DE, "A verificação do passivo no processo de falência", na *RFDUL* 36 (1995), nº 2, pp. 353-369

— "Resolução em benefício da massa insolvente por contrato celebrado com pessoa especialmente relacionada com o devedor – Ac. de Uniformização de Jurisprudência nº 15/2014, de 13.11.2014, Proc. 1936/10", no *CDP* nº 50, pp. 58-62

SOUSA, SUSANA AIRES DE, "Os crimes insolvenciais", na *RDI*, nº 1 (Abril 2016), pp. 45-55 (48)

SUBTIL, A. RAPOSO / ESTEVES, MATOS / ESTEVES, MARIA JOSÉ / MARTINS, LUÍS M., *Código da Insolvência e da Recuperação de Empresas*, 2ª ed., Porto, Vida Económica, 2006

THÉRY, PHILIPPE, "The Evolution of Insolvency Law in France", em WOLF-GEORG RINGE / LOUISE GULLIFER / PHILIPPE THERY (org), *Current Issues in European Financial and Insolvency Law. Perspectives from France and the UK*, Oxford /Portland, Oregon, Hart Publishing, 2009, pp. 1-16

TOLMIE, FIONA, *Corporate & Personal Insolvency Law*, 2ª ed., London / Sidney / Portland, Oregon, Cavendish Publishing, 2003

TOMÉ, MARIA JOÃO TOMÃO CARREIRO VAZ "Sobre o contrato de mandato sem representação e o *trust*", em *ROA* 67 (2007), 3, pp. 1091-1161

TORRES, NUNO MARIA PINHEIRO, "O pressuposto objectivo do processo de insolvência", em *DJ* 19 (2005), 2, pp. 165-177

VASCONCELOS, JOANA, "Sobre a garantia dos créditos laborais no Código do Trabalho", em ANTÓNIO MONTEIRO FERNANDES (org.), *Estudos de Direito do Trabalho em Homenagem ao Prof. Manuel Alonso Olea*, Coimbra, Almedina, 2004, pp. 321-341

VASCONCELOS, LUÍS MIGUEL D. P. PESTANA DE, "O novo regime insolvencial da compra e venda", em *RFDUP* 3 (2006), pp. 521-559

— *A cessão de créditos em garantia e a insolvência. Em particular da posição do cessionário na insolvência do cedente*, Coimbra, Coimbra Editora, 2007, p. 232

— "Contrato-promessa e falência / insolvência – Ac. do TRC de 15.4.2008, Proc. 937/07", em *CDP* nº 24 (Outubro/ Dezembro 2008), pp. 54-64

— "Direito de retenção, contrato-promessa e insolvência", em *CDP* nº 33 (Janeiro/ Março 2011), pp. 3-29

— "O regime insolvencial do contrato-promessa de compra e venda", na *RDI*, nº 1 (Abril 2016), pp. 57-74

VASCONCELOS, PEDRO PAIS DE, "Resolução a favor da massa – atos omissivos", em CATARINA SERRA (org.), *III Congresso de Direito da Insolvência*, Coimbra, Almedina, 2015, pp. 104-114

VICENTE, DÁRIO MOURA, "Insolvência internacional: Direito aplicável", em RUY DE ALBUQUERQUE / ANTÓNIO MENEZES CORDEIRO (org.), *Estudos em Memória do Professor Doutor José Dias Marques*, Coimbra, Almedina, 2007, pp. 81-104

VIEIRA, JOSÉ ALBERTO, "Insolvência de não empresários e titulares de pequenas empresas", em RUY DE ALBUQUERQUE / ANTÓNIO MENEZES CORDEIRO (org.), *Estudos em Memória do Professor Doutor José Dias Marques*, Coimbra, Almedina, 2007, pp. 251-276

ÍNDICE